中国政法大学
优秀博士学位论文丛书

刁佳星 / 著

著作权法律制度的经济分析

ECONOMIC ANALYSIS OF
COPYRIGHT LAW

中国政法大学出版社

2023·北京

声　明	1. 版权所有，侵权必究。	
	2. 如有缺页、倒装问题，由出版社负责退换。	

图书在版编目（CIP）数据

著作权法律制度的经济分析/刁佳星著.—北京：中国政法大学出版社，2023.11
ISBN 978-7-5764-1186-7

Ⅰ.①著… Ⅱ.①刁… Ⅲ.①著作权法－研究－中国 Ⅳ.①D923.414

中国国家版本馆 CIP 数据核字(2023)第 213466 号

出 版 者	中国政法大学出版社
地　　址	北京市海淀区西土城路 25 号
邮寄地址	北京 100088 信箱 8034 分箱　邮编 100088
网　　址	http://www.cuplpress.com（网络实名：中国政法大学出版社）
电　　话	010-58908586(编辑部) 58908334(邮购部)
编辑邮箱	zhengfadch@126.com
承　　印	固安华明印业有限公司
开　　本	880mm×1230mm　1/32
印　　张	17
字　　数	450 千字
版　　次	2023 年 11 月第 1 版
印　　次	2023 年 11 月第 1 次印刷
定　　价	88.00 元

总 序

博士研究生教育是我国国民教育的顶端，肩负着培养高层次人才的重要使命，在国民教育体系中具有非常重要的地位。相应地，博士学位是我国学位制度中的最高学位。根据《中华人民共和国学位条例》的规定，在我国，要获得博士学位需要完成相应学科博士研究生教育阶段的各项学习任务和培养环节，特别是要完成一篇高水平的博士学位论文并通过博士学位论文答辩。

博士学位论文是高层次人才培养质量的集中体现。要写出好的博士学位论文，需要作者高端定位，富有思想；需要作者畅游书海，博览群书；需要作者术业专攻，精深阅读；需要作者缜密思考，敏于创新。一位优秀的博士生应该在具备宽广的学术视野和扎实的本学科知识的基础上，聚焦选题，开阔眼界，深耕细作，孜孜以求，提出自己独到深刻创新的系统见解。

为提高法大博士学位论文的整体质量，鼓励广大博士研究生锐意创新，多出成果，法大研究生院设立校级优秀博士学位论文奖，每年通过严格的审评程序，从当年授予的200多篇博士学位论文中择优评选出10篇博士论文作为学校优秀博士学位论文，并对论文作者和其指导教师予以表彰。

优秀博士学位论文凝聚着作者多年研究思考的智慧和指导教师的思想，是学校博士研究生教育质量的主要载体，是衡量

> 著作权法律制度的经济分析

一所大学学术研究和创新能力的重要指标。好的哲学社会科学博士论文，选题上要聚焦国内外学术前沿问题，聚焦国家经济社会发展基础命题和重大问题，形式上要符合学术规范，内容上要富有创新，敢于提出新的思想观点，言而有物，论而有据，文字流畅。法大评出的优秀博士学位论文都体现了这些特点。将法大优秀博士学位论文结集，冠名"中国政法大学优秀博士学位论文丛书"连续出版，是展示法大博士学术风采，累积法学原创成果，促进我国法学学术交流和繁荣法学研究的重要举措。

青年学子最具创造热情和学术活力。从法大优秀博士学位论文丛书中可以看到法大博士理性睿智，沉着坚定，矢志精进的理想追求；可以看到法大博士关注前沿，锐意进取，不断创新的学术勇气；可以看到法大博士心系家国，热血担当，拼搏奋进的壮志豪情。

愿法大优秀博士学位论文丛书成为法学英才脱颖而出的培育平台，成为繁荣法学学术的厚重沃土，成为全面推进依法治国的一块思想园地。

李曙光

中国政法大学研究生院院长、教授、博士生导师

序言

　　法学是一门与时俱进的社会科学。法学研究方法的拓展也促进了法学学科的发展。其中，在传统法学研究基础上，法经济学研究的出现和盛行就是典型一例。法经济学始于科斯，20世纪70年代开始发展，几乎涉及所有法学领域，并形成了一种全新的法学研究范式。相比之下，我国缺少法经济学分析的传统。仅就知识产权法中的著作权法研究而言，多数针对著作权法问题的研究带有立场偏好的先入之见，再用自然权利理论予以立场修辞，对于特定问题的回应和解决具有一定的局限性。部分研究虽借鉴了国外法经济学分析方法，却是针对特定著作权法问题展开，未成体系和规模。因此，在包括著作权制度在内的知识产权制度研究中引入经济学的研究方法和视野，依然任重道远。

　　知识产权制度的经济学分析有其独特魅力和可取之处。近些年来，本人以知识产权法学专业博士生导师身份指导博士生撰写博士学位论文，就较为注重在知识产权制度经济学研究方面有所突破。早在2017年，即指导一位博士生完成了《专利制度的经济分析》的博士学位论文。该书作者刁佳星博士也是在我指导下完成博士学位论文并获得了博士学位的。看到佳星著作即将出版，甚感欣慰。最初，佳星决定攻读知识产权法学专业博士学位时，她在本校攻读硕士学位的同时还在美国攻读 LLM 学位。期间，她克服种种困难，顺利完成了攻读国内和国外的硕士学位学业，浑身充满着对未知探索的勇气和对学术的热爱。

2020 年底博士学位论文开题之际，佳星与我沟通，欲研究知识产权法与经济发展的关系问题。鉴于知识产权法与经济发展的关系研究容易超出法学研究范畴，我建议她将博士学位论文选题定为《著作权法律制度的经济分析》，该选题最终通过了出席开题的专家们的高度认可。后来发现，这个利用经济学的方法研究法律制度问题的选题，研究难度其实很大。但佳星不畏学术探索之路的艰难，利用在知识产权法学和经济学方面深厚的学术功底，以坚忍不拔的毅力，克服重重困难，终于脱稿。她的博士学位论文最终得到教育部匿名评审专家的一致好评。2021 年，该学位论文被评为中国政法大学优秀博士学位论文。2022 年，该博士学位论文与其他三篇校级博士论文被共同推荐参加北京市优秀博士学位论文评选。

在该博士学位论文中，佳星站在前人肩膀上，应用法经济学方法系统分析作品产权界定制度、产权交易模式与产权治理机制，为认知和解释著作权法提供了新视角。这对于丰富和发展著作权制度研究内容和方法、推进学科交叉意义重大。在当前著作权法"遭遇"新兴技术并且面临深刻变革之际，作者应用法经济学方法，针对一些新兴问题作出回应，如"数字环境是否适用首次销售原则""人工智能生成内容作品资格与权利归属""文本与数据挖掘是否构成合理使用"。这不仅在研究方法和研究视野上具有突出的创新价值，而且在研究内容上颇具时代性和前沿性。

该书《著作权法律制度的经济分析》是佳星在其上述博士

序　言

学位论文基础上进行多次修改和完善而形成的版本。该书的核心议题围绕"如何缓和作品的接触与激励之间的矛盾进而促进知识总量的提升",这一核心议题既与法经济学分析的规范基础"社会福利最大化"的基本逻辑一致,也与著作权法的自身使命相关。该书认为,一个福利水平更高的社会中人们的幸福指数更高。虽然经济增长只是衡量福利水平的一个指标,但其与诸如自决、安全、稳定和繁荣等其他社会福利指标高度相关,因此促进福利增长和提升幸福指数的关键在于促进经济增长。作者还提出,经济增长动力机制之间存在如下关系:良好的制度通过促进知识总量的积累与人力资本的提升,进而提升技术水平,通过提升技术水平促进劳动生产率与资本产出率的增长,最终促进经济增长与增进社会福利。由于著作权法与经济增长的联系并非直接,作者独具慧眼,另辟蹊径,选择与著作权制度联系较为密切的"知识总量与人力资本"作为著作权制度运行的内核予以设定,因而"如何缓和作品接触与激励之间的矛盾进而促进知识总量的提升"构成该书解释和改进著作权法的底层逻辑。围绕上述议题和逻辑,该书从作品产权界定制度、产权交易模式、产权治理机制三个议题展开了深入的系统分析,针对产权界定、交易和治理制度改进的基本路径,作者也提出了一些富有启发性的建议。

针对产权界定,该书通过比较分析公地悲剧、反公地悲剧、半公地理论以及公地喜剧指出,应当摒弃以物界权的物权思维,认为信息成果及其利用方式均应交由私人控制,而应基于信息成果及其利用方式私有化收益率与公有化收益率的比较分析"以用界权"。针对产权交易,该书提出如果能将交易成本节省下来补贴给权利人或使用者,作品接触与激励之间的矛盾就能够得到进一步的缓和。在分析诸如"与浪漫主义作者观念和禀赋效应相关的非理性行为以及与制度环境相关的交易安全问题等"作品交易成本类型与影响因素后，该书进一步提出了降低作品交易成本的路径与方案——私人自发构建与政府干预构建的交易成本降低机制以及它们各自的优势与不足。针对产权治理，该书提出如果能以较低的治理成本促进产权界定与交易制度的实施，作品接触与激励的矛盾也会得到有效缓和。通过分析道德治理与法律治理的比较优势与最优作用领域，该书进一步提出了著作权法话语体系与侵权责任应当如何优化的进路。

当然，学无止境。以法学视角观之，该书对于著作权法中具体制度的分析存在拓展的空间；以经济学视角观之，其对经济学理论与工具的运用亦可挖掘。也应看到，受到学科界分的影响，以经济学理论与工具解释和改进包括著作权法在内的整个知识产权法律制度，绝非一人之力短期之内可以完成，而需仰仗包括法学学者和经济学学者在内的学界同仁的共同努力。

我十分期待佳星博士能够继续完善著作权制度的经济分析，并希望她能将这一研究方法用于系统分析专利法律制度与商标法律制度，最终形成知识产权法律制度经济分析的体系化研究，为推动我国知识产权制度经济分析的深入作出更大贡献。

是为序。

冯晓青

中国政法大学二级教授、博士生导师

中国知识产权法学研究会副会长

中国知识产权研究会副理事长

前言

本书围绕"作品接触与激励"这一核心议题展开。笔者首先对著作权法研究的不同范式进行了比较分析,指明自然权利理论(劳动理论与人格理论)与功利主义理论先天带有立场偏好,因此易导致著作权至上论或著作权限制论的认知分歧。这种立场偏好与认知分歧只会固化与加剧作品接触与激励之间的矛盾,因此需要一种客观科学的研究范式——著作权法的经济分析(本书第一章)。本书围绕如何在"无损接触与激励的前提下促进知识总量最大化"这一规范基础对作品产权化的路径选择、著作权法中的交易模式与著作权法中的治理机制进行了解释与改进(本书第二章、第三章与第四章)。借助经济学的理论与工具,本书第五章尝试得出一个相对科学的著作权法观念。

本书第一章第一节梳理了著作权法研究的不同范式。第一章第一节简要介绍了劳动理论、人格理论与功利主义理论如何被用于论证著作权法的正当性与合理性,指出这些理论论证著作权法正当性与合理性时遭遇的理论困境与制度偏差,因而导致上述理论不能很好地改进著作权法与应对新兴问题。范式危机的出现表明需要一种新的理论范式——法经济学分析。第一章第二节首先梳理了法经济学研究范式的规范进路(社会财富最大化)与实证进路(数学模型),指出了法经济学分析规范进路面临的批判（社会财富最大化忽视公平）与法经济学分析实证进路面临的批判（数学模型过于抽象因而不能反映现实），表明了我们对待法经济学分析的进路及其面临的批判所应持有的正确态度。其次指出了不同经济学流派提供的理论工具，这些理论工具包括产权理论、交易成本理论、社会财富最大化理论与信息理论。第一章第三节梳理了上述法经济学分析的理论工具之于著作权法的适合度。在讨论适合度问题时，本节也顺带对"著作权法中的人身权利是否阻碍了对著作权法的经济分析""缘何我国最先具有现代版权制度产生的技术基础，但现代版权制度未在我国首先产生"与"著作权法是如何与经济增长（社会财富最大化）之间相互作用的"这些问题进行了分析。本书第一章的结论在于，法经济学的论证范式是一种科学的"著作权法方法论"，在这种方法论的指引下，能够得出相对科学的"著作权法观念"。

本书第二章主要分析"作品产权化的路径选择"如何缓和作品接触与激励之间的矛盾进而促进知识总量最大化。第二章第一节首先分析了作品的经济属性——生产投入的稀缺性质与消费的公共性质与作品的经济属性如何引起作品接触与激励之间的紧张关系。一种更加贴近现实的有关作品经济属性的分析表明，作品的部分控制可以促进作品接触同时保持作品的生产激励，因而作品的部分控制而非完全控制或者自由取用可以缓和作品接触与激励之间的矛盾。第二章第二节指出了从事创作的多元动机与主体类型，并且指出即便对于追求直接经济利益的职业创作群体而言，产权制度的竞争机制的存在，例如补贴机制、先动优势，削弱着产权制度约束与引导职业创作群体的必要。基于作品的供求悖论与主体的行为属性，第二章第三节通过比较公地悲剧、反公地悲剧、（忽视）半公地悲剧、公地喜剧之于知识产品的契合程度，指出作品产权化的路径选择应是半公共的。第二章第四节基于作品半公地产权化的路径选择，分析了著作权法中客体的准入与排除制度（思想/表达二分法与独创性）、权利类型的意定与法定、权利类型的设置与限制的经济理性以及这些具体制度如何推进半公共的产权化路径。本书第二章的结论在于，"半公共"的产权模式能够缓和作品接触与激励之间的矛盾并促进知识总量最大化。

本书第三章主要分析"著作权法中的交易模式"如何缓和作品接触与激励之间的矛盾进而促进知识总量最大化。第三章第一节指出影响作品交易成本的类型与因素以及降低交易成本的两种路径。第三章第二节指明私人如何通过调整产权的排他性与可转让性自主构建交易模式节约交易成本。私人自主构建的第一种交易模式是通过自愿转移私有规则的排他性（给第三方）建立集体管理组织。集体管理组织所采用的一揽子许可与其所具有的规模经济使之更适合于管理一般权利人所拥有的"小权利"。私人主体自主建构的第二种交易模式是通过强化私有规则的排他性增强作品的控制能力，通过价格歧视满足支付能力较差的群体的作品接触需求。这类交易模式的个性化与精确化优势使之更适合于掌握大量权利的法人与那些更具影响能力的明星作者。第三章第三节指明公共权威如何通过调整产权的排他性与可转让性建构交易模式从而节约交易成本。公共权威通过对许可权、定价权的强制消灭构建了合理使用制度。合理使用制度具有的超越交易成本的经济理性使之容易容纳那些对权利人激励损害不大但能增进社会价值的使用行为。公共权威通过对许可权、定价权的强制转移构建了法定许可制度。由于法定许可制度能够节约交易成本，与之相关的定价效率问题能够得到解决，这使之在当下仍有存续必要。本书第三章的结论在于，市场机制与政府干预共存，在其比较优势范围之内构建交易成本降低机制，并将节省下来的交易成本补贴给权利人或使用者，由此，可以进一步缓和作品接触与激励的矛盾并促进知识总量最大化。

本书第四章主要分析"社会治理机制"如何缓和作品接触与激励之间的矛盾进而促进知识总量最大化。第四章第一节首先指出了著作权法中不同的治理机制与不同治理机制的最优约束领域，指明法律治理机制的最优约束领域主要是那些预期收益较大且预期损害也较大的营利性使用行为，道德治理机制的最优约束领域主要是那些预期收益不大且预期损害也较小的消费性使用行为。第四章第二节是对法律治理机制的经济分析。对著作权侵权行为进行法律治理的前提在于厘清导致侵权行为发生的诸种因素，即交易成本、预期收益与侵权成本三个变量及其之间的相互关联，关键在于通过责任标准的选择与损害赔偿的适用来约束与引导侵权行为。第四章第三节是对道德治理机制的经济分析。本节指出强著作权保护的话语体系因缺少经济理性与背离共识价值而难以引起社会群体的情感共鸣，因此强著作权保护的话语体系实际上难以形成主流意识形态。因此著作权法领域的话语体系只有通过阐释其经济理性与负载共识价值才能得到社会群体的普遍认同，进而通过作用于社会群体的心理机制约束与引导个人逐利动机。本书第四章的结论在于，治理侵权行为与滥用行为应当由法律治理与道德治理两种机制各自在其比较优势领域之内发挥作用，并以较低的社会治理成本双向约束与引导权利人与使用者的逐利动机，由此，作品接触与激励之间的悖论可以得到进一步缓和。

本书第五章基于作品产权界定制度、产权交易模式与产权治理机制的经济理性，指出如何认知著作权法的制度结构、如何改进著作权法的既存制度以及作品产权界定、交易与治理的经济理性如何回应新兴问题。第五章第一节指出了经济理性之下著作权法的调整对象应为处于供求关系当中的作品以及具有多元动机的创作主体，著作权法的价值目标应为"无损接触与激励的前提下促进知识总量的最大化"，著作权法的制度结构包括产权界定制度、产权交易模式与产权治理机制。这一对于著作权法调整对象、价值目标与制度结构的认知可为相关概念的解释与澄清、相关规则的释明与补充奠定基础。第五章第二节指出了经济理性之下著作权法具体制度有待完善之处，具体包括独创性的判断标准如何设定，思想/表达二分法的界限如何设定，权利限制制度是否应从封闭模式改为开放模式，集体管理制度、法定许可制度、责任标准制度以及损害赔偿制度的完善建议。第五章第三节指出了著作权法的经济分析如何应对新兴问题，例如产权界定的经济性如何回应人工智能生成内容的作品资格问题、产权交易的经济性如何回应人工智能复制和提取版权材料的法律定性问题、产权治理的经济性如何回应智能社会网络平台版权侵权治理义务的设定问题。著作权法的经济理性对于新兴问题的回应能力进一步表明了著作权法经济分析优于传统论证范式且具有面向未来的能力。

目 录

绪 论 ·· 001
  一、研究背景与研究意义 ·· 001
  二、文献综述与研究评述 ·· 005
  三、研究思路与分析方法 ·· 014
  四、整体结构与创新之处 ·· 019

第一章 著作权法研究的范式反思 ···························· 023
  第一节 著作权法研究的传统范式 ································ 025
    一、劳动理论的范式与困境 ·· 026
    二、人格理论的范式与困境 ·· 036
    三、功利主义的范式与困境 ·· 046
  第二节 著作权法研究的范式转换 ································ 055
    一、法经济学分析的进路与批判 ·································· 056
    二、法经济学分析的理论与工具 ·································· 071
  第三节 经济学工具之于著作权法的适合度 ················ 094
    一、著作权法的调整对象与信息理论 ···························· 094

二、著作权法的制度设计与产权理论 …………………… 096
　　三、著作权法的价值目标与社会财富最大化理论 ………… 110

第二章　作品产权界定制度的经济分析 ……………… 123
第一节　产权界定与作品供求悖论 ………………… 124
　　一、供求悖论的提出与作品的产权界定 …………………… 125
　　二、供求悖论的改进与作品的产权界定 …………………… 138
第二节　产权界定与主体创作行为 ………………… 148
　　一、有限理性与约束机制的必要性 ………………………… 148
　　二、多元动机与约束机制的差异性 ………………………… 154
　　三、累积创作与约束机制的有限性 ………………………… 164
第三节　作品产权化的制度选择 …………………… 168
　　一、公地悲剧：激励不足抑制知识供给 …………………… 170
　　二、反公地悲剧：交易成本阻碍知识利用 ………………… 173
　　三、半公地理论：动态交互促进知识创新 ………………… 176
　　四、公地喜剧：溢出效应促进知识创新 …………………… 179
第四节　作品产权化的制度设计 …………………… 183
　　一、权利客体的准入与排除 ………………………………… 183
　　二、权属配置的约定与法定 ………………………………… 200
　　三、权利类型的设置与限制 ………………………………… 205

第三章　作品产权交易模式的经济分析 ……………… 239
第一节　交易成本理论 ………………………………… 241
　　一、交易成本的基本类型、影响因素及其降低机制 ……… 241
　　二、著作权法领域交易成本类型、因素与降低机制 ……… 250

第二节 著作权交易的私人自主建构模式 …………… 257
一、集体管理组织制度的经济分析
　　——个体管理向集体管理的过渡 ……………… 258
二、他种制度私人建构的经济分析
　　——集体管理向个人管理的复归 ……………… 280
第三节 著作权交易的法律干预建构模式 …………… 310
一、合理使用制度的经济分析 …………………… 312
二、法定许可制度的经济分析 …………………… 336

第四章 作品产权治理机制的经济分析 ……………… 355
第一节 社会治理理论 ………………………………… 356
一、社会治理的基本理论 ………………………… 357
二、著作权法领域的多元化治理机制 …………… 371
第二节 法律治理机制与著作权救济 ………………… 377
一、著作权侵权行为原因的经济本质 …………… 378
二、著作权侵权责任标准的经济分析 …………… 384
三、著作权侵权损害赔偿的经济分析 …………… 410
第三节 道德治理机制与著作权保护 ………………… 435
一、著作权保护意识形态的经济理论 …………… 436
二、著作权保护话语体系的经济分析 …………… 441

第五章 经济理性下著作权法观念更新与制度完善 …… 450
第一节 经济理性之下著作权法的基本结构 ………… 451
一、经济理性之下著作权法的调整对象 ………… 451
二、经济理性之下著作权法的价值目标 ………… 453

三、经济理性之下著作权法的制度结构 …………… 457
第二节　经济理性之下著作权法的制度完善 …………… 460
一、经济理性之下产权界定制度的完善 …………… 460
二、经济理性之下产权交易模式的完善 …………… 468
三、经济理性之下产权治理机制的完善 …………… 475
第三节　经济理性之于新兴问题的回应能力 …………… 480
一、产权界定的经济性对新问题的回应 …………… 480
二、产权交易的经济性对新问题的回应 …………… 484
三、产权治理的经济性对新问题的回应 …………… 489

结　论 …………………………………………… 496

参考文献 ………………………………………… 500

图表目录

图 1-1　"二手车"市场买卖信息不对称时间轴 ………… 089

图 1-2　固定工资合同信息不对称时间轴 ……………… 090

图 1-3　制度、经济增长的动力机制与经济增长之间的作用关系 ………………… 119

图 1-4　版权法、经济增长的动力机制与经济增长之间的作用关系 ………………… 119

图 2-1　经济学上的物品分类 ……………………… 128

图 2-2　普通商品的 ATC 与 MC 曲线 …………… 136

图 2-3　作品的 ATC 与 MC 曲线 ………………… 136

图 2-4　主流观点下作品的生产与消费 …………… 136

图 2-5　垄断竞争市场下的短期均衡 ……………… 144

图 2-6　垄断竞争市场下的长期均衡 ……………… 144

图 2-7　当作品具有竞争性时,垄断竞争下的长期均衡 … 145

图 2-8	"囚徒困境"博弈模型	151
图 2-9	无约束条件下作品创作与复制的博弈模型	152
图 2-10	产权机制下作品创作与复制的博弈模型	153
图 2-11	补贴机制下作品创作与复制的博弈模型	154
图 2-12	创作的累积性质	166
图 2-13	作品的基本结构	189
图 2-14	权项意定与法定折中的最优水平	212
图 2-15	物理副本的成本和价值结构	229
图 2-16	实体环境之下作品供求模式	229
图 3-1	规模经济理论	269
图 3-2	个人权利管理与集体管理权利的成本比较	270
图 3-3	集体管理时期著作权交易	282
图 3-4	个人管理时期著作权交易	282
图 3-5	个人权利管理与集体管理权利的成本比较	294
图 3-6	无价格歧视时的福利水平	298
图 3-7	完全价格歧视时的福利水平	298
图 3-8	没有实行价格歧视时,受保护部分与不受保护部分产生的福利水平	304
图 3-9	实行价格歧视时,受保护部分与不受保护部分产生的福利水平	305
图 3-10	使用行为类型划分	335
图 4-1	最优预防水平与社会总成本最小化	389
图 4-2	过错责任标准的效率水平	392

图 4-3	权利人垄断市场时的利润水平	416
图 4-4	生产效率相同时权利人的利润水平与侵权人的获利水平	417
图 4-5	权利人更具效率时权利人的利润水平与侵权人的获利水平	418
图 4-6	侵权人更具效率时权利人的利润水平与侵权人的获利水平	419
图 5-1	著作权法的制度结构、制度完善及其对于新兴问题的回应能力	495
表 1-1	具有私人产权情况下的社会收益与个人收益	080
表 1-2	缺少私人产权情况下的社会收益与个人收益	080
表 1-3	赞助制度下门客与盗版者成本与收益的均衡结构	101
表 1-4	印刷技术发展中出版商与盗版者成本与收益的失衡结构	105
表 1-5	印刷特权下出版商与盗版者成本与收益的均衡结构	105
表 1-6	出版自由观念下出版商与盗版者成本与收益的失衡结构	108
表 1-7	现代版权制度下出版商与盗版者成本与收益的均衡结构	109
表 2-1	不同控制程度下的福利水平	146
表 2-2	排他权利、补贴机制与先动优势的比较分析	162

表 2-3	不同悲剧（喜剧）理论的理论原型、核心及其解决方案	182
表 3-1	交易成本的影响因素	246
表 3-2	著作权法中不同交易成本降低方案对应的规则形态与规则属性	257
表 4-1	法律治理与道德治理的作用机制、比较优势、最优领域与制度呈现	370
表 4-2	不同效率水平之下的权利人利润水平与侵权人获利水平	420
表 5-1	不同制度方案的形态、属性与适用情境	489

绪 论

一、研究背景与研究意义

著作权法的深刻变革、经济分析方法的出现与传统道德分析的局限驱使笔者拿起"经济分析"这一理论武器,并试图为著作权法的解释提供一种科学的研究方法,并为著作权法具体制度的完善提供相对客观的建议。

(一)研究背景

1. 著作权法面临深刻变革

著作权法的实践变动不居,犹如处于发展之中的城市一般。建筑吊车到处矗立在城市街区之中,老旧的城区不断被新的建筑、新的社会与交通枢纽包围,由远及近,到处开花。[1]如果缺少发展理念与科学规划的引领,新的建设就会杂乱无章,令人头晕目眩,迷失方向。我国《著作权法》[2]的产生与发展乃是制度移植的产物,缺少立足本土的立法理念与科学分析,将

---

[1] [美]罗伯特·P. 莫杰思:《知识产权正当性解释》,金海军、史兆欢、寇海侠译,商务印书馆2019年版,第13页。

[2] 本书涉及我国法律法规,直接使用简称,省去"中华人民共和国"字样,全书统一,后不赘述。

会导致我国《著作权法》无法有效应对技术发展引起的社会关系变迁。诸如游戏直播画面、体育赛事节目之类的网络直播节目、人工智能产物等新兴事物是否应当被纳入著作权法保护的客体范畴抑或暂时使其处于开放状态，我国《著作权法》不能给出相对确定的结论。再如，新兴商业模式不断涌现，《著作权法》同样无力回应这些商业模式是否合法以及应当如何规制。不同学者基于不同立场给出了不同的答案。这种法律规制的不确定性必然会抑制我国《著作权法》实效的发挥。为了应对技术发展给《著作权法》带来的挑战，需要重新梳理我国《著作权法》的基本理念与澄清它的基本问题。

2. 经济分析方法的出现

"知识即是财富"解释了著作权法与经济增长之间的内在联系。知识经济时代，著作权法与经济发展之间的交互特征更为明显，促进经济增长的关键要素已经发生从实体资本到无体知识与人力资本的转变。运行良好的著作权法可以促进经济增长与社会发展，经济增长与社会发展面临的现实障碍通过反馈著作权法的实施效果提出著作权法的变革需求。无体知识与人力资本对我国和世界经济发展日益重要，使政策制定者更加容易接受甚至青睐经济分析理论提供的见解。自从20世纪30年代一些美国学者着手应用经济学理论与工具对著作权法展开分析以来，经济分析研究方法获得了长足发展。然而，我国著作权法的经济分析尚不深入且并没有形成完整的理论体系，著作权法经济分析存在的研究空白与研究短板需要后续学者将之填补与继续推进。笔者认为，新的研究方法必将促使法律思想不断丰富，经济分析方法的引入必然会为著作权法理论与制度的发展带来新的契机。

3. 传统道德分析的局限

道德分析方法已有两千多年的历史，著作权法深受劳动理论、人格理论与功利主义理论的影响,但是上述道德理论并未指向同一方向,而是指向不同甚至相反的方向。劳动理论与人格理论一般是对著作权至上论的道德修辞,功利主义理论是对著作权限制论甚至无用论的道德修辞。由于人格理论、劳动理论与功利主义理论之间并不能够一较高下,人们也就无法轻易在著作权至上论与著作权限制论之间作出一种确定的路径选择,而是会陷于各自的立场分歧而使著作权法朝向对其有利的方向发展。不同力量沿着不同的方向与路径"撕扯"著作权法,最终将会导致著作权法自身体系的逻辑混乱,无法应对处于动态变革中的著作权法实践与问题。超越而非否定道德分析方法与其支持的价值立场可以揭示著作权法的本来面目,使之面临新的拓展与问题之时,保持自身基线与主调不散、得到修复以及与时俱进。[1]

(二) 研究意义

1. 提供著作权法研究的科学方法

本书旨在借助经济学的理论与工具为著作权法提供一种科学、客观的研究范式。我国并无法律制度经济分析的传统,尽管已经出现一些有关法律制度经济分析的文献,但这些文献多是对国外经济分析理论的介绍,尚未结合我国的现实需求进行深刻的本土反思。例如,我国学者常常提及作品的接触与激励之间存在悖论,但却很少反思这一悖论如何形成以及著作权法如何缓和或者克服这一悖论。再如,我国学者通常基于作者具有逐利动机这一前提假设,认为著作权法的保护水平与作者产出之间呈现正相关性,进而得出应当加强著作权法保护的结论。这一观点由于未能考虑到创作主体的多元动机与创作行为的累积性质,并不十分准确,因而需要后来学者对之加以补充与完

---

[1] [美] 罗伯特·P. 莫杰思:《知识产权正当性解释》金海军、史兆欢、寇海侠译,商务印书馆2019年版,第14页。

善。甚至还有一些学者认为，作品既是公共物品，又是私人物品，这一表述也不严谨。上述例证明显表明我国著作权法的经济分析虽有一定的基础，但是尚有较大的发展与完善空间。本书正是"站在前人的肩膀之上"，将著作权法的经济分析往前继续推进，从而为我国著作权法的发展与完善提供一种不同于道德分析的科学方法。

本书经由引入经济分析的基本理论、讨论著作权法与经济理论之间的契合程度以及应用经济理论分析我国著作权法这一科学过程，尝试推进本土著作权法经济分析的研究深度，并使著作权法经济分析的理论体系不断完善。

2. 适应著作权法改革的现实需求

著作权法实践面临深刻变革：作品更多地表现为市场经济环境当中的商品，由此带来的现实挑战主要是作品接触与激励之间的冲突如何通过著作权法加以调和。传统道德分析应对著作权法的现实挑战多少有些力不从心。通过引入经济分析这一新兴与富有活力的研究方法，可以使著作权法更为有力地应对与解决它所面临的现实挑战：经济分析方法可以经由"无损接触与激励的前提之下促进知识总量的最大化"这一超越立场分歧的价值目标的引领，通过比较分析不同政策的潜在成本与收益为著作权法的变革提供科学、可行的建议。

遵循科斯定理的基本理路，著作权法可以被解构为如下三个方面：产权界定制度、产权交易模式与产权治理机制。本书对著作权法的解释与改进即是围绕上述三个方面展开的，指出采用何种产权界定制度、如何节约交易成本以及如何进行产权治理从而使著作权法更好地面对它所遭遇的现实困境。

二、文献综述与研究评述

(一) 文献综述

1. 国外研究现状

国外有关著作权法律制度经济分析的文献主要通过以下四种形式或视角展开。第一种视角是在对包括财产法、侵权法、合同法、程序法在内的整个法律制度进行经济分析的宏大命题下,将知识产权置于财产权编,对著作权、专利权与商标权进行简要论述。如斯蒂文·沙维尔(Steven Shavell)所著《法律经济分析的基础理论》一书第一编"财产法"第7章对包括专利、版权、商标、商业秘密在内的信息产权的经济理性进行了系统论述。[1]罗伯特·考特(Robert Cooter)与托马斯·尤伦(Jhomas Ulen)在《法和经济学》一书的第五章"财产法经济学专题"提及了知识产权的经济理性。[2]理查德·A.波斯纳(Richard A. Posner)在《法律的经济分析》一书第三章"财产权"对知识产权进行了简要的经济分析。[3]由于上述学者的视角着眼于对整个法律制度进行系统经济分析,相应地,其对著作权法律制度的经济分析着墨有限。

第二种视角是将(思想的)表达、发明、标记这类区别于有体物品的无形知识独立出来,对调整无体财产的知识产权法律制度展开经济分析,著作权法律制度的经济分析独立成篇或与其他主要知识产权法律制度的经济分析相互糅合在一起。威

---

[1] [美]斯蒂文·沙维尔:《法律经济分析的基础理论》,赵海怡、史册、宁静波译,中国人民大学出版社2012年版。

[2] [美]罗伯特·考特、托马斯·尤伦:《法和经济学》(第6版),史晋川等译,史晋川审校,格致出版社、上海三联书店、上海人民出版社2012年版。

[3] [美]理查德·A.波斯纳:《法律的经济分析》(上),蒋兆康译,中国大百科全书出版社1997年版。

廉·M.兰德斯（William M. Landes）与理查德·A.波斯纳（Richard A. Posner）的《知识产权法的经济结构》采用的是这一视角。该书共14章，其中有9章都是围绕著作权法展开经济分析：在该书的第1章，兰德斯与波斯纳从宏观层面指出了著作权法保护的社会收益——激励作品生产与著作权法保护的社会成本——转让权利的成本、寻租成本与保护成本；在该书的第2章至第6章、第8章至第10章，兰德斯与波斯纳从具体制度层面对思想/表达二分原则、合并原则、未发表作品的著作权、合理使用制度、最佳保护期限、后现代艺术、著作人身权展开了经济分析。从整体来看，出于兼论商标法与专利法经济分析的系统需求与写作目的，兰德斯与波斯纳对著作权法的经济分析多少显现出了体系不足的特点，他们并没有提出一个相对周延与完整的著作权法经济分析的理论体系。

　　第三种视角直接切入著作权法律制度的经济分析这一主题。最先将经济学理论应用于著作权法律制度分析的开创之举是由阿诺德·普兰特（Arnold Plant）完成的。在其《图书版权的经济问题》（1934年）一文中，普兰特反对这一观念，即在缺少保护的情况下，作者将无法获得足够的回报以使其努力正当，普兰特认为先动优势与策略互动可以为作者提供足够的回报，从而避免了垄断保护的必要。[1]罗伯特·M.赫特（Robert M. Hurt）与罗伯特·M.舒奇曼（Robert M. Schuchman）对待版权的立场与普兰特近似。在《版权的经济基础》（1966年）一文中两位作者指出，版权保护应依据其对经济福利的影响进行判断，版权保护能够普遍增进福利的传统假设在理论上遭到了攻击，这一

---

[1] Arnold Plant, "The Economic Aspects of Copyright in Books", 1 (2) *Economica*, 167, 168~170 (1934).

绪 论

假设值得更多的调查，而不应掺杂那些自以为是的道德辩护。[1]史蒂芬·布雷耶（Stephen Breyer）沿袭了上述学者对待版权保护的立场。在《令人不安的版权情形：对书籍、影印品与计算机程序的研究》（1970年）一文中布雷耶指出，如同对废除版权保护应保持审慎一般，在加强版权保护方面同样应保持克制与冷静。[2]

20世纪70年代之后，随着"威廉姆斯和威尔金斯诉美国案"（Williams & Wilkins v. United States）[3]引起经济学家对影印问题的关注，相关经济分析文献激增。伊恩·E. 纽尔（Ian E. Newer）和迈克尔·沃尔德曼（Michael Waldman）（1984年）、廉·R. 约翰逊（William R. Johnson）（1985年）、S. J. 利博维茨（S. J. Liebonitz）（1985年，1986年，1987年）、兰德斯（Landes）与波斯纳（Posner）（1989年）等人均发表了著作权法经济分析的文章。兰德斯与波斯纳在1973年出版的《法律的经济分析》对美国法律制度进行了全面的经济分析，不仅建构了法经济学分析的完整理论体系，也奠定了兰德斯与波斯纳在法经济学理论学派中的权威地位。相应地，波斯纳与兰德斯所著的《版权法的经济分析》（1989年）一文也为后续学者反复引用和提及，因此在论及著作权法的经济分析时，法经济分析学者都会将其诉诸兰德斯与波斯纳的经典之作。[4]在著作权法经济分析发展过程中，吉莉安·K. 哈德菲尔德（Gillian K. Hadfield）于1988年发

---

[1] Robert M. Hurt and Robert N. Schuchman, "The Economic Rationale of Copyright", 56 Am. Econ. Rev. Papers & Proc., 42 (1966).

[2] Stephen Breyer, "The Uneasy Case for Copyright: A Study of Copyright in Books, Photocopies, and Computer Programs", 84 Harv. L. Rev., 281 (1970).

[3] See Williams & Wilkins Co. v. United States, 487 F. 2d, 1345 (1973).

[4] William M. Landes and Richard A. Posner, "An Economic Analysis of Copyright Law", 18 J. LEGAL Stud., 325 (1989).

表的《版权经济学的历史透视》(1988年)一文首次系统梳理了从早期出版时代到其所处年代经济理论在著作权法思想史上的作用与性质。[1]

第四种视角着眼于著作权法具体制度的经济分析,这类文献针对性较强,因而更为深刻与影响深远。例如,就有关作品产权化的路径选择这一问题,即有"(忽视)半公地悲剧理论""公地喜剧理论""反公地悲剧理论"以及"公地悲剧理论"四种。加勒特·哈丁教授(Garrett Hardin)在《公地悲剧》(1968年)一文中提出了"公地悲剧"理论,指出资源的公共状态会导致资源的过度利用甚至枯竭。[2]在哈丁教授发表《公地悲剧》30年之后,迈克尔·A.黑勒教授(Michael A. Heller)在《反公地的悲剧:从马克思过渡到市场的产业》(1998年)中提出私有产权的"碎片化"会导致资源利用不足甚至闲置的"反公地悲剧"。[3]卡罗尔·罗斯教授(Carol Rose)在《公地喜剧:习惯、商业和固有的公共财产》(1986年)中提出,公地并不一定导致"悲剧"也可能产生"喜剧"。[4]黑勒教授的"反公地悲剧"理论与罗斯教授的"公地喜剧"理论通常被用于论证公共产权的效率。进入21世纪之后,亨利·E.史密斯教授(Henry E. Smith)在《半公地产权与敞田制的分散化》(2000年)一文中提出了"半公地"理论。[5]罗伯特·A.海弗利(Robert

---

[1] Gillian K. Hadfield, "The Economics of Copyright: An Historical Perspective", 38 Copyright L. Symp. 1, 9 (1988).

[2] Garrett Hardin, "The Tragedy of the Commons", 162 *Science*, 1243 (1968).

[3] Michael A. Heller, "The Tragedy of the Anticommons: Property in the Transition from Marx to Markets", 111 Harv. L. Rev. 621 (1998).

[4] Carol Rose, "The Comedy of the Commons: Custom, Commerce, and Inherently Public Property", 53 U. Chi. L. Rev. 711 (1986).

[5] Henry E. Smith, "Semicommon Property Rights and Scattering in the Open Fields", 29 J. Legal Stud. 131 (2000).

A. Heverly）率先将这一理论引入对信息财产的分析。在《信息半公地》（2003年）一文中，海弗利指出，信息财产之上的产权模式是半公共的，即一种明确承认私用与公用之间彼此互动与相互依存关系的产权类型。[1]罗伯特·坎宁安（Robert Cunningham）在《（忽视）信息半公地的悲剧：基于文化环境的视角》（2010年）一文中指出，忽视信息的私用与公用之间的动态互动所产生的好处会导致"忽视信息半公地的悲剧"。[2]

再如，合理使用制度是美国法经济分析学者最为热衷研究的领域，并产生了以如下模型为典型的研究成果：温迪·J.戈登（Wendy J. Gordon）在《作为市场失灵的合理使用：Betamax案及其结构与经济分析》（1982年）一文中提出了合理使用制度的"市场失灵"模型。[3]威廉·W.费舍尔三世（William W. Fisher Ⅲ）在《重构合理使用原则》（1988年）一文中提出了"激励-损失"模型。[4]兰德斯和波斯纳在《知识产权法的经济结构》一书中提出了"成本-收益理论"。上述三种理论模型奠定了合理使用制度法经济学分析的基础，后世之作多是对上述理论模型的重述或补充。

此外，就连著作人身权利这一看似与经济学理论关联不大的领域也未能"逃过"美国法经济学分析学者对它的"关心"。亨瑞·汉斯曼（Henry Hansmann）与马瑞纳·桑梯利（Marina Santilli）在《作家和艺术家的道德权利：一个比较视角的法律

---

[1] Robert A. Heverly, "The Information Semicommons", 18 Berkeley Tech. L. J. 1127 (2003).

[2] Robert Cunningham, "The Tragedy of (Ignoring) the Information Semicommons: A Cultural Environmental Perspective", 4 Akron Intell. Prop. J. 1 (2010).

[3] Wendy J. Gordon, "Fair Use as Market Failure: A Structural and Economic Analysis of the Betamax Case and Its Predecessors", 82 Colum. L. Rev. 1600 (1982).

[4] William W. Fisher Ⅲ, "Reconstructing the Fair Use Doctrine", 101 Harv. L. Rev. 1659 (1988).

经济学分析》(1997年)中指出,保护作者的人身权利乃是为了防止声誉(负)外部性对作品价值的损害。[1]

实际上,美国有关著作权法经济分析的文献相当丰富与复杂,上述文献梳理仅仅展现了有关著作权法经济分析的一个粗浅框架。

2. 国内研究现状

我国对著作权法律制度的经济分析是继受而来的。我国相关著作权法的经济分析文献最早可以见诸20世纪90年代,代表作品是刘茂林所著的《知识产权法的经济分析》(1996年)一书,但其未对著作权法的经济理性进行详尽、系统的讨论。[2]专门针对著作权法的经济理性进行系统分析的文献始于朱慧的博士学位论文《激励与接入:版权制度的经济学研究》(2007年)。[3]该文着眼于著作权法中接触与激励的悖论,并采用数理模型对作品接触与激励的最优均衡、代际均衡与时际均衡进行了分析。由于该文论证路径依赖于经济学家熟悉但让法学家感到陌生的数理模型,因而该文的论证结论难免会让人感到费解。尽管令人费解,但该文却意义重大,它填补了我国彼时尚无针对著作权法律制度进行经济分析的专门论著的空白。王素玉的博士学位论文《版权法的经济分析》(2009年)并没有过多地借助数理模型而是以通俗易懂的文字表述对著作权法律制度经济分析的理论基础和主要流派、著作权法具体制度的经济分析、

---

[1] [美]亨瑞·汉斯曼、马瑞纳·桑梯利:"作家和艺术家的道德权利:一个比较视角的法律经济学分析",牛悦译,载[美]唐纳德·A. 威特曼编:《法律经济学文献精选》,苏力等译,法律出版社2006年版;Henry Hansmann, "Marina Santilli, Authors' and Artists' Moral Rights: A Comparative Legal and Economic Analysis", 26 J. Legal Stud. 95 (1997).

[2] 刘茂林:《知识产权法的经济分析》,法律出版社1996年版。

[3] 朱慧:"激励与接入:版权制度的经济学研究",浙江大学2007年博士学位论文。

网络环境下的著作权法进行了阐述。王素玉博士以文字表述展开的论证路径与朱慧博士以数理模型展开的论证路径形成了对照与互补。[1]

除上述对著作权法具体制度的经济分析之外，我国有学者还从更为宏观的视角对著作权法律制度与经济发展之间的关系进行了探讨。如李正生的博士学位论文《中国版权制度与版权经济发展关系研究》（2010年）分析了版权制度与版权经济发展之间的关系，他的基本观点在于版权制度的改革与完善可以促进版权经济的发展，版权保护的高低应与经济发展的水平彼此调适。[2]李正生博士所著进一步完善了我国著作权法律制度经济分析的图景，不仅使著作权法具体制度层面的经济理性得到阐述，还将其置于更为宏观的图景中，从而揭示了著作权法律制度与经济发展的动态关系。著作权法经济分析的最新进展着眼于网络环境下著作权法律制度的经济理性。如赵玥所著的博士学位论文《网络环境下著作权保护的法经济学分析》（2017年）以经济理论作为研究方法分析了网络环境下的著作权保护问题，她的分析主要着眼于著作权法律关系在网络环境当中的具体形态，涉及知识产权的传统经济理论如何用于分析网络环境当中的法律问题、网络环境当中的链接、临时复制、数据图书馆给合理使用制度带来的挑战、网络环境之下的计算机软件保护、网络环境下的侵权行为及其约束机制等问题。[3]赵玥博士所著为认知与改革网络环境下的著作权法提供了理论工具。

除了上述著作与学位论文之外，有关著作权法经济分析的

---

[1] 王素玉：" 版权法的经济分析"，吉林大学2009年博士学位论文。

[2] 李正生：" 中国版权制度与版权经济发展关系研究"，华中科技大学2010年博士学位论文。

[3] 赵玥：" 网络环境下著作权保护的法经济学分析"，吉林大学2017年博士学位论文。

论文数量较为丰富。吴汉东教授在其《关于知识产权基本制度的经济学思考》（2000年）一文中系统论述了经济理性之下知识产权的产权界定、产权交易、产权保护等问题，吴汉东教授的论文奠定了知识产权各部门法经济分析的基本逻辑框架。[1]冯晓青教授在其《著作权合理使用及其经济分析》（2007年）一文中论述了如何应用交易成本分析合理使用制度。[2]这些相对短小精练的文章铺陈开来，为我国循序渐进地引入著作权法经济学分析方法奠定了良好基础。

综合来看，目前我国著作权法律制度的经济分析形成了在经济学理论与法学理论上各有所长、兼有宏观视角与微观视角，并以网络环境中的著作权法律制度的经济分析为发展趋势的全面图景。

（二）研究评述

对于著作权法律制度的经济分析这一核心议题而言，上述宏观视角与中观视角因要兼论其他法律部门，不可避免地带有着墨过少或体系不足的问题，因此直接切入著作权法律制度的经济分析可以更为全面和系统地解释著作权法律制度的经济理性并为著作权法具体制度的改进提供可能的方向与路径。我国著作权法经济分析的相关文献虽然形成了较为完善的图景，但是这种图景实际上无法经受仔细推敲，并且存在着进一步发展和完善的空间。具体表现为：

首先，法经济学派发生与成长于美国，随着法经济学理论的发展，著作权法律制度的经济分析文献相当丰富并且发展成熟。我国历代以来重农抑商的思想传统导致我国欠缺经济理论

---

[1] 吴汉东：“关于知识产权基本制度的经济学思考”，载《法学》2000年第4期。
[2] 冯晓青：“著作权合理使用制度及其经济学分析”，载《甘肃政法学院学报》2007年第4期。

的本土成长环境。相应地,我国学者对著作权法律制度的经济分析也就缺少本土化思考,对美国法经济学者的学术成果不排除有一定程度的"拿来主义"色彩,直接将国外学者的学术成果拿为己用的痕迹明显。

其次,对著作权法律制度作经济分析需同时具备法学与经济学的知识体系,并且这种知识体系并不是建立在"蜻蜓点水"般的了解基础之上,而是需要熟练、深入地掌握法学与经济学的知识体系,并能够妥帖地将经济学理论作为一种方法论应用于对著作权法律制度及其相关问题的解释和改进之中。法学与经济学之间的学科界分导致有关著作权法律制度的经济分析之作或过于偏向法学理论或过于偏向数理逻辑,甚至错误应用了经济学工具。

再次,由于我国学者对著作权法律制度的经济分析移植、借鉴国外理论较多,因此在对著作权法律制度进行经济分析之时,体系性有所不足。对于国外研究较多且深入的部分,如合理使用制度、集体管理制度,我国学者借鉴较多,而对国外研究较少且不充分的部分,我国学者则直接略过,并没有将国外研究的短板往前推进。故我国著作权法律制度经济分析文献存在着顾此失彼、详略失当的问题,并最终表现为著作权法律制度经济分析的体系性不足。

最后,我国学者对著作权法律制度进行经济分析时,多是为了展现一种科学方法,忽视了科学方法所要实现的价值目标与所要解决的现实问题,因此目前有关著作权法经济分析的文献更多地侧重于理论分析,而非基于经世致用的现实需求。

实际上,从事著作权法律制度的经济分析是一项相当吃力的工作,但正是因为此项工作如此费力,才需要不同代际的学者共同努力来将之予以推进和完善。本书在这方面的研究无疑也反映出了这样一种努力：立足于价值目标与现实问题，本书将经济学的理论与工具审慎应用于著作权法律制度的分析，同时尝试建构著作权法律制度经济分析的严谨体系。如果本书偶有所得，那也是建立在前述学者的辛勤努力之上。

三、研究思路与分析方法

（一）研究思路

我国社会变革的历史经验表明，仅靠"师夷长技"无法促进经济增长与社会进步，唯有进行制度改革才能富国强民，这是西方制度经济学理论——制度因素乃是经济增长与社会进步的关键因素——的深刻实证阐述。作为制度组成部分的著作权法本质在于通过调和不同主体之间的利益冲突而与上述经济增长或者社会财富联系起来。不过，它们之间的联系并非直接明了，而是通过知识或者体现知识的"人力资本"这一经济增长的关键动力而与社会财富联系起来。如何提高知识资源的配置效率成了著作权法建构与革新的核心议题，这一核心议题可以被具体阐述为：如何能在无损接触与激励的前提下促进知识总量的最大化。

谈及资源的配置效率，需要寻求罗纳德·科斯（Ronald H. Coase）的帮助。依照科斯定理，资源的配置效率与产权的初始界定和产权的交易成本相关。如果交易成本为零，无论产权的初始界定如何，资源总会得到有效利用。然而，在现实世界中，交易成本无处不在，资源的配置效率既与产权的初始界定相关，也与产权的嗣后交易相关。在此之外，资源能否通过初始界定与嗣后交易有效流转到对其评价最高的主体那里，还与产权的初始界定与嗣后交易能否得到有效遵守有关。因此，资源的配置效率实际上与产权的初始界定、产权的交易模式和产权的治理机制密不可分。遵循科斯的基本思路,"如何能在无损接触与激励的前提下促进知识总量的最大化"可以被细分为下列三项子议题:如何通过产权界定激励持续生产与促进物尽其用;如何减少发生在产权流转过程中的交易成本;如何通过产权治理促进产权界定制度与产权交易模式得到有效遵守。

本书的分析即是基于"如何能在无损接触与激励的前提下促进知识总量的最大化"及其三项子议题展开的。遵循制度经济学的基本逻辑,围绕上述议题,本书的分析框架呈现如下结构:

其一,有关经济分析方法与著作权法之间适合度的分析。道德修辞掩盖价值立场,由于道德分析由来已久、积淀深厚,因此必然会使应用道德理论的制度研究受到观念惯性的钳制,并有可能成为制度革新的镣铐。它无法为上述母子议题提供超越价值立场的解决方案。正是基于这一考量,本书采用经济分析方法,这一富有活力的研究方法使其可以富有成效地为上述议题提供客观、科学与切实可行的解决方案。所谓"欲善其事,先利其器",本书因此需要先行探讨经济分析的理论与工具与著作权法之间是否彼此契合。当然,在讨论"适合度"这一问题之时,笔者还有意外收获,诸如人身权利是否就是为了保护作者的人格利益,现代版权制度为何未能先在我国产生以及著作权法是否真的为了保护作者利益这些问题借助经济分析寻找到了令人信服的答案。尽管这些答案并非尽善尽美,但是经济分析对这些问题的解答明显要比它的竞争者——道德分析——做得稍好一些。

其二,有关著作权法中产权界定制度、产权交易模式与产权治理机制如何应对与解决上述三个子议题的分析。本书试图解决的第一个子议题为"如何通过产权界定激励持续生产与促进物尽其用"。应对与解决这一议题的基本原理可以阐释如下：何者能对特定客体或者客体属性的特定方面进行最优利用与评价最高（常以激励效应与社会成本加以分析），特定客体或其属性的特定方面就应交由何者控制。通过激励作品的持续生产与促进作品的广泛利用与传播（节省社会成本），知识总量能够得以增加。本书试图解决的第二个子议题为"如何减少产权流转的交易成本"。应对与解决这一议题的基本思路可以阐述如下：如果能够将发生在权利流转中的交易成本节省下来，补贴给权利人或者使用者，那么激励和接触利益便能够同时增进，知识总量也能得以增加。本书试图解决的第三个子议题为"如何通过有效的产权治理促进产权界定制度的遵守与产权交易模式的运行"。应对与解决这一议题的基本理念可以阐述如下：通过道德治理与法律治理在其最优作用领域约束侵权行为与权利滥用，引导主体从事作品创作与传播，由此作品的接触与激励利益可以彼此促进。

其三，有关著作权法的制度革新。借助经济理论，本书最终目标在于指明如何认知著作权法的制度结构、如何改进著作权法具体制度以及如何应对著作权法面临的新兴问题。著作权法具体制度完善的前提在于厘清著作权法的制度结构，制度结构包括：著作权法的调整对象、著作权法的价值目标与著作权法的制度设计。制度结构的澄清为著作权法如下制度的完善指明了方向：如何澄清和解释思想/表达二分法与独创性概念，以使其能接管新兴信息成果；如何改进集体管理组织、私人建构的他种制度、合理使用制度与法定许可制度以便使其更好地应对交易成本；如何选用侵权责任标准、如何适用损害赔偿责任以及如何建构作品权利保护的话语体系进而约束侵权行为与权利滥用。同时，本书还对产权界定制度的经济理性如何应对人工智能生成内容的作品资格、产权交易模式的经济理性如何应对人工智能复制和提取版权材料的法律定性以及产权治理机制的经济理性如何应对智能社会网络平台版权侵权治理义务等新兴问题作出了回应。

下图展示了本书的逻辑进路与分析要点。

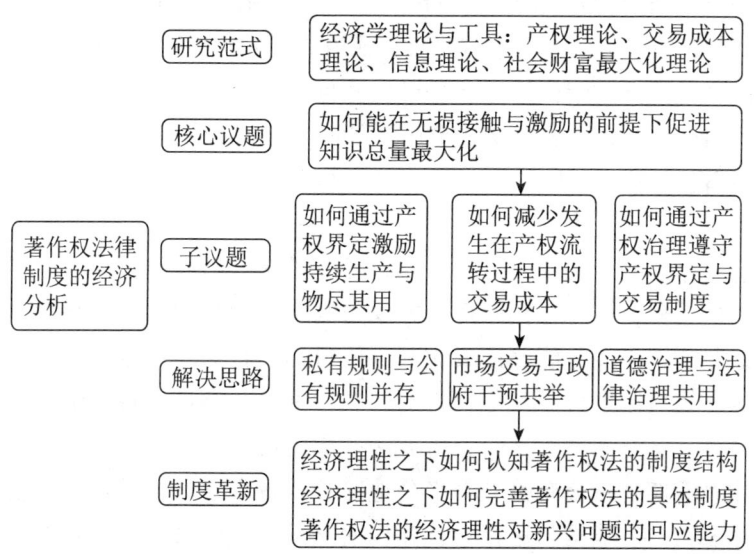

（二）分析方法

本书围绕"无损作品的接触与激励的前提下促进知识总量最大化"这一核心议题展开，所使用的研究方法主要是经济分析方法，并以比较分析方法与历史分析方法辅助经济分析方法的运用。

1. 经济分析方法

著作权法长期以来为道德哲学的迷雾所笼罩，这使得我们在感性思维模式下不自知地为道德哲学的修辞所迷惑，因此看不清问题的本质。刺破道德哲学的迷雾就需要一种与之截然不同的思维模式，即科学的思维模式，以便看清著作权法的本来面貌。由产业利益调整引起的著作权法的产生与演进使之天然地与经济分析方法发生联系。经济分析方法就是要指明那些在道德哲学修辞之下所隐藏的各种利益，并应用规范分析与实证分析约束与引导各种利益，使之朝着共荣共生的方向演进。本书对经济分析方法的应用见诸：（1）在著作权法论证范式中引入经济分析方法的规范进路与实证进路；（2）以经济分析方法解释有关作品产权界定、产权交易与产权治理中有效率与无效率之处，并指出著作权法的完善方向；（3）以经济分析方法应对著作权法面临的新兴问题。

2. 比较分析方法

个体的行为方式与群体的制度选择受到趋利避害的生物本性的支配，在可选择的行为方式与制度机制之间，个体与群体总是要选择那些能够最大化其价值目标的行为与制度。不同行为方式与制度机制孰优孰劣的问题，总得要经过一番仔细比较才能回答。本书对比较分析方法的应用可以见诸：①产权界定中私有路径、公有路径与半公地路径的效率比较；②产权交易中私人自主建构与法律干预建构的交易模式的效率比较；③产权治理中物理治理、法律治理与道德治理的效率比较。

3. 历史分析方法

美国法理学者博登海默（Edgar Bodenheimer）指出，历史分析是对过去事实的再现与梳理。通常而言，梳理与再现历史并非易事，从事历史研究花费的劳动与可能取得的研究成果并不相称，但是无论如何，历史研究将会丰富我们有关早期法律制度的认知。[1]本书采用的历史分析可以指明影响作品的保护

---

[1] [美] E. 博登海默：《法理学：法律哲学与法律方法》，邓正来译，中国政法大学出版社2017年版，第100页。

模式，从赞助制度、印刷特权到现代版权演进的支配性与非支配性因素，并解释了作品保护模式的演进路径实际上就是产业利益失去平衡与重回均衡的博弈图景，因此为作品保护模式的未来改进指明了方向。本书所使用的历史分析方法主要见诸第一章对作品保护模式演进路径的历史梳理。

四、整体结构与创新之处

（一）整体结构

本书围绕"无损接触与激励的前提下促进知识总量的最大化"这一核心议题展开。本书第一章首先指出了本书所要应用的分析方法——法经济学分析。为使本书的分析不至于因研究方法的失误而导致结论出现差错，第一章对传统道德分析面临的范式困境、人们应对法经济学分析方法持有的正确态度以及著作权法与经济学理论与工具之间的适合度进行了讨论。本书第一章的结论在于法经济学分析方法是一种相对科学的研究方法。本书第二章分析了著作权法领域中作品的经济属性与创作行为的性质如何影响作品产权化的路径选择，以及如何在私有产权、公有产权与"半公地"产权之中作出作品产权化的路径选择。本书第二章的结论在于作品产权化的路径选择应为半公共的。本书第三章分析了如何构建简便易行的交易机制，促进作品交易，通过分析集体管理组织、私人自主建构的他种制度、合理使用制度以及法定许可制度指明了上述制度的最优作用领域与改进方向。本书第三章的结论在于通过节约作品交易成本，作品接触与激励之间的矛盾可以得到进一步缓和。本书第四章分析了如何通过产权治理约束与引导侵权行为和权利滥用行为，进而鼓励作品创作与传播行为。通过分析侵权行为发生的经济原因、侵权责任标准的选择与侵权责任的适用以及著作权法领域话语体系的建构,本书第四章指明了法律治理与道德治理的完善方向。基于经济分析的引领,本书第五章澄清了经济理性之下有关著作权法的基本结构与著作权法具体制度应当如何完善。

(二) 创新之处

本书将著作权法问题一分为二,即"著作权法方法论"与"著作权法观念",以"著作权法方法论"解释和改进"著作权法观念"。故除了本书所采用的方法创新之外,本书的创新之处主要在于"著作权法观念"的创新,并主要表现为如下三点:

1. 作品产权化的"半公地"选择

在无损作品的接触与激励的前提下促进知识总量最大化,首先需要借助产权界定。传统观念坚持公有或者私有的严格二分,并分别以"公地悲剧"理论与"反公地悲剧"理论支持私有产权至上论或公共领域神圣论的产权模式。本书认为,"公地悲剧"理论与"反公地悲剧"理论作为论证有体财产私有或公有的传统经济学理论并不能很好地适用于作品产权化路径选择的论证,严格恪守公有或者私有二分只会加剧而无法缓和作品接触与激励的矛盾。新近经济学理论即"半公地"理论契合了产权的完全私有或者完全公有是不现实的这一理念,指明物之私用与公用因彼此的存在而变得更好,因而提出作品产权化的制度选择应当是"半公共"的。相应地,作品产权化的制度设计不仅包括可排他性且可转让性的私有属性规则,也应包括不可排他或不可转让的公有属性规则。私有与公有共融,私用与公用共生,是以产权界定缓和作品接触与激励矛盾的第一步。

在"公地悲剧理论""反公地悲剧理论""半公地悲剧理论"与"公地喜剧理论"的对比分析中指明作品产权化的制度选择,

此乃第一处"著作权法观念"的创新。

2. 著作权法中的双重交易模式

在无损作品的接触与激励前提下促进知识总量最大化,还要借助产权交易。如将交易成本节省下来补贴给权利人或使用者,作品的接触与激励矛盾就可以进一步缓和。同样,坚持政府干预或者市场机制与坚持私有或公有的绝对二分一般并不现实,以财产规则为依托的市场交易模式与以责任规则为工具的政府干预模式因其性质不同而适合于不同类型的作品交易。权利人"商人的品格"与"企业家的精神"及集体行动的效率使之依赖财产规则并借助市场机制不断强化其激励利益;使用者"风险规避"的心理与集体行动的困境使之只能诉诸责任规则并借助政府干预实现其接触利益。相应地,著作权法领域中的交易模式主要表现为私人自主建构的集体管理制度与他种制度,与政府干预建构的法定许可制度与合理使用制度。市场机制与政府干预共存是以产权交易缓和作品接触与激励矛盾的第二步。

通过对比分析私人自主建构的交易模式(集体管理组织与私人建构的他种制度)与法律干预建构的交易模式(合理使用与法定许可制度)的制度收益与制度损失,指明著作权法中不同交易模式的改进方向,此乃第二处"著作权法观念"的创新。

3. 著作权法中的双向治理机制

在无损作品的接触与激励的前提之下促进知识总量最大化这一价值目的的实现取决于产权界定制度与产权交易模式的实效,因而需要引入治理机制约束与引导那些背离产权界定制度与产权交易模式的行为。人类社会的治理机制主要包括物理治理、法律治理与道德治理,每种治理机制各有最优约束领域。著作权法领域的法律治理主要是通过责任标准的选择与损害赔偿的适用约束逐利行为，道德治理主要是通过话语体系构建主流意识形态进而引导逐利行为。法律治理与道德治理共用是以产权治理缓和作品接触与激励矛盾的第三步。

在对缘何法律治理机制未能有效遏制侵权行为与缘何著作权强保护的话语体系未能形成主流意识形态的对比分析中指明著作权法中治理机制的改进方向，此乃第三处"著作权法观念"的创新。

第一章
著作权法研究的范式反思

法学的进步在于方法的进步,方法的创新是一切进步的动力。[1]

——王泽鉴

著作权法的基本问题可以一分为二,即"如何认识著作权法"与"著作权法是什么"。两者可以归结为"著作权法方法论"与"著作权法观念"。在"著作权法方法论"与"著作权法观念"之间存在着如下逻辑关系:

其一,"著作权法方法论"与"著作权法观念"之间具有同一性。例如,应用康德与黑格尔的"人格理论"方法论会得出著作权法律制度是对创作者外在人格的保障的观念;而应用边沁等人的"功利主义"方法论会得出著作权法律制度是对创作者的经济激励的观念。因此可以说,"著作权法方法论"决定了"著作权法观念"。

其二,"著作权法观念"的科学性取决于"著作权法方法论"的科学性。因此,在运用方法论对著作权法律制度进行解

---

[1] 张永健:《物权法之经济分析:所有权》,北京大学出版社2019年版,序言第1页。

释和改进之前,首先要对"著作权法方法论"的科学性加以分析。"著作权法方法论"在批判与反批判、证伪与证实的过程中保有其科学的生命力。如果某一"著作权法方法论"能够经受得住指责与批评,或者这一"著作权法方法论"能够比它的竞争者更能应对指责与批评,那么这一"著作权法方法论"可以暂时地、尝试性地作为一种科学方法而被接受与适用。[1]

其三,不同的"著作权法观念"与"著作权法方法论"之间存在着竞争关系。按照卡尔·波普尔(Karl Popper)提出的有关知识进化理论,一切运转良好的"著作权法方法论"在不能应对一系列反常现象时则要被淘汰,而为其他的方法论所取代以解释和改进新出现的反常现象。由此,"著作权法方法论"与"著作权法观念"在历史选择的过程中实现了进化与发展。

"著作权法方法论"以及由"著作权法方法论"所得出的"著作权法观念"一起构成了一种完整的著作权法的研究范式。按照托马斯·库恩(Thomas Kuhn)在《科学革命的结构》中对范式的阐述,范式是具有如下两种特征的成就:其一,它前所未有地吸引一群坚定的支持者,使其在科学活动中与其他竞争范式相分离;其二,它必须是开放的,留有许多问题需要重新组成的一批实践群体加以解决。[2]为国内外学者所推崇并形成了相当研究成果的著作权法的研究范式基本上沿着两条路径展开:一条路径是依据形而上的自然权利的方法论而存在的"作者权",另一条路径是依据形而下的功利主义的方法论而存在的"版权"。在著作权法的论证范式内部,学者们青睐于对"著作

---

[1] [英]卡尔·波普尔:《客观知识——一个进化论的研究》,舒伟光等译,中国美术学院出版社2003年版,第294页。

[2] [美]托马斯·库恩:《科学革命的结构》,金吾伦、胡新和译,北京大学出版社2012年版,导论第15、16页。

第一章 著作权法研究的范式反思

权法观念"的揭示,而常常忽视对"著作权法方法论"科学性的反思,欠缺对"著作权法方法论"科学性的思考,由此得出的"著作权法观念"必然也是站不住脚的。[1]

由于"著作权法观念"是由"著作权法方法论"决定的,因此在使用任何一种方法论对著作权法律问题展开分析之前,必然不能绕过对"著作权法方法论"科学性的探讨,这是分析和解决著作权法问题的前提。前提出现了偏误,结论自然相去甚远。因此,本书第一章首先要对著作权法领域中较为流行的研究范式展开一番论述、对照与批驳。

第一节 著作权法研究的传统范式

梳理著作权法学者对著作权法正当性的理论论证,可以发现,著作权法论证的传统范式主要包括自然权利的论证范式与功利主义的论证范式。自然权利论证范式的理论工具主要包括劳动理论与人格理论;功利主义论证范式的理论工具主要是指功利主义理论。[2]著作权法研究的范式选择受到主体价值立场的影响:如果主体偏重保护贡献者的物质与精神利益,那么其就会应用自然权利范式下的劳动理论与人格理论,并提倡著作权至上论;如果主体青睐以自由参与社会文化建构为导向的公

---

[1] 学术研究的思维模式会传导至立法与司法政策。例如,彼得·德霍斯指出:"尽管在涉及知识财产的案件中法官经常借助劳动的概念,但赋予这种借助方式以规范性效力的形而上学理论却很少被拿出来公开讨论。"[澳]彼得·德霍斯:《知识财产法哲学》,周林译,商务印书馆2017年版,第72页。

[2] 冯晓青:《知识产权法哲学》,中国人民公安大学出版社2003年版;吴汉东:《知识产权多维度学理解读》,中国人民大学出版社2015年版;陈杰:《论著作权的正当性》,知识产权出版社2016年版;[澳]彼得·德霍斯:《知识财产法哲学》,周林译,商务印书馆2017年版;[美]罗伯特·P.莫杰思:《知识产权正当性解释》,金海军、史兆欢、寇海侠译,商务印书馆2019年版。

共利益,那么其就会应用功利主义的论证范式,并因此提倡著作权限制论甚至著作权无用论。[1]由此可见,传统的著作权法论证范式带有先天的立场偏好,并且容易落入片面、单向的论证,这种范式困境导致其不能为著作权法律制度的解释与改进提供客观、全面的分析路径与方法,只会加深不同主体的认识分歧。以下将分别阐述劳动理论、人格理论与功利主义理论范式及其面临的困境。

一、劳动理论的范式与困境

劳动理论进入著作权法始于文学财产支持者的利益保护需求,并在文学财产支持者对劳动理论的解读与释义的过程中发生与著作权法之间的联系,由此确定其范式地位。[2]然而,文学财产的支持者为单向论证其利益正当而对劳动理论作出的片面性与扭曲性解读导致了劳动理论的范式困境,使之无法为著作权法律制度的解释与改进提供一个全面、客观的理论工具。

(一)劳动理论的基本范式

著作权法学者在谈及著作权法的研究范式时,首先会从洛克那里寻求理论支持。

在《政府论》"论财产权"一章中,洛克(John Locke)通过如下一番论证建立了作为个体的人类与经济资源之间的一一映射联系:①上帝将天堂留给了自己,把土地以及土地上的一切留给了人类;②人类为了生存和舒适生活,必须要把对人类

---

[1] 刘茂林:《知识产权法的经济分析》,法律出版社1996年版,第128页。
[2] [澳]布拉德·谢尔曼、[英]莱昂内尔·本特利:《现代知识产权法的演进:英国的历程(1760-1911)》,金海军译,北京大学出版社2012年版,第26页;Gillian K. Hadfield, "The Economics of Copyright: An Historical Perspective", 38 Copyright L. Symp. 1, 9 (1988).

有用或有益的共有物拨归私用；③每个人对其自身享有所有权，因而，他的身体所从事的劳动和他的双手所进行的工作也应当属于他；④当他将自己的劳动掺进处于共有状态的物中并使其脱离共有状态时，他就取得了对该物的所有权；⑤每个人在取得财产权时都必须留有足够好、同样多的东西给他人；⑥每个人取得的财产权以不造成浪费为限。[1]

在洛克对私有财产的取得作出这番论述之时，知识财产尚没有成为一种流行的社会观念与制度现象。因此，我们可以肯定地说，洛克关于私有财产取得的这番论述并不涉及任何无体财产，其在论述中所使用的例证（"苹果"与"橡树果"）表明洛克的劳动理论仅针对有体财产。[2]将洛克的劳动理论应用于无体财产正当性的辩护是后续学者对洛克劳动理论的借用而非洛克有意为之。应用洛克的劳动理论对无体财产进行辩护始于18世纪的普通法永久性文学财产争论，普通法永久性文学财产的支持者试图以"先占"作为其取得文学财产所有权的依据，但是他们却不能为这一问题——"怎么能够占有某个不具有任何物质存在的东西"[3]——提供任何可以让人信服的回答，因此他们转而提出"先占"并非取得财产所有权的唯一方式，而

---

[1] [英]约翰·洛克：《政府论》，杨思派译，中国社会科学出版社2009年版，第162~165页；冯晓青：《知识产权法哲学》，中国人民公安大学出版社2003年版，第23页；刁佳星："知识产权公共领域建构的制度理性与功能价值——以开源软件许可为例证"，载《研究生法学》2018年第6期。

[2] 这一点为洛克《政府论》的产生（1689年至1690年）与现代著作权法的诞生（1710年）之间的时间间隔所印证，一些知识产权理论学者对此表示认同。如彼得·德霍斯指出："在洛克撰写关于财产的论著时，他也许并没有想到知识财产，洛克当时所关注的是有形物而非抽象物的所有权。"[澳]彼得·德霍斯：《知识财产法哲学》，周林译，商务印书馆2017年版，第76页。

[3] [澳]布拉德·谢尔曼、[英]莱昂内尔·本特利：《现代知识产权法的演进：英国的历程（1760-1911）》，金海军译，北京大学出版社2012年版，第23~27页。

是存在多种取得财产所有权的方式。如果"先占"不是取得文学财产所有权的恰当方式,那么什么才是文学财产所有权的取得方式呢?文学财产的支持者最终将其焦点锁定在了洛克的劳动理论上,这个较"先占"更为一般的观念为文学财产所有权的取得提供了依据,洛克的劳动理论也由此作为一种理论工具"偶然地"进入了知识产权领域。当然,将洛克关于有体财产取得的论证逻辑应用于知识产权特别是著作权取得的论证,取决于洛克的劳动理论与著作权之间的"适合度"。罗伯特·P. 莫杰思(Robert P. Merges)通过原初共有(自然状态)与公共领域的类比以及体力劳动与智力劳动的对比说明了洛克的劳动理论之于知识产权的"适合度"。其指出,"从公共领域中主张知识产权,正如从自然状态中产生出财产权,遵循着相同的逻辑",[1]"劳动对于证明某些有体财产的权利来说,固然具有相关性,但它在知识产权领域中所起的这种作用却更加广泛,也更为突出"。[2]

经由后续著作权法学者对洛克劳动理论的反复引用与提及,劳动理论逐渐确立起了其研究著作权法的范式地位。

(二)劳动理论的理论困境

洛克劳动理论的理论困境并不产生于劳动理论本身,而是产生于洛克的劳动理论之于著作权法的适合度,因此笔者所提出的劳动理论的理论困境并非对劳动理论本身的批判,而是对文学财产的支持者对劳动理论所作的扭曲性与片面化解读与借用的批判。

莫杰思的劳动理论之于著作权取得的适合度的主张无法克

---

[1] [美]罗伯特·P. 莫杰思:《知识产权正当性解释》,金海军、史兆欢、寇海侠译,商务印书馆2019年版,第62页。

[2] [美]罗伯特·P. 莫杰思:《知识产权正当性解释》,金海军、史兆欢、寇海侠译,商务印书馆2019年版,第62、63页。

服下列问题,因此带有扭曲性色彩。首先,洛克劳动理论中的"原初共有(自然状态)"是被上帝恩赐的有体物所占据的,而知识是在"社会进程"中形成的具有公共物品属性的无体物。莫杰思为劳动理论所作的辩解之一即将"从公共领域主张知识产权"与"从自然状态中产生出的财产权"相类比,其隐含的假设前提是社会进程中的知识与原初共有中的有体物在属性上是一样的。这一假设前提与实际情形明显不符,在自然状态下,资源相对于人口而言相对富饶,因此存在大量未受他人劳动"染指"且未被主张权利的"自然的自发之手生产出来的"〔1〕有体资源,〔2〕但在相互依存的"社会进程"中,无体知识是不同代际与不同地域内主体劳动彼此交叠、碰撞与累积的产物,主体之间彼此依存的社会状态决定了那些看似是由个人劳动产生的无体知识实际上是集体劳动的产物。〔3〕接受无体知识与有体资源在属性上存在的这种基本差异以及潜在的更为广泛的差别意味着不能轻易将"从公共领域主张知识产权"与"从自然状态中产生财产权"相等同。其次,洛克并没有对其理论核心"劳动"进行内涵与外延上的界定,而是以列举的方式进行的——其所列举的劳动都是诸如"弯腰采拾""伸手采摘"之类的体力劳动,而且洛克所列举的劳动对象诸如"苹果"与"橡树果"都

---

〔1〕[英]约翰·洛克:《政府论》,杨思派译,中国社会科学出版社2009年版,第163页。

〔2〕这一结论可以从洛克《政府论》第五章第31节与第33节的表述中得出。如洛克在第31节中指出:"考虑到在很长的一段时间内,世界上自然物资充足,而使用者却很少,一个人凭自己的辛勤劳动所能获得并占有的、不让他人分享的东西,只是自然物资的很小的一部分,特别是如果遵守理性规定的供他使用的范围的话,数量会更小。"[英]约翰·洛克:《政府论》,杨思派译,中国社会科学出版社2009年版,第165、166页。

〔3〕[澳]彼得·德霍斯:《知识财产法哲学》,周林译,商务印书馆2017年版,第83页。

有明确的自然边界。因此，在体力劳动和具有自然边界的有体资源之间可以直截了当地建立联系。由于缺少对"劳动"内涵与外延的界定，当跨越洛克所列举的具体情形时，劳动与资源之间的联系就会变得模糊。例如，"抄袭"和"剽窃"同"弯腰采拾"和"伸手采摘"一样都是体力劳动，在二者之间进行类比推理会得出"抄袭"或者"剽窃"的作品能够取得著作权的荒谬结论，智力劳动与体力劳动之间的差别决定了上述类比推理是无效的。再如，"大海"与"苹果"和"橡树果"同为有体资源，在二者之间进行类比推理，会得出"在大海中滴入一滴水会使大海为我所有"的荒谬结论。劳动对象之间的差别，特别是劳动对象自然边界的差别决定了在具有自然边界的有体资源与边界模糊的有体资源和无体知识之间进行类比推理同样是无效的。由于洛克的劳动理论事先未对"劳动"的内涵与外延进行界定，并不能想当然地将智力劳动与边界模糊的劳动对象强行添加到洛克的劳动理论中，因此，莫杰思为劳动理论所作的辩解之二"劳动在论证知识产权中所起的作用更加突出"事实上依据不足。

对洛克的劳动理论进行全面解读会发现，文学财产支持者的单向视角（仅论证著作权取得的正当性）实际上是对洛克劳动理论的片面性解读。洛克以劳动论证私有财产起源时，是建立在两个限制前提之上，即"充足限制"与"浪费限制"。其一，"充足限制"即每个人取得其劳动附加之物的所有权都应同时留下"足够多、同样好"[1]的东西给其他人。笔者以为，"充足限制"因时代变迁而愈加呈现出其理想色彩。洛克指出，

---

[1] 参见洛克《政府论》第五章"论财产"第27节、第33节、第34节。[英]约翰·洛克：《政府论》，杨思派译，中国社会科学出版社2009年版，第163、166、167页。

通过劳动改良进而占有土地的做法不会对任何人造成伤害，因为剩下的土地多到那些还没有取得土地的人用都用不完，任何人也不会因为一个人喝水而认为自己受到了损害，因为还有一整条河供其他人解渴，因而可以依其劳动能力进行无限占有并且同时留有"足够多、同样好"的东西给其他人。洛克的这一论断实际上预设了"资源极为丰富"（用康芒斯的话说，即是"自然丰裕"）这一理想前提，而经济学家却作出了"资源稀缺"的分析假设。问题的关键在于，是洛克的理想前提还是经济学家的分析假设与现实情景更为相符。笔者的回答是，"资源极为丰富"的理想前提与洛克所处的历史阶段出入不大，因有体资源总量与人口总数之比较大。"就当时英国稀少的人口和伊丽莎白女王之后世界范围内的征服而言，不能说他（洛克）没有道理。"[1]而在当下，资源与人口之比减少，因而"资源稀缺"更契合当下情景，这一回答指明了"充足限制"的理想色彩。在"资源稀缺"的分析假设下，任何对共有物的取用都意味着可为他人利用的资源数量减少或价值减损，"那些主张赋予抽象物财产权的人就可能无法给他人留下足够的一样好的东西了"，[2]因此限制了他人基于生存与发展所需的而对有体资源与无形知识的接触与利用。由于取得劳动之物的所有权难以满足"充足限制"这一条件，对劳动之物的所有权至上与绝对的观念自然也就站不住脚了。其二，"浪费限制"即每个人通过劳动获得的东西，应当限制在满足主体需要的限度之内，不能取走比他能够使用之外更多的东西，超出这一必要限度，潜在的浪费

---

[1] ［美］约翰·R. 康芒斯：《制度经济学》（上），赵睿译，华夏出版社2017年版，第43页。

[2] ［澳］彼得·德霍斯：《知识财产法哲学》，周林译，商务印书馆2017年版，第81页。

就会破坏劳动者的所有权。[1]洛克表示,如果一个人圈占土地上的草或果实在没有采摘和储存之前就腐烂或变质了,该人将丧失对其圈占土地的所有权,该土地可以成为任何其他人的财产。无形知识作为公共物品,其非竞争性导致了对于"无形知识是否会发生浪费的认知分歧":贾斯汀·休斯(Justin Hughes)认为,无形知识自身价值并不会像被圈占私有的有体资源那样容易腐烂与变质,无形知识的社会价值在不同背景中可能减损也可能增加,无论知识的社会价值如何,其自身价值并不会产生浪费,故其认为在无形知识之上不会发生浪费;彼得·德霍斯(Peter Devos)认同无形知识本身并不会产生浪费,但是被圈占私有的无形知识被有效运用的时间幅度和地域范围可能被减少,相应的无形知识所赋予(特别是给他人)的机会同样可能减少,故其认为无形知识同样会发生浪费。[2][3]两者的分歧在于侧重点不同,休斯强调无形知识的自身价值,而德霍斯则强调无形知识的社会价值。笔者认为,无形知识是自身价值与社会价值的统一载体,如果将浪费理解为"未充分利用有体或无形资源",那么当本可以为多人同时利用产生价值的知识被圈占私有时,必然会发生浪费。由于将无形知识圈占为私有将导致浪费,因此对无体知识不加限制地完全控制也就缺少正当性了。

洛克劳动理论的理论困境主要在于文学财产的支持者及其追随者基于利益保护的需求而对劳动理论进行了带有自身立场偏好的片面解读——支持绝对的自然权利与反对限制知识私有

---

〔1〕 刁佳星:"知识产权公共领域建构的制度理性与功能价值——以开源软件许可为例证",载《研究生法学》2018年第6期,第101页。

〔2〕 Justin Hughes,"The Philosophy of Intellectual Property",77 Geo. L. J. 287, 328(1988).

〔3〕 [澳]彼得·德霍斯:《知识财产法哲学》,周林译,商务印书馆2017年版,第80页。

的立法。这种理论困境,加之洛克劳动理论从其时代背景所生发的历史局限,决定了洛克的劳动理论无法为著作权法律制度的解释和改进提供一个全面且变革的理论工具。

(三) 劳动理论的制度偏差

除理论困境之外,洛克的劳动理论之于著作权法的"适合度"因其无法解释和改进相当部分的著作权法律制度而被消解,并因此表明劳动理论缺少一种面向未来的能力。劳动理论的核心在于一切财产取得的正当性只能从劳动那里获得,按照这种进路,只有对作品的创造付出了智力劳动的作者才能成为著作权人。但是,无论从国际层面的共识抑或我国的具体规定来看,著作权的取得均并不局限在智力劳动的范围内。

在著作权法领域,著作权法并不保护思想以及特定类型的表达,无论思想以及特定类型的表达需要耗费多少智力劳动。例如,《著作权法》第 5 条规定,本法不适用于:法律、法规,国家机关的决议、决定、命令和其他具有立法、行政、司法性质的文件,及其官方正式译文;单纯事实消息;历法;通用数表、通用表格和公式。基于洛克的劳动理论,这些耗费人类智力劳动产生的思想或者特定类型的表达显然可以取得财产权利,但是著作权法并不保护此类体现智力劳动的对象。原因在于,尽管思想或者特定类型的表达体现人类的智力劳动,但若由人私有,将会产生福利封锁甚至减损效应。例如,如果著作权法保护思想,对其保护将会产生较高的无谓损失、交易成本以及保护成本,并有损害政治民主化与思想多元化的社会风险,脱离表达单独予以思想保护的激励效应并不明显。由于思想私有化收益率为负,而其公共化收益率为正,因而著作权法对其不予保护。在此,发挥说理论证作用并且因此决定思想或者特定类型表达的命运的是成本与收益分析或接触与激励的权衡。假设应用劳动理论保护思想或特定类型表达,显然会与社会可欲的目标发生冲突。类似情形还发生在专利法中。在专利法中,区别发现与发明是一个重要原则。例如,爱因斯坦发现"$E=mc^2$"的自然法则无法获得专利保护,尽管发现耗费的智力劳动要比发明还多。这是因为,单纯的发现只有被转化为有实用性的发明才能产生福利增进效应,若由私人垄断发现,将会抑制以发现为基础的创新。

在著作权的原始取得方面,进行智力劳动的作者可获得著作权,作者以外的自然人、法人或者非法人组织也可以获得著作权。这种非劳动者原始取得著作权的情形包括:①电影与电视剧这两类视听作品的著作权归制作者享有,上述两类之外的视听作品的著作权可由当事人约定,法律并未事先预设视听作品的著作权应当由实际付出智力劳动的编剧、导演等获得;②委托作品的著作权可以经由合同约定而由委托人享有;③在约束条件下,诸如工程设计图之类的职务作品,署名权之外的其他权利不由实际创作主体享有而是由法人或非法人组织享有,而且法人或者非法人组织并不必然给予作者奖励。[1]上述作品著作权归属的规定并不是基于智力劳动的考虑,而是基于何者能对作品进行最优利用的福利考量。依照产权界定理论,作品初始产权应被界定给能对作品作出最高评价与进行最优利用的主体,但在牵涉复杂主体的利益关系之时,只有私人才拥有其自身对于作品的主观评价与利用能力的信息,因而能够在其反复交往当中自发提供权属配置的最优规则。外在的第三方受信息成本的限制一般无法探知主体的主观评价与利用能力信息,因此牵涉复杂利益主体之时,法定的权属配置规则应让位于约定的权属配置规则。例如,前述委托作品的权属可经合同约定而由委

---

[1]《著作权法》(2020年修正)第17条、第18条与第19条。

第一章 著作权法研究的范式反思

托人享有。当且仅当约定的权属配置规则缺位之时，外在的第三方才依据一些反映主体主观评价与利用能力的客观测度指标，（例如主体的投资水平）提供权属配置的次优规则。这是因为，具有理性的主体作出的任何决策和行为都是基于成本收益的比较，如果主体对作品的评价与开发利用能力不强，其便不会付出高昂的前期投入；即便主体对作品的评价与开发利用能力存在误判，为了收回前期成本，其也最有动力对作品进行最优利用。例如，电影与电视剧两类视听作品的著作权由制作者享有，原因在于制作者作为付出巨额投资的商业运营主体，最有能力和动力对电影和电视剧作品进行最优利用，同时也有较强的风险承担能力。这些非劳动者原始取得著作权的情形均有一个共同之处，即制作者、委托人与法人或非法人组织相较于智力劳动者能够对作品进行更具价值的利用，也更具风险承担的能力。故在著作权原始取得过程中，尽管著作权法中的多处具体制度表现出了对作出智力劳动作者的特殊关照，但是我们必须承认，在著作权的原始取得过程中，不只是劳动，包括资本、政策等在内的多因素都在发挥影响。

即便承认并接受在著作权的原始取得中劳动因素占有很大比重，在著作权的嗣后取得中，劳动因素也将趋于消解。著作权的嗣后取得依赖于本书第三章所提出的两类交易模式。第一类交易模式是依赖市场机制进行的自愿交易，在交易过程中，作品的劳动价值与作品的市场价值之间并不必然呈现正相关性。例如，艺术作品的市场价值就不能以劳动价值加以衡量。因此，在市场交易中，是资本而非劳动发挥了主要作用。第二类交易模式是依赖政府干预进行的强制交易，使用者对作品的接触与利用并不是因为使用者为作品的创作付出了智力劳动，而是因为阻碍使用者对作品的接触与利用将与言论自由等基本价值相左。因此,使用者获得对作品的接触与利用利益乃是政策导向(分配正义)的产物。此外,劳动理论还至少遭遇了两个现实障碍。其一是"机器创作"之物的权利归属问题;其二是数据库的保护问题。以劳动理论拒绝对"机器创作"之物(以其并非人类劳动之物)与数据库(以其并非智力劳动之物)的保护将阻碍具有社会价值的上述两类客体的产生与发展。如果以劳动理论接纳对上述两类客体的保护,则意味着劳动理论自身的瓦解,这表明劳动理论缺少一种面向未来的能力。笔者以为,与其陷入劳动理论的"泥淖",倒不如跳脱出劳动理论的困境,借用经济学理论的科学方法,基于事前的生产投入与事后的市场需求来对之加以分析。

劳动理论的制度偏差进一步表明,对既有的著作权法律制度与讨论中的著作权法律问题,洛克的劳动理论不能提供一种客观且有效的分析工具。

二、人格理论的范式与困境

(一)人格理论的基本范式

探讨著作权法正当性的另一条自然权利路径是人格理论。有关人格理论的系统阐述可以从康德与黑格尔的著述中寻求。

康德以自由意志为起点,认为人格与财产之间的关系为:财产服务于人格。在康德视角下,人具有自由意志,对象体现自由意志,任何对象如果在其上被投射了人的自由意志,该对象就可以归个人所有,由此便在人与对象之间建立了联系。针对为何要在人与对象之间建立联系(财产关系),康德指出,这是为了扩展自由的范围——人们均有一种自由实施计划(行动自由)的欲望和需求,这些计划需要接触并控制外在的对象,

第一章 著作权法研究的范式反思

以使该人可以更加全面地获得繁荣发展。[1]例如,米开朗琪罗为了实现其在岩石上施加脑海中的设计的计划,必须持续地拥有岩石并且不受他人的干涉,财产制度因此保障了米开朗琪罗雕刻这块岩石的全面自由,这可以使米开朗琪罗的创作才能得到体现与认可,并可以使其作为一名艺术家而谋生。为了真正推进人类的意志,全面实现人类的自治利益,财产权利可以而且应该不断扩展,它不仅应从物理性占有扩展到观念性占有,还应从占有扩展到转让。总之,财产的范围是如此之宏大,如果其范围不能得到扩展,将与人类的自由相冲突。[2]为使米开朗琪罗实现其从创作雕塑中谋生或彰显其才能的目的,米开朗琪罗对岩石的占有不仅发生在其实际对岩石实施物理控制之时,在其吃饭、睡觉等无法实施物理控制之时他还能保持对岩石的观念占有,而为了谋生或彰显其才能,米开朗琪罗对其雕刻的岩石还必须拥有转让的权利以及从转让中获得价金的权利。总之,为了真正实现人类的自由意志,人对对象的财产权利应足够扩张,"任何使得某些对象严格来讲不可归人所有的那些具有约束力的法律规则","将与最大行动自由的这一基本需求发生冲突"。[3]可见,康德的财产观念将财产理解为人与对象之间的关系,而在这一关系中,根据意志而行动的个人,又处于康德财产观念的中心,而为了服务于具有自由意志的个人的行动自由,应当对对象实行全面控制,因此康德所坚持的是一种极具扩张性的财产观念。

---

[1] [美]罗伯特·P. 莫杰思:《知识产权正当性解释》,金海军、史兆欢、寇海侠译,商务印书馆2019年版,第142页。

[2] [美]罗伯特·P. 莫杰思:《知识产权正当性解释》,金海军、史兆欢、寇海侠译,商务印书馆2019年版,第162页。

[3] [美]罗伯特·P. 莫杰思:《知识产权正当性解释》,金海军、史兆欢、寇海侠译,商务印书馆2019年版,第142页。

康德财产观念并不限于有体物，在诸如"将来履行合同的承诺之类的无体物"的情形中，康德使用了有体物情形中的"财物""占有"等用语，这表明"对康德而言，'对象'一词非常抽象"，[1]因此"对象"并不排除无体物。康德关于在对象上主张权利的思想为在智力成果上主张权利开辟了道路：无形知识同样体现自由意志——纯粹的灵感是创作的第一步，作为个人的艺术家通过其脑力上的苦干加汗水（即意志力驱使下的个人才能）产生创作性成果，因此创作性成果总是涉及某种意志行为而由此成了人类自由意志的外在对象。[2]由此，康德关于人与对象之间的联系便被应用于创作者与创造性成果的联系中。正如在人与对象之间所建立的财产关系那样，在创作者与创造性成果之间也顺理成章地产生了财产关系。由于康德所坚持的是一种极具扩张性的财产观念，这种扩张性的财产观念恰恰为持有保护作者与出版者利益立场的主体（特别是永久性文学财产的支持者）提供了理论支持，并为日后知识产权的不断扩张埋下了伏笔。

黑格尔同样以"自由意志"为起点，认为人格与财产之间的关系为：财产是人格的外在体现。黑格尔认为，自由意志的发展需要三个阶段。第一个阶段是抽象的自由意志。"意志包含纯无规定性或自我在自身中纯反思的要素。在这种反思中，所有出于本性、需要、欲望和冲动而直接存在的限制，或者不论通过什么方式而成为现成的和被规定的内容都消除了。这就是绝对抽象或普遍性的那无界限的无限性，对它自身的纯反思。"[3]

---

[1] [美]罗伯特·P. 莫杰思：《知识产权正当性解释》，金海军、史兆欢、寇海侠译，商务印书馆2019年版，第153页。

[2] [美]罗伯特·P. 莫杰思：《知识产权正当性解释》，金海军、史兆欢、寇海侠译，商务印书馆2019年版，第159页。

[3] [德]黑格尔：《法哲学原理》，范扬、张企泰译，商务印书馆1961年版，第15页。

第一章 著作权法研究的范式反思

但是，抽象的自由是一种没有规定的自由，当这种没有规定与不受限制的抽象自由转向现实应用时，就变得具有破坏性了。第二个阶段是特殊化的意志，"即从无差别的无规定性过渡到区分、规定和设定一个规定性作为一种内容和对象"，〔1〕即意志的各种目的，以及特定目的所指向的特定对象。第三个阶段是抽象意志与自由意志的统一："我在我的意志当中我是普遍的，我可以把我从一切规定中抽象出来。但是作为意志，我又必然希求某种特殊的东西，而且要把这特殊的东西作为我的意志的对象和内容，这样就使我成为有规定的特殊的自我。但是这些特殊事物又是作为我的规定由我设定的，所以就达到了普遍性和特殊性的统一，即单一性。"〔2〕按照黑格尔关于自由意志发展的三阶段，意志的原初阶段是抽象的和片面的，没有外部世界的支持，自由意志将难以实现或者仅是一句空话，因此必须通过现实的东西获得其外部的定在，而人格外部定在的获得是通过将抽象的意志体现于外在物中，从而使这种"不自由的、无人格的以及无权的"物变成了"我的东西"，并从我的意志中获得了它的规定和灵魂，从而构成了人对一切物据为己有的绝对权利。

与康德所探讨的人与物之间的联系——财产服务于人格——不同，黑格尔人格理论的核心在于财产是人格的体现，即所有物是主体意志的展开。对于具有有体形态的普通物，它是外在的，只是由于我的意志的作用，才使该物成为我的。但是精神产品（诸如科学知识与个人才能）乃是自由精神所特有的，它们内在于而非外在于自由精神。〔3〕这就导致了虽然精神产品可以通过

---

〔1〕［德］黑格尔：《法哲学原理》，范扬、张企泰译，商务印书馆1961年版。
〔2〕谢文军："自由意志的定在——黑格尔所有权理论初探"，载《现代交际》2018年第10期，第227页。
〔3〕［德］黑格尔：《法哲学原理》，范扬、张企泰译，商务印书馆1961年版，第86页。

表达直接转变为物的外在性,因此可以转让,但是由于精神产品是我的精神内在的东西,它与我的意志联系如此之紧密,以至于如果我转让了我的全部作品,那就意味着我把我的普遍活动和现实性、我的人格全部让与他人了。[1]因此,完全转让我的精神产品就是我的人格的丧失,这是黑格尔所不能接受和力图避免的,因为如此境地,人也就非人了。黑格尔"人格—意志的定在—所有权"的路径表明物是从我的意志中获得它的规定和灵魂的,财产权就是为了帮助人格的外在实现,因此人在物之上所享有的是一种绝对权利。黑格尔人格理论下的绝对权利观念导致了主体对物的绝对控制,把物上的一切利益归于主体。

经由永久性文学财产支持者及后续持有保护作者与出版者立场的主体对人格理论的大肆宣扬,人格理论的范式地位也逐步确立。

(二)人格理论的理论困境

借用康德与黑格尔的人格理论在讨论知识产权特别是著作权的正当性时,也并非顺理成章。

首先,人格理论应用于著作权正当性的论证所遇到的第一个困难是,人格理论认为人格所定在之物即构成我的所有权的客体,这种哲学上的理想状态与现实相去甚远。我虽能借助意志的外在表达宣称某物是我的,但是我却无法拒绝该物之上他人的劫掠,要抵抗这种劫掠,就不得不依靠社会共同体的普遍承认和参与。因此,我自身并不能为所有权取得的正当性辩护,所有权的正当性均需依赖我之外的社会共同体的普遍承认和参与。

人格理论作为著作权法的一种论证范式所面临的第二重困难在于,并非所有的知识产品都承载作者人格,而各种知识产品承载的人格的"量"又有所差别,人格与作品之间的关联是

---

[1] [德]黑格尔:《法哲学原理》,范扬、张企泰译,商务印书馆1961年版,第85、86页。

或然的。在著作权法中,诸如诗歌、故事、小说与音乐等作品毫无疑问承载作者人格,但是那些没有承载或较少承载作者人格的作品也被纳入了著作权法的保护范围。例如,地图作品受到准确传达地理信息的目的限定,多数地图作品之间差异较小,因而较少体现作者人格。再如,计算机软件与专利、商业秘密等具有技术属性的知识产权类型,通常被理解为针对特定问题或特殊需求提出的解决方案,而不是个体人格的表达,如爱迪生寻找的是一种能够燃烧较长时间而不是传达其个人偏好的灯丝材料,再如马可尼为其无线电选用特定的波长,是因为该波长可以传播得更远,而非因为他更喜欢这一波长。[1]事实上,创造过程受到的外部限制越多,创作物之中体现的创作者人格就越少。[2]是否可以忽视人格差异而对不同类型的创作物赋予同等保护程度,抑或基于人格差异而对不同类型的创作物给予不同程度的保护,并非人格理论所能解决。

人格理论作为一种著作权法的论证范式的第三重困难在于人格理论所引起的转让悖论。当前的所有者之所以保持所有权,是因为其将财产等同于其人格。转让是对人格联系的否定,但是一旦否定这种人格联系——财产并非人格的表现,也就不存在所有者决定对象未来的财产权利基础了。休斯(Hughes)区分了知识产权领域中的两类转让:一类为权利的(完全)转让,一类为副本的转让。权利的(完全)转让充分体现了上述转让悖论。在黑格尔看来,精神产品是精神内在的东西,并没有外在的有体形式。因此,在知识产权领域,没有意志外部之物可

---

[1] Justin Hughes,"The Philosophy of Intellectual Property",77 Geo. L. J. 287, 341(1988).

[2] Justin Hughes,"The Philosophy of Intellectual Property",77 Geo. L. J. 287, 343(1988).

供转让。换言之，由于精神产品与人的意志联系如此密切，全部转让精神产品意味着人格也被一同转让从而委身于另一个人的意志，人将陷入非人的境地，因此黑格尔否定权利的（完全）转让。悖论由此显现：我的意志使我意图转让全部的精神产品，但黑格尔却以全部转让会侵犯我的意志为由（人将非人），否定我的转让意图与转让行为（决定对象未来的意图与行为），那么在这里我的意志是被侵犯了，还是被尊重了？尽管休斯指出，通过外在于意志的副本的转让来避免权利的（完全）转让所导致的人将非人的境地，但这并未消除人格理论作为论证范式所遭遇的理论障碍，因为著作权法中的一些创作物就是为完全转让而产生的，而在其他知识产权法部门中，权利的（完全）转让更为常见与普遍。

如果人格理论不能克服上述理论困境，其就不能作为一种著作权法的研究范式而被普遍接受。

(三) 人格理论的制度偏差

在知识产权法律制度中，存在诸多人格理论所不能解释甚至与人格理论下的财产观念相左的制度现象。暂且不论人格理论与著作权法律制度之间的偏差，人格理论在解释专利法律制度与商标法律制度时说服力有限，而且由于人格理论沉浸于自我的道德哲学太深，这进一步导致其无法改进专利法律制度与商标法律制度。因此，人格理论难以成为统领知识产权各部门法的论证范式。在这一点上，人格理论甚至不如劳动理论做得出色。

在与主体人格联系最为紧密的著作权法领域，同样存在制度偏差。按照人格理论，作品体现实际作者的人格，因而成为实际作者的财产。然而，我国《著作权法》并未将人格财产一体联系贯彻到底。具体表现为："法人作品"的存在表明作品与实际作者之间的人格联系可以被切断，这一人格财产一体联系

第一章 著作权法研究的范式反思

之外的制度现象并非人格理论所能解释；对于特殊类型的"职务作品"，实际作者仅享有署名权，其他三类人身权则下落不明。这进一步表明即便在与主体人格联系最为紧密的著作权法领域，人格理论也不能成为一种普适性的论证范式。

此外，人格理论反对权利的完全转让，我国《著作权法》在这一理念的支配下规定权利人可以转让著作财产权，但是不可转让著作人身权。人身权的不可转让性实际允许艺术家在其作品中保留一种类似于不动产所有权限定使用的持续的限定使用权，这种限定使用权强加给著作权的受让人一种负担，即其对著作权的再行处分必须按照限定的要求去做——不得擅自发表、修改与篡改。这种持续的限定使用权实际上认为作者拥有比其他人更为重要的重大利益，以至于在以与限定要求不符的方式利用作品值当之时，著作权的受让人也不能与作者协商，以就人身权作出变通规定。[1]实际上，人身权的不可转让性背后隐藏这样一种预先假设，即作者利益优先于流转效率与交易安全。这种预先假设在文艺复兴与启蒙运动时期可以接受，因为人文主义与理性主义是这一时期的支配性观念，而且当时商品经济尚不发达，传播媒介尚不普及，但是当商品经济进一步发展之时，这种预先假设不能被理所当然地承继下来。商品经济的发展与软件行业的实际需求推翻了上述假设，我国1991年《计算机软件保护条例》中尚有"发表权"与"开发者身份权"不可转让的规定，2011年修订的《计算机软件保护条例》则抛弃了上述规定，规定软件著作权人可以许可软件著作权，也可以（全部或部分）转让软件著作权。

---

[1] [美]亨瑞·汉斯曼、马瑞纳·桑梯利：“作家和艺术家的道德权利：一个比较视角的法律经济学分析”，牛悦译，载[美]唐纳德·A.威特曼编：《法律经济学文献精选》，苏力等译，法律出版社2005年版，第150~170页。

| 著作权法律制度的经济分析 |

世界范围的著作权法律制度,除在自然权利观念下建构的作者权体系外,还存在着与之立法理念截然不同的版权体系。版权体系并未将作者与作品之间的关系不能切断作为制度建构的预设前提,而是根据现实需要可将非创作人视为作者,《美国版权法》第101条与第201条有关雇佣作品的规定,明确表明人格财产一体联系的预先假设在版权体系下并不成立。[1]英美法系纳入精神权利并不表明其接受了人格理论,而是为了履行国际公约作出的让步。实际上,英美法系纳入精神权利并非出于对作者人格利益的考量,而是更多地基于经济考量。如英国学者认为,保护署名权有助于作品的管理与检索,且英国版权法允许放弃署名权;美国学者认为,保护作品完整权更多是为了避免声誉负外部性对艺术家与其他人的财产利益所造成的损害。[2]

可以预见的是,随着技术在著作权法领域的深化,已有越来越多的可版权性问题、版权流转问题不能从人格理论那里寻求其正当性。

笔者以为,哲学理论与其所处时期的经济发展与文化变迁是彼此成就的。在文艺复兴与启蒙运动时期,资产阶级对人文主义精神与理性主义精神的内在信念决定了这一时期所产生的劳动理论与人格理论的命运与品性,而劳动理论与人格理论则为资产阶级满足其资本无限积累的欲望与争取生存与发展的行动提供了一套哲学修辞与理论辩护,使得那些无法言表的内在信念得到表达,进而使得争取生存与发展权利的运动彼此联合与相互信任。正如黑格尔所言,个人是其时代的产儿,哲学也不例外。

---

[1] 李琛:"质疑知识产权之'人格财产一体性'",载《中国社会科学》2004年第2期,第77页。

[2] [美]亨瑞·汉斯曼、马瑞纳·桑梯利:"作家和艺术家的道德权利:一个比较视角的法律经济学分析",牛悦译,载[美]唐纳德·A.威特曼编:《法律经济学文献精选》,苏力等译,法律出版社2005年版,第155页。

第一章 著作权法研究的范式反思

"妄想一种哲学可以超出它那个时代,这与妄想个人可以跳出他的时代,跳出罗陀斯岛,是同样愚蠢的。"[1]在这一时期,在人与外在对象的关系这一问题上,应用劳动理论与人格理论而强调人的主体地位的实践与"人的发现"的时代使命之间彼此契合,因而导致了人对物进行占有与控制的绝对性与扩张性的财产观念。

如果经济与文化环境发生变化,哲学理论与其所支持的财产观念就不能被原封不动地承继下来。由此就产生了这一问题,即劳动理论与人格理论所论证的自然权利观念之于当代著作权法律制度的"适合度"问题:产生于特定时期的哲学理论如何作用于发生沧桑巨变的当代制度?答案只有一个,即通过对上述哲学理论的有意选取与解释。产生于特定时代的哲学理论虽仍保留了一定的合理成分,但是我们需要的是能够解释和改进当下时代社会问题的论证范式,一味通过对特定哲学思想的选取与解释来为特定利益辩护,其实只会成为制度革新的镣铐,甚至造成旧有制度的复辟。商业社会与社会交往的发展引起了自然权利观念与社会现实之间的失调,并使之成为制度革新、经济发展与文化变迁的阻碍。就著作权法而言,这种失调尤其表现为自然权利观念只能回应权利取得的正当与否,却无法为主体之间的利益冲突(特别是私人权利与公共利益的协调)提供解决方案。实际上将财产视为人与对象之间关系的自然权利观念已经彻底为法律现实主义者所抛弃,将财产视为调整人与人之间关系的"社会学"权利观念主导着当下的财产话语。[2]当然,笔者并不意在否认劳动理论与人格理论在论证著作权取得过程中的价值,而是

---

[1] [德]黑格尔:《法哲学原理》,范扬、张企泰译,商务印书馆1961年版,序言第14页。
[2] [美]罗伯特·P. 莫杰思:《知识产权正当性解释》,金海军、史兆欢、寇海侠译,商务印书馆2019年版,第146、147页。

认为不应当在这种自然权利研究范式的逻辑与修辞中太过沉迷。

三、功利主义的范式与困境

功利主义的经典表述为"最大多数人的最大幸福",法经济学分析对其进行承继与发展进而提出了其规范进路"社会财富最大化",功利主义的经典表述与法经济学分析的规范进路之间的紧密联系导致后续学者在讨论著作权法的研究范式时,将法经济学分析与功利主义理论相等同或将其置于功利主义理论范畴内,并以功利主义的范式困境作为批判法经济学分析的理论工具。[1]笔者将在本章第二节指出,法经济学分析的规范进路——社会财富最大化为著作权法律制度的解释和改进提供了更为坚实的规范基础,其实证进路——数理模型——为著作权法律制度的解释和改进提供了更为直观与科学的分析工具,这使之区别于功利主义理论。故,笔者在此对功利主义的反思与批判绝不意味着法经济学分析的自我拆台。[2]

(一)功利主义的基本范式

从18世纪的哲学家大卫·休谟(David Hume)与亚当·斯密(Adam Smith)的著述之中即可发现功利主义理论的雏形,杰里米·边沁(Jereny Bentham)与约翰·穆勒(John Stuart Mill)赋予了功利主义理论以完备形式。[3]

---

〔1〕 [美]理查德·A.波斯纳:《正义/司法的经济学》,苏力译,中国政法大学出版社2002年版,第47、48页。

〔2〕 更明确地说,经济分析法学家并不否认功利主义理论与法经济学分析之间的密切联系,但是他们认为应用法经济学分析扩充我们对法律制度的了解,并不会因功利主义理论遭到的攻击贬低其价值。[美]罗宾·保罗·马洛伊:《法律和市场经济——法律经济学价值的重新诠释》,钱弘道、朱素梅译,法律出版社2006年版,序言第7页。

〔3〕 [美]E.博登海默:《法理学:法律哲学与法律方法》,邓正来译,中国政法大学出版社2017年版,第116页。

第一章 著作权法研究的范式反思

边沁最先对功利主义理论进行了系统阐述。他认为，自然把人置于两个主宰——痛苦与快乐——的统治之下，只有其能够指导我们应当做什么和不应当做什么。[1]相应地，判断行为好与坏并因此赞成或否定某一行为，应根据这一行为给利益相关的当事方带来了快乐还是痛苦，获得快乐与免除痛苦就给当事方带来幸福，感到痛苦与失去快乐就会导致当事方不幸。如果当事方是个人，功利主义的目的在于增进个人快乐与减少个人痛苦，如果当事方是社会，那么功利主义目的在于增进社会的幸福与减少社会的不幸。穆勒1861年发表的《功利主义》一文重申了功利主义的基本观点："行为的对错，与他们增进幸福或造成不幸的倾向成正比。"[2]在功利主义者看来，避苦求乐、追求幸福构成了人们的行为动机，正是在这种动机的驱动下，人们才建立国家、成立政府与制定法律，衡量国家、政府与法律好与坏的标准就在于其是否符合人们的功利主义行为动机。

在著作权法的研究范式中，功利主义理论被认为是目前论证最为有力、应用最为广泛的理论。其在著作权法领域发展与演绎的结果是激励理论与社会规划理论。激励理论是功利主义理论在著作权法中的典型表达。激励理论认为，对作品加以保护并不是因为作品是作者智力劳动的产物，也不是因为作品是作者人格的体现，而是因为对作品的保护使作者可以从对作品的排他性支配中获得经济回报，这种获得经济回报的潜在前景激励作者进行创作，从而在整体上增进可以为全体社会接触与利用的知识总量。社会规划理论有乌托邦范式（Utopian Theory）

---

[1] [美] E. 博登海默：《法理学：法律哲学与法律方法》，邓正来译，中国政法大学出版社2017年版，第116页。

[2] [英] 约翰·穆勒：《功利主义》，徐大建译，商务印书馆2019年版，第8页。

与民主社会范式（Democratic Theory）。[1]乌托邦范式是由威廉·费舍尔（William Fisher）在对功利主义理论与康德自由主义进行吸收整合的基础上提出的，费舍尔的乌托邦社会依赖于两个核心概念（即"优良生活"与"优良社会"），乌托邦社会的生活应当是自决的、奉献的、风险适度的与从事有意义工作的"优良生活"（Good Life），"优良社会"（Good Society）应以有利于实现"优良生活"的方式来分配和使用资源，"优良社会"应当包括文化多样性、丰富的艺术传统、广泛而公共的必修教育以及平等等。[2]知识产权制度建构应着重于构建一个公正的、有吸引力的文化的社会。相应地，著作权法中授权规则与限权规则的融合可在激励作品创造的同时促进作品接触，从而推动这一社会的建构。民主范式由尼尔·温斯塔克·内塔内尔（Neil Weinstock Netanel）提出，"版权是利用市场机制增进公民社会民主性质的国家手段"。[3]通过授予有限权利，版权法以三种方式增进公民社会的民主性质：其一，通过促进信息与教育资源的创作与传播从而增加民主社会的知识储备；其二，通过激励与接触之间的精致平衡增进民主社会的参与性质；其三，版权作为精心定制的专有权利，避免了对赞助制度与文化等级的依赖，通过鼓励作品的转换使用而支持公民社会交往领域的多元性、独立性和生命力。[4]然而，作为对功利主义与人

---

[1] 严格来说，社会规划理论如同法经济学分析一般并非完全遵循功利主义，而是在功利主义的理论基础之上添加了某些其他内容而演绎成型的，比如费舍尔的乌托邦范式是对功利主义理论与康德自由主义的整合与发展。

[2] William W. Fisher Ⅱ, "Reconstructing the Fair Use Doctrine", 101 Harv. L. Rev. 1659, 1746~1755 (1988).

[3] Neil Weinstock Netanel, "Copyright and a Democratic Civil Society", 106 Yale L. J. 283, 363 (1996).

[4] Neil Weinstock Netanel, "Copyright and a Democratic Civil Society", 106 Yale L. J. 283, 363 (1996).

格理论或者劳动理论的批判整合，社会规划理论尚未发展成熟，因此未像激励理论那般获得普遍接受。

功利主义理论与其所倡导的法律现实主义运动将视角从自然权利观念下人物关系的关注中转移开来，而更加关注彼此竞争的人们之间因物的使用而引发的冲突，并指出财产的实际功能就是调整这种冲突的社会关系，从而促进诸如"社会幸福""优良社会"或者"民主社会"的实现。

(二) 功利主义的理论批判

功利主义理论与其财产观念作为一种研究范式支配了英美法系版权立法，并在我国立法文本、司法实践与理论争议中均有所体现，但是功利主义理论本身存在缺陷并因此遭到了质疑与批判。其具体表现为如下方面：首先，最大多数主体的范围是不确定的。比如，一个国家在最大化本国人幸福的同时是否也应当考虑到他国人的幸福？是否应当对未出生者的幸福加以考虑？幸福的内涵与外延也是不确定的。比如一位精神病患者所感受到的简单快乐与一位哲学家所获得的思辨满足是否都属于幸福的内涵？动物（如猪、羊等）的生存与发展是否可以被纳入幸福的外延？主体价值立场的差别将导致对"最大多数主体"与"幸福"的不同解读，并支持完全不同甚至相悖的政策。如果拟使幸福最大，就不得不对"最大幸福"与"最大多数主体"作尽可能广泛的解释，以涵盖尽可能多的物种总数和效用水平，但这样一个包括万象的标准只会加剧不同物种与不同效用之间的冲突。为解决这种内在的冲突，功利主义者总是在不断寻求限制主体边界与确定幸福概念的方法，"但是，要这样做，他们就一定要走出功利主义"。[1]其次，并没有一种确定的

---

[1] [美] 理查德·A. 波斯纳：《正义/司法的经济学》，苏力译，中国政法大学出版社2002年版，第54页。

标准来度量功利主义的目标。比如，以最大化幸福的平均值还是最大化幸福的总量来度量功利主义的目标会得出完全不同的政策。如果追求最大化幸福的平均值，就可以认为杀害穷人是合理的，因为富人的幸福平均值会变得更高，但是幸福的总量将会减少。即便可以采用一种确定的标准来度量功利主义的目标，功利主义理论也并没有提出计算不同政策对功利主义目标影响的科学工具，这影响了功利主义理论作为政策基础的科学性。最后，功利主义的最大问题在于其"道德上可怕"。[1]即便是功利主义的支持者也认识到了这一问题。如穆勒提出，阻止人们将"功利"或者"幸福"作为评判行为对错的标准的障碍始终源自正义的观念。[2]正义理论对功利主义的指摘与功利主义在道德上的可怕之处一方面在于，功利主义认为善是可以抵消恶的，如果牺牲一个人的生命可以挽救更多人的生命，在功利主义的逻辑下，这种牺牲被认为是可取的，因此功利主义是容忍恶的；另一方面在于功利主义随时准备根据社会的需要牺牲无辜的个体，即如果个体的牺牲能够增进社会幸福的总量，个体的牺牲就是正当的和可欲的。[3]罗尔斯拒绝接受功利主义将个人作为达致社会幸福的工具的基本观念并表达了与之相对的观念："正义否认了一些人分享更大利益而剥夺另一些人的自由是正当的，不承认许多人享受的较大利益能绰绰有余地补偿强加于少数人的牺牲"，"在一个正义的社会里，平等的公民自由是确定不移的，由正义所保障的权利决不受制于政治的交易

---

〔1〕［美］理查德·A. 波斯纳：《正义/司法的经济学》，苏力译，中国政法大学出版社2002年版，第56页。

〔2〕［英］约翰·穆勒：《功利主义》，徐大建译，商务印书馆2019年版，第51页。

〔3〕［美］理查德·A. 波斯纳：《正义/司法的经济学》，苏力译，中国政法大学出版社2002年版，第56页。

或社会利益的权衡"。[1]

作为功利主义理论的演绎成果,激励理论与社会规划理论在一定程度上承袭了功利主义的理论缺陷。激励理论所面临的问题在于:①它仅诉诸人的自利动机,并指明物质激励对于达成社会目标的作用,而忽视了他种动机与他种手段在促进知识生产过程中的作用,因而无法解释为何在缺少著作权法保护的历史时期中也诞生了文学创作的巅峰时刻,也即功利主义下的激励理论是带有理想成分与偏见色彩的感性认知,激励理论的这一缺陷已经得到当代学者的承认。[2]②它并未采用科学方法计算效益问题。要解决激励理论所面临的第一重问题就不得不分析自利动机之下的"经济人"或"理性人"与现实的贴合程度,而要解决激励理论所面临的第二重问题就不得不从功利主义理论跨入法经济学分析领域。尽管社会规划理论的倡导者声明其理论借助诸如人格理论与劳动理论对功利主义进行了发展,但是其同样承继了功利主义的理论缺陷。社会规划理论追求"可欲社会"(费舍尔的"优良社会"与内塔内尔的"民主社会"),诸如言论自由、多元文化与公民参与都可以放到这一"可欲社会"中去。但是,"可欲社会"究竟应该涵盖哪些方面,涵盖的范围宽广,不同主体因其立场不同而持有不同看法。例如,如果应用基因技术发现了治疗癌症的基因物质,从而可以改善人类的健康状况,这一改善健康状况的"可欲社会"就应当对基因技术予以保护,以激励基因技术的改善。但如果从法律保护所导致的高昂费用而言,法律保护又应该减弱。社会

---

[1] [美]约翰·罗尔斯:《正义论》,何怀宏、何包钢、廖申白译,中国社会科学出版社1988年版,第3、4页。

[2] 吕炳斌认为,创作主体受到包括自利与利他多种动机的驱动,用激励理论解释著作权法不合时宜。吕炳斌:"著作权法的理论前提:从'经济人假设'到'社会人假设'",载《当代法学》2020年第6期。

规划理论中的"可欲社会"就如同功利主义理论中的"最大多数主体的最大幸福"那般具有不确定性,使得著作权法中的政策选择也带有了极大的不确定性。

(三)功利主义的制度风险

纯粹的功利主义认为,如果个体牺牲能够增进社会幸福的总量,那么个体牺牲就是正当的和可欲的,以纯粹功利主义为理论基础的法律制度因此将公共利益视为法律制度的目标,而个体权利通常是达成这一目标的手段。以公共利益为目标、以个体权利为手段的立法逻辑在版权体系中表现得最为明显。美国宪法知识产权条款明确规定:"国会有权通过在有限期间保护作者和发明人对其作品和发明创造的独占权,促进科学和有用艺术的发展。"[1]这一条款阐明了美国版权法政策的优先性,即版权首先是促进科学和有用艺术的发展,其次是保存公有领域,最后是通过使作者获得利益鼓励作品的创造和传播,即赋予作者以版权是保留公共领域以促进科学和有用艺术发展的手段。[2]我国著作权立法也未能摆脱这种立法逻辑的影响,在《著作权法》与《著作权法实施条例》中宣示性公共领域与制度性公共利益并存,并以法律条文予以具体表述。

问题在于,纯粹功利主义对公共利益的过度崇拜所导致的制度风险。如同功利主义未能指明"最大多数主体的最大幸福"中的主体边界与幸福概念一般,"公共利益"的内涵与外延也是不确定的。由于"作品的激励利益"与"作品的接触利益"均可以被纳入"公共利益"的范畴,促进"可欲社会"的实现,然而"公共利益"却无法为平衡这两种相互冲突而又彼

---

[1] U. S. Const. art. I, § 8, cl. 8.
[2] [美]莱曼·雷·帕特森、斯坦利·W. 林德伯格:《版权的本质:保护使用者权利的法律》,郑重译,法律出版社2015年版,第52页。

此成就的利益提供确定指引,因此造成了著作权法的体系混乱。另一重制度风险在于,"公共利益"在著作权法中的异化与滥用。具体表现为:其一,以具有道德色彩的公共利益对私权进行道德挟持,从而可能架空著作权法的权利保护条款;其二,在法律争议解决过程中向著作权法中的"立法目的条款逃逸",[1]从而架空著作权法中的实体条款,最终导致"公共利益的帝国主义",以公共利益接管和解决一切。

与自然权利观念将财产视为人与物之间的关系,并在这一关系中突出强调个人利益截然不同,功利主义理论将财产视为人与人之间的关系,并强调不确定性的社会利益。这表明功利主义理论不仅未能承袭自然权利观念中的合理成分——在功利主义财产观念中存在无辜个体的牺牲问题,其自身还产生因其目标标准确定与测度的不确定性问题。功利主义理论本身存在的问题构成了该理论发展的方向,在功利主义理论的演绎成果中,激励理论是功利主义在著作权法中的典型表达,社会规划理论吸收了自然权利观念的合理成分,但由于未能采用科学工具,承继了功利主义理论的不确定性问题。这表明,克服功利主义理论的问题就不得不为之提供坚实的道德基础与科学的分析工具。法经济学分析的规范进路与实证进路通过:其一,提供相对坚实的道德基础,即建立在个体同意基础上的社会财富最大化,从而缓和功利主义理论及其演绎中所存在的无辜个体的牺牲问题;其二,提供相对科学的分析工具,即引入数理模型与实证分析对政策选择进行比较分析,进而为解决功利主义理论及其演绎存在的不确定问题与计算问题而努力。由此,法经济学分析范式逐渐成长起来。笔者将在本章第二节对法经济

---

〔1〕 付继存:"著作权法公共利益的结构",载《武陵学刊》2018年第6期,第62页。

学分析的道德基础与分析工具展开详细论证。

小 结

由劳动理论与人格理论构成的自然权利理论以及功利主义理论演绎所形成的激励理论与社会规划理论是解释和改进著作权法律制度与应对著作权法问题的不同理论范式。分析表明自然权利的研究范式与功利主义的研究范式虽可以解释和改进部分著作权法律制度，但是从未也不可能接管全部的著作权法律问题。自然权利理论与功利主义理论之于著作权法律制度的"适合度"由于理论范式的不足而被消解，并通过与该种理论范式相左的制度现象表现出来。

对于自然权利理论而言，其之于著作权法律制度的"适合度"因该理论的时代性而日趋消解。历史考察表明，洛克、康德与黑格尔等人所提出的理论体系的关注点并不在于无体财产获得的正当性，以劳动理论与人格理论证成著作权法律制度是经由后续利益集团对上述理论加以阐述和改进完成的，目的在于诉诸当时流行的哲学理论证明权利的合理性。当证成著作权法律制度的历史使命完成后，作品就要进入动态的流通与利用中。自然权利理论范式强调人对物的绝对控制，与作品流通与利用的现实需求相抵牾，因此需要寻求新的理论范式。

当自然权利理论在解释和改进著作权法律制度方面不能再应对一系列的"反常现象"——特别是作品的商品化——时，一种契合作品流通与利用的功利主义范式开始接管这一任务。功利主义理论之于著作权法律制度的"适合度"因其对个体权利的忽视而备受质疑，由功利主义理论引入的"公共利益"的观念，如果处理不当，不仅不会对解释和改进著作权法律制度有所裨益，反而会架空著作权法律制度。

第一章　著作权法研究的范式反思

由于自然权利理论范式与功利主义理论范式在各自的领地画地为牢，哲学理论的纷争均系带有主观立场的认知分歧，不借助科学客观的研究范式就不能很好地解释著作权法律制度与应对著作权法律问题。当自然权利理论范式与功利主义理论范式均不能一以贯之地论证著作权法律制度，且这两种理论范式内部矛盾不断凸显，并出现了越来越多的与其相左的制度现象和其所不能解释和改进的法律问题时，"危机"由此显现——跳出传统的自然权利理论与功利主义理论而寻求新的理论范式的时机到来了。

第二节　著作权法研究的范式转换

在解释张力和改进前景的限制时，自然权利理论与功利主义理论的范式地位发生了动摇，一种新的著作权法研究范式——著作权法律制度的经济分析——悄然兴起。需要指出的是，范式之间并非方枘圆凿，法经济学分析的兴起并不意味着完全抛弃自然权利理论和功利主义理论，即否定其历史功绩和现实作用，就好比我们不能因为爱因斯坦的相对论相对于牛顿的万有引力定律更具有解释力和改进力便否认万有引力定律的科学价值。同时，尽管对法经济学分析的理论范式存在着这样或那样的批判，但是批判只会促进而不会阻碍新的理论范式的发展，在反批判的过程中，法经济学分析逐渐展现出了其"具有一种改变公认观点……并最终充实我们关于这个世界的知识宝库的巨大潜能"。[1]

---

[1] [美] 理查德·A. 波斯纳：《法律的经济分析》（上），蒋兆康译，中国大百科全书出版社1997年版，第33页。

著作权法律制度的经济分析

一、法经济学分析的进路与批判

早期经济学理论的研究视角围绕物质资料的市场供求关系展开，随着制度经济学家将经济学理论应用于制度分析，经济学理论的研究范围不断扩大，经济学的思维与方法逐渐席卷与引领社会科学研究。[1]将经济学思维与分析方法应用于法学领域使法经济学成为一门独立的学科而得以发展和壮大。法经济学即是"用经济学的方法和理论，而且主要是运用价格理论，以及运用福利经济学、公共选择理论及其他有关实证和规范方法考察、研究法律和法律制度的形成、结构、过程、效果、效率及未来发展的学科"。[2]著作权法的经济分析作为法经济学之下的构成部分，即是运用经济学的理论和方法解释和改进著作权法律制度：一方面，其以著作权法律问题为研究对象，旨在解释、改进著作权法并使著作权法具备适应技术与市场变化进而接管和应对新兴问题的能力；另一方面，其以经济学中的产权理论、交易成本理论、信息理论以及社会财富最大化理论等为指导思想和研究工具。

经济学家为解释和改进世界而采用了不同的分析进路：实证分析（世界实际是什么样）的进路与规范分析（世界应该是什么样）的进路。[3]美国经济学 N. 格里高利·曼昆（N. Gregory Mankiw）指出，当经济学家被要求解释经济事件的原因时，他们所扮演的是解释世界的角色；而当经济学家被要求提出改善

---

[1] 钟庆财："版权经济学：构建与框架"，载《广东社会科学》2016年第4期，第5页。

[2] [美]理查德·A. 波斯纳：《法律的经济分析》（上），蒋兆康译，中国大百科全书出版社1997年版，第3页。

[3] [美]曼昆：《经济学原理》（第7版·微观经济学分册），梁小民、梁砾译，北京大学出版社2015年版，第31页。

第一章 著作权法研究的范式反思

经济结果的建议时,他们此时扮演的则是改进世界的角色。[1]著作权法的经济分析即是通过对法律问题的实证分析(例如著作权法规定的侵权责任标准对侵权行为的发生概率有什么影响)与规范分析(例如依据何种价值标准在不同的侵权责任标准之间进行选择),以解释和改进著作权法律制度,这点为法经济学分析学者所普遍承认和接受。[2]法经济学分析的反对者即是从经济分析法学家所依赖的这两种进路来对之加以批判的。

(一)法经济学分析的两种进路

1. 规范分析——社会财富最大化

"价值"是指人们愿意为某个东西支付的东西,"价值"与"价格"并不相同,"价格"是指某个东西对边际购买者的价值,边际内的购买者通常认为这一东西的价值更高。[3]"社会财富"从"价值"这一概念引申而来,是指"社会中以价值测度的所有物品和服务的总和"。[4]以波斯纳为代表的经济分析法学家认为"判断行为和制度是否公正或良好的标准就是这些行为和制度是否最大化了社会的财富",并认为"社会财富最大化""可以调和效用、自由甚至平等这些竞争的伦理原则"。[5]

经济分析法学家将"社会财富最大化"作为法经济学分析

---

[1] [美]曼昆:《经济学原理》(第7版·微观经济学分册),梁小民、梁砾译,北京大学出版社2015年版,第31页。

[2] [美]理查德·A. 波斯纳:《法律的经济分析》(上),蒋兆康译,中国大百科全书出版社1997年版,第26页;[美]斯蒂文·沙维尔:《法律经济分析的基础理论》,赵海怡、史册、宁静波译,中国人民大学出版社2013年版,第1页。

[3] [美]理查德·A. 波斯纳:《正义/司法的经济学》,苏力译,中国政法大学出版社2002年版,第60页。

[4] [美]理查德·A. 波斯纳:《正义/司法的经济学》,苏力译,中国政法大学出版社2002年版,第60页。

[5] [美]理查德·A. 波斯纳:《正义/司法的经济学》,苏力译,中国政法大学出版社2002年版,第115页。

的规范基础并非想当然，而是建立在"同意"的伦理和政治基础上。基于"在一个比较富裕的社会里他将拥有更多个体财富"[1]的先定概率、个人控制决策和行动的自主和自由受到物质-技术条件和社会经济条件的制约，[2]以及"像自由、公正及和平等其他基本价值，往往在总体上会因更好的物质状况而受益"[3]的高度关联，个人一般总会选择具有较多财富的社会，相应地一项能够促进社会财富最大化的法律制度必然也能够获得人们的同意。符合"帕累托效率"的法律制度能够在没有任何人的状况变得更糟的情况下使至少一部分人变得更好，在这种情况下，任何人的利益都没有受到损失，因此人们会对这项能够促进"社会财富最大化"的法律制度表示一致同意。在这里，由于法律制度建立在人们的一致同意之上，"社会财富最大化"作为法律制度的规范基础"与康德强调把人当作目的而不是手段，换言之，与强调自主性是一致的"。[4]例如，"禁止（自愿）交易会减少社会财富，并同时会减少自由或自主"。[5]

由于个体之间无所不在的利益冲突，建立在"一致同意"基础上的"帕累托效率"过于苛刻，因而限制了"帕累托效率"在现实世界中的可适用性。"卡尔多-希克斯效率"相对于"帕累托效率"要宽松很多，这一效率标准认为，如果政策变化

---

[1] [美] 罗纳德·德沃金：《原则问题》，张国清译，江苏人民出版社2008年版，第307页。

[2] [澳] 柯武刚、[德] 史漫飞、[美] 贝彼得：《制度经济学：财产、竞争、政策》，柏克、韩朝华译，商务印书馆2018年版，第91页。

[3] [澳] 柯武刚、[德] 史漫飞、[美] 贝彼得：《制度经济学：财产、竞争、政策》，柏克、韩朝华译，商务印书馆2018年版，第112页。

[4] [美] 理查德·A. 波斯纳：《正义/司法的经济学》，苏力译，中国政法大学出版社2002年版，第88、89页。

[5] [美] 理查德·A. 波斯纳：《正义/司法的经济学》，苏力译，中国政法大学出版社2002年版，第90页。

导致的价值增加能够总体上补偿那些因之受损的变糟者,无论变好者是否对变糟者给予实际补偿,这一政策变化都是可欲的。[1]由于"卡尔多-希克斯效率"中存在变糟者,按照常理,如果一项法律制度有损自身,受损者可以以"不同意"的方式来避免法律制度给其自身带来的损失,但是如此这般就意味着违反了"一致同意"的伦理基础。如果"社会财富最大化"不能找到让受损者承担损失的伦理基础,建立在牺牲他人正当利益基础上的法律制度将如功利主义一般,无论如何也无法摆脱道德拷问。为此,波斯纳提出了"隐含同意"的概念,即"只要没有欺诈或胁迫……一个购买了彩票然后输掉了的人就是已经'同意'了这一输;至少是,他已经放弃了对结果的任何反对……许多非强制的并且看来没有得到补偿的输……事先都得到完全的补偿,并因此获得了上述意义的同意"。[2]换言之,行为人通过自主行为传递出来的"隐含同意"意味着其接受法律制度所可能带来的风险损失。当然,如果改变一项法律制度引发的分配效果随机且重大时,不予实际赔偿就想获得广泛的同意的话,很难实现。但是,多数有关产权界定与交易、合同制定与执行以及侵权损害与赔偿的普通法规则通常不会带来系统的分配后果,因而可以合乎情理地推定人们会普遍同意这些规则。[3]如此一来,无论是以"帕累托效率"还是以"卡尔多-希克斯效率"衡量的社会财富最大化都获得了坚实的伦理基础——同意。

社会财富最大化同时看重"个人自主"与"社会财富",

---

〔1〕[美]理查德·A. 波斯纳:《正义/司法的经济学》,苏力译,中国政法大学出版社2002年版,第90页。

〔2〕[美]理查德·A. 波斯纳:《正义/司法的经济学》,苏力译,中国政法大学出版社2002年版,第93页。

〔3〕[美]波斯纳:《正义/司法的经济学》,苏力译,中国政法大学出版社2002年版,第101页。

因此社会财富最大化将自然权利传统与功利主义传统以某种形式结合起来了。正如波斯纳所指出的，对比功利主义理论，建立在人们普遍同意基础之上的"社会财富最大化"更加尊重个人选择与自主，因此缓和了功利主义理论的"昭著"问题，即"无辜个体的牺牲问题"。同时，"社会财富最大化"理论也不同于自然权利观念所严格信奉的个人自主，因为"正像死抠字眼地坚持帕累托最优标准就什么事也干不成一样，如果在解释和适用个人自主伦理时完全不管人类的福利后果，那么……就会导致大量的苦难"。[1]

2. 实证分析——数学模型

法经济学分析的规范基础"社会财富"与功利主义的道德基础"最大幸福"之间尽管存在联系，但是二者之间存在的差别导致"社会财富"可以被客观计量，而"最大幸福"无法科学判定，这是因为社会财富是以"价值"加以测度的，这一价值是指"某人愿意为其（一件物品）所支付的价格；或者说如果他已经买下了，他要多少钱才愿意放弃它"。[2]由于以"价值"为基础的社会财富可以被科学计量，这使得在法经济学分析中引入和应用数学模型变得可能，即通过对现实世界的观察，抽象出影响现实世界的变量，并在数学模型中分析这些变量如何相互作用，进而为解释和改进世界提供客观且确定的分析。因此，法经济学分析可以借鉴数学模型对不同政策的优劣作出科学评判，从而克服功利主义的不确定问题。例如，在经济学中，根据不同地域与历史时期市场的不同结构，经济学家将市

---

[1]［美］理查德·A. 波斯纳：《正义/司法的经济学》，苏力译，中国政法大学出版社2002年版，第97、98页。

[2]［美］理查德·A. 波斯纳：《法律的经济分析》（上），蒋兆康译，中国大百科全书出版社1997年版，第13页。

场划分为四种类型：完全竞争市场、垄断市场、寡头市场与垄断竞争市场。其中每一个市场类型均对应着一个不同的数学模型，不同模型中供给曲线与需求曲线的位置与变化都是不同的，价格与产量的相关关系也有所差别，通过把握不同市场类型中价格与产量、供给与需求、成本与收益的作用规律，可以为经济学家制定实现特定目的的政策提供分析工具。随着法经济学分析进入著作权法领域，数学模型在著作权法领域也有所应用。例如，就著作权法如何影响作品的供给与需求，有些法经济学分析学者认为，著作权法授予的垄断权利导致了作品处于垄断市场，并对上述垄断市场的数学模型加以借用与改进，指明作品接触与激励之间不可调和的矛盾，因此认为著作权法所授予的垄断权利是弊大于利。而有些法经济学分析学者则认为，著作权法授予的垄断权利并未导致作品处于垄断市场而是处于垄断竞争市场，其理由在于著作权法已为相近作品的市场进入预留了空间，相近作品不断进入市场可以缓和作品接触与激励之间的矛盾，因此认为著作权法所授予的垄断权利利大于弊。在此，这些数学模型直观展现了著作权法如何影响作品的供给与需求。

尽管不同学者的数学模型存在差别，但是模型差别并不构成对其自身的否定，假如每一种模型都有其现实对照，我们就不应称该模型是无用的。当然，我们必须承认，在建构数学模型过程中，由于认知局限，一些因素（特别是一些无法观测的因素）并未或不能被纳入模型加以分析，因此必须承认，数学模型同人类认知一样具有局限性。

（二）法经济学分析的二重批判

1. 规范批判——忽视公平

法经济学分析学者提出的将"社会财富最大化"作为法

著作权法律制度的经济分析

律制度的规范基础或其另一表述"效率"遭到了法经济学分析的反对者[如罗尔斯（Rawls）、德沃金（Dworkin）等人]的猛烈抨击。法经济学分析的反对者认为"社会财富最大化"这一规范基础忽视了公平，因此令人难以接受甚或过于令人厌恶。

罗尔斯是公平观念的忠实信徒，其"正义二原则"明确表达了作为公平的正义如何影响社会基本结构。"正义二原则"的第一个原则为自由原则，该原则提出每个人都有平等的权利获得与他人相同的最广泛的自由。第二个原则包括差别原则与公平机会原则。该原则主张，社会和经济的不平等应当这样安排：①给最弱群体以最大利益；②在机会公平平等的条件下将职位和地位向所有人开放。[1]这两个原则各有其适用范围，第一个原则适用于公民的政治权利，第二个原则适用于有关社会和经济利益。不同原则之间的优先顺序也不同。其中，第一个原则优先于第二个原则，而公平机会原则又优先于差别原则，也即对平等自由制度的违反不会因较大的社会经济利益而得到辩护，"社会的每一成员都被认为是具有一种基于正义、或者说基于自然权利的不可侵犯性，这种不可侵犯性甚至是任何别人的福利都不可逾越的"，[2]"个人不能通过将他们的公民身份和机会对等的权利放弃或妥协来作为交易，以取得经济上较高的地位"。[3]故在罗尔斯看来，公平在社会基本结构中较之效率（社会财富）更为优先，因此公平而非效率应构成法律制度解释与改进的更

---

[1] [澳]彼得·德霍斯：《知识财产法哲学》，周林译，商务印书馆2017年版，第247页。

[2] [美]约翰·罗尔斯：《正义论》，何怀宏、何包钢、廖申白译，中国社会科学出版社1988年版，第27页。

[3] [澳]彼得·德霍斯：《知识财产法哲学》，周林译，商务印书馆2017年版，第248页。

为坚实的基础。[1]

对"社会财富最大化"的系统批判见诸德沃金《原则问题》第十二章的论述。德沃金指出,以波斯纳为代表的经济分析法学家认为"社会财富最大化是一个值得追求的目标",[2]但是"'为什么财富最大化是一个值得追求的目标'这一点是不清晰的"。[3]对此问题,德沃金给出了两类可能的答案:第一类答案认为,社会财富之所以值得追求乃是因为社会财富本身是社会价值的构成因素;第二类答案认为,社会财富本身并不构成价值,但是社会财富是产生具有价值的其他因素的价值工具。[4]德沃金驳斥了社会财富是社会价值的构成要素或是某些独立价值因素的工具的观点,并因此否定了经济分析法学家所提出的社会财富最大化是一个值得追求的目标。由于社会财富本身并不构成值得追求的价值目标,因此社会财富由其自身缘故或作为价值工具支持其他价值从而赋予法官在司法判决中追求社会财富的动机是怪诞的。[5]德沃金对此表示:"社会进步的指标不仅仅指财富,还应包括道德、正义和公平,而那些认为司法应将权利给予最能有效率地运用权利、创造更多社会财富

---

[1] 罗尔斯的批判并没有像德沃金那般直接针对法经济学分析,其所针对的是"功利主义"。但由于前文述记"最大多数人的最大幸福"与"社会财富最大化"之间的内在联系,法经济分析的反对者借用罗尔斯对"功利主义"的批判而不断对法经济分析发难,故为了指明对待法经济学分析的正确,需要在此直面法经济学分析在面对罗尔斯时所可能遭遇的困境。

[2] [美]罗纳德·德沃金:《原则问题》,张国清译,江苏人民出版社2008年版,第297页。

[3] [美]罗纳德·德沃金:《原则问题》,张国清译,江苏人民出版社2008年版,第297页。

[4] [美]罗纳德·德沃金:《原则问题》,张国清译,江苏人民出版社2008年版,第298页。

[5] [美]罗纳德·德沃金:《原则问题》,张国清译,江苏人民出版社2004年,第344页。

的一方的理论,严重损害了人所享有的'作为平等的人被看待'的权利,而把人视为经济效率的附属品。"[1]

2. 实证批判——"数学崇拜"

除了上文中对法经济学分析的规范性批判——将法经济学分析应用于法律问题可能会产生令人怀疑的和道德上应受谴责的影响——法经济学分析的反对者还着眼于法经济学分析所使用的实证工具——由方程或图形构成的数学模型——并对此进行了批判。其首先提出,法经济学分析所使用的数学模型无法准确模拟现实——所依据的条件和假设过于简化、扭曲、不完整,有时甚至是明显错误的。[2]其次,法经济学分析所使用的数学模型无法回到现实中去——即使可以采纳正确的条件和标准,经济模型仍然无法将法律制度和法律关系转化为经济抽象,以作为法律及其行动者的真实镜像。[3]例如,在著作权法的经济分析中,基于对作品的不同经济属性——依据版权作品是具有非竞争性与非排他性的纯粹公共物品所建立的经济模型与依据作品是具有一定程度的竞争性和非排他性的非纯粹公共物品所建立的经济模型是不同的,因而从不同模型中得出的政策启示也是不同的。[4]上述批判概括起来即是法经济学分析所采用的数字模型因高度抽象化而与现实脱节。

---

[1] [美]罗宾·保罗·马洛伊:《法律和市场经济——法律经济学价值的重新诠释》,钱弘道、朱素梅译,法律出版社2006年版,序言第2页。

[2] Dr. Andreas Rahmatian, "A Fundamental Critique of the Law-and-Economics Analysis of Intellectual Property Rights", 17 Marq. Intell. Prop. L. Rev. 191, 197 (2013).

[3] Dr. Andreas Rahmatian, "A Fundamental Critique of the Law-and-Economics Analysis of Intellectual Property Rights", 17 Marq. Intell. Prop. L. Rev. 191, 197 (2013).

[4] Christopher S. Yoo, "Copyright and Product Differentiation", 79 N.Y.U.L. Rev. 212 (2004).

(三) 正确的态度

1. 对法经济学规范分析的正确态度

一些理论家（如罗尔斯、德沃金等人）指责法经济学分析忽视了"公平"，这种批评的观念基础在于认为法律制度不能兼得效率与公平，即法律制度要么以公平为导向，要么以效率为导向，为了效率势必有损公平。[1]这些理论家进一步指出，由于法经济学分析忽视了"公平"，因此其是不正义的。这种指摘实际上将正义等同于"公平"。

事实果真如此吗？社会进步的标志并不仅局限在作为"公平"的正义范畴内，还在于作为"效率"的正义范畴内。任何一个社会，如果仅谈论资源的公平分配而不顾资源总量的提高，都不能被称为一个进步的社会，即"只有在效率提高的前提下才能实现更高层次的公平"。[2]因此，正义具有二重含义，即作为公平的正义与作为效率的正义。事实上，在解释和改进法律制度时，应用法经济学的研究范式与传统的自然权利理论往往会得出相同的结论，毕竟"在一个资源稀缺的社会里，浪费是一种不道德的行为"。[3]例如，著作权人的权利只及于其所作出的创造性表达，即只能就"增量知识"获得著作权，而不能就"存量知识"获得著作权。这一规则既可以借用自然权利理论加以解释——"增量知识"是权利人的劳动成果，而"存量知识"是人类的共同知识，因此"增量知识"私权化符合公平的正义原则；也可以应用法经济学的研究范式加以分析——"增

---

[1] Michael I. Swygert and Katherine Earle Yanes, "A Unified Theory of Justice: The Integration of Fairness into Efficiency", 73 Wash. L. Rev. 249 (1998).

[2] [美] 罗宾·保罗·马洛伊：《法律和市场经济——法律经济学价值的重新诠释》，钱弘道、朱素梅译，法律出版社2006年版，序言第8页。

[3] [美] 理查德·A. 波斯纳：《法律的经济分析》（上），蒋兆康译，中国大百科全书出版社1997年版，第31、32页。

量知识"私权化可以激励权利人创作出更多的作品,而将"存量知识"置于公共领域将不至于减损整个社会群体的创作能力。尽管在上述分析中自然权利理论倚赖公平,法经济学分析倚赖效率,但两者却殊途同归。因此,在绝大多数情形下,使用法经济学的分析方法并不会损害公平价值。

尽管大多数情形如此,但我们仍不能否认作为效率的正义与作为公平的正义在少数情形下仍然有可能发生冲突。例如,波斯纳指出,允许将婴儿出售给更具有抚养能力的他人收养,允许在真正绝望的情况下宰杀救生船上最弱的乘客,都不是明显无效率的,但是这些规则都冒犯了基本的正义观念。[1] 所幸的是,著作权法的经济分析并不过多地涉及有关生离与死别、自由与监禁的选择问题,而只关乎无体财产在市场上的生产与分配问题,而市场经济本身可以被视为效率(稀缺资源的有效配置)与公平(基于意思自治的自愿交易)的某种统一。因此,作为效率的正义与作为公平的正义之间的冲突在著作权法领域有所缓和,并使著作权法成为"法律经济分析的天然领域",[2] 故在著作权法领域应用法经济学分析方法并不会对公平造成过分损害。

作为效率的正义与作为公平的正义之间的冲突在著作权法领域虽有所缓和,但不能完全消解,因此需要对效率与公平作出选择。在效率与公平何者具有优先性的问题上,笔者以为,这种优先性是通过要求公平与要求效率的两种社会力量对比来调节的,法律制度在其间发挥的作用即是为了追求公平而将效率损失限制在最小程度内,或者为了追求效率而应将公平减损

---

〔1〕[美] 理查德·A. 波斯纳:《法律的经济分析》(上),蒋兆康译,中国大百科全书出版社1997年版,第32页。

〔2〕William M. Landes and Richard A. Posner, "An Economic Analysis of Copyright Law", 18 J. Leg. Stud. 325, 325 (1989).

限制在社会可接受的范围内。

经济学家迷恋效率，法学家崇尚公平，两者之间并非非此即彼的矛盾关系。如果我们不在极端意义上理解波斯纳所提出的"社会财富最大化"，即认为"社会财富是社会价值的唯一构成因素"，[1]而将其理解为社会价值的一部分或者实现其他社会价值的工具，我们就可以看到经济分析法学家所主张的规范基础其实与作为公平的正义并不冲突，因而"保留了相当程度的道德力量"。[2]罗尔斯虽然是公平观念的忠实信徒，但是效率理念也在罗尔斯的正义理论中占有一席之地。如罗尔斯指出，效率原则自身无法成为一种正义观念，因此必须对之加以补充，即效率追求应当能够同时改善最弱群体的命运，因此罗尔斯的正义理论"超越了效率"，而非"放弃了效率"。[3]

笔者认为，效率与公平被共同统一于正义理论之下，在绝大多数情形下，依据效率标准与依据公平标准所得出的结论是一致的。因此，将法经济学分析所主张的效率理念应用于法律问题特别是著作权法律问题的分析，不是要凌驾于公平之上，而是要为著作权法律问题研究提供一种"阐明价值冲突和指出以最有效率的途径达到特定社会目的的方法"，[4]"帮助我们避免那些牺牲了效率而从平等来看也没有任何好处的政策"[5]与

---

〔1〕［美］罗纳德·德沃金：《原则问题》，张国清译，江苏人民出版社2008年版，第298页。

〔2〕［美］理查德·A.波斯纳：《正义/司法的经济学》，苏力译，中国政法大学出版社2002年版，第102页。

〔3〕［美］约翰·罗尔斯：《正义论》，何怀宏、何包钢、廖申白译，中国社会科学出版社1988年版，第72页。

〔4〕［美］理查德·A.波斯纳：《法律的经济分析》（上），蒋兆康译，中国大百科全书出版社1997年版，第30页。

〔5〕［美］曼昆：《经济学原理》（第7版·微观经济学分册），梁小民、梁砾译，北京大学出版社2015年版，第270页。

避免"不对法的实施效果进行经济理性的分析而仅凭良好的道德愿望立法所导致的事与愿违的结果",[1]最终使著作权法问题研究长期受益于交叉研究所带来的好处。[2]毕竟,"当多种分配方案都一样公平,选择其中较有效率者,有何不好"?[3]

2. 对法经济学实证分析的正确态度

科学的理论必然是源于现实的,而又需要回到现实中去。法经济学分析所使用的数学模型无法准确、全面地反映现实恰恰说明了现实情境的复杂性。仍以上述作品为例证,在作品具有非竞争性的假设下所构建的经济模型只能适用于数字环境下对某些类型作品的复制(如文字作品),而无法反映和应用于立体艺术作品(如石雕、纹理绘画和难以复制的立体艺术作品),尽管数字技术可以捕捉到该类作品的某些审美方面,但要制作一个具有同原件相同审美体验的副本仍然极其昂贵。因此,经济分析法学家又基于作品具有一定程度的竞争性的假设而构建了适用于立体艺术作品的经济模型。可以看出,这两个经济模型均无法完全反映现实的全部面貌,但两者结合起来则为作品的生产与消费关系提供了一个全面而又有差别的分析工具。因此,法经济学分析所使用的数学模型能够根据现实情境的复杂性作出改进和调整。

---

〔1〕 周林彬、毛杰:"论侵权法的经济分析",载《法制与社会发展》2006年第1期,第100页。仅凭良好的道德愿望立法而导致的事与愿违的结果的典型例证是"租金控制"。在长期住房市场上,当租金控制把租金压低到均衡水平以下时,房屋的供给量将大幅度减少,而租房的需求量将大幅度增加,从而导致住房的大量短缺。房东可以通过各种机制来配给住房,其中一种方式即是让租客排队等待,而当租客排队等待住进来的时候,房东没有动力维持和改善房屋的质量,其结果是更多的人居住质量变差或无家可归。[美]曼昆:《经济学原理》(第7版·微观经济学分册),梁小民、梁砾译,北京大学出版社2015年版,第270页。

〔2〕 如布雷耶批判自然权利理论为"未经分析的直觉感受"。

〔3〕 张永健:《物权法之经济分析:所有权》,北京大学出版社2019年版,第73页。

第一章 著作权法研究的范式反思

其次，如经济学方法一般，诸多社会科学也都会采用模型化的方法，只不过经济学采用的是数学模型，而其他社会科学采用的是理论模型。例如，洛克的劳动理论、康德的人格理论、罗尔斯的正义理论与德沃金的权利理论。"好的理论帮助观察者剥除树叶，看见主干"[1]，一项理论模型或者数学模型如若更富有解释力和改进力，其必然会愈加抽象，即其抽象程度越高，其所能解释和改进的现实问题便越广泛，也就越能彰显特定的理论模型或者经济模型的深刻程度。反之，如果其与现实贴近，其能够解释和改进的现实问题便会受到限制，所作出的结论也会浮于浅表。抽象性问题是所有学科为了获得研究的深刻程度而必须在与现实的贴近程度上作出的让步与牺牲。[2]因此，单独以抽象性问题批判法经济学分析所采用的数学模型有所不公。

再者，航空学教师讲授飞行原理时使用的飞机模型并不包括真实飞机的所有零部件，一幅地图只绘制了现实的简化图形且省略了许多杂乱无章的细节，法经济学家所使用的数学模型也不可能反映现实的全部经济特征。这些被忽视的零部件、细节或者经济特征对于理解飞机、现实或经济体而言是无关紧要的，而留下来的那些飞机零件及其组织结构、简化图形及其相对位置以及经济特征及其相互作用则可以使我们更清楚地看到飞机、物理世界以及经济体是如何运作的。因此，可以说，所有模型都是为了加深人们对现实的理解而简化了现实。[3]

最后，在面对法经济学分析的反对者提出的法经济学分析

---

[1] 张永健：《法经济学分析：方法论20讲》，北京大学出版社2023年版，第113页。

[2] 曹汇："法学界批判法经济学方法的反思"，载《山西省政法管理干部学院学报》2020年第2期，第17页。

[3] [美]曼昆：《经济学原理》（第7版·微观经济学分册），梁小民、梁砾译，北京大学出版社2015年版，第25页。

采用的数学模型过度抽象而与现实脱节的批判,法经济学分析并没有逃避这一问题,而是在反批判的过程中进行了自省和改进,使其自身更具有解释力,从而为接管和解决更为广泛的法律问题提供了分析工具。例如,在新古典经济学那里,经济人行为以完备知识和客观理性为假设前提,这些假设前提偏离了真实的经济社会情况,因此,在新制度经济学那里得到了纠正,他们认为,有限理性,或曰知识的不足,乃是人类命运的必要组成部分。[1]

事实上,经济学领域确实存在着"数字崇拜"的现象,"一些经济学家认为'似乎只要建立了模型,就认为研究方法和结论便有了充分的正当性',他们'疏于追求真相,反而被光鲜的数学外衣迷得晕头转向'"。[2]在法学领域,受限于学科门槛和研究精力,法学家对经济学的理论和方法并不了解,因此对经济学的理论和方法呈现出敌视的倾向。恰当的态度是经济学家与法学家各让一步,而不是在各自的领域画地为牢:经济学家"可以从法学家身上学习如何说服普通人的方法——一项法学家持续训练、推敲的艺术"[3]并借助更加直接、易懂的语言来展示经济学的理论与工具;法学家"可以从经济学家身上学习建构理论的数量推理和经验研究"[4]并更加熟练、自如地理解和运用经济学的理论与工具。由此,法经济学实证分析的批判与反批判之间的矛盾可以由经济学家和法学家向彼此的领域各迈进一步,进而得到调和,作为经济学与法学交叉领域的法

---

[1] 王志伟编著:《现代西方经济学流派》,北京大学出版社2015年版,第227页。

[2] [美]威廉·M.兰德斯、理查德·A.波斯纳:《知识产权法的经济结构》,金海军译,北京大学出版社2016年版,序言第10页。

[3] [美]罗伯特·考特、托马斯·尤伦:《法和经济学》(第6版),史晋川等译,史晋川审校,格致出版社、上海三联书店、上海人民出版社2012年版,第10页。

[4] [美]罗伯特·考特、托马斯·尤伦:《法和经济学》(第6版),史晋川等译,史晋川审校,格致出版社、上海三联书店、上海人民出版社2012年版,第9、10页。

第一章　著作权法研究的范式反思

经济学分析承担的正是这一使命。

二、法经济学分析的理论与工具

法经济学分析将经济学作为一种方法论研究法律问题，因此也就难以与经济学的理论与工具分野。经济学中丰富的理论与工具（特别是产权理论、交易成本理论、信息理论与社会财富最大化理论）为著作权法律问题的经济分析提供了多元视角，因而可以使我们在对著作权法进行经济分析时抛却立场偏见，对著作权法律中各项制度的经济效果进行全面认知，这就避免了功利主义理论或自然权利观念片面推崇"公共利益"或"个人权利"的窘境。

（一）产权理论

产权理论是由新制度经济学家提出并加以系统阐释的。1960年罗纳德·H. 科斯（Ronald H. Coase）的《社会成本问题》研究了产权安排对人们的经济活动所产生的影响，《社会成本问题》标志着产权理论的产生。之后，阿尔德·A. 阿尔钦（Armen Albert Alchian）、哈罗德·德姆塞茨（Harold Demsetz）、张五常、E. C. 菲吕博腾（E. G. Furubotn）和斯韦托扎尔·平乔维奇（Svetozar Pejovich）与约拉姆·巴泽尔（Yoram Barzel）等人的研究又进一步推动了产权理论的发展。

1. 产权的概念

产权学派关于产权的定义为把握产权的概念提供了基本的洞见。德姆塞茨认为："产权是界定人们如何受益及如何受损，因而谁必须向谁提供补偿以使他修正人们所采取的行动。"[1]阿

---

[1] [美]哈罗德·德姆塞茨："关于产权的理论"，载[美]罗纳德·H. 科斯等：《财产权利与制度变迁——产权学派与新制度学派译文集》，刘守英等译，格致出版社、上海三联书店、上海人民出版社2014年版，第71页。

尔钦指出:"产权是一个社会所强制实施的选择一种经济品的使用的权利。"[1]巴泽尔将产权定义为两种权利,即"经济权利"与"法律权利"。其中,经济权利是指"通过交易个人直接或间接地期望消费商品(或资产的价值)的能力",法律权利就是"政府承认和执行的那部分权利"。[2]其中,经济权利是人们追求的目标,法律权利则是达成这一目标的手段——通过第三方的裁决和执行强化经济权利。在上述产权定义中,德姆塞茨强调产权的对人性,即产权主要是用来调整人与人之间的相互关系,阿尔钦强调产权的对物性,即产权是人们在使用资源时所必须遵守的规则。巴泽尔的产权定义同时强调了产权的对物性与对人性,其所提出的产权的经济层面是面向商品的消费的,而产权的法律层面则强调了主体消费商品时不受他人干涉的程度。笔者认为,巴泽尔的产权定义全面描述了产权结构,并认可从产权的对人性与对物性的双重层面对产权概念加以把握。

首先,产权调整的是人与人之间关系,不同主体就特定物的使用介于排他性与相容性、可转让性与不可让与性的两个维度内。因此,产权可以被视为有关排他性与可转让性这两个变量的函数。[3]私人产权的排他性是对世的,法律对其可转让性没有施加过多的限制,而集体产权的排他性只有在集体成员范围之外才能发挥作用,而可转让性也受到集体成员意志的限制。具体来说,私有产权的排他性是指产权指向客体利用的所有成

---

〔1〕[美]阿曼·A.阿尔钦:"产权:一个经典注释",载[美]罗纳德·H.科斯等:《财产权利与制度变迁——产权学派与新制度学派译文集》,刘守英等译,格致出版社、上海三联书店、上海人民出版社2014年版,第121页。

〔2〕[以]约拉姆·巴泽尔:《产权的经济分析》,费方域等译,格致出版社、上海三联书店、上海人民出版社2017年版,第3、4页。

〔3〕这里的排他性是指法律上的排他性(Exclusive-in-Law),区别于笔者在第二章提出的因为技术上可能或经济上可行而产生的物理上的排他性(Exclusive-in-Fact)。

第一章 著作权法研究的范式反思

本和收益都归私人承担和享有，他人不能分享客体利用产生的收益，也无需承担客体利用产生的风险和责任。[1]集体产权的排他性是指集体成员之外的群体不能分享客体产生的收益与不用分担客体产生的成本，但是任何集体成员对于客体利用产生的成本与收益需由全部集体成员分担和共享。可转让性是指客体产权的全部或者部分可以被转让或被许可，促使客体流转到能对其进行最佳利用与评价最高的主体手中，从而实现客体的最优利用与价值增值。[2]由于不可转让性无助于有限资源的最佳利用，当且仅当允许客体产权的转让或许可产生的损害超过物尽其用的需求之时，政策制定者方基于父爱主义的考量而禁止转让。综合来看，排他性确保权利人能够自己对其排他控制的客体实施特定行为，从而排除他人干预；可转让性提高了权利人对其控制客体的利用能力，即其本身不能对客体进行最优利用时，可将其转让给能对客体进行最优利用的主体。

其次，产权的客体是阿尔钦所说的"经济品"或巴泽尔所说的"商品"。"经济品"或"商品"的措辞意味着：①产权的客体不仅包括有体物，还包括无体物，但不包括人格与身份。例如，柯武钢等人指出，产权不仅能附着于物质资产上，也能附着于可识别的知识上。[3]再如，施瓦茨（Bob Schwartz）指出，产权不仅是指有形物的所有权，还包括了专利和著作权。[4]因此，"产权"的范畴要比"所有权"的范畴大。②不论是有体物还是无

---

[1] [澳] 柯武钢、[德] 史漫飞、[美] 贝彼得：《制度经济学：财产、竞争、政策》，柏克、韩朝华译，商务印书馆2018年版，第232页。
[2] [澳] 柯武钢、[德] 史漫飞、[美] 贝彼得：《制度经济学：财产、竞争、政策》，柏克、韩朝华译，商务印书馆2018年版，第250页。
[3] [澳] 柯武钢、[德] 史漫飞、[美] 贝彼得：《制度经济学：财产、竞争、政策》，柏克、韩朝华译，商务印书馆2018年版，第230页。
[4] 王素玉："版权法的经济分析"，吉林大学2009年博士学位论文，第41页。

体物均具有多元化的属性,能够被以不同的方式加以利用,因此产权是有关物的不同属性的"权利束",对于不同属性进行利用的权利虽然指向同一客体,但是可以互不干涉与彼此独立。例如,所有权被视为指向物的占有、使用、收益、处分权能的权利束,著作权可以被视为有关作品的复制、发行等权项的权利束。出于对"经济品"利用的需要,作为"权利束"的产权可以被分割和重组。③由于经济品类别、属性与价值的复杂性以及人对经济品类别、属性与价值认识的有限性,绝大部分有体物与无体物的产权均处于完全界定与公共领域的中间状态,经济品类别的涌现,经济品属性的发现与经济品价值的变化导致了原有的"成本-收益"结构的变化,由此产生了产权变迁的需要。

总的来说,产权即是人们对稀缺物的存在与使用所引起的人们之间的彼此认可的行为关系。[1]

2. 产权的形成

哈罗德·德姆塞茨在《关于产权的理论》一文中以北美拉布拉多半岛土地私有产权的发展为例证说明了产权形成可以与受益或受损效应相联系而得到最好的理解。[2]

在原始采集与狩猎时代,由于人口稀少,采集能力与狩猎能力有限,资源相对于人类的需求而言是相对充裕的,人们之间施加于彼此的外部性可以忽略不计,而划定资源的边界所得到的收益要比人们所付出的代价大得多,这阻碍了产权形成。

---

[1] [美] 埃瑞克·G. 菲吕博滕、斯韦托扎尔·平乔维奇:"产权与经济理论:近期文献的一个综述",载 [美] 罗纳德·H. 科斯等:《财产权利与制度变迁——产权学派与新制度学派译文集》,刘守英等译,格致出版社、上海三联书店、上海人民出版社2014年版,第149页。

[2] [美] 哈罗德·德姆塞茨:"关于产权的理论",载 [美] 罗纳德·H. 科斯等:《财产权利与制度变迁——产权学派与新制度学派译文集》,刘守英等译,格致出版社、上海三联书店、上海人民出版社2014年版,第73页。

第一章　著作权法研究的范式反思

在德姆塞茨有关产权形成的例证中，在皮革贸易之前，拉布拉多半岛上的印第安人狩猎的主要目的是满足自己果腹和蔽体的需求，除此之外他们没有理由要求得更多。自由狩猎对于他人需求的满足几乎没有什么影响，因此不需要谁对谁来进行补偿，而确立狩猎边界则要付出很高的代价。这时，资源的产权并没有得到很好的界定，而是任其处于原始的公共状态中。

随着人口的增加、生产能力的发展，资源相对于人类的需求而言变得稀缺，人们之间施加于彼此的外部性程度逐渐加深，为抵御他人施加于自身的外部不经济，人们开始通过私人防御的形式划定资源的边界，直到私人防御的边际成本等于边际收益。由于规模经济，小规模私人防御的成本明显高于由组织界定和执行产权的成本，各方会同意由以武力为后盾的政府来界定和执行产权，产权由此形成。在德姆塞茨的例证中，随着皮革贸易的不断发展，动物资源的相对价值提高，狩猎范围相应扩大，紧缺程度也日益加剧。在狩猎方面具有比较优势的猎人可以捕获更多的动物，因此留给他人果腹和蔽体的动物资源便减少了。皮革资源价值的提高与捕获动物活动的频繁使得与自由狩猎相关的外部性加剧了。除此之外，北美拉布拉多半岛中的森林动物并不具有平原动物在土地上漫跑的习性，这使得印第安人可以以较小的成本将森林动物畜养在较小的范围内。此时，由于建立私有狩猎区域的成本大幅降低，而动物资源的相对价值提高，这一有利可图的前景最终导致了土地私有产权的形成。

从北美拉布拉多半岛土地私有产权形成的例证中，可以得出如下结论：产权的形成及其变迁是相互作用的人们在原有"成本-收益"结构失衡的前提下对使之回归均衡的期待进行的回应。事实上，由于人们对经济品的类别、属性与价值的认知不断变化，经济品施加主体的成本与带来的收益也在不断变化。

如德姆塞茨指出："知识的变化会导致生产函数、市场价值及期望的变化，新的技术，做同一事情的新的方式，以及做新的事情——都会产生社会所不习惯的受益和受损效应。"[1]又如巴泽尔指出："随着新的信息的获得，资产的潜在有用性被技能各异的人们发现"[2]，"曾经被认为不值得拥有的东西可能又会被认为值得拥有；相反，最初被拥有的也可能会被置于公共领域"。[3]当人们发现某一经济品私有的收益超过了其成本时，人们就会放弃某一类经济品或经济品的某些属性，从而使之进入公共状态，而当经济品类别或属性的价值增加，或者新的类别或属性的发现导致存在潜在的获利机会时，人们就会产生产权私有化的需求。产权的长期活力在于它能够应对新的或不同的受益或受损效应及时作出调整与变迁。

总而言之，产权的形成与变迁是一个渐进的过程，其演化的动力来自于经济品类别、属性或其价值的变化给主体带来的受益或受损效应。[4]

3. 产权的安排

科斯定理阐明了产权安排会对资源的配置效率产生何种影响。[5]科斯定理可以通过下述简化的例证加以阐明：

---

[1] [美]哈罗德·德姆塞茨："关于产权的理论"，载[美]罗纳德·H.科斯等：《财产权利与制度变迁——产权学派与新制度学派译文集》，刘守英等译，格致出版社、上海三联书店、上海人民出版社2014年版，第73页。

[2] [以]约拉姆·巴泽尔：《产权的经济分析》，费方域等译，格致出版社、上海三联书店、上海人民出版社2017年版，序言第2页。

[3] [以]约拉姆·巴泽尔：《产权的经济分析》，费方域等译，格致出版社、上海三联书店、上海人民出版社2017年版，第97页。

[4] Robert P. Merges, "A Transactional View of Property Rights", 20 Berkeley Tech. L. J. 1477, 1481 (2005).

[5] [美]罗伯特·考特、托马斯·尤伦：《法和经济学》（第6版），史晋川等译，史晋川审校，格致出版社、上海三联书店、上海人民出版社2012年版，第74~78页。

第一章 著作权法研究的范式反思

假设存在两块相邻的土地,农夫在其上种植谷物,养牛者在其上放养牛群,由于两块地之间没有栅栏,牛群会跑到农夫的土地上损害谷物。在这一情形中,可能存在的产权安排有两种:一种是农夫权,即养牛者承担不得损害农夫谷物的责任;一种为养牛权,即农夫承担让养牛者远离其谷物的责任。假设牛群践踏谷物给农夫造成了1000元的损失,农夫建栅栏的成本为500元,养牛者建围栏的成本为750元,效率要求农夫花费500元在其谷物周围建栅栏,而不是由养牛者花费750元建围栏以避免牛群跑到邻居的土地上。

我们假设农夫与养牛者充分了解彼此(完全信息),并且能够无成本地议价并达成协议(交易费用为零),结果会是:在养牛权的产权安排下,农夫会建造栅栏,并产生500元的成本;在农夫权的产权安排下,双方会达成这样一个协议,即养牛者愿意支付高于500元而低于750元的费用给农夫(这避免了养牛者750元建围栏的成本),农夫表示接受(养牛者支付的价格高于其500元建栅栏的成本),最后的结果仍是农夫建栅栏。上述假设说明了科斯第一定理:当交易成本为零时,无论产权安排如何,私人谈判都将导致资源的有效利用。

放松完全信息与零交易成本的假设以使上述假设更加贴近现实。假设使农夫与养牛者坐到一起达成协议的成本为500元,在养牛权的产权安排下,农夫会建栅栏,并产生500元的成本;在农夫权的产权安排情况下,由于交易成本为500元,大于双方从交易中获得的合作剩余250元,交易净收益为负250元,双方不会达成合作协议,养牛者将建围栏,并产生750元的费用,否则他就要赔偿牛群践踏谷物给农夫造成的1000元的损失。因此,在农夫与养牛者之间存在交易成本时,农夫权产权安排下所产生的750元建围栏的成本要高于养牛权产权安排下所产生的500元建栅栏的成本，显然养牛权的产权安排较农夫权的产权安排更有效率。这一更加贴近现实的例证阐明了科斯第二定理：当交易成本足够高以至于阻碍了私人自愿谈判时，资源的有效利用取决于产权安排。

上述科斯第一定理与第二定理为提高资源的利用效率指明了方向：其一，给定产权安排，降低私人谈判的交易费用可以促进资源的有效利用；其二，给定交易成本，有效率的产权安排可以促进资源得到有效利用。笔者在此首先分析"有效率的产权安排"，有关"交易成本理论"将留待下文讨论。

什么才是"有效率的产权安排"呢？对此，产权理论学者给出了如下回答。约翰·巴泽尔指出："作为最大化过程基础的一个基本原则是，单个属性被置于通过控制属性能更容易地影响产出净价值的一方的控制之下。"[1]迈克尔·斯威格特（Michael I. Swygert）与凯瑟琳·厄尔·扬斯（Katherine Earle Yanes）认为，权利应当分配给估值最高的一方，如此就消除了进一步协商的必要；责任应当分配给交易成本最低的一方，因为交易成本较低的一方更为容易改变低效的产权规则，例如在工业污染的情况下，谈判由一大批分散的个人群体（被污染者）而不是由小得多的对该问题更为关切的个人群体发起时，交易成本更为高昂，适当的政策是由污染者承担责任。[2]上述观点归结起来即是，有效率的产权安排应当按照比较优势定律进行——谁能够更好地利用资源，资源就归谁所有，谁能够以更低的成本避免事故，谁就应当承担责任。在上述农夫与养牛者的例证

---

[1] [以] 约拉姆·巴泽尔：《产权的经济分析》，费方域等译，格致出版社、上海三联书店、上海人民出版社2017年版，第55页。

[2] Michael I. Swygert and Katherine Earle Yanes, "A Unified Theory of Justice: The Integration of Fairness into Efficiency", 73 Wash. L. Rev. 249, 281 (1998).

中，为避免牛群践踏谷物这一事故的发生，养牛者建围栏的成本要高于农夫建栅栏的成本，农夫能够以较低的成本避免由牛群践踏谷物造成的损失，因此有效率的产权安排就应当是由农夫承担责任、养牛者享有权利的养牛权。

4. 产权的功能

产权具有激励功能与秩序功能。首先，产权的激励功能表现为生产激励与改进激励。表1-1说明了在具有私人产权的情况下，个人能够获得其产出的全部收益，个人净收益等于社会净收益。在个体使用3个小时进行生产时，个人净收益最大，同时社会净收益也最大，偏离这一最优工作时间将会造成生产不足或者浪费。因此，由于个人能够获得其生产的全部收益，个人将有动力在最优工作时间上进行生产，由此避免了生产不足或者浪费。表1-2表明在欠缺私人产权的情况下，个人从事生产需要付出成本，但其产出为他人占有。这会造成两种效应，即对于无成本占有他人产出的个体而言，他们的生产积极性受到了抑制，而对于付出成本但却不能占有其生产的全部产出的个体而言，其将拒绝进行生产，以避免为自身招致任何成本。在表1-2中，由于个人从事生产需要付出成本，但不能获得其产出，即个人面临的是无论付出多少，都不会获得任何产出的局面。对个人而言，显然不投入任何时间进行生产是最优选择，其结果是社会生产将偏离最优水平，即生产不足。如我们将上述"产出"假设为对物品的改进，特别是对耐用品（如土地或房屋）的改进，产权的存在就可以使个人从改进财产的行为中获益，因此，激励个人从事改进财产的行为可以避免资源浪费，如土地贫瘠或房屋闲置。如波斯纳所言，就某一资源拥有权利的主体，能够预见未来（例如，在收获时节）没有任何其他主体侵占这一资源，从而敢于及时（例如，在种植时节）对该资源进行投资,从而维持资源的良好状态与促进资源的充分利用。[1]

表1-1 具有私人产权情况下的社会收益与个人收益

工作时间	产出	产出正效用	工作负效用	社会净收益	个人净收益
0	0	0	0	0	0
1	2	6	4	2	2
2	4	14	6	8	8
3	6	20	10	10	10
4	8	24	16	8	8
5	10	26	24	2	2

表1-2 缺少私人产权情况下的社会收益与个人收益

工作时间	产出	产出正效用	工作负效用	社会净收益	个人净收益
0	0	0	0	0	0
1	2	6	4	2	−4
2	4	14	6	8	−6
3	6	20	10	10	−10
4	8	24	16	8	−16
5	10	26	24	2	−24

其次,产权的秩序功能表现为其可以减少不确定性,并因此为当事人提供了稳定的预期。"良好的秩序和安全是压倒一切的关怀;实现交往的可预测性和结果的确定性至关重要。"[2]

---

〔1〕[美]威廉·M.兰德斯、理查德·A.波斯纳:《知识产权法的经济结构》,金海军译,北京大学出版社2016年版,第15页。

〔2〕[英]韦恩·莫里森:《法理学:从古希腊到后现代》,李桂林等译,武汉大学出版社2003年版,第199页。

第一章 著作权法研究的范式反思

"如果一个人可以用一块土地种庄稼，然后另一个人可以过来，在种庄稼的土地上盖房子，然后另一个人也可以过来，把房子拆了，把空地当作停车场，用混乱来形容，无疑是准确的。"[1]如果社会出现混乱，社会交往必然代价高昂，信任与合作必然崩溃，人类试图过一种理性的、有意义的、有目的的生活的所有努力，都将在一个混乱不堪的世界里受挫。[2]通过建立具有"某种程度的一致性、连续性和确定性"[3]的产权制度，可以划定不同主体的行为（利益）边界。产权制度使从事生产与改进行为的主体不必担心其生产与改进行为的成果会被他人抢夺，因此不必投入过度的私人资源对其生产与改进的成果加以保护。它同时使从事偷窃和抢夺行为的主体能够预料到其行为会构成对他人产权的侵犯，并要承担相应的法律责任，因此不会将资源投入偷窃或抢夺。防窃的投入与偷抢的投入都会导致资源的利用偏离社会最优状态。产权制度以政府的武力为后盾，政府这一公共权威的存在"使人们的经济交换环境变得相对确定，大家都明白自己和别人的选择空间"，[4]安全的环境与彼此的信赖减少了不确定性因素，因此为当事人提供了稳定的预期。当"秩序"取代了"混乱"而居主导地位时，人们可以"在一个合理的、可预测结果的框架内规划未来"[5]，从而更好地做出自己的计划并与他人合作，也能对自己冒险从事创新性试验感到

---

〔1〕 Robert P. Merges, "A Transactional View of Property Rights", 20 Berkeley Tech. L. J. 1477, 1481 (2005).
〔2〕 ［美］E. 博登海默：《法理学：法律哲学与法律方法》，邓正来译，中国政法大学出版社 2017 年版，第 236 页。
〔3〕 ［美］E. 博登海默：《法理学：法律哲学与法律方法》，邓正来译，中国政法大学出版社 2017 年版，第 234 页。
〔4〕 王素玉："版权法的经济分析"，吉林大学 2009 年博士学位论文，第 42 页。
〔5〕 谢鸿飞："私法中的分配层次"，载《中国社会科学》2023 年第 9 期。

自信。[1]

指明私有产权的激励功能与秩序功能并不意味着私有产权是解决所有问题的万应灵丹,因为私有产权的界定、保护与执行本身需要支付成本,私有产权的成本因经济品类别、属性或价值的不同而存在差异,如私人物品产权私有的成本相对较低,而公共物品产权私有的成本相对较高。当私有产权的成本较高时,效率要求限制私有产权或采用他种产权制度。

(二) 交易成本理论

笔者在对产权理论进行阐述时指出,给定产权安排,通过降低私人谈判的交易成本可以促进资源的有效利用;给定交易成本,通过有效率的产权安排也可以促进资源的有效利用。在此,交易成本较之产权安排对资源利用效率的影响更为显著,新制度经济学家在关注产权安排的同时,也把视角投向了现实世界中广泛存在的交易成本。

科斯在对企业问题进行思考时,最先提出和定义了交易成本。不过,科斯提出的交易费用是指狭义上的利用价格机制所产生的交易费用,即市场型交易费用。"通过将各种资源结合进像企业那样的组织之中,能够减少在市场中为某些投入缔约分包契约。"[2]可以说,企业通过将市场交易"内部化"节省了重复性生产活动引发的搜寻成本、缔约成本、履行成本和监督成本等市场型交易费用。例如,雇员与企业的持续雇佣关系,可以节省每天去市场上招聘雇员的成本。[3]威廉姆森扩展了

---

[1] [德] 柯武刚、史漫飞:《制度经济学:社会秩序与公共政策》,韩朝华译,商务印书馆2000年版,第38页。

[2] [澳] 柯武刚、[德] 史漫飞、[美] 贝彼得:《制度经济学:财产、竞争、政策》,柏克、韩朝华译,商务印书馆2018年版,第259页。

[3] [澳] 柯武刚、[德] 史漫飞、[美] 贝彼得:《制度经济学:财产、竞争、政策》,柏克、韩朝华译,商务印书馆2018年版,第259页。

"交易成本"的内涵，即广义上的交易成本已经不再局限于"市场型交易成本"，还包括"管理型交易成本"与"政治型交易成本"。"管理型交易成本"主要是指组织内部行使命令所产生的费用，它包括了组织设立与运行等的费用。例如，企业组织生产协调活动，将产生管理费用，随着企业规模的扩张，管理费用会越来越高。[1]"政治型交易成本"与"管理型交易成本"类似，主要是指制度运行和调整有关的费用。新制度经济学家主要关注"市场型交易成本"，由于"市场型交易成本"的一般理论可以适用于对"管理型交易成本"与"政治型交易成本"的分析，因此下文将着重探讨"市场型交易成本"。"市场型交易费用"即是在交易中的事前、事中、事后的三个阶段中存在的搜寻和信息的费用、谈判和决策的费用与履行和监督的费用。"市场型交易成本"揭示了为何主体之间的议价没有发生，或者议价发生了但主体之间却没有达成互惠的协议。

威廉姆森研究了交易成本背后的影响因素。威廉姆森指出，影响交易费用的因素可以分为两类，一类是影响交易成本的客观因素，包括资产专用性、不确定性、潜在交易对手的数量和交易发生的频率；另一类是影响交易成本的主观因素，主要是人的有限理性和机会主义行为。[2]资产专用性是指"为了某一特定的交易而作出的持久投资一旦形成，就很难转移到其他用途上去"。[3]一般而言，资产专用性程度越高，交易成本也越高。当事人在交易的过程中需要面对各种不确定性因素，不确定程度越高，当事人就越需要建立保障和监督机制，由此交易费用也就越高。交易对手的数量越多，当事人的选择空间越大，

[1] 王志伟编著：《现代西方经济学流派》，北京大学出版社2015年版，第235页。
[2] 王志伟编著：《现代西方经济学流派》，北京大学出版社2015年版，第235页。
[3] 王志伟编著：《现代西方经济学流派》，北京大学出版社2015年版，第236页。

在只有一个交易对手时，例如垄断市场中的垄断者，如果垄断者拒绝合作或者进行垄断定价，都会导致互惠的协议不能达成或达成的互惠协议数量较少。但是在完全竞争市场中，有众多的卖者和买者，且各个卖者所提供的物品大多都是相同的，这种较大的选择空间提高了达成互惠协议的可能性。交易的频率越高，交易费用特别是搜寻和信息费用就越能分摊到每次的交易之中，交易成本因此越低。同时，"由于理性有限，人们不可能判断一个人的自利行为是否是损人利己的行为，并对此作出迅速的反应，因此凭借说谎、欺骗、毁约等不正当手段谋取私利的机会主义行为就可以得逞"。[1]基于风险规避的需要，当事人要么拒绝议价与拒绝达成协议，要么达成协议而在合同中留下很多未约定的空白，要么花费高昂的成本增加交易的保障和监督费用。因此，有限理性与机会主义行为同样会导致较高的交易成本。

指明市场交易中的交易成本类型与梳理出影响交易成本高低的因素，可以为降低交易成本、促进市场交易从而促进资源的有效利用提供解决思路。例如，在交易发生频率较高的情形下，采用格式合同或产品的标准化可以降低交易成本。

（三）信息理论

1961 年，乔治·约瑟夫·斯蒂格勒（George Joseph Stigler）《信息经济学》一文的发表标志着信息经济学作为一门独立学科进入了科学视野。斯蒂格勒的重要贡献在于提出应在不完全信息的假设而非在完全信息的假设下分析经济问题，这一更贴近现实的假设的提出使得斯蒂格勒及后来学者逐渐重视信息在经济交往中的作用。对信息的认知，可以从本体论与认识论的角度进行。在本体论意义上，信息指"一切事物（物质的和精神的）运动的状态和运动的方式，包括事物内部结构的状态和方

---

[1] 王志伟编著：《现代西方经济学流派》，北京大学出版社 2015 年版，第 227 页。

式以及外部联系的状态和方式，它是客观事物的本质属性之一"。[1]在认识论意义上，"信息是关于事物运动状态和运动方式的反映，是主观认识的本质属性之一"。[2]人们如何行为取决于人们的决策正确与否，而这又取决于对信息的获取与掌握。基于信息本体论和认识论上的双重属性，其能够使人的主观世界与客观世界联系起来，消除人们认识上的盲区，并因此减少了人们行动中的不确定性。信息可以在市场中进行交换并减少人们行为的不确定性。这为我们的分析提供了两种视角：其一是作为商品的信息；其二是作为条件的信息。

1. 作为商品的信息

信息具有价值与使用价值的双重属性。一方面，从本体论意义上说，信息是客观事物的本质属性，获取和掌握客观事物内部结构与外部联系的信息可以减少人们行为的不确定性，例如，经营决策者可以利用信息减少在投资方向与生产规模方面的不确定性，商品消费者利用信息可以降低商品搜寻成本并能选择更贴近其偏好的商品，因此信息具有使用价值。另一方面，从认识论意义上说，信息是客观事物本质属性的反映，这种"反映"的获得需要主体付出脑力劳动，例如作品创造即是作者付出脑力劳动所形成的劳动成果。因此，信息具有价值。由于信息具有了价值与使用价值，信息因此可以作为一种商品在市场中进行生产、交换与消费。相较于一般商品而言，信息商品具有如下独特属性。

其一，信息商品具有无形性，即信息商品虽然需要物质载体获得外部定在，以便可以存在和传递，但是信息商品的内容却与载体形式无关。信息的无形性为我们分析信息的生产提供了洞见。信息商品的生产可以被划分为两个阶段：第一个阶段

---

[1] 陈瑞华编著：《信息经济学》，南开大学出版社2003年版，第38页。
[2] 陈瑞华编著：《信息经济学》，南开大学出版社2003年版，第38页。

是信息商品本身的生产,即知识生产;第二个阶段是信息商品载体的生产,即物质生产。在信息商品生产的两阶段中,生产信息商品需要付出知识生产的固定成本与物质生产的可变成本。例如,作品的"表达成本"即包括了创作作品的固定成本与物质载体的可变成本。[1]一般而言,信息生产的固定成本相较于信息生产的可变成本要高得多。例如,以数字化形式存在的作品,其复制仅需要点击鼠标即可在短时间内完成,因此数字化作品的可变成本趋近于零。

其二,从信息商品的无形性可以演绎出信息商品的非竞争性。消费者对有体物的消费会减损该物的物理价值,并影响其他主体对该物的占有与使用,但是消费者对信息商品的消费并不存在信息商品物理价值贬损的问题,也不会影响其他消费者对该信息商品的使用。假设存在 n 个消费者,这 n 个消费者面临一个苹果与一本小说,假设苹果与小说的价值均为 1,[2] n 个消费者只能获得该苹果原有价值 1 中的一部分,即假设 n 个消费者能够对苹果进行平均消费,n 个消费者分别获得的价值(私人收益)将为 1/n,n 个消费者从苹果的消费中获得的总价值(社会收益)不会超过苹果的原有价值 1。在 n 个消费者对一本小说进行消费的情况下,在该小说能够进行即时数字化复制的情况下,n 个消费者可以分别同时获得该小说的原有价值 1(私人收益),n 个消费者从小说的消费中获得的总价值(社会收益)为"1+1+1+……+1"。信息商品的非竞争性表明,越多的消费者接触和利用信息商品,信息商品所产生的社会收

---

[1] [美]威廉·M.兰德斯、理查德·A.波斯纳:《知识产权法的经济结构》,金海军译,北京大学出版社 2016 年版,第 43 页。

[2] 刁佳星:"知识产权公共领域建构的制度理性与功能价值——以开源软件许可为例证",载《研究生法学》2018 年第 6 期,第 101、102 页。

益也越大,即信息商品按照边际成本定价将最大限度地满足消费者的需求。

其三,从信息商品的无形性还可以演绎出信息商品的体验性。商品可分为查验品(Search Goods)和体验品(Experience Goods)。所谓查验品,是指通过观察商品或服务的外在特征就能相对容易地获得商品或服务质量和性能的信息,如挂在服装店进行出售的服装。所谓体验品,是指无法通过观察商品或服务的外在特征,只能通过实际的消费体验才能获得商品或服务质量和性能的信息。信息商品的体验性是指消费者不能通过信息商品物质载体的外在特征(如其颜色、形状、大小)获得对信息内容的质量和性能的准确判断,而只能通过亲自体验信息商品的内容才能对其是否满足自己的需求作出准确的判断。[1] 这给信息商品的交易带来了困难:如果先付费后体验,消费者会基于该信息商品能否满足自己需求的不确定性而不情愿进行事先支付;如果先体验后付费,则消费者会因为已经从对该信息商品的消费中获得了满足而不愿意再花费成本进行事后购买。信息商品的体验性致使信息商品的交易成本高于查验性商品。[2]

对信息商品的无形性、非竞争性与体验性进行分析,会发现在信息商品的生产、交易与消费中存在着两种悖论。第一悖论是指,在信息商品的生产与消费过程中,生产者需要付出较高的固定成本与较低的可变成本,生产者如果要收回固定成本,并保持持续生产的能力,就必须被授予能以高于边际成本(可变成本)进行垄断定价的权利,而这又会使那些支付意愿高于边际成本低于垄断定价的消费者被排除在信息商品的消费范围

---

〔1〕 马费成编著:《信息经济学》,武汉大学出版社2012年版,第115页。
〔2〕 [澳] 柯武刚、[德] 史漫飞、[美] 贝彼得:《制度经济学:财产、竞争、政策》,柏克、韩朝华译,商务印书馆2018年版,第309页。

外，从而造成无谓损失。这即是知识产权法学者通常较为熟知的信息第一悖论：没有合法的垄断就不会有足够的信息被生产，而有了合法的垄断就不会有足够的信息被利用。第二悖论由肯尼斯·J. 阿罗（Kenneth J. Arrow）提出，是指在信息商品的市场交易中，买方在得到信息之前并不了解这些信息的好坏与这些信息对他的价值，但是他一旦了解了这些信息，他实际上便已经无成本地获得了这一信息。[1]比如，一个人很想知道，观看某个电影是否值得花费40元，但是为了弄清电影是否符合他的偏好和期待的最佳方式就是去看电影。当然，其还可以浏览影评，发现某个电影的价值，但是电影评论只能提供有关电影是否符合他的偏好和期待的次优信息。信息商品的交换悖论是由信息商品的体验性导致的。信息商品悖论表明信息商品的生产、交换与消费存在市场失灵，因此需要引入制度因素对其加以干预。在信息供求悖论中，可以通过产权机制、奖励机制、荣誉机制激励信息商品的生产，并同时通过产权限制、政府供给等促进信息商品的利用。在信息交易悖论中，通过技术手段控制信息被披露的程度与范围可以促使卖方披露信息与买方了解信息，电影宣传和评论即是缓和信息交易悖论的常用手段。

2. 作为条件的信息

信息以分散、独立甚至相互矛盾的状态存在，人们在搜寻、整合和吸纳分散信息方面只有有限能力，因此可以说"无知"是人类生存条件的一个基本组成部分，或称"构造性条件"。[2]因

---

[1] Kenneth J. Arrow, "Economic Welfare and the Allocation of Resources for Invention", in *The Rate and Direction of Inventive Activity: Economic and Social Factors* 609, 614~616 (1962); Mark A. Lemley, "The Economics of Improvement in Intellectual Property Law", 75 Tex. L. Rev. 989, 1051 (1997).

[2] [澳] 柯武刚、[德] 史漫飞、[美] 贝彼得：《制度经济学：财产、竞争、政策》，柏克、韩朝华译，商务印书馆2018年版，第65页。

第一章 著作权法研究的范式反思

此,市场交易的有效进行与法律制度的有效运行均有赖于获取信息成本的高低。

(1)作为交易条件的信息。在市场交换中,交易"摩擦"普遍存在,其根本原因在于在交易过程中一方掌握了另一方所不具备的私人信息。由于交易双方之间存在信息不对称,掌握了私人信息的一方就有机会从事机会主义行为。机会主义行为可以被划分为事前机会主义行为——逆向选择与事后机会主义行为——道德风险。

逆向选择是指由于信息不对称,掌握私人信息的交易一方故意隐匿信息,从而使交易另一方的利益受损。例如,在"二手车"交易市场中,卖者知道"二手车"的真实质量,由于信息不对称,买者并不了解卖者"二手车"的真实质量,而只知道"二手车"的平均质量,并愿意按照市场平均质量支付价格。这样做的结果是,市场中那些质量高于平均水平的"二手车"将退出交易,而只剩下质量低于平均水平的"二手车",最终导致"二手车"交易市场的萎缩。道德风险是指双方缔约后,掌握私人信息的交易一方可以利用自己的信息优势或隐藏行动为自己牟取私利从而损害交易另一方的行为。例如,医生可以利用自己掌握的病人和药品信息给病人开高价药从而使病人受损。再如,在地主与农民签订的固定工资合同中,地主亲自管理土地,雇用农民进行耕作,而后者只领取固定工资,农民就可以通过偷懒(付出较少劳动)而获益,并使地主受损。

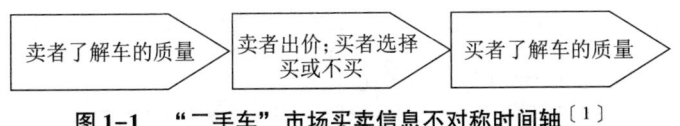

图1-1 "二手车"市场买卖信息不对称时间轴[1]

---

[1] 马费成编著:《信息经济学》,武汉大学出版社2012年版,第72页。

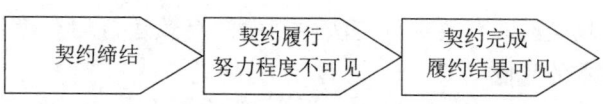

图1-2 固定工资合同信息不对称时间轴[1]

波斯纳指出,交易中的机会主义行为产生于"经济活动的相继性",事实的确如此。[2]在逆向选择理论中,"二手车"市场中所产生的"劣车驱逐好车"的原因在于买者是在作出购买选择之后才进行"二手车"的体验活动,从而获得"二手车"的质量与性能信息的;在道德风险理论中,农民的偷懒现象实际上是由固定工资合同达成后地主并不能实时监测农民的努力程度造成的。假设购买与体验、播种与收获是实时的,双方当事人都能了解到彼此更多的信息,机会主义行为发生的概率也就会相应减小。由于信息不对称所造成的逆向选择与道德伤害受到人的良心、努力的影响,制度的选择会影响人的良心状态与努力程度,一项好的制度可以通过影响人们的主观状态改变人们的经济行为,进而改进资源配置状态。

(2)作为制度条件的信息。显性制度与隐性制度旨在实现的激励与约束效果如欲产生实际效果,必须要为相关公众了解和执行,但是从对制度一无所知到对制度无所不知,花费的信息成本十分高昂,极少能有主体负担得起这一成本。[3]特别是对对世性产生不作为义务的财产权来说,例如物权和知识产权,降低第三人获取制度信息的成本尤为重要。[4]如果主体认为获取信息的成

---

[1] 马费成编著:《信息经济学》,武汉大学出版社2012年版,第50页。
[2] [美]理查德·A.波斯纳:《法律的经济分析》(上),蒋兆康译,中国大百科全书出版社1997年版,第116页。
[3] [澳]柯武刚、[德]史漫飞、[美]贝彼得:《制度经济学:财产、竞争、政策》,柏克、韩朝华译,商务印书馆2018年版,第70页。
[4] 张永健:《法经济分析:方法论20讲》,北京大学出版社2023年版,第357页。

第一章 著作权法研究的范式反思

本过于昂贵，便会倾向于选择理性无知，即为了解显性和隐性制度付出的努力将在预期的边际成本等于预期的边际收益之时停止。

"在人性的认知局限和其他局限既定的情况下，要让制度有效，就必须让它们易于理解。"[1]如果围绕特定价值目标建构的一套显性或隐性制度过于复杂，包括司法系统与社会公众在内的决策主体认知这套复杂制度需要花费实质信息成本（甚至超过违反规则的成本），理性的主体就会倾向于选择理性无知，在不了解制度的基础之上随心所欲行为，认知质量不高容易导致制度旨在实现的价值目标落空。"认识论和法理学日益证明，复杂规则不起作用，因为它们对于人们的认知要求过高，并强加了不必要的过高服从成本。"[2]因此，简单明了的规则反而更有助于公众的理解和执行，促进法律价值目标的实现。换句话说，制度结构、基本概念以及具体规则的建立与改进绝不应当停留在"象牙塔"层面，而是应有助于降低公众的认知成本。比如，公示公信的本质在于降低公众获知权属信息的成本以及控制更进一步的信息支出——已尽合理调查的主体，例如查阅登记信息，产权不确定性降低至零，无需再行追问登记真实与否。[3]再如，"能以一定形式表现"作为作品获得版权保护要件的意义在于，权利享有者和外在观察者可以依照易于理解和观察的客体确定各自的权利边界与义务边界。[4]

---

〔1〕〔澳〕柯武刚、〔德〕史漫飞、〔美〕贝彼得：《制度经济学：财产、竞争、政策》，柏克、韩朝华译，商务印书馆2018年版，第124页。

〔2〕〔澳〕柯武刚、〔德〕史漫飞、〔美〕贝彼得：《制度经济学：财产、竞争、政策》，柏克、韩朝华译，商务印书馆2018年版，第163页。

〔3〕张永健：《物权法之经济分析：所有权》，北京大学出版社2019年版，第32页。

〔4〕Clarisa Long, "Information Costs in Patent and Copyright", 90 (2) Va. L. Rev. 465, 533 (2004).

(四)社会财富最大化理论

基于对产权理论、交易成本理论与信息理论的分析可以得出如下结论：①产权理论指出产权安排应将权利界定给能更好地利用资源的一方，将责任施加给能够以更低成本避免事故发生的一方，由此可以提高资源利用效率；②交易成本理论指出，降低交易成本可以促进资源从低价值利用者手中向高价值利用者手中转移，从而提高资源利用效率；③信息成本理论指出，信息商品能够减少人们行为的不确定性，减少机会主义行为，提升资源利用与制度的运行效率。上述结论均隐含了这样一个假设前提，即社会财富最大化是一个值得追求的价值目标，这构成了产权理论、交易成本理论与信息理论的规范基础。如上文指出，社会财富最大化的另一种表述为效率。效率的标准最初是根据"帕累托最优"（Pareto Optimality）确定的，这一标准由意大利经济学家帕累托（Pareto）于1897年提出。根据"帕累托最优"标准，如果一个社会至少存在一种政策变化，使社会中的某个人生活得更好，而没有人生活得更糟，这个社会就没有达到"帕累托最优"状态。但是，"帕累托最优"标准过于严格，因为政策变化总是损害至少一个人的利益，"帕累托最优"因此有效阻止了任何政策的变化，并宣告着政策制定者不能做、不用做任何事。[1]

经济学家一般根据"卡尔多-希克斯效率"标准（Kaldor-Hicks Efficiency）衡量政策变化是否具有效率。"卡尔多-希克斯效率"标准由卡尔多（Kaldor）最初提出，后经希克斯（Hicks）的发展而形成。卡尔多最初提出将"虚拟的补偿原则"作为衡量效率的标准，这一标准认为政策变化总会导致一些人受益，另一些人受损，只要受益大于损失，无论受益者是否实际对受

---

[1] Dr. Andreas Rahmatian, "A Fundamental Critique of the Law-and-Economics Analysis of Intellectual Property Rights", 17 Marq. Intell. Prop. L. Rev. 191, 198 (2013).

损者进行补偿，那么这项政策变化便具有效率因而应被允许。希克斯认为"虚拟的补偿原则"并未实际补偿受损群体，因此此种效率标准不够完善，进而提出了"长期自然补偿原则"。"长期自然补偿原则"认为，政策变化是否具有效率应从长期衡量，尽管政策变化短期之内导致一些人受益、另一些人受损，但是长期来看，如果政策变化导致的社会效率提高与社会福利增加将使所有个人的境遇"自然而然"地得到改善，那么这项政策变化便具有效率因而应被允许。[1]无论效率标准为何，社会财富最大化均可以在最大-最小的维度上加以衡量，即在给定的约束下，以最小的成本获得最大的产出，例如消费者效用最大化就是在给定的收入水平下能够获得最大的效用，生产者利润最大化即给定生产边界可能性，能够最大化企业的利润。由于上文已经对社会财富最大化进行了详细论述，此处不再赘述。

小　结

法律制度和经济问题的联系是如此密切，以至于切断法律与经济的联系就难以发现法律制度中所隐藏的经济逻辑，也就不能更好地解释和改进法律制度，作为上层建筑的法律之于经济基础的作用也会因此大打折扣。不同学者对法经济学分析所采用的规范进路或实证进路持有或欢迎、或保守、或排斥的态度，学者之间的态度分歧及与之伴随的有关法经济学分析的批判与反批判并没有因此遏制法经济学分析范式的应用，反而使其在反批判的过程中获得了持续的生命力。一个明显的例证是，当知识产权法学家解释和改进法律问题时，会同时采用法哲学

---

〔1〕李婧：《侵权法的经济学分析》，知识产权出版社2016年版，第36、37页。

与法经济学的研究范式,而在处理因技术发展引起的知识产权法律问题上,知识产权法学者往往会发现法经济学的研究范式往往会比法哲学的研究范式更具解释力和改进力——经济学中的多元理论与工具(特别是产权理论、交易成本理论、信息理论与社会财富最大化理论)克服了自然权利观念下"个人权利"与功利主义理论中"公共利益"的立场偏见,从而为全面认知著作权法中各项制度的经济效果提供了科学工具。经济学中的多元理论与工具并非彼此矛盾,这些理论与工具因其共同指向社会财富最大化而具有了内在连贯性,因此将多元理论与工具应用于对著作权法律制度的解释与改进时并不会导致自相矛盾的结论。当然,选用此类而非他类的经济学理论工具还取决于这些理论工具与著作权法之间的适合度。

第三节 经济学工具之于著作权法的适合度

经济学家选用著作权法作为其分析的天然领域,并能够形成一种著作权法研究的流行范式,取决于经济学的理论工具之于著作权法律制度的适合度。除了著作权法律制度中无处不在的交易成本外,经济学的理论工具与著作权法律制度的适合度主要表现为著作权法律制度所调整的对象是具有精神功能的信息,著作权法律制度是一种典型的产权制度,以及著作权法律制度的价值目标与社会财富最大化理论之间具有内在的一致性。

一、著作权法的调整对象与信息理论

知识产权学界就知识产权的对象为何并没有形成统一的认识。归纳起来,理论界关于知识产权对象的认识包括"知识产

第一章 著作权法研究的范式反思

品说"[1]"无形财产说"[2]"信息说"[3]与"符号说"[4]等。"信息说"最初由澳大利亚学者彭德尔顿（Pendleton）在《香港的知识产权与工业产权》一书中提出。[5]我国学者如郑成思教授在《计算机、软件与数据库的法律保护》[6]一书与之后的《信息与知识产权》[7]一文中即提出知识产权的对象是信息，并对"信息产权"进行了论述。郑胜利教授等在《从知识产权到信息产权——知识经济时代财产性信息的保护》一文中提出知识产权是对"某些知识和信息所享有的权利"。[8]之后，张玉敏教授、易健雄副教授与冯晓青教授等学者均将知识产权的对象视为信息，并使用信息产权的理论框架对知识产权法律问题进行了分析。英美文献将知识产权对象视为信息似乎已成为学界共识，如戈登教授发表的《论信息所有权：知识产权与恢

---

[1] 吴汉东："无形财产权的若干理论问题"，载《法学研究》1997 年第 4 期，第 82 页；王坤："知识产权对象、客体的区分及其在民法学上的意义"，载《法治研究》2020 年第 1 期，第 66 页。

[2] 吴汉东：《知识产权基本问题研究》，中国人民大学出版社 2005 年版，第 6、7、24 页。

[3] 张玉敏："知识产权的概念和法律特征"，载《现代法学》2001 年第 5 期，第 105 页；张玉敏，易健雄："主观与客观之间——知识产权'信息说'的重新审视"，载《现代法学》2009 年第 1 期，第 172 页。

[4] 王坤："知识产权本体解析——以二十世纪哲学转向为背景"，载《浙江学刊》2008 年第 1 期，第 150 页；王坤："论著作权保护的范围"，载《知识产权》2013 年第 8 期，第 20 页；王坤："论作品的独创性——以对作品概念的科学建构为分析起点"，载《知识产权》2014 年第 4 期，第 16 页；李琛："知识产权法基本功能之重解"，载《知识产权》2014 年第 7 期，第 7 页。

[5] 郑成思、朱谢群："信息与知识产权"，载《西南科技大学学报（哲学社会科学版）》2006 年第 1 期，第 6、7 页。

[6] 郑成思：《计算机、软件与数据的法律保护》，法律出版社 1987 年版。

[7] 郑成思、朱谢群："信息与知识产权"，载《西南科技大学学报（哲学社会科学版）》2006 年第 1 期，第 6、7 页。

[8] 郑胜利、袁泳："从知识产权到信息产权——知识经济时代财产性信息的保护"，载《知识产权》1999 年第 4 期，第 7 页。

复冲动》[1]一文,再如亨利·史密斯教授(Henry E. Smith)于2007年论述的《知识产权作为产权:信息产权界定》。[2]综合知识产权学界的观点,将知识产权的对象理解为"信息"已获得绝大多数学者的接纳,即著作权的对象可以被理解为"具有精神功能的信息",专利权的对象可以被理解为"具有技术功能的信息",商标权的对象可以被理解为"具有识别功能的信息"。在信息时代下,随着数据库、大数据、人工智能生成物等所引起的利益纷争的加剧,在将著作权对象视为"信息"的前提下,可以顺理成章地将上述对象纳入著作权法规制的范围。

由于将著作权法的调整对象视为"信息"获得了普遍的接纳,因此将信息理论应用于对著作权法律制度的解释与改进也就顺理成章了。

二、著作权法的制度设计与产权理论

著作权法的制度设计与产权理论之间的密切联系进一步指出了法经济学的理论工具之于著作权法的适合度。不同主体对于作品之上的利益进行调整的需求决定了调整作品利益的不同制度模式的历史更迭、形塑了当代对作品利益进行调整的制度结构。由此,我们可以揭示著作权法的制度设计与产权理论之间的一般性联系。

(一)著作权法的制度结构与产权概念

上文指出,产权是人们对物的存在与使用所引起的人们彼此认可的相互关系,产权通过界定主体的行为边界与客体的利

---

[1] Wendy J. Gordon, "On Owning Information: Intellectual Property and the Restitutionary Impulse", 78 Va. L. Rev. 149 (1992).

[2] Henry E. Smith, "Intellectual Property as Property: Delineating Entitlements in Information", 116 Yale L. J. 1742 (2007).

益范围而满足不同主体对物之上利益调整的需求。著作权法的制度结构是围绕作品之上所生之利益而对不同主体的行为加以调整的：首先，就作品的使用行为，著作权法通过将作品使用行为类型化而形成了财产权权利束，财产权权利束是以排他性与可转让性的私有规则界定了私有主体的独占领域，在这一独占领域内私有主体以其自由意志对作品进行处分，公众对私有主体行为的干涉将遭到道德谴责与法律规制。财产权权利束在划定私有主体的独占领域的同时也界定了公众的自由空间，即在财产权权利束范围与期限外，公众可以对作品进行自由接触与利用，较少受到或不受私有规则排他性与可转让性的影响，著作权法律制度中公众自由空间的典型表达为"合理使用"。其次，就作品的利益边界，著作权法通过"思想/表达二分法"与"独创性"等概念建构，指明公众可以自由接触与利用思想与非独创性表达，只有独创性表达才可以在有限期限内为私有规则控制。由此可见，著作权法律制度即是通过对不同主体之于作品之上的利益（尤其是财产利益）进行调整而建构的。

可见，著作权法律制度与产权制度一样，均指向客体之上的财产利益进行调整，而差别在于著作权法律制度所调整的是无体物（即作品之上的利益），而产权制度所指向的外延则同时涵盖了有体物与无体物之上的利益。因此可以说，著作权法律制度是产权制度的一种，这一点为如下事实佐证，即英语国家将产权称为"Property"，但将知识产权称为"Intellectual Property"，且产权理论学者在对产权制度进行分析时也均将知识产权作为其分析的一部分。故笔者认为，著作权法律制度归属于产权制度的范畴是一项逻辑与经验上的共识，指明这一点绝不意味着笔者认为著作权应当是完全私有的产权或者完全公有的产权，作品产权化的路径选择有赖于本书第二章的分析。

上述论证实际上建立在对著作权法律制度的共识性认知基础上，但忽视了对著作权法律制度的差异性认识，即在一些国家，特别是那些采用作者权体系的国家，作者的人格利益为其国内著作权法律制度所关切和调整。这意味着这些国家的立法例与作为财产权利调整财产利益的产权制度之间尽管就财产利益存在交叉，但就人格利益仍存在差别。比如，我国《著作权法》即规定了著作权人享有发表权、署名权、修改权与保护作品完整权这四项人身权利，这看似破坏了著作权法律制度与产权概念之间的联系。亨瑞·汉斯曼（Henry Hansmann）与马瑞纳·桑梯利（Marina Santilli）通过对作家和艺术家道德权利的经济分析重新将著作权法律制度与产权概念紧密联系起来。[1]

汉斯曼与桑梯利以"作品完整权"为例对道德权利展开了经济分析。其分析始于道德权利与特殊动产和不动产之上的限定使用的比对：法律一般禁止对动产施加限定使用的限制的理由在于对动产的限定使用对于保护卖主利益不具价值，反而会干扰动产的使用和流通——"物品的卖主一般并没有与其他人不同或是比其他人有更重要的重大利益，而这种利益也不会因为物品在后面买主手中被使用而受到影响"。[2]"限定使用……强加给买主一个负担，要按照限定使用的要求去做，并且在与限定使用规定不符的使用方式看来是值当的时候，他们还要找

---

[1] [美]亨瑞·汉斯曼、马瑞纳·桑梯利："作家和艺术家的道德权利：一个比较视角的法律经济学分析"，牛悦译，载[美]唐纳德·A. 威特曼编：《法律经济学文献精选》，苏力等译，法律出版社2006年版，第150~170页。Henry Hansmann and Marina Santilli, "Authors' and Artists' Moral Rights: A Comparative Legal and Economic Analysis", 26 J. Legal Stud. 95 (1997).

[2] [美]亨瑞·汉斯曼、马瑞纳·桑梯利："作家和艺术家的道德权利：一个比较视角的法律经济学分析"，牛悦译，载[美]唐纳德·A. 威特曼编：《法律经济学文献精选》，苏力等译，法律出版社2006年版，第155页。

到限定使用的所有者，与其协商，争取他的同意。"[1]法律允许特殊动产与不动产的限定使用的理由除了买主"可以容易地获得限定使用的通知"与"解除限定使用并不是太困难"这两个次要因素之外，更为重要的因素在于买主不受限制地使用特殊动产与不动产将会给享有限定使用利益的人带来实质性危害。这种"实质性危害"构成了对特殊动产与不动产施加限定的正当依据。诸如"作品完整权"之类的人身权利为艺术家保留了对其作品的持续性限定使用权，如果我们能证明"现在的艺术作品所有者……严重影响创造这些作品的艺术家或是其他人的利益",[2]那么诸如"作品完整权"之类人身权利就是合理与必要的。汉斯曼与桑梯利紧接着对不受限定的使用所可能产生的损害类型进行了分类探讨，并指出改变艺术家的作品所产生的对艺术家的"声誉的外部性"将对艺术家或其他主体的货币利益（财产利益）产生影响：其一，艺术家的货币利益，诸如保护作品完整权之类的人身权利所保护的是艺术家名誉与声望与其作品之间的良好联系，艺术家名誉与声望利益具有强烈的金钱特征，即艺术家名誉与声望与其作品之间的良好联系被切断将影响艺术家已经出手的作品的后续售卖与其随后出手的其他作品的价格，因此艺术家有强烈的利益动机保护其名誉与声望利益，但碍于情面选择了保护"个人情感"的措辞；其二，艺术作品的其他所有人的利益，对艺术家特定作品的歪曲所产生的对艺术家名誉与声望的损害将影响艺术家其他作品的价值，由于这些其他作品

---

〔1〕 [美]亨瑞·汉斯曼、马瑞纳·桑梯利："作家和艺术家的道德权利：一个比较视角的法律经济学分析"，牛悦译，载[美]唐纳德·A. 威特曼编：《法律经济学文献精选》，苏力等译，法律出版社2006年版，第155页。
〔2〕 [美]亨瑞·汉斯曼、马瑞纳·桑梯利："作家和艺术家的道德权利：一个比较视角的法律经济学分析"，牛悦译，载[美]唐纳德·A. 威特曼编：《法律经济学文献精选》，苏力等译，法律出版社2006年版，第155页。

原件通常为收藏家、图书馆等所有，这些收藏家、图书馆（只可能是）财产利益受损的可能同样使其产生了道德权利需求。可见，道德权利所保护的实际上主要是艺术家与其他主体的财产利益。

当然，汉斯曼与桑梯利所作的分析远不止于上述两点，但就本部分的分析目的而言，指明对人身利益进行保护的目的包含着对艺术家或其他主体的财产利益的关切，对于论证著作权法律制度与产权制度的联系即已足够，这表明人身利益不会割裂著作权法律制度与产权制度之间的实质关联关系。当然，本书借用汉斯曼与桑梯利对道德权利的经济分析的目的是多重的：一是指明著作权法律制度与产权制度之间的紧密联系；二是顺带对著作权法律制度中的人身权利进行初步的经济分析；三是对本书所可能遭受的批评所作出的预先回应。

（二）著作权法的制度产生与产权演化

产权制度的演化源自不同主体从特定物中所感知到的受益或受损效应，历史资料指明著作权法律制度的产生同样是一个长期演化的过程，其演化的动力来自于作品类别、属性或其价值的变化给主体带来的受益或受损效应。

1. 著书誊录与赞助制度

在古代社会，吟诗赋辞是"受过教育的有钱人的闲暇娱乐"，或者是上层社会用以纾解苦闷或抒发壮志的自我满足，著书立说是门客们赢得声望与获得青睐的手段。由于政治权力与物质财富由贵族垄断，社会其他阶层所拥有的权力与财富仅能支撑他们物质生存的需要，其精神发展的需求也就受到了限制。相应地，门客们不能从社会大众而只能从贵族那里获取其著书立说的"市场"。历史资料显示，先秦吕不韦礼遇门客编纂《吕氏春秋》，西汉陈皇后一掷千金重托司马相如写下《长门赋》，均是门客仰仗贵族赞助而生存的例证。〔1〕与此同时，古代社会中能够断文识字的人寥寥无几，而誊录手稿不仅需要物质载体还需要人力成本，物质载体的稀缺性与书手所付出的精力与时间都使得书籍的复制成了一项成本极高而产量极低的活动，因而私人从事盗版行为几乎无利可图。在古代社会，上层社会的吟诗赋词与门客的著书立说是为了自我满足或者获取赞助，他们"通常只为自己、上帝或赞助人写作"〔2〕，因而创作行为并没有发展成一种面向大众市场的谋生手段。此外，复制行为成本极高而盗版行为无利可图导致其并没有形成对上层社会与门客的生存挑战，加之上层社会与门客为使作品广为人知也不会反对那些可能存在的复制行为。主体只有在感知到受益或受损效应时才会萌生对利益加以调整的意识与需求。在赞助制度下，门客与盗版者的成本与收益处于一种相对均衡的状态中，也就不可能产生对复制行为进行规制的需求。〔3〕

表1-3　赞助制度下门客与盗版者成本与收益的均衡结构〔4〕

成本与收益类型		门客	盗版者
成本	著书立说	承担	不承担
	手稿誊录	承担（高）	承担（高）
收益	贵族赞助	有	无

---

〔1〕冯念华："雕版印刷术发明前我国书籍版权保护的相关问题"，载《图书情报工作》2005年第4期，第57页。

〔2〕黄海峰：《知识产权的话语与现实——版权、专利与商标史论》，华中科技大学出版社2011年版，第6页。

〔3〕李琛："关于'中国古代因何无版权'研究的几点反思"，载《法学家》2010年第1期，第59页。

〔4〕表1-3至表1-7是基于相关学者所提出的不同主体的成本-收益结构改编而成的。参见丁丽："版权制度的诞生：从古登堡印刷术到安娜女王法"，载《编辑之友》2016年第7期。

续表

成本与收益类型	门客	盗版者
净收益	正	负

2. 古登堡印刷术与印刷特权

15世纪中期,古登堡发明了金属活字印刷术。西方语言均为有限的拉丁字母的不同排列组合,古登堡意识到,若要印刷书籍,每个字母必须能够分开和移动,同时为了耐压,必须使用坚硬的金属,古登堡于是为每个字母和每个符号制作了一个钢模,按照不同比例将铅、锑等合金注入铜模之中,形成了大量的铅字。[1]古登堡印刷术的发明提高了书籍的复印速度。原来,"修道院的僧侣很少能在一年内抄完一本经书",[2]古登堡技术投入产业实践后,"每小时可以完成250张左右的单面印刷",[3]这极大地降低了复制图书所需的人力和物质成本。古登堡印刷术的发明,还丰富了书籍的种类。在古登堡活字印刷技术发明之前,整个欧洲流通的书籍数量很少(据考证,当时这一数量仅为3万册)并且多为与宗教相关的《圣经》或其批注,而到了1500年,欧洲市场流通的书籍数量猛增到900多万册,并且出现了《圣经》或其批注之外的多种题材的图书。[4]古登堡印刷术的应用使书籍得以大规模、低成本复制,较低的复制成本使得书籍能够以较低的价格销售,包括下层社会在内的社

---

[1] 黄海峰:《知识产权的话语与现实——版权、专利与商标史论》,华中科技大学出版社2011年版,第5页。

[2] 黄海峰:《知识产权的话语与现实——版权、专利与商标史论》,华中科技大学出版社2011年版,第6页。

[3] 高铁军:"金属活字印刷术与近代文明",载《世界文化》2008年第9期,第46页。

[4] 黄海峰:《知识产权的话语与现实——版权、专利与商标史论》,华中科技大学出版社2011年版,第7页。

会大众在满足生存需求之外仍有能力获取书籍,知识由此获得普遍传播,由上层社会垄断的知识壁垒被打破,越来越多的人摆脱文盲状态,社会识字率的提升又反过来产生了对于图书数量和种类的巨大需求。社会大众对书籍的需求形成了一个巨大的图书市场,这一图书市场所产生的商机诱导了以出版为业的印刷商的产生与发展。

由于出版有利可图,出版商在出版事业上进行了大量投资,他们一方面不断从作者那里获得新的作品或者重新出版市场销量较高的经典之作,另一方面建立印刷厂、购买设备和原材料、聘用技术工人并采用广告等手段为书籍寻求销路和市场。彼时,作者的角色并不突出,在整个出版产业中,写作者与印刷工、装订工并无不同,为购买与复制手稿所进行的投资成了印刷商成本的主要组成部分。与此同时,出版产业的发展使得出版商的"财政地位、社会声望以及文学上的重要性都远远超过了他们的祖先和对手"[1],这使得其产生了利益保护的需求,也使其具备了保护既得利益的实力。出版产业的繁荣同时诱导了盗版行为的盛行,在逐利动机的驱动下,盗版者纷纷进入出版产业从事盗版行为。与出版商的成本结构不同,盗版者仅需要付出较低的复制成本,而不需要承担从作者那里获取新作品、翻译或编辑的成本,也无需担心书籍的销路和市场,因为盗版者总是青睐于复制那些畅销不衰、利润丰厚的书籍。因此,盗版者不仅可以以低于印刷商的成本生产近乎同质的替代品,还可以就出版商开辟的销路和市场"搭便车"。出版商意识到同质替代品以较低的价格涌入市场,不仅会使其被迫降低书籍的价格,还会分走其市场销量的一部分。出版商与盗版者之间成本与收

---

[1] 李琛:"关于'中国古代因何无版权'研究的几点反思",载《法学家》2010年第1期,第57、58页。

益的失衡结构引起了出版商的警觉与不满。

　　为维护自身利益，已经具有相当经济实力的出版商联合起来对当局进行游说，请求当局保护其在书籍出版中的既得利益，其方式即是说服政府当局将盗版行为规定为非法，通过使盗版者承担违法成本的方式迫使其退出出版行业。政府当局也意识到，出版产业的繁荣使得"宗教异端思想、煽动叛乱的言论"[1]更便捷地传播，不受控制的出版导致市场中流通着诸多与其利益相左的书籍，而通过授予少数出版商以特许权，政府当局可以很容易地控制出版物，同时增加政府的税收。出版商维护经济利益的需求与政府当局维护政治、经济利益的需求使其彼此纠缠并相互利用，旨在"鼓励产业发展与控制信息传播"的印刷特权也就产生了。[2]1469年意大利的威尼斯政府最初授予斯派尔的约翰（John of Speyer）为期5年的印刷特权；16世纪法国与德国"不仅试图全面掌控'特定作品的专印权，应授予何人'的裁量权，更设法将这种授权之权，转化为进一步监控印刷铺书籍生产的机制"；[3]1557年，玛丽女王向"书商公会"颁发了皇室特许状，授予书商公会管理全国图书印刷的权力，以使其成为皇室实施出版审查的工具，伊丽莎白在1558年成为英国女王后，进一步加强了与书商公会的合作，在《星室法院法令》与星室法院的支持下，书商公会成了皇室出版审查的核心工具。在印刷特权之下，未获皇室特许的出版商不能从事书籍的印刷或进口，一切未经许可的印刷或进口活动都将受到书商公会的

---

[1] 易健雄：《技术发展与版权扩张》，法律出版社2009年版，第10页。

[2] 周艳敏、宋慧献："古登堡之后：从印刷特权到现代版权"，载《出版发行研究》2008年第9期，第76页。

[3] [美]费夫贺、[法]马尔坦：《印刷书的诞生》，李鸿志译，广西师范大学出版社2006年版，第238页。

处罚,由书商公会决定是烧毁还是化成废纸。[1]可以看出,从15世纪中期古登堡发明活字印刷术开始到1695年《许可法》遭到议会拒绝的200多年的时间里,出版商与盗版者之间在逐利动机的作用下失衡的成本收益结构因印刷特权制度的引入而又复归均衡,并为现代版权制度的产生奠定了基础。

表1-4 印刷技术发展中出版商与盗版者成本与收益的失衡结构

成本与收益类型		出版商	盗版者
成本	手稿获得	承担	不承担
	手稿复制	承担(低)	承担(低)
收益	市场销售	合法	合法
净收益		减少	增加

表1-5 印刷特权下出版商与盗版者成本与收益的均衡结构

成本与收益类型		出版商	盗版者
成本	手稿获得	承担	不承担
	手稿复制	承担(低)	承担(低)
	特许获得	承担	不承担
	违法成本	不承担	承担
收益	市场销售	合法	非法
净收益		增加	减少

3. 出版自由与现代版权

1642年英国国内爆发了反对专制主义的内战,自由与宽容

---

[1] 易健雄:《技术发展与版权扩张》,法律出版社2009年版,第14、15页。

成为时代的呼声。[1]1641年,麦可尔·斯巴克(Michael Sparke)出版了《透过黑屋的一道光》,要求完全废除出版审查。在1644年,约翰·弥尔顿(John Milton)发表了《论出版自由》的演说,他猛烈地抨击了出版审查制度。在弥尔顿看来:"如果我们想依靠对出版的管制,以达到淳正风尚的目的,那我们便必须管制一切消遣娱乐,管制一切人们赏心悦目的事情。"[2]这显然是不现实的事情,而旨在进行事先出版审查的印刷特权也与出版自由的观念不符。当自由的观念深入人心,人们对书商公会的垄断特权的不满情绪也在逐渐蔓延。由此,具备出版审查功能的印刷特权的正当性受到了质疑与挑战:"书商公会出版的图书质次价高,既有损读者的利益,也害及学术研究",[3]书商公会得以借助印刷特权"妨害无害或有益书籍的登记,再伺机将他人的劳动成果据为己有",[4]出版商面对印刷特权的颓势已无力回天。1695年,查理二世时期促成的1662年《许可法》在提交议会续展时遭到了下议院的拒绝,1662年《许可法》最终失效。尽管出版商仍保留着对出版行业名义上的控制权,但已丧失了对违禁作品和出版社进行扣押、销毁和罚款的权力,只能就其所受损害向法院提出金钱损害赔偿之诉,但是由于证明他人从事复制非常困难,出版商的利益遭受了损害。[5]在印刷特权瓦解之后,出版商仍然继续从作者那里获取手稿或重新出版他们翻译或编辑的经典之作,但盗版者既无须承担获取手

---

〔1〕 易健雄:《技术发展与版权扩张》,法律出版社2009年版,第24页。
〔2〕 楼肇明、天波主编:《世界散文经典·西方卷》,北方文艺出版社2005年版,第574页。
〔3〕 易健雄:《技术发展与版权扩张》,法律出版社2009年版,第25页。
〔4〕 易健雄:《技术发展与版权扩张》,法律出版社2009年版,第25页。
〔5〕 [美]保罗·戈斯汀:《著作权之道:从谷登堡到数字点播机》,金海军译,北京大学出版社2008年版,第34页。

稿的成本，也不再受到印刷特权的威慑与约束。尽管盗版行为被印刷商指责为为人所不齿的"偷盗"，但由于盗版者无须承担违法成本，盗版行为的日渐猖獗是这一时期无可争议的事实。可以说，出版自由的观念打破了印刷特权下各方利益均衡的状态。

当然，已经具备足够经济实力并且曾从印刷特权当中受益的出版商显然不会坐以待毙。为维护自身利益，他们选择了两种路径。一条路径是尝试重回印刷特权的时代，在1695年3月及之后书商公会向议会请愿，希图恢复1662年《许可法》，但议会为防止专制主义卷土重来和维护出版自由无情拒绝了书商公会的请愿，出版商由此不得不另辟他径。第二条路径是将作者的利益推向前台，"挟天子令诸侯"。[1]笛福1704年发表的《论印刷管制》为出版商提供了启发。笛福指出："每一位在其创作的图书上履行署名义务的作者都应依法对该图书享有毫无争议的专有财产权。该财产权可由作者或作者权利的受让者随意处分。"[2]出版商意识到保护作者权利就是保护专有印刷利益：由于出版商垄断着印刷与传播技术，作者为了获取报酬，只能将其原稿的权利转让给出版商；作为弱势群体的作者一旦将原稿的权利转让给出版商，出版商就可以通过买断原稿的权利而取得对原稿的完全支配。由此，出版商就可以借助保护作者劳动与人格的道德修辞与保护公共利益的道德面纱（不保护作者利益就没有足够的作品产出以供公众享用）保护自己的出版利益。出版商沿着第二条路径不断向议会请愿与游说，其结果是1710年《于法定期间授予被印图书原稿之作者或购买者复

---

〔1〕黄海峰：《知识产权的话语与现实——版权、专利与商标史论》，华中科技大学出版社2011年版，第37页。

〔2〕易健雄：《技术发展与版权扩张》，法律出版社2009年版，第31页。

制原稿权以促进知识之法》(以下简称《安娜法》)的出台,"作者"与"购买者"并列表明了出版商与作者一样获得法律的同等保护,"作者"这一用语的首次亮相使《安娜法》成了现代版权制度的起点,只不过《安娜法》只是在名义上保护作者,其本质上保护的还是出版商(图书原稿购买者)的利益。在《安娜法》的11段正文中,主要内容是图书原稿的作者与购买者享有的有期限限制的(14年)印刷权利与盗版及售卖盗版书籍的处罚措施。由此,《安娜法》缓和了公众对书商垄断特权的不满,也同时对盗版行为进行了规制,使得在出版自由下出版商与盗版者之间失衡的利益状态再次复归平衡:在保护期限内,盗版者面临的处罚措施构成了对其盗版行为的威慑与约束,从而保护了作者(特别是出版商)的出版利益;在保护期限届满之后,作者与出版商不再享有垄断利益,公众可以自由使用作品,从而限制了出版商在印刷特权下所享有的垄断特权,促进了出版自由。总而言之,《安娜法》以作者为中介实现了出版商与盗版者之间的利益均衡。

表1-6 出版自由观念下出版商与盗版者成本与收益的失衡结构

成本与收益类型		出版商	盗版者
成本	手稿获得	承担	不承担
	手稿复制	承担(低)	承担(低)
	特许获得	不承担	不承担
	违法成本	不承担	不承担
收益	市场销售	合法	合法
净收益		减少	增加

表1-7 现代版权制度下出版商与盗版者成本与收益的均衡结构

成本与收益类型		出版商	盗版者
成本	手稿获得	承担	不承担
	手稿复制	承担（低）	承担（低）
	特许获得	不承担	不承担
	违法成本	不承担	承担
收益	市场销售	合法	非法
净收益		增加	减少

赞助制度、印刷特权与现代版权乃是调整主体之于作品利益的不同制度模式，不同模式的产生与发展并不是由印刷技术、出版自由或当局政策决定的，而是由技术、观念与政策引起了不同主体之于作品的受益或受损效应，不同主体在面临技术变迁、观念变革与政策变化时利益意识的觉醒以及不同主体发展壮大形成产业群体进而集体行动起来以社会立法的形式保护自身利益所推动的。在赞助制度向现代版权演进的过程中，"自得其乐、博得声望、另谋职业等诸多因素"[1]导致作者对受益或受损效应的感知并不明显，作者的利益意识没有普遍觉醒，因而也就没有形成统一的利益诉求并难以借助集体行动而形成法权诉求；出版商对技术、观念与政策变化所引起的利益增加或减少的感知是统一且明确的，维护出版利益的统一诉求与在产业发展中所积攒的经济实力使其更可能行动起来形成法权诉求，推动不同制度模式的更迭，这也是为何出版商而非作者成了推动现代版权制度诞生的主力军。

由此，从产权演进视角对前版权时代的不同制度模式进行

---

[1] 李琛："关于'中国古代因何无版权'研究的几点反思"，载《法学家》2010年第1期，第57、58页。

经济解读可以证明以自然权利的论证路径证成作者权利的虚伪性——是出版行业的发展导致了作者权利意识的觉醒与出版商的利益保护需求选择了以作者作为产权的起点,作者作为权利主体的意识与观念来源于产业利益的发展而非道德哲学的说理,任何论证作者权利正当的道德哲学都只是一种事后修辞,缺乏产业利益的内核,这种事后修辞仅是一种空谈。此外,从产权演进视角进行的经济解读还解答了"缘何我国相较于其他国家更早出现现代版权制度诞生的技术基础但现代版权制度却没有最先生发于我国"这一问题,诸如"图书需求量不大""识字率很低""文字狱盛行""国家出版控制""文人心态""集体主义"等均牵制着作者、出版商等主体对受益或受损效应的感知与利益意识的觉醒,并因此使之无法具备足够的经济实力采取集体行动形成法权诉求,此乃中国未先于西方国家产生现代版权制度的根本原因。

三、著作权法的价值目标与社会财富最大化理论

法经济学的理论工具之于著作权法的适合度还可以从著作权法的价值目标与社会财富最大化理论之间的联系得到阐释。著作权法的价值目标是通过知识和人力资本、经济增长进而与社会财富最大化联系起来的。

(一)著作权法的价值目标与知识和人力资本

世界范围内调整作品创作和传播的法律关系的立法存在着两种模式:一种是以法、德为代表的作者权模式,另一种是以英、美为代表的版权模式。以法、德为代表的作者权模式深受哲学思想的影响,在洛克的劳动理论、康德与黑格尔的人格理论的影响下,逐渐确立起了以保护作者权利为目的的浪漫主义作者观念。在世界文明进程中,英、美作为后起之秀,并没有受到欧洲传统哲学思想的过分拘束,而是在实用主义思想的影

第一章 著作权法研究的范式反思

响下逐渐确立起了以保护作者权利为手段的工具主义观念。这一观念集中反映在美国宪法中。美国宪法中的知识产权条款规定了美国知识产权立法所指向的目标：

国会应当有权……促进科学和有用艺术的发展，通过……在有限期间保护作者和发明者对其作品和发明创造的专有权。[1]

美国宪法中的知识产权条款阐明了其版权立法的三重目标：保护作者、保持公共领域以及促进学习。[2]美国立法、司法与学界反复重申如下观点，即版权的三重目标之间并非并列关系，而是处于渐进的层级中。这三重目标之间的优先层级如下："促进学习"是最高层级的价值目标，如莱曼·雷·帕特森（Lyman Ray Patterson）与斯坦利·W. 林德伯格（Stanley W. Lindbergh）所言，没有这一目标，将不需要区分作者的版权与其他类型的财产权；"保持公共领域"是中间层级的价值目标，这意味着不能对思想或者已经处于公共领域的作品主张版权，同时获得版权保护的作品在经过有限期限后最终要进入公共领域；"保护作者"是最底层的价值目标，"促进学习"与"保持公共领域"的价值目标依赖于"保护作者"所产生的激励作用。"促进学习""保持公共领域"与"保护作者"这三重目标共同指向的客体是显而易见的，即知识："保护作者"是为了激励知识的生产，以保证增量知识的持续供给；"保持公共领域"是为了防止知识的垄断，以保证存量知识的开放获取，"保护作者"与"保持公共领域"共同指向知识总量的增加；"促进学习"是为了增强人们掌握、运用存量知识与生产增量知识的能力，这种体现在人

---

[1] U. S. Const. art. I, § 8, cl. 8.
[2] [美]莱曼·雷·帕特森、斯坦利·W. 林德伯格：《版权的本质：保护使用者权利的法律》，郑重译，法律出版社 2015 年版，第 41 页。

身上的知识积累与生产潜力即是人力资本。由于"知识是人来体现的",[1]知识总量的增加与人力资本的积累实际上同义。

新中国第一部著作权法（即1991年《著作权法》）系在国际压力的趋势下对各国既有著作权立法进行法律移植而不是基于本土理念进行法律制定的产物。这导致了我国《著作权法》的制度设计既表现出作者权体系的风格（比如我国同时保护著作财产权与著作人身权），也带有版权体系的色彩（比如我国承认著作财产权与著作人身权可以分离，作品的著作权可以由法人或者雇主原始取得，如法人作品或职务作品）。这种糅合性的制度设计决定了我国《著作权法》的立法目标绝不应当片面强调"保护作者及传播者权利"，而应从整体上把握我国《著作权法》立法目标的层次与关联。现行《著作权法》第1条实际上规定了著作权法的三重价值目标，即"保护作者及传播者权利""鼓励作品的创作与传播"与"促进文化、科学的发展与繁荣"，唯有这种多维性的立法目标才能承载糅合性的制度设计。这三重目标的相互关系（即其权重是逐渐递减、处于同等层级抑或者逐渐递增）可以从语言表达的逻辑顺序中得出。可以说，"保护作者及传播者权利"是为了"促进作品创作和传播"与"促进文学、科学的发展与繁荣"，但是"促进作品创作与传播"与"促进文化、科学的发展与繁荣"却不是单纯为了"保护作者及传播者权利"。语言表达的逻辑顺序与价值目标的立法释义是一致的。有关著作权法的释义即明确指出，只有保护作者与传播者才能调动他们从事创作与传播的积极性。因此，笔者认为，我国《著作权法》的价值目标实际上远离了作者权体系，从而在一定程度上呈现出了类似于英美版权法的工具主义

---

〔1〕［澳］彼得·德霍斯:《知识财产法哲学》，周林译，商务印书馆2017年版，第251页。

倾向，即促进知识总量的增加或人力资本的积累统领着上述三重目标而成为我国《著作权法》价值目标的内核。

尽管"知识即是财富"看起来似乎是一项常识，但是我们尚不能将著作权法所追求的知识总量的增加或者人力资本的积累等同于社会财富最大化，说明著作权法的价值目标与社会财富最大化之间的一致性还需要进一步分析知识总量或者人力资本与社会财富或者说经济增长之间的关系。

（二）知识和人力资本与经济增长

尽管经济增长只是多种人类福祉指标的一个不完善的代表，但是人类福祉，例如人们生存和发展水平的提高（寿命、受教育机会、环境质量和个人的多种自由），国家社会政治的稳定以及国家的独立、安全和主权，均与经济增长的规模、质量和速度高度正相关。故社会财富最大化的主要内涵就在于扩大经济增长的规模、提高经济增长的质量与提升经济增长的速度。[1]明确了"经济增长"这一目标，接下来的问题就变成了"何种因素导致了社会财富的增长"，即经济增长的动力机制为何。对这一问题的回答，由于所处的历史时期与研究方向不同，不同经济学家并没有形成统一的认识。以下，笔者将对不同经济学家的经济增长理论进行梳理，以说明知识和人力资本是如何逐渐取代诸如土地、劳动、资本与技术等要素而成为促进经济增长的主要动力的。

古典经济学家如亚当·斯密（Adan Smith）是探讨经济增长动力机制的第一批学者。这一时期的经济学家主要将劳动视为经济增长的动力机制。在斯密的经济增长理论中，劳动、土地和资本都能够对经济增长发挥作用。但是，斯密认为，劳动而

---

[1] 刘茂林：《知识产权法的经济分析》，法律出版社1996年版，第26页；[澳]柯武刚、[德]史漫飞、[德]贝彼德：《制度经济学：财产、竞争、政策》，柏克、韩朝华译，商务印书馆2018年版，第11页。

非资本和土地在经济增长中的作用更为突出。如斯密指出，分工程度的增进与劳动人数的增加乃是促进经济增长的决定因素："在一个管理有方的社会里，造成普通最下层人民的那种普遍富裕情况的，是各行各业的产量由于分工而大增。"[1]斯密之所以强调劳动而非资本与土地的关键作用与其所处的"人的发现"的时代密切相关。斯密认为："假若没有劳动者发挥人的作用"，[2]"单纯的土地与资本并不能自动按照人的愿望改变自己"。[3]土地不被重视乃是因为在这一时期与劳动相比，土地资源相对充裕，因而人为努力更为重要。资本的作用次于劳动乃是因为资本积累不能立即产生经济增长，只有通过资本积累"把原失业的劳动吸引到生产行列，或者把原属非生产的劳动转移为生产劳动"[4]，才能加速经济增长。斯密所指的生产性劳动指的是差别不大的体力劳动，如制造工人的劳动，而军人、公务员、牧师、医生的劳动则被视为非生产性的劳动。由于斯密认为诸如智力劳动等属于不产生附加值的非生产性劳动，这意味着斯密低估了知识的作用。

在古典经济学之后，主流经济学回避了对经济增长理论的研究，经济增长的理论研究因此中断了。哈罗德（Harrod）在1939年《关于动态理论的一篇论文》与1948年《走向动态经济学》中提出了第一个经济增长的数学模型，多马（Thonas）

---

[1] [澳]柯武刚、[德]史漫飞、[德]贝彼德：《制度经济学：财产、竞争、政策》，柏克、韩朝华译，商务印书馆2018年版，第26页。

[2] 中国社会科学院"新经济增长理论的发展和比较研究"课题组集体撰写，左大培、杨春学主笔：《经济增长理论模型的内生化历程》，中国经济出版社2007年版，第31页。

[3] 中国社会科学院"新经济增长理论的发展和比较研究"课题组集体撰写，左大培、杨春学主笔：《经济增长理论模型的内生化历程》，中国经济出版社2007年版，第31页。

[4] 中国社会科学院"新经济增长理论的发展和比较研究"课题组集体撰写，左大培、杨春学主笔：《经济增长理论模型的内生化历程》，中国经济出版社2007年版，第37页。

第一章　著作权法研究的范式反思

在1946—1947年独立提出了与哈罗德相似的经济增长模型。[1]至此，主流经济学重回经济增长这一主题，中断的经济增长理论研究由此开启了其现代化进程。"哈罗德-多马"模型代表了这一时期主流经济学对经济增长主要动力的认知。"哈罗德-多马"模型表示如下：增长率＝储蓄率/资本-产出比例。这一模型的基本含义如下：增长率与资本积累呈正相关，即储蓄越多、投资越多，经济增长就越快；增长率与资本-产出比呈负相关，即资本的生产能力越高，经济增长就越快。"哈罗德-多马"模型是资本积累推动经济增长的典型表达。

经济学家对技术进步促进经济增长的认知要早于下文提到的新古典经济增长模型（又称"索罗-斯旺模型"或"外生经济增长模型"）。在20世纪初期，熊彼特（Schumpeter）的创新理论即涵盖了技术创新（技术进步的一种类型）与经济增长之间的正向关联。熊彼特认为："经济增长的过程是从一个均衡状态向另一个均衡状态的移动过程"，[2]"当处于均衡状态时，没有变革，也没有发展，企业的总收入等于总支出，不产生利润也没有损失"，[3]在这样一种均衡状态中是无发展可言的。"富有'创新'精神的企业家看到，通过'创新'活动打破循环流动的均衡状态，能够给他们带来额外的盈利机会"，通过"创新"生产要素的组合，推动了经济的增长，同时也造成了对旧企业、旧资本的毁灭，经济增长即是通过这样一个"创造性的毁灭"过程来实现的。[4]熊彼特的"创新"是一个经济概念，

---

〔1〕 中国社会科学院"新经济增长理论的发展和比较研究"课题组集体撰写，左大培、杨春学主笔：《经济增长理论模型的内生化历程》，中国经济出版社2007年版，第65页。
〔2〕 刘茂林：《知识产权法的经济分析》，法律出版社1996年版，第27页。
〔3〕 刘茂林：《知识产权法的经济分析》，法律出版社1996年版，第27页。
〔4〕 刘茂林：《知识产权法的经济分析》，法律出版社1996年版，第27页。

指的是经济生活中出现的新事物,具体包括了引进新产品、采用新方法、开辟新市场、控制材料来源与采用新组织五种类型。其中,"采用新方法"即是技术创新,由于技术创新同时又构成了技术进步的一种类型从而促进经济增长,因此可以说熊彼特的创新理论认识到了技术进步对经济增长的促进作用。对于技术进步促进经济增长的普遍认知始于1956年索罗(Robert Nerton Solow)与斯旺(Trevor Swan)所提出的新古典经济增长模型。该模型一反"哈罗德-多马"模型"将资本积累视为经济增长的决定因素"的观念,该模型表明"如果技术和劳动保持不变,增加资本将会以不断减小的量提高GDP",[1]"相似的结果也会发生在技术和资本保持不变而劳动增加的情况下",[2]经济增长在资本和劳动力边际产出递减效应的影响下趋于停滞,通过技术进步可以克服边际产出递减效应的影响,"使既有资本和劳动被转换成更多产出",[3]"解除了资源的非弹性供给对经济增长的制约",[4]从而实现经济的长期增长。新古典经济增长模型的缺点在于将技术进步视为外生的,"外生性的技术提高对于欠发达或者新型工业化国家来讲是一个合理的假设,因为这些国家可能是从国外学习这些技术",[5]"但对于发达国家而言,外生

---

[1] [英]克里斯汀·格林哈尔希、马克·罗格:《创新、知识产权与经济增长》,刘劭君、李维光译,知识产权出版社2017年版,第181页。

[2] [英]克里斯汀·格林哈尔希、马克·罗格:《创新、知识产权与经济增长》,刘劭君、李维光译,知识产权出版社2017年版,第181页。

[3] [澳]柯武刚、[德]史漫飞、[德]贝彼德:《制度经济学:财产、竞争、政策》,柏克、韩朝华译,商务印书馆2018年版,第21页。

[4] [美]弗农·W.拉坦:"诱致性制度变迁理论",载[美]罗纳德·H.科斯等:《财产权利与制度变迁——产权学派与新制度学派译文集》,刘守英等译,格致出版社、上海三联书店、上海人民出版社2014年版,第242页。

[5] [英]克里斯汀·格林哈尔希、马克·罗格:《创新、知识产权与经济增长》,刘劭君、李维光译,知识产权出版社2017年版,第189页。

性的技术显然是不合实际的"。[1]

截至目前，我们可以看到，尽管古典经济学（如亚当·斯密）看到了经济增长中"人"的影子，但"人"的因素很快被淹没在了资本与技术的物质世界中。对经济增长中"人"的作用的重新发现始于西奥多·舒尔茨（Theodore William Schultz）。舒尔茨在20世纪60年代提出了"人力资本理论"。这一理论认为通过对人力资源的投资可以促进人力资本的增加，从而有效促进经济增长。同时，人力资本投资受到边际递增效应的影响，因而可以克服其他生产要素边际递减效应的影响，从而保证经济的长期增长。

"通过对人力资源的投资能够提高人力资源的素质，促进人力资本的增加，能够有效地推动经济的增长；而且，对人力资源的投资具有收益的递增性，在人力资源上投资得越多，经过一段特定时期后获得的边际收益也将越多，这将克服其他生产要素的边际收益递减从而保证经济的长期增长。"[2]舒尔茨认为，技术进步是人力资本存量的积累，人力资本存量积累得越大，人口的素质就会越高，对技术的利用就会越合理，并且也会加快技术开发的速度，从而促进经济增长。内生经济增长理论学者如罗默（Romer）与卢卡斯（Lucas）分别将知识与人力资本内生化，探讨了这二者与经济增量之间的联系。罗默的"经济推动模型"将知识分为以人力资本为载体的部分和知识积累创新的技术进步部分，并指出技术进步和人力资本对经济增长具有决定性作用。[3]卢卡斯于1988年提出了人力资本经济增

---

[1] [英]克里斯汀·格林哈尔希、马克·罗格：《创新、知识产权与经济增长》，刘劲君、李维光译，知识产权出版社2017年版，第189页。

[2] 中国会计学会组编，张文贤主编：《人力资本会计研究》，中国财政经济出版社2002年版，第26页。

[3] 周绍森、胡德龙："保罗·罗默的新增长理论及其在分析中国经济增长因素中的应用"，载《南昌大学学报（人文社会科学版）》2019年第4期，第74页。

长模型，卢卡斯区分了人力资本的内部效应与外部效应，人力资本的形成借助两条路径并产生两种效应：一种是通过学校教育产生内部效应，即提高劳动者自身的生产率；另一种是通过"干中学"产生外部效应，并"从一个人扩散到另一个人身上，从旧产品传递到新产品，从家庭的旧成员传递给新成员，因而会对所有要素的生产率都有贡献，进而使产出生产具有递增收益"。[1]实证分析也确实表明了人力资本对经济增长的关键作用：第二次世界大战之后，诸如日本等亚洲经济体缺乏自然资源，这些经济体的经济腾飞所依赖的是训练有素、教育良好、工作努力并且认真尽责的劳动者的迅速壮大。实际上，包括技术创新、技术扩散与技术转移在内的技术进步只有通过人力资本（即能够掌握知识存量与产生知识增量的人）才能作用于经济增长。

通过对不同经济增长理论学派的历史梳理，我们可以发现，经济增长逐渐摆脱对土地等实体要素的依赖，从而越来越依赖于承载知识的人力资本与技术进步等抽象要素，从对劳动与资本数量的强调转向依赖于人力资本与技术进步而产生的劳动素质与资本效率的提高。当下经济增长的主要动力机制乃是通过人力资本推动技术进步。市场主体将何种要素投入到生产过程与在生产过程中投入的要素多少受到行为规则的约束与引导。这意味着好的制度应当引导人们投入更多那些对经济增长贡献程度高的要素，而坏的制度则与之背道而驰。这实际上阐明的是制度经济学家对于经济增长的认知，即对经济增长起决定作用的是制度因素及其创新，"资本积累、创新、规模经济和教育等因

---

〔1〕 中国社会科学院"新经济增长理论的发展和比较研究"课题组集体撰写，左大培、杨春学主笔：《经济增长理论模型的内生化历程》，中国经济出版社2007年版，第209页。

第一章 著作权法研究的范式反思

素不是经济增长的原因,而是增长本身",[1]"当有创业精神的人们尝试新的要素组合、新产品或是现有产品的生产新途径时,制度尤有帮助"。[2]其中,对人类文明进步起根本性作用的制度有三:产权保障、通过自愿契约自由转让产权以及信守诺言。[3]

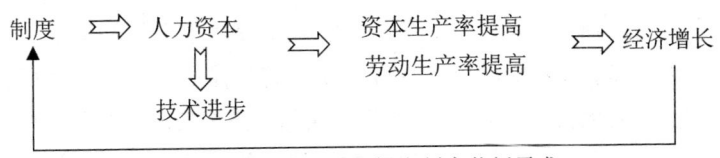

图 1-3 制度、经济增长的动力机制与经济增长之间的作用关系

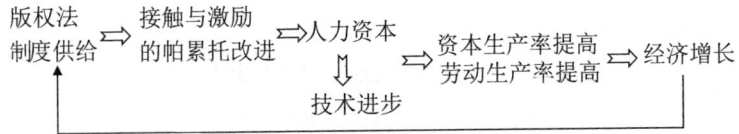

图 1-4 版权法、经济增长的动力机制与经济增长之间的作用关系

通过对古典经济学理论、外生经济增长理论、内生经济增长理论与制度经济学有关经济增长的观念进行梳理,可以发现制度、经济增长的动力机制与经济增长之间存在如下关系:良好的制度通过对行为的激励与约束促进知识总量的增加与人力资本的积累进而促进技术进步、提高劳动生产率与资本产出率,最终促进经济增长,经济增长的实践与经验反馈制度运行实效

---

[1] 刘凤芹、陆文玥:《产权保护与经济增长》,中国社会科学出版社 2017 年版,第 8 页。
[2] [澳] 柯武刚、[德] 史漫飞、[德] 贝彼德:《制度经济学:财产、竞争、政策》,柏克、韩朝华译,商务印书馆 2018 年版,第 5 页。
[3] [澳] 柯武刚、[德] 史漫飞、[德] 贝彼德:《制度经济学:财产、竞争、政策》,柏克、韩朝华译,商务印书馆 2018 年版,第 30 页。

并提出了变革落后制度与提供良好制度供给的全新需求。如彼得·德霍斯（Peter Drahos）指出："被认为真实的因果关系链是这样的一个情况：如果体现知识和技巧的人力资本是技术和科学发展的一个跳板，而技术和科学发展又是经济增长的一个重要条件，或可能就是唯一条件。简而言之，人力资本最终成为经济发展的基础。"[1]作为正式制度的著作权法不应与经济增长背道而驰，即著作权法的价值目标本质上就是促进经济增长（即社会财富最大化），只不过由于著作权法与经济增长之间的联系环节过多，只能选择制度与经济增长的中间环节（即知识总量的增加或人力资本的积累）作为其所追求的价值目标，并具体表现为在无损公众接触与创作激励的前提下促进知识总量的最大化。著作权法的这一价值目标构成了本书对作品产权化制度选择、著作权法交易模式与著作权法治理机制进行解释和改进的基础与方向。

小 结

应用经济学的理论与工具对著作权法律问题进行分析并非一时兴起，也非牵强附会，而是基于两者之间的内在联系与对这种联系的审慎思考。具体而言，著作权法的调整对象——作品乃是具有精神功能的信息，因此处于信息的外延范围之内。此外，将著作权法的调整对象视为"信息"同时获得了知识产权法学者与经济学家的接纳。因此，应用信息理论分析著作权法律制度乃是建立在事实与共识基础之上的。产权制度调整不同主体对物之使用所引起的人们之间的相互关系，而著作权法调整的是不同主体之于作品的利益冲突，因此著作权法是产权制度在作品这一智力财产领域的特殊形态。个别国家立法文本中

---

[1] ［澳］彼得·德霍斯：《知识财产法哲学》，周林译，商务印书馆2017年版，第251页。

的道德权利不仅没有破坏反而强化了著作权法与产权制度之间的内在联系；对道德权利的保护主要是为了保护艺术家与其他主体的经济利益。因此，应用产权理论分析著作权法律制度在逻辑与经验上均水到渠成。著作权法促进知识总量提高的价值目标与社会财富最大化理论不仅通过"知识即是财富"这一常识联系起来，还通过当下经济增长的动力机制（即知识与人力资本在经济增长中的重要作用）而紧密结合在一起。因此，社会财富最大化理论与著作权法之间同样存在内在联系。

本章小结

本章开篇提出，著作权法的基本问题可以被一分为二，即"如何认识著作权法"与"著作权法是什么"的问题，而"如何认识著作权法"是对"著作权法是什么"这一问题作出科学回答的前提，前提出现了偏误，结论自然相去甚远。本章即是关于"著作权法方法论"的分析。本章首先梳理了传统的著作权法研究范式，即自然权利的研究范式与功利主义的研究范式，并指出这两种范式存在着理论困境与其在实践中面临越来越多的不能为其解释和改进的制度现象和法律问题。

范式危机的出现表明需要一种新的理论范式——法经济学分析。任何新理论的提出都会或多或少地遭到传统势力的排斥，传统势力对法经济学分析的批判主要集中于法经济学分析所采用的规范分析——社会财富最大化无视公平，以及实证分析——法经济学所采用的数学模型过于抽象，因而与现实不符。法经济学分析的理论范式在遭到保守势力的批判时没有丧失其希望，而是在批判与反批判的过程中不断成长。针对对法经济学分析的规范批判，本书指出，正义具有效率与公平的双重面向，社

著作权法律制度的经济分析

会财富最大化是正义的一个组成部分,并常常与公平一道达致相同的法律结论。针对对法经济学分析的实证批判,本书指出抽象性问题是所有学科为了获得研究的深刻程度而必须在与现实的贴近程度上作出的让步与牺牲。[1]诸多社会科学也都会采用模型化的方法,只不过经济学采用的是数学模型,而其他社会科学采用的是理论模型,例如洛克的劳动理论、康德与黑格尔的人格理论、罗尔斯的正义理论与德沃金的权利理论。通过批判与反批判,法经济学分析逐渐获得了其范式地位。

当然,以经济学的理论工具对著作权法律制度进行分析还需要克服这样一个问题,即经济学理论工具之于著作权法的适合度问题。经济学的理论工具主要有产权理论、交易成本理论、社会财富最大化理论与信息理论等,这些理论工具虽取用于不同的经济学流派,但却具有内在的连贯性,并共同指向了社会财富最大化这一价值目标。著作权法律制度的基本问题包括著作权法的调整对象、著作权法的制度设计与著作权法的价值目标,与上述理论工具之间具有天然的联系。具体而言,著作权法的调整对象为具有精神功能的信息,著作权法律制度本身是一种产权制度,并且著作权法律制度的价值目标与社会财富最大化理论具有内在的一致性。随着下文对著作权法律制度分析的展开,我们还可以看到经济学的理论工具(如交易成本理论)与著作权法律制度之间更为密切的联系。这表明,以经济学理论与工具对著作权法律制度进行经济分析并不是想当然的结果。

通过以上分析,本章意在表明,法经济学的研究范式是一种科学的著作权法方法论,在这种方法论的指引下,能够得出相对科学的著作权法观念。

---

[1] 曹汇:"法学界批判法经济学方法的反思",载《山西省政法管理干部学院学报》2020年第2期,第17页。

第二章 CHAPTER 02
作品产权界定制度的经济分析

权利应被授予最为珍视它们的人。[1]

——理查德·波斯纳

"丰裕的状态是'一种黄金时代的诗意的想象'和'一种自然状态的哲学的想象'",[2]稀缺性是人类面临的永恒问题。主体与客体本身都不会涉及稀缺性的问题,稀缺性是一个在主客体关系语境下的概念,即稀缺性是指相对于人类的无限欲望而言资源的种类、数量和质量总是有限的。

稀缺性是一切经济学问题由以产生的根源,从稀缺性中不仅产生了利益冲突,而且产生了秩序需求:资源的稀缺性决定了特定种类、数量和质量的资源只能满足部分主体的需求,而另一些主体的需求则没有得到满足,这种部分主体受益而另一部分主体受损的效应导致了不同主体之间的利益冲突。历史上不同国家和民族之间的战争主要源于对稀缺性资源的争夺。为了不致使人类在资源的纷争中消灭其自身,人类生存与发展的

---

[1] [美] 波斯纳:《正义/司法的经济学》,苏力译,中国政法大学出版社2002年版,第71页。
[2] [美] 康芒斯:《制度经济学》,于树生译,商务印书馆1997年版,第171页。

自然本性使他们普遍提高资源的利用效率，最大限度地满足主体对生存与发展需要的秩序需求，因为"若是一种东西预期会非常丰富，人人可以取得，不必请求任何人或政府的同意，它就不会成为任何人的财产"。[1]稀缺性所提出的经济学问题归根结底是资源的配置效率问题。根据科斯定理，产权的初始界定与交易费用是影响资源配置效率的关键。为了优化资源配置，产权配置应当包括三个层面：第一层面是产权界定，即资源产权的初始分配应当依照比较优势原理，将资源产权分配给能对资源进行最优利用的主体，无需后续交易就能实现资源的配置效率；第二层面是产权交易，即初始的配置错误可以通过自愿交易得以矫正，从而促进资源从非善用者手中流转到善用者手中，但若交易费用过高，就会导致自愿交易停滞，因此产权交易的关键在于降低产权流转的交易成本；第三层面是产权治理，即通过威胁适用或实际适用法律治理与道德治理的方式，确保通过产权界定与产权交易优化资源配置的制度目的得以实现。

作品产权界定制度是著作权法的基础，也是作品产权交易与治理的前提，作品产权界定制度的核心在于作品或作品属性的特定利用方式被界定给能够对其作出较高评价与进行最优利用的主体或群体，由此可以初步缓和作品接触与激励悖论。

第一节　产权界定与作品供求悖论

产权界定即是确立不同主体之间之于客体的法律关系，故而，科学的产权界定应建立在客体的经济属性与主体的行为动机基础之上。本节主要分析作品的经济属性如何影响作品的产

---

[1] [美] 康芒斯：《制度经济学》，于树生译，商务印书馆1997年版，第298页。

权界定。无论是按照马克思关于"经济基础决定上层建筑"的观念,还是按照新制度经济学所提出的"制度性因素对经济增长起决定作用"的观点,经济与法律之间都是如此密切地纠缠在一起,以至于分析产权界定就不得不以经济现实为起点。作品之上的产权界定必须遵从作品的经济属性,而其属性可以将之置于经济关系加以分析。作品所处的经济关系可被划分为两类:一类是作品的创作,即经济学意义上的生产关系;另一类是作品的利用,即经济学意义上的消费关系。以下,笔者试图指明作品的经济属性将如何影响作品的产权界定。

一、供求悖论的提出与作品的产权界定

(一)作品的经济属性

1. 投入的稀缺性质

作品投入的稀缺性质提出了作品的生产与供给问题。

作品本质上是文学、艺术与科学领域内的存量知识与增量知识,构成了社会财富的重要组成部分。"知识就是财富"这一论断是从知识能够满足主体某种需要的实践经验中演绎出来的,即知识具有使用价值。文学艺术知识(如达·芬奇的蒙娜丽莎、梵高的向日葵)给人以美的感受。美的感受不仅产生于伴随感官的快感,还产生于音乐与画本身所赋予的意义——崇高或优美、热烈或严肃,这种美的感受所带来的精神愉悦就像面包所带来的果腹感一般对身心有益。科学技术知识的价值是显而易见的,"科学理论与科学思想可以通过技术转化为生产力,提高生产的产出率和减少生产成本"。[1]经济增长的理论历史表明,经济思想经历了两次认知革命,第一次是从神学崇拜转向物本

---

〔1〕 高德步:《产权与增长:论法律制度的效率》,中国人民大学出版社1999年版,第119页。

观念,突出强调劳动与资本在经济增长中的重要作用;第二次是从物本观念转向人本主义,突出强调人力资本即具体化的知识和技巧对经济增长的重要贡献。笔者以为,正是作品的使用价值刺激了作品的需求,鼓励了作品的创作。

作品的创作过程是创作者或通过对环境的感受,经过思维活动整理、加工,创作出原创型作品,或通过对已有材料的阅读、梳理,进而站在巨人的肩膀上创作出来的演绎型作品。离开创作者的智力投入,作品就不会被创作出来。作品能够从创作者内心的构思获得其外部定在,即以某种可感知的方式传达给他人,还需要借助物质载体与传播工具。因此,作品的创作投入包括智力投入与物力投入两部分。作品生产投入的稀缺性首先表现为作品的创作对智力投入有特殊需求。诸如文学艺术作品的创作,是一个"从'艺术素材'中经'艺术发现'进而形成'艺术意向'终于'艺术形象'的过程"。[1]创作过程提出了对主体创作能力的特殊需求。英国文学作家菲尔丁(Fielding)认为,优秀的作家应当在"天才、人道、学问、经验"诸方面下功夫,为获取创作能力,除了1%与生俱来的天分之外,更多的是个人为扩大自己的知识和技巧所付出的后天代价。因此,对于作品创作而言,这类人才供给具有稀缺性,即作品创作者的数量稀缺与价值珍贵。[2]作品生产投入的稀缺性还表现为作品需要借助物质载体与传播工具获得其外部定在,而物质载体如纸张、胶片、硬盘等与传播工具如计算机、书店等并不是人人可以自由、免费取用的。

由于智力投入与物力投入并非唾手可得,这就需要花费成

---

[1] 陈文忠主编:《文学理论》,安徽大学出版社2012年版,第149页。
[2] 吴汉东:"关于知识产权基本制度的经济学思考",载《法学》2000年第4期,第34页。

本,具体表现为创作成本与复制成本。创作成本是作品生产中的固定成本,"它主要由作者时间、精力,加上出版商延揽、编辑手稿并将之录入排版的成本所组成",[1]它并不随着作品复制数量的增多而增加。复制成本是作品生产中的可变成本,"它由每一复制件的印刷、装订和配送成本所组成",它随着作品复制数量的增多而增加。[2]从作品创作中获得经济利润是商业性质的作品生产者提供作品的动机所在,如果作品生产者用于购买智力投入与物质投入的成本大于其能够从作品销售中获得的收益,理性的生产者就不会从事作品的生产行为,因此作品生产者能够持续进行作品生产的条件是其能够从作品销售中收回成本。可用如下公式表示:

总成本(固定成本+可变成本)≤总收益(销量×价格)(公式一);

由公式一可得:(固定成本+可变成本)/销量≤价格(公式二);

由于可变成本等于单位作品的复制成本乘以作品销量,由公式二可得:固定成本/销量+单位作品的复制成本≤价格(公式三)。

经由上述三个公式推导可得,只有在作品的销售价格高于单位作品的复制成本的情况下,作品生产者才有可能收回其进行作品生产的固定成本,并具有长期从事作品生产的激励。在此,作品生产者对其作品进行排他控制[3]的能力越强,其他主

---

[1] 如同波斯纳一般,为简化我们的分析,我们忽略了作者与出版者之间在成本与激励方面的差别。[美]威廉·M. 兰德斯、理查德·A. 波斯纳:《知识产权法的经济结构》,金海军译,北京大学出版社2016年版,第43页。

[2] [美]威廉·M. 兰德斯、理查德·A. 波斯纳:《知识产权法的经济结构》,金海军译,北京大学出版社2016年版,第44页。

[3] 这里的排他控制既包括物理上的排他控制,还包括法律上的排他控制。

体越不可能通过复制或模仿提供相同或近似的竞争作品,作品生产者越可能通过收取较高的作品售价收回创作成本。如果作品生产者不能对作品进行任何程度的排他控制,其他主体可以自由复制其作品而无需支付或仅需支付较少的成本,那么其他主体复制或模仿作品生产者产生的相同或相近作品的市场进入会最终导致作品的市场价格下跌,直到降至单位作品的复制成本(接近或等于复制成本的作品售价难以使生产者收回成本)。如果情况如此,那么作品可能不会被生产出来。排他控制的本质是要赋予作品生产者高于边际成本(与单位作品的复制成本相等)定价的能力。生产效率提出了对作品进行排他控制与垄断定价的需求。在此,信息第一悖论的供给方面由此显现——没有合法的垄断就不会有足够的信息被生产出来。

2. 消费的公共性质

作品消费的公共性质提出了作品的消费与需求问题。

(1) 物品的不同类型。竞争性-非竞争性与排他性-非排他性两个维度可以把经济学上的各种物品周延地划分为四类,分别为具有竞争性与排他性的私人物品、具有非竞争性与排他性的非纯粹公共物品、具有竞争性与非排他性的非纯粹公共物品与公共物品。

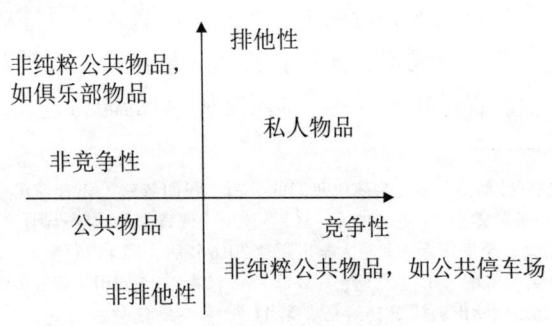

图 2-1 经济学上的物品分类

第二章 作品产权界定制度的经济分析

第一类,私人物品。私人物品是指具有竞争性与排他性的物品。私人物品的竞争性是指一个人对私人物品的消费会影响其他主体从该物品中获得的效用。例如,一盒八喜雪糕具有消费的竞争性,因为你吃了这盒八喜雪糕,你之外的任何人就不能再吃同一盒完整的八喜雪糕。同样,一顶帽子不能同时被两个人戴着,一辆自行车不能同时朝着不同方向行驶。一旦上述物品为多个人同时分享,必将减损上述物品为单个人单独享用时的效用。[1]经济学中大部分都是诸如八喜雪糕、帽子与自行车之类的竞争性私人物品。私人物品的排他性是指一个人能够以相对较低的成本对该物品实施物理管领,从而排除他人的干涉。值得指出的是,这里的排他性是指事实上的排他性(Exclusive-in-Fact),与法律上的排他性无关。[2]事实上的排他性是指通过诉诸武力、技术、组织等自力方式排除他人对物品的干涉,一般而言,武力越强大、技术越进步、组织越有效,事实上的排他效力就会越强;法律上的排他性是以公共权威为后盾并建立在社会契约基础之上的,即社会成员之间就彼此不侵犯财产达成社会契约,并在社会成员违反这一契约的时候由公共权威对其施加惩罚,这种社会契约的法律性质即是财产法。例如,在有体财产中,如屋内的财产,房屋的占有者可以通过安装防盗门,以防止偷窃的发生,这是一种自力实施的事实上或物理上的排他性;而当房屋所有人的防盗设施被破坏,财产失窃时,房屋的所有人可以诉诸法律,借用法律上的排他性追回其失窃的财产或与财产等值的金钱。这即是说"一扇上锁的门

---

[1] [美]罗伯特·考特、托马斯·尤伦:《法和经济学》(第6版),史晋川等译,史晋川审校,格致出版社、上海三联书店、上海人民出版社2012年版,第94页。

[2] Matthew J. Sag, "Beyond Abstraction: The Law and Economics of Copyright Scope and Doctrinal Efficiency", 81 Tul. L. Rev. 187, 195 (2006).

并不是指一条在政府威慑下的'禁止进入'的命令,而是指对某人进入某空间的物理意义上的限制"。[1]在无体财产中,事实排他性一般较弱,但是技术的发展会带来事实排他性的变化,如著作权法中的技术措施即是一种通过自力获得的事实排他性,在技术措施被破坏时,作品所有人可以诉诸法律排他性。

第二类,公共物品。公共物品是指具有非排他性与非竞争性的物品。非排他性是指将没有付费的消费者排除在公共物品的受益范围之外在技术上不可行,或排除的成本过高以至于在经济上不可行。[2]灯塔是非排他性物品的典型,即灯塔服务的提供者不能够在向已经付费的船舶提供灯塔服务时,同时排除那些在相同区域内没有付费的船舶使用灯塔服务。[3]非排他性的另一个例证是国防,一个国家提供的国防保护不可能排除该国境内的部分公民,或者即使可能排除该国境内的部分公民,排他的成本也是很高的,这意味着向不同公民提供不同程度的保护水平是不可能的。非排他性产生了积极的外部效应,因此灯塔服务的私人提供所产生的实际收入要远小于灯塔服务的社会价值。非竞争性是指一个消费者对公共物品的消费不会减少其他消费者对该物品的消费。灯塔同样为非竞争性提供了例证,即船舶从灯塔服务中受益并不会减损其他船舶可获得的灯塔服务。[4]在国防的例证中,向一位公民提供防止遭受袭击的保护并不会降低为该国境内其他公民提供的保护水平。由

---

[1] [美]劳伦斯·莱斯格:《代码2.0:网络空间中的法律》,李旭、沈伟伟译,清华大学出版社2009年版,第91页。

[2] [美]罗伯特·考特、托马斯·尤伦:《法和经济学》(第6版),史晋川等译,史晋川审校,格致出版社、上海三联书店、上海人民出版社2012年版,第36页。

[3] Christopher S. Yoo, "Copyright and Public Good Economics: A Misunderstood Relation", 155 U. Pa. L. Rev. 635, 644 (2007).

[4] Christopher S. Yoo, "Copyright and Public Good Economics: A Misunderstood Relation", 155 U. Pa. L. Rev. 635, 645 (2007).

第二章 作品产权界定制度的经济分析

于公共物品具有非竞争性,增加公共物品的消费群体符合帕累托效率——可以在不降低现有消费者的效用水平的前提下增加其他消费者因消费公共物品而获得的效用(在使一部分人变得更好的前提下,没有使其他人的境况变得更差)。故,因其他消费者没有付费而阻止其消费会违反社会资源配置的效率原则。

非排他性并不是一个绝对范畴,而是一个历史范畴,即经济学意义上的物品可能因为技术的进步而使排他变得可能,或者因为排他的收益超过成本而在经济上变得可行。经济学上,物品的非排他性与排他性并不是一个非此即彼的二分关系,而是在非排他性与排他性的两极之间,或偏向非排他性,或偏向排他性,因技术进步、损益变化等因素可以在排他与非排他的程度上有所变化。在灯塔的例子中,如果能够设计一种机制,将航行的信息发送给特定船舶,就可以对订阅这种信息的船舶收费,而对没有付费的船舶则拒绝向其提供信息,这种信息的提供机制即是一种排他性的物品。在作品的情形中,对作品施加技术措施,也使作品获得了一定程度的排他性。经济学家可以识别非竞争性的经济物品,但没有指出非竞争性的来源。非竞争性的来源之一是物的抽象性,一般而言,物越抽象,其非竞争性越强,物越具象,其竞争性就越强。作品会涉及以下几种不同类型的物:思想、思想的表达、表达的载体与载体的容纳。一般而言,思想与思想的表达是具有非竞争性的抽象物,而表达的载体(如书籍)与载体的容纳(如书店)则是具有竞争性的具象物,抽象物对具象物的依赖程度或二者的可分程度影响抽象物的经济属性:一般来说,抽象物越依赖于具象物,二者的可分程度越低,具象物就越能将其竞争性传导给抽象物,从而使抽象物呈现出竞争性属性。[1]例如，印刷技术时期，作品对纸张的依附性，就使作品的获取和利用呈现出竞争性，他人很难同时或异地阅读同一本书。

由于非排他性是一个历史范畴，而非竞争性经济物品也会因为其对竞争性物品的依赖而减损自身的非竞争性，因此纯粹公共物品可以获得某种排他性与竞争性，从而转化成非纯粹公共物品甚至私人物品。

第三类，非纯粹公共物品。非纯粹公共物品（Non-Pure Public Goods）是介于私人物品与公共物品之间的物品类型。所谓"非纯粹"是指，相较于公共物品，该类物品在非竞争性或非排他性上有所减损，因此非纯粹公共物品可以被区分为两类：一类是具有非排他性和竞争性的物品，另一类是具有非竞争性和排他性的物品。公共停车场是一种具有非排他性与竞争性的非纯粹公共物品，公共停车场对所有车辆是开放的，但公共停车场的场地范围是有限的，随着所停车辆的增加，公共停车场的承载能力将达到其上限，其他车辆驾驶者如果要将车辆停在该公共停车场，则不得不承担等待成本，即其不得不等到公共停车场有空余的停车位时。这类非纯粹公共物品的竞争性是指，尽管在其范围之内增加一个消费者并不会带来额外的成本，但是当达到其临界状态时，在其范围内将产生拥堵与等待问题。俱乐部物品是具有非竞争性与排他性的物品，即俱乐部物品仅对俱乐部全体成员开放，俱乐部全体成员之外的其他主体则不

---

[1] 例如，在实体环境下，载体与内容因受到复制成本与质量之比的限制而难以分离，载体内容的不可分性导致载体的竞争性与排他性被传导给作品内容，从而掩盖了作品本身的非竞争性与非排他性。在数字环境下，载体与内容受到数字复制成本与质量之比的影响，变得容易分离，作品本身的非竞争性与非排他性从载体竞争性与排他性的控制下解脱出来。刁佳星："元宇宙生态下首次销售原则的现实挑战与制度疏解"，载《编辑之友》2022年第11期，第73页。

第二章 作品产权界定制度的经济分析

能消费俱乐部产品,在俱乐部内部,俱乐部某一成员的消费不会影响或减少其他成员的消费。这类非纯粹公共物品的排他性是指,其排他的范围是有限的,而不是对世的,或者说这类物品仅针对集体成员是非排他的,而对非集体成员则是排他的。"拥挤的不收费道路"与"不拥挤的收费道路"例证了非排他性与竞争性的非纯粹公共物品和排他性与非竞争性的非纯粹公共物品的区别。

(2)作品的公共性质。作品作为一种知识信息,通常被认为是一种具有非竞争性与非排他性的公共物品,这是目前有关著作权法经济学分析中较为主流的观点。[1]主流观点认为,唾手可得的复制技术使得作者的作品一经出售就难以识别与排除未付费的消费者接触和使用其作品。如有学者指出,控制公开的信息传播比控制有形的机器流通要困难不知多少倍。[2]由于作品具有非排他性,因此很难避免"搭便车"的问题,即主体虽然利用了作品,但却没有为利用作品而付费或所付费用较低。假设一个崭露头角的小说创作者甲计划创作一本小说,并预期小说创作的固定成本(创作成本)是1000元,一旦小说创作出来,一件副本的复制与传播成本为10元甚至更低。[3]如果甲面临的是一个10人的消费市场,将小说定价为110元将使其收回全部成本。但现实情况是,一旦甲将小说副本出售给乙,乙便

---

[1] Yochai Benkler, "An Unhurried View of Private Ordering in Information Transactions", 53 Vand. L. Rev. 2063, 2066, 2070, 2078 (2000); James Boyle, "Cruel, Mean, or Lavish? Economic Analysis, Price Discrimination and Digital Intellectual Property", 53 Vand. L. Rev. 2007, 2012 (2000); Timothy J. Brennan, "Copyright, Property, and the Right to Deny", 68 Chi.-Kent L. Rev. 675, 686 (1993); Matthew J. Sag, "Beyond Abstraction: The Law and Economics of Copyright Scope and Doctrinal Efficiency", 81 Tul. L. Rev. 187, 193 (2006).

[2] 刘茂林:《知识产权法的经济分析》,法律出版社1996年版,第71页。

[3] Matthew J. Sag, "Beyond Abstraction: The Law and Economics of Copyright Scope and Doctrinal Efficiency", 81 Tul. L. Rev. 187, 193 (2006).

可制作更多的小说副本并将其销售给其他的消费者。由于乙只需要承担小说副本的复制与传播成本,其将作品定价高于10元即有利可图,如果甲不能阻止"搭便车"行为,其便不能借助市场机制进行融资,以购买用于作品生产的稀缺性投入,其结果是甲放弃从事小说创作,这对甲和消费者而言都是一个次优的结果,因为甲不能依赖所擅长的创作行为谋生,消费者也不能够获得多样化和足够量的作品供给。

作品的非竞争性意味着一旦作品被创作出来,一个消费者对作品的接触和使用便不会影响可为其他消费者接触与使用的作品数量与质量。例如,书籍是承载创作性表达的载体,如果我将该书从一个消费者那里拿走,另外一个消费者就不能再阅读这本书,但是如果我通过拍照复制了该书而没有将书籍拿走,我与另外的消费者就都能阅读该书。在该例子中,作品的载体(即书籍)是竞争性的,但作品本身是非竞争性的。这即是说作品可以脱离其物质载体而借助其他物质载体为多个主体在同一时空范围或不同时空范围以同样或不同方式加以利用。由于作品的非竞争性,假设一本小说的价值为1,那么每个消费者从该作品中获得的价值便都是1,n个消费者从中获得的总价值为N,排除任何一个消费者对小说的消费都意味着资源的浪费——小说被有效利用的时间幅度与地域范围被限制了。[1]更何况,每个消费者并非只对作品进行被动消费,还有可能改进作品,从而产生更多价值,排除任何一位消费者对小说的利用都意味着限制了作品改进与价值增值的可能。当作品价格等于作品的边际成本(复制成本)时,社会福利最大化;当作品价格高于作品的边际成本(复制成本)时,社会福利就会有所减损。分配

---

〔1〕 [澳] 彼得·德霍斯:《知识财产法哲学》,周林译,商务印书馆2017年版,第80页。

效率提出了对作品的自由接触与边际成本定价的需求。在此，信息第一悖论的需求方面由此显现——有了合法的垄断就不会有足够的信息被利用。

(二) 作品的供求悖论

通过以上对作品生产投入的稀缺性质与作品消费的公共性质的分析，可以得出作品供给与需求中存在这样的悖论，如果生产者不能对作品进行排他控制与垄断定价，就不会有足够的作品被生产出来，而如果消费者不能以边际成本定价获得作品，就不会有足够的作品被利用。图 2-2 到图 2-4 更为清楚地说明了作品供给与需求中的这一悖论。

在普通商品生产中，平均总成本曲线（ATC）与边际成本曲线（MC）呈"U型"（如图 2-2），这是因为普通商品的生产需要固定成本与可变成本。例如，在奶茶生产中，固定成本是生产者的场地与设备，可变成本是奶茶粉、糖、水与纸杯。奶茶售卖的数量相对较低时，将固定成本分摊到更大的售卖数量上会导致平均总成本的下降，可变成本最初也会下降，因为奶茶售卖从较低数量增加到较高数量时可以实现规模经济。当奶茶售卖从较高数量继续增加时，固定成本的分摊对平均总成本的影响减少，直到变得无关紧要，可变成本成为影响平均总成本的主要因素。在某个时刻，生产设施的拥挤和对稀缺生产要素的需求增加导致生产更多数量所需的可变成本上升，这时边际成本曲线开始向上弯曲。一旦边际成本的增加变得足够可观，边际成本将超过平均总成本，平均总成本曲线也将开始向上弯曲。在作品的生产中，平均总成本曲线与边际成本曲线的形状与位置有所不同（如图 2-3）。由于作品的消费具有非竞争性，一个人的消费不会减少其他人的消费，因此作品副本的增加不会导致生产作品的边际成本发生变化，作品的边际成本曲线表现为一条接近水平坐标轴的直线。由于边际成本曲线的影响,导致平均总成本曲线不断下降,又由于固定成本的作用,导致平均总成本曲线虽然可以无限接近边际成本曲线,但始终位于边际成本曲线之上。

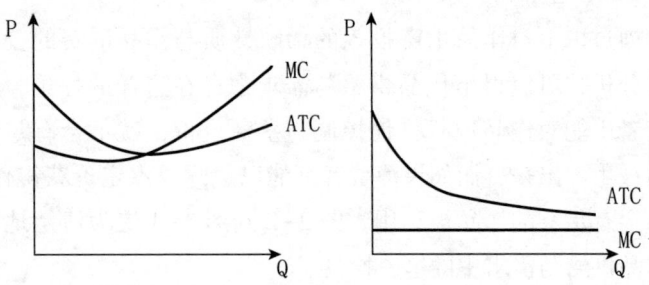

图 2-2　普通商品的 ATC 与 MC 曲线　　图 2-3　作品的 ATC 与 MC 曲线

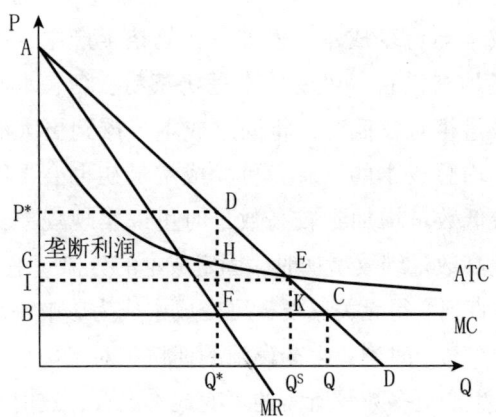

图 2-4　主流观点下作品的生产与消费[1]

生产激励最大化发生在作品生产者能够对作品进行完全的

---

[1] ATC 表示生产的平均成本,它等于 TC/Q,即生产总成本(固定成本+可变成本)/销量;MC 表示生产的边际成本,它等于 △TC/△Q,即总成本变化量/产量变化量;MR 表示生产的边际收益,它等于 △TR/△Q,即总收益变化量/产量变化量。

排他控制,即作品生产者作为垄断者面临向下的需求曲线并且在私人边际收益与边际成本相等时,在图2-4中即是边际收益曲线(MR)与边际成本曲线(MC)相交的点F,在该点上生产作品的私人边际成本等于边际收益,作品生产者的利润最大化,此时作品的价格为P^*,作品的数量为Q^*,福利范围为AGHD所划定的梯形区域。[1]接触利益最大化发生在社会边际收益与边际成本相等时,即作品消费者能够以边际成本获得作品时,在图2-4中即是需求曲线(D)与边际成本曲线(MC)相交的点C,此时作品的产量为点Q,作品的价格等于边际成本MC,消费者的接触利益(社会福利)最大化,福利范围为ABC所划定的三角区域。生产激励最大化时,生产者收取的价格P^*将不可避免地将愿意以高于边际成本MC但低于P^*的价格购买作品的消费者排除出去,从而造成三角区域DFC表示的无谓损失。同时,P^*超过了平均总成本,从而导致了垄断利润(P^*DHG所划定的矩形区域),这些利润不仅引发了对分配的担忧,也会产生作品生产的过度激励。在社会福利最大化水平点C上,消费者在边际成本水平上支付的价格低于作品的平均总成本,这意味着,社会福利最大化的生产水平将导致作品生产的总收益(价格×销量)小于总成本(平均总成本×销量),在亏损的情况下,没有人愿意从事作品生产。

指明作品的供求悖论并非本节的真实目的,指明作品的供求悖论如何影响作品的产权界定才是。作品供求悖论中接触损失与激励损失的存在表明作品的完全私有与作品的自由取用都

---

[1] 生产激励最大化与生产激励可持续不同。在作品生产的总成本(平均总成本与销量之积)不高于总收益(价格与销量之积)时,生产是可持续的,在图2-4中即是需求曲线(D)与平均总成本曲线(ATC)相交的点E,此时作品的价格为I,作品的数量为Q^s,福利范围为AIE所划定的三角区域。

是不可欲的：如果作品生产者对其作品实施完全控制，进行垄断定价，将会产生大量的无谓损失，也即作品的接触将会不足（DFC划定的三角区域），因而造成社会福利的减损；如果作品生产者完全无法控制其作品，不能高于平均总成本定价，入不敷出的局面就会导致作品生产激励的不足。如果只能在作品的完全私有与作品的自由取用之间作出选择的话，自由取用相较于完全私有要更为可取，毕竟物理上的排他性（例如私人采取的技术措施，以及诸如补贴机制、先动优势等私有产权的替代机制）可为主体带来经济回报，从而弥补作品自由取用导致的激励不足；而作品的完全私有（法律上的排他性），加之私人施加的控制手段（物理上的排他性），导致排他控制作品所产生的接触损失总是无法得到有效弥补。

二、供求悖论的改进与作品的产权界定

判断经济理论是否科学的标准在于经济理论所作假设与现实的贴近程度。上述作品供求分析建立在两个极端假设之上：其一是假设作品是非竞争性与非排他性的纯粹公共物品；其二是假设作品生产者对作品进行排他控制与垄断定价。上述假设乃是出于直观展现作品供求悖论的目的而简化了现实，来自现实的复杂性使我们必须对上述分析加以改进，以面对现实的拷问。具体而言即是：其一，一些类型的作品可能呈现出不同于纯粹公共物品的竞争性与排他性；其二，作品的生产者更有可能处于垄断竞争市场而非垄断市场。[1]

---

[1] Christopher S. Yoo, "Copyright and Public Good Economics: A Misunderstood Relation", 155 U. Pa. L. Rev. 635 (2007); Christopher S. Yoo, "Copyright and Product Differentiation", 79 N. Y. U. L. Rev. 212 (2004); David W. Barnes, "Congestible Intellectual Property and Impure Public Goods", 9 Nw. J. Tech. & Intell. Prop. 533 (2011).

第二章　作品产权界定制度的经济分析

(一) 对公共物品假设的改进

物品是否具有排他性或竞争性并非一个绝对的定性问题，而是一个相对的程度问题。例如，海洋卫队使监督捕鱼在技术上可能与经济上可行，因此海洋卫队的监督就使得海洋中的鱼具有了一定程度的排他性；捕鱼船只的涌入使得特定海域鱼类资源变得紧张，因此使得海洋中的鱼具有了一定程度的竞争性。同样，对于作品而言，诸种因素的变化导致作品可能远离纯粹公共物品下的非排他性与非竞争性，故而现实情况是作品位于私人物品与公共物品的中间地带。事实上，"公共物品并不常见，在客观意义上没有所谓的（纯粹）公共物品，它是一种纯粹的文化建构"。[1]

1. 对非竞争性假设的改进

作品分布在竞争性与非竞争性的两极之间，并因作品类型的不同而向竞争性或非竞争性靠拢。在非竞争性这一极端情况下，作品可以被无限次复制，而且几乎不会引起任何费用，作品载体的数字化导致作品本身的非竞争性属性得到解放。[2]这与主流观点所认为的作品具有非竞争性的观念一致。但是，数字化作品并没有囊括作品的全部类型。克里斯托弗·S. 尤（Christopher S. Yoo）指出，在三维模拟作品（例如石雕、纹理绘画和其他很难复制的物理艺术作品）中，尽管数字图像可以较低成本再现作品，但是副本与原件的艺术体验明显不同，获得与原件艺术体验相同的副本仍然成本高昂。例如，对于立体美术作品而言，虽然可以借助数字技术通过拍照、复印等方式获得与原

---

〔1〕 David W. Barnes, "Congestible Intellectual Property and Impure Public Goods", 9 Nw. J. Tech. & Intell. Prop. 533, 563 (2011).

〔2〕 Christopher S. Yoo, "Copyright and Product Differentiation", 79 N. Y. U. L. Rev. 212, 231 (2004).

件几乎相同的副本，但是通过手机、电脑观赏副本的艺术体验与在美术作品展览馆观摩原件的审美体验是完全不同的。美术作品的原件不能同时为多人欣赏，展览馆的容纳能力是有限的，拥挤的观众必然会降低美术作品的审美价值。这就好比高速公路，少数人同时使用高速公路不会降低彼此之间的效用，但是足够多的车辆在高速公路上行驶却会降低车辆行驶的速度、增加事故发生的概率并耽误人们的时间。[1]

作品的传输也可能导致作品呈现出某种程度的竞争性，如果作品的副本都必须被固定在物理载体上，传播成本就可能是巨大的。主流观点认为，通过网络传输数字内容的成本微不足道，但提供网络服务所必需的服务器、主干网、本地服务器和邻居节点系统的许多组件都会受到拥堵的影响——"以无法忍受的漫长时间来下载图片和活动图像"。[2]尽管最初增加额外用户不会产生额外成本，但会影响供给其他用户的网络服务质量，使得扩展网络容量所需的资本投资加速到来。实际上，作品的竞争性取决于其与有体物品投入的结合程度。从作品创作到消费者获得作品的过程中，抽象的表达需要借助物质载体得以固定化，而物质载体又要经由传播渠道才能为消费者获得，当抽象的表达对具象的物质载体、传播渠道依赖程度较高时，其竞争性也越强。由于在现实世界中，并非所有作品都以数字化形式表现和传播并呈现出非竞争性，而是会因其对物质载体的依赖程度呈现出一定的竞争性，因此并非所有作品生产的平均总成本曲线都会呈现下降趋势。

---

〔1〕 David W. Barnes, "Congestible Intellectual Property and Impure Public Goods", 9 Nw. J. Tech. & Intell. Prop. 533, 539 (2011).

〔2〕 [美] 劳伦斯·莱斯格：《代码2.0：网络空间中的法律》，李旭、沈伟伟译，清华大学出版社2009年版，第96页。

2. 对非排他性假设的改进

主流观点认为，数字技术不仅能够完美复制原版内容，而且还可以轻易将这些数字复制版本免费在互联网上传播。主流观点只看到了数字技术对作品影响的一方面——降低复制与传播成本，但没有指出数字技术对作品影响的另一方面——数字技术的新发展为版权所有者提供了诱人的可能性，即即使在通过自我执行的数字合同将作品交付给最终用户之后，也几乎可以完全控制其创意和信息内容。[1]劳伦斯·莱斯格（Lawrence Lessig）指出："在网络空间中，某只看不见的手正在打造一个与网络空间诞生时完全相反的架构。这只看不见的手，由政府和商业机构共同推动，正在打造一个能够实现最佳控制、高效规制的架构。"[2]这只看不见的手即是塑造网络空间的软件和硬件。在网络空间中，这种看不见的手对作品的控制是通过数字版权管理技术（DRM）实现的。数字版权管理是作品提供商单方面对数字化作品设置的控制手段，其基本原理如下：首先，作品提供商对作品内容进行加密处理，使作品处于其独占控制之下；其次，用户付费后方可获得许可证，许可证设置了用户作品的使用权限；再次，许可证与用户的特定设备信息捆绑，防止用户对作品的使用进行时间转移（Time Shifting）与空间转移（Space Shifting），即限制用户对作品的接触和利用程度；最后，通过对用户设备实施控制追踪监督作品的使用行为。[3]事实上，"'数字版权管理系统'能够控制、监控和计量数字作品

---

〔1〕 [美] 劳伦斯·莱斯格：《代码2.0：网络空间中的法律》，李旭、沈伟伟译，清华大学出版社2009年版，第5页。

〔2〕 [美] 劳伦斯·莱斯格：《代码2.0：网络空间中的法律》，李旭、沈伟伟译，清华大学出版社2009年版，第5页。

〔3〕 王宇红："数字版权管理与合理使用的冲突与协调"，载《武汉理工大学学报（社会科学版）》2009年第6期，第76页。

的几乎所有可能的使用"。[1]

数字版权管理的应用提高了作品生产者对作品的控制能力,限制了作品的自由接触与利用。理论上说,虽然使用者可以破坏数字版权管理系统进而获取作品,但是实施破坏行为本身是一项招致成本的活动。具有专门网络技术的主体利用特定工具、花费一定时间方能获得数字版权管理控制下的作品,这种成本实际上也发挥着排除作品接触与利用的功能。故虽然主流观点不断倡导由于复制和传播成本的降低导致作品具有非排他性,但技术的另一面向却被忽视了,即作品所有者并不会坐以待毙,仅依赖具有滞后性的法律上的排他性。在某种意义上,任何不及时的排他控制都会导致作品所有人利益的流失,因此积极主动地采取事前性与及时性的保护措施(物理上的排他性)成了网络环境下对作品控制的主要方式。如莱斯格指出,在网络空间中,"代码就是法律"。[2]正如前印刷技术时期由于复制的高成本与高难度因而未能产生著作权法律制度需求一般,以控制复制为中心的数字权利管理技术使得复制的技术难度增加、成本高昂,因此使得复制变得无利可图,减弱了对著作权法律制度授予的法律排他性需求。[3]如果说复制和传播成本的降低导致了作品非排他性的增强,数字权利管理技术的应用则导致了作品物理排他性的复归。[4]

---

[1] Dan L. Burk and Julie E. Cohen, "Fair Use Infrastructure for Rights Management Systems", 15 Harv. J. L. & Tech. 41, 48 (2001).

[2] [美] 劳伦斯·莱斯格:《代码2.0:网络空间中的法律》,李旭、沈伟伟译,清华大学出版社2009年版,第5页。

[3] 彭学龙:"公共产品与版权保护",载《中南财经政法大学学报》2006年第5期,第107页。

[4] 郑丽航:"数字环境下技术、版权法与作品的辩证思考",载《图书情报工作》2007年第8期,第52页。

第二章　作品产权界定制度的经济分析

(二) 对作品供求悖论的改进

主流观点假设作品生产者对作品进行完全控制，不允许任何市场进入，作品生产者处于垄断市场时作品供求之间存在不可调和的矛盾，即生产激励的增进势必有损接触利益的获得，接触利益的获得必然有损生产激励的增进。克里斯托弗·S.尤（Christopher S. Yoo）考虑了当作品生产者对作品进行部分控制，允许市场进入（即作品处于垄断竞争市场）时作品的生产与需求之间可以彼此促进，因而缓和了作品供求矛盾。

垄断竞争市场与完全竞争市场之间的差别在于：完全竞争市场中，不同生产者的作品同质，因而可以完全替代彼此，任何提高价格的行为都将导致生产者丧失全部销量；在垄断竞争市场中，作品彼此间存在差异，生产者可以在不丧失全部销量的前提下提高价格，从而留住那些最看重他们所提供产品特征的消费者。因此，垄断竞争市场中的产品差异化使得作品生产者保留了一定程度的定价能力，作品生产者同样面临一条向下倾斜的需求曲线。[1]短期内，作品生产者将如同垄断市场中的作品生产者那般面临向下的需求曲线，并且为了追求生产利润最大化在边际收益曲线（MR）与边际成本曲线（MC）相交时停止生产，此时作品的价格为 P^*，作品的数量为 Q^*。如图2-

---

[1] 垄断竞争市场是指具有如下特征的市场：许多卖者；每个企业的产品存在差别；企业可以自由进入和退出。例如，教科书市场属于典型的垄断竞争市场，书店的货架上摆放着张明楷教授的《刑法学》、曲新久教授的《刑法学》、高铭暄教授的《刑法学》以及其他可供消费者购买的《刑法学》教科书。消费者在挑选和购买《刑法学》教科书时：一方面，受限于刑法立法、司法和理论体系的共识，不同作者的《刑法学》教科书之间架构与内容相近，消费者可以从众多版本中进行选择，而且其他任何刑法学者都可以通过写作和出版进入《刑法学》教科书市场；另一方面，各学者通过涵盖不同的主题，强调不同的观点、利用不同的材料，或提出不同的问题，甚至声誉使得每一版本的《刑法学》教科书是独一无二的，出版者在一定程度上可以设定其所收取的价格。[美] 曼昆：《经济学原理》（第7版·微观经济学分册），梁小民、梁砾译，北京大学出版社2015年版，第350页。

5 所示，此时作者赚取短期垄断利润（P*DHG 所划定的矩形区域），同时存在无谓损失（DFC 所划定的三角区域）。

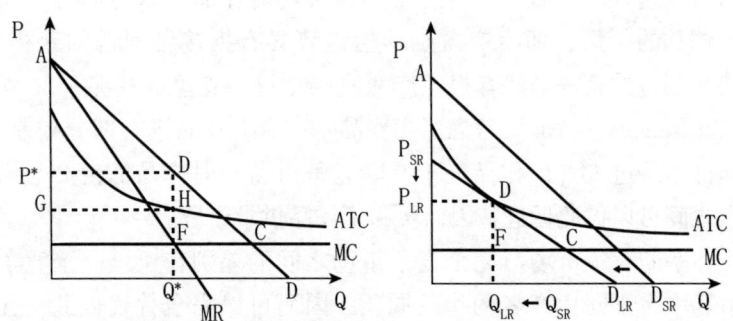

图 2-5 垄断竞争市场下的短期均衡　　图 2-6 垄断竞争市场下的长期均衡

如果作品生产者对作品进行完全控制，市场壁垒的存在将导致市场进入无法发生，分析将在这里结束，如同在垄断市场一般。与此相反，长期来看，垄断竞争市场中短期垄断利润的存在将吸引市场进入，直到作品市场中正好有零经济利润为止。市场进入会使在位者面临的需求曲线向左移动（市场进入者对在位者的市场需求形成部分需求转移）并变得平坦（市场进入者的产品对在位者的产品形成部分市场替代），在图 2-6 中即是需求曲线 D_{SR} 朝 D_{LR} 移动，直到需求曲线与平均成本曲线相切（此时作品价格等于作品生产成本，生产市场中正好有零经济利润），在图 2-6 中即是点 D 所表示的位置，无谓损失为 DFC 所划定的三角区域。当作品具有竞争性时，由于平均成本曲线与边际成本曲线的位置与形状均发生了改变，作品的平均成本曲线与边际成本曲线将如同私人物品一般呈现"U 型"，并且在作品竞争性的作用下，平均成本曲线与边际成本曲线的最低点都将远离水平坐标轴。由于平均成本曲线与边际成本曲线位置与形状的变化，无谓损失也就由图 2-6 中 DFC 所划定的三角区域减小为图 2-7 中 DFC 所划定的不规则区域。这表明，作品的非竞争性越强，作品交由私人控制所导致的无谓损失（接触损失）越大。

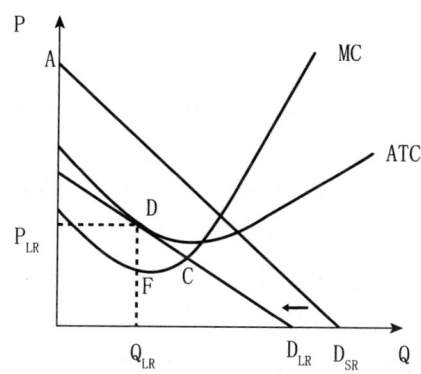

图 2-7　当作品具有竞争性时，垄断竞争下的长期均衡

当作品生产者对作品进行部分控制，允许市场进入（即作品处于垄断竞争市场）时，市场进入会对作品的接触与激励产生如下影响：

市场进入使需求曲线向左移动并变得平缓，从而减少作品市场价格与边际成本之间的差距（价格差距由 P_{SR}-MC 变为 P_{LR}-MC），这一价差正是无谓损失的来源。因此，市场进入程度越高，无谓损失也就越小。同时，差异化产品的市场进入提供了符合不同消费者偏好的多样化产品。因此，市场进入可以在两方面增加接触利益：市场进入减少了无谓损失与市场进入增加了产品多样化。

垄断竞争短期均衡状态中存在的垄断利润诱导市场进入，市场进入最终消散任何垄断利润，直至平均成本恰好等于市场价格（需求曲线与平均成本曲线相切）。当平均成本等于市场价格时，作品生产者将不再获得垄断利润，由于垄断利润引起的分配担忧将不复存在。同时，作品生产者收支平衡（投入与收入相抵），因此，作品生产者仍具有可持续的生产激励。

小　结

对比图 2-4 与图 2-6，可以得出在作品生产者施加完全控制（垄断定价）、作品生产者不能施加任何控制（边际成本定价）与作品生产者施加部分控制（垄断竞争定价）下的福利水平。不同控制程度下的福利水平对比说明，部分控制的效果相较于完全控制与自由取用而言，尽管接触与激励水平均未能达到最优状态，但是这一控制水平减少了对分配的担忧，也导致多样化作品的产生。因此，长期来看，这一控制水平优于自由取用，而部分控制与自由取用又均优于对作品的完全控制。

表 2-1　不同控制程度下的福利水平

	控制水平	短期社会福利收益	短期社会福利损失	长期社会福利效应
控制程度	完全控制	生产激励最大化（过度激励）	接触损失最大化	由于过度激励与接触不能导致长期供给不足
	自由取用	激励损失最大化	接触利益最大化	由于激励不足导致长期供给不足，供给不足小于完全控制水平。
	部分控制	生产激励可持续（消除过度激励，减少分配担忧）	相较于完全控制，生产激励未能最大化；相较于自由取用，接触利益未能最大化。	长期供给可持续
		接触利益扩大化		
		作品类型多样化		

生产者的控制水平取决于物理上的排他性与法律上的排他

性两个变量。给定作品控制水平，物理上的排他性越强，所需法律上的排他性越弱，例如手抄誊录时期、印刷技术时期以及模拟复制时期，较低水平的复制技术与较为高昂的复制成本构成非法复制者搭便车行为的物理限制，而且较为低劣的副本质量无法媲美正版作品因而难以分流正版市场。因此，在实体环境之下，无需过分诉诸法律上的排他性（也即著作权法的保护水平较低，甚至无需著作权法，例如手抄誊录时期）即可维护正版作品的市场份额与市场定价。相反，给定作品控制水平，物理上的排他性越弱，所需法律上的排他性越强。例如，在数字技术时期，较高水平的复制技术与趋近于零的复制成本导致任何主体均可准入复制行业，制作可与正版作品媲美的作品副本。因此，数字环境之下，需要加强法律上的排他性（也即著作权法的保护水平应当有所提升）。这解释了为何数字权利管理技术增强了作品生产者对作品的物理控制能力时，应当适当限制著作权法的保护水平。非竞争性提出了作品的开放需求，作品的非竞争性越强，作品的边际成本越低，按照资源有效利用原则，作品的接触与利用就越应自由开放与价格低廉。这就是为何在著作权法中抽象性程度更高的思想应置于公共领域，抽象性程度较低的思想的表达与表达的载体应由私人控制的经济理性。本节的分析意在表明，著作权法的保护水平应根据作品的公共属性进行调适，作品的非竞争性强，著作权法的保护水平就应该有所降低；作品的非排他性强（物理上非排他），著作权法的保护水平就应当有所提高。在绝大多数情形下，作品的完全控制所导致的接触损失与作品的自由取用所导致的激励损失决定了著作权法的保护水平（作品之上的产权界定）既不应为绝对私有的产权，也不应为绝对公有的产权，而是应当位于二者之间。

第二节 产权界定与主体创作行为

知识总量的增加依赖于主体的创作行为，约束与引导机制的引入、类型与程度应当与主体行为、创作动机与创作规律彼此契合。具体而言，"有限理性"行为假设之下主体行为与社会福利之间的分歧例证了约束与引导机制的必要性；多元化创作动机与多样性创作群体的存在例证了约束与引导机制的差异性；创作行为的累积性质例证了约束与引导机制的有限性。

一、有限理性与约束机制的必要性

古典经济学理论作出"经济人"与"理性人"假设，认为逐利动机驱动之下的个人行为会产生自利且利他的结果，个人行为与社会福利之间总是一致的。然而，这一假设所依据的前提与现实差距过大，"有限理性"才与现实贴近，"有限理性"驱动之下个人行为与社会整体之间的利益冲突构成了制度约束和激励私人行为的理论基础。

（一）行为假设与福利水平

1. 理性人假设与福利最大化的一致性

古典经济学理论体系建立在"经济人"或"理性人"假设上，该假设由以下两个前提构成：①人是自利的，旨在追求和实现自身的最大利益；②人是理性的，能够充分得到与利用他所处环境中的信息进行成本与收益的计算，从而采取能够最大化其自身利益的行为。古典经济学认为，在"经济人"假设的世界中，"经济人"的自利动机与完全理性使他们在追求自身目的的同时，也会对他人有益。因此，古典经济学认为，"经济人"与社会福利最大化是一致的。亚当·斯密（Adan Smith

对此论证道,在一个分工与交换的市场经济中,人们总是需要同胞的帮助才能获得他没有而其他人有的东西,但是诉诸同胞的善意,是无法得到他们的帮助的,而如果诉诸同胞的自利打算,那么他就更可能如愿以偿,获得他所希求的帮助。"人人各图其利,各谋其福,只要让人们自由自主地追求个人利益,他们会自动地使自己的利益达到最大化。而每个个人追求个人利益的行动,必须同时使他人受益,所以,每个人追求个人利益的行为,最终会通过市场实现效益的最大化。"[1]在理性人假设下,个人行为会导致"自利利他"的结果,即"'经济人'的逐利行为在实现了个人利益最大化的同时,也实现了公共利益或社会利益的最大化"。[2]因此,古典经济学信仰"看不见的手",认为自由竞争的市场机制能够充分解决一切矛盾和问题,应放任而不是干预"经济人"的行为。

2. 有限理性与福利最大化的相悖性

古典经济学所依赖的前提使其得以建构出"经济人"假设,但是,这些前提也使其所建立的"经济人"假设脱离现实。具体而言,古典经济学所设定的预设前提——自利动机、完备信息、计算能力与稳定偏好所建构的"理性人"是"理想人",而不是"现实人"。现实生活中的人与古典经济学所建构的"经济人"之间存在着巨大鸿沟:①现实人并非都是出于自利的经济动机而行为,而是可能受到精神利益的左右和支配,例如舍己救人或者自掏腰包出版图书是受精神利益而非经济动机驱动;②现实人不可能掌握完备信息,而是受到接收、存储、检索以

---

[1] 高德步:《产权与增长:论法律制度的效率》,中国人民大学出版社1999年版,第55页。

[2] 李怀、赵万里:"从经济人到制度人——基于人类行为与社会治理模式多样化的思考",载《学术界》2015年第1期,第16页。

及处理信息的神经物质能力的限制,也受到让他人理解自身知识和感觉的语言能力的限制,因此人们总处于"构造性无知"的假定之下;[1]③现实人并不都精于计算;④人们的偏好可因情境不同而呈现差异。出于自利动机,"人们也许会用任何一种可能的方式来实现其愿望,而不管是否会损害他人的愿望"。[2]例如,偷窃可以满足个人需求,但是代价高昂。因此,与古典经济学所认为的个人利益与社会利益之间具有一致性不同,在"有限理性"假定下,个人的自利动机尤其是自利动机驱动产生的诸如说谎、偷窃和更严重的恶行等机会主义行为可能导致损人利己或损人且不利己的结果。在此,个人利益与社会利益表现出了某种不一致

考虑艾伯特·塔克(Albert Tucker)所提出的"囚徒困境",在"囚徒困境"博弈模型中,小偷甲与小偷乙闯入他人住宅,进行偷窃。在被抓之后,小偷甲与小偷乙都有两种选择(策略),即要么坦白,要么抵赖,且不允许两者之间串供。可能的结果有四种:甲与乙都坦白,这时候两人都因盗窃而各获刑5年;甲坦白,乙抵赖,坦白者有功减刑5年,而抵赖者妨害公务加刑3年,即甲被释放,乙获刑8年,或者相反;甲与乙都抵赖,这时候两人都会因私入住宅而各获刑1年。在该模型中,乙不知道甲如何选择,但无论甲如何选择,乙选择坦白对他来说都是最优的,甲也不知道乙如何选择,但无论乙如何选择,甲选择坦白对他来说也都是最优的,即双方都坦白是最后的纳

---

[1] 林毅夫:"关于制度变迁的经济学理论:诱致性变迁与强制性变迁",载[美]罗纳德·H.科斯等:《财产权利与制度变迁——产权学派与新制度学派译文集》,刘守英等译,格致出版社、上海三联书店、上海人民出版社2014年版,第264页。

[2] [德]柯武刚、史漫飞:《制度经济学:社会秩序与公共政策》,韩朝华译,商务印书馆2000年版,第72、73页。

什均衡结果，即双方都获刑 5 年。显然，这个结果要比双方都抵赖情形下的结果（-1，-1）要差。

甲＼乙	坦白	抵赖
坦白	-5, -5	0, -8
抵赖	-8, 0	-1, -1

图 2-8　"囚徒困境"博弈模型

"囚徒困境"表明，由于囚徒具有"有限理性"，也即因其信息获取和处理能力有限，因而并不具备完备知识（在该情形中，即是甲与乙均不知道双方会作出何种选择），个体自利行为最终并不一定会实现个体利益的最大化，也往往不能实现集体利益（甲和乙的共同利益）的最大化。上述博弈模型表明，需要引入约束与激励机制来协调人与人之间的关系。

（二）约束机制与创作水平

温迪·戈登（Wendy J. Gordon）将"囚徒困境"中的抵赖与坦白分别与创作行为与复制行为进行类比，进而将上述博弈模型推广应用于对创作行为的分析。[1]

1. 无约束条件下作品创作与复制的博弈模型

戈登建立了无约束条件下作品创作与复制的博弈模型。该模型假设：①创造成本高昂并且远远超过复制成本（几乎为零）；②如果没有抄袭行为，创作作品的回报将远远超过投资；③如果存在复制行为，创作者将失去所有投资。

假设市场中存在甲与乙两个主体，这两个主体可以从事作品的创作行为与复制行为。如果甲与乙均从事创作行为，他们

---

[1] Wendy J. Gordon, "Asymmetric Market Failure and Prisioner's Dilemma in Intellectual Property", 17 U. Dayton L. Rev. 853 (1992).

之间彼此竞争并瓜分市场,双方从作品创作中所得均为100;如果其中一人从事创作行为,另一人从事复制行为,由于并不存在对复制行为的有效约束,从事复制行为的人不需要承担作品创作的固定成本,因此可以低价销售复制的作品、占领市场并获得全部市场收益,所得为470,从事创作行为的人将因为低价销售行为而被迫退出市场,并失去全部投资,所得为-450;如果双方均从事复制行为,双方既没有成本也没有收益,所得为0。甲和乙可以选择从事复制行为或创作行为,但是由于市场信息不完善,双方都不知道对方会从事复制行为还是创作行为,但无论对方从事何种行为,对于甲或乙而言,占优策略都是从事复制行为。即如果甲从事创作行为,那么乙将从事复制行为,"搭便车"能够使其获得比创作更多的收益;如果甲从事复制行为,那么乙也同样会从事复制行为,因为此时投资从事创作行为会使其遭受损失。因此,在无约束条件下,纳什均衡结果是双方都会从事复制行为,此时双方所得为零,社会福利同样为零;而社会最优结果则是双方都从事创作行为,此时双方各得100,社会福利为两者之和,即200。

甲＼乙	创作	复制
创作	100,100	-450,470
复制	470,-450	0,0

图2-9 无约束条件下作品创作与复制的博弈模型

这意味着在对个人行为缺少约束的条件下,个人自利行为所导致的纳什均衡结果并不是帕累托最优的,因为相对于双方都从事复制行为的策略组合而言,双方都从事创作行为的策略组合可以使双方的境况变得更好。进而言之,当复制成本较低,复制行为有利可图时,缺少对复制行为的约束,受到逐利动机驱动的个人行为可能偏离社会利益。

2. 有约束条件下作品创作与复制的博弈模型

通过引入约束条件,改变个人从事创作行为或者复制行为的支付函数,可以纠正个人行为,引导个人行为向帕累托最优方向发展。

产权是最为常见的约束机制,产权使从事创作行为的个体可以向从事复制行为的个体主张禁令或赔偿,从而约束其他个体从事复制行为的动机。假设甲从事创作行为并获得了作品的产权,当乙从事复制行为时,其可以向乙主张赔偿损失(假设以非法所得的形式),那么双方的支付函数就会改变,如图2-10所示。引入产权机制,甲与乙的占优策略就会发生改变,即对甲来说,无论乙从事何种行为,其从事创作行为总是最优的(获得市场收益或损害赔偿),因为甲从事复制行为会面临赔偿风险,对乙亦然。通过引入产权机制,双方的纳什均衡结果是双方都从事创作行为,这一结果是帕累托最优的,与社会福利最大化一致。

甲＼乙	创作	复制
创作	100, 100	20, 0(乙给甲赔偿)
复制	0, 20(甲给乙赔偿)	0, 0

图2-10 产权机制下作品创作与复制的博弈模型

产权机制并不是改变个体行为支付函数的唯一机制,通过政府补贴,也可以引导个体行为朝着帕累托最优方向改善。产权机制与政府补贴的不同之处在于,产权机制是通过提高复制行为的成本进而约束主体行为,而政府补贴则是通过增加创作行为的收益进而激励主体行为的。例如，政府对从事创作行为的个体进行补贴，补贴扣除创作成本之后仍有结余，例如结余为500，双方的支付函数同样会发生改变。即对甲来说，无论乙从事何种行为，其从事创作行为总是最优的（获得政府补贴），对乙同样如此，如图2-11所示。通过引入补贴机制，双方的纳什均衡结果同样是双方从事创作行为，这一结果同样是帕累托最优的。

甲＼乙	创作	复制
创作	500, 500	500, 0
复制	0, 500	0, 0

图2-11 补贴机制下作品创作与复制的博弈模型

无约束条件下与有约束条件下的作品创作与复制的博弈模型对比分析表明，通过引入诸如产权制度或者政府补贴之类的约束机制，可以扭转在无约束条件下个人自利行为所导致的既不利己也不利他的局面，以使个体行为与社会利益一致，因而例证了人类社会中广泛存在的约束机制的必要性。"囚徒困境"的存在并没有例证引入产权机制的必要性。理由在于：其一，如果复制成本较高，足以超过创作成本，纳什均衡结果与帕累托最优就有可能一致，例如各国商业秘密法规允许反向工程，因为复制商业秘密的成本很高；其二，他种机制诸如补贴机制可以如同产权机制一般引导主体行为克服"囚徒困境"。[1]

二、多元动机与约束机制的差异性

人类行为受利益驱动与制度约束：前者源于经济人假设，

---

[1] Wendy J. Gordon, "Asymmetric Market Failure and Prisioner's Dilemma in Intellectual Property", 17 U. Dayton L. Rev. 853, 867 (1992).

认为个体受经济与精神利益〔1〕驱动，只有收益超过成本，个体才会作出积极的行为选择；后者源于制度人假设，认为外在激励与约束机制以对个体内在动机施加影响的方式促使个体作出社会可欲的积极行为选择。〔2〕差异化的约束机制与多元化的行为动机的良好适配可以更为有效地激励主体从事创作行为。

（一）行为动机的多元性

个人并不总是关心物质收益和货币收入，对于声望、快乐以及其他非物质性商品的追求可能诱导个人摒弃其可得到的最大物质收益。〔3〕阿罗德·普兰特（Arnold Plant）据此将驱动主体从事创作的动机划分为直接经济利益、间接经济利益与单纯精神愉悦。〔4〕

1. 直接经济利益：职业创造者

创新活动与知识供给需要耗费具有天然稀缺性质的智力与物力投入——创新主体从事知识供给需以从事其他行业的机会成本为代价，内在于心的知识如欲获得主体间性需要诉诸外部定在，但是任何物质载体与传播工具都并非唾手可得、自由取用，而是需要支付一定的代价。对仰仗创新成果为生的职业创作者，如其不能从创新成果的市场售卖中获取直接经济利益，

---

〔1〕 精神利益（愉快与满足）的获得源于两个方面：其一，创新主体从事有益于社会的创新行为时内心满足与高尚的感觉；其二，社会公众对有益于社会的创新行为的赞美与尊重以及社会公众对有害于社会的剽窃和仿制行为的谴责与鄙夷。

〔2〕 外在激励与约束机制包括话语体系、成文规则、社会习俗等。李怀、赵万里："从经济人到制度人——基于人类行为与社会治理模式多样性的思考"，载《学术界》2015年第1期，第20页。

〔3〕 林毅夫："关于制度变迁的经济学理论：诱致性变迁与强制性变迁"，载[美]罗纳德·H. 科斯等：《财产权利与制度变迁——产权学派与新制度学派译文集》，刘守英等译，格致出版社、上海三联书店、上海人民出版社2014年版，第264页。

〔4〕 Arnold Plant, "The Economic Aspects of Copyright in Books", 1 Economica 167, 169 (1934).

收回其已付出的智力与物力投入，从事创新活动将会导致入不敷出的境地。富有天分的职业创作者为了养家糊口只能转向他们不感兴趣与不太擅长但却有利可图的其他职业。因此，对职业创作者而言，直接经济利益的有无与多少关系到他们能否过上一种稳定的生活以及其所产生的创新成果的质量与数量。[1]

2. 间接经济利益：学术研究者

对于不直接仰仗创新成果带来的直接经济利益谋生的学术研究者而言，他们宁愿自掏腰包（支付版面费、出版费）从事创新活动，并乐于公开学术成果以供他人自由阅读与引用。因为，产出学术成果并且使其获得广泛传播与认可使其学术观念与学者身份得到认同，为学术研究者带来社会心理性回报的同时，也扩大了他们的学术影响，以便谋求其所从事主要职业的职务晋升与学术权力，并且从中进行"声誉变现"——创新成果的产出、公开与传播作为"自我宣传与推广的一种有效方式"间接给其带来更大的经济利益。例如，高等院校通常要求获得终身教职需要发表高水平论文与出版有影响力的专著。再如，研究基础较好的科研人员可以拿到更高的工资，更加容易中标相关课题。因此，对学术研究者来说，即便未能从其创新成果的市场售卖中获得直接经济利益，他们也仍然乐于自掏腰包从事创新活动。

3. 单纯精神愉悦：业余爱好者

对追求精神满足的群体而言，即便身陷囹圄、贫困交加，缺少任何外在经济利益的支持，他们仍然会受内在动机的驱动并乐于从事创造："总还是有一些杰出之士，他们之所以写作、谱曲或者绘画，是因为由此带给他们的个人满足，而不是因为

---

[1] [美] 罗伯特·P. 莫杰思：《知识产权正当性解释》，金海军、史兆欢、寇海侠译，商务印书馆2019年版，第445页。

他们所获得的金钱性收入。"[1]人本身是一种创造符号的动物，对于创造性活动具有内生性渴望。[2]正如桑蚕吐丝一般，人类基于本性生产知识。例如，人们为了情感宣泄或相互交流的需要记日记或写书信。再如，科学爱好群体从解决问题中获得满足。沃伦·哈格斯特罗姆（Warren Hagstrom）指出，科学研究类似谜题之解决过程，谜题之解本身即是回报。[3]科学爱好群体通常对其成为首要解决科学问题之人命名相关成果感到自豪，哈雷彗星、霍奇金病均是这类例子。为了成功将其姓名与其成果相互关联，即便缺少经济激励，他们也会及早公开研究成果。对爱好者而言，只要他们感到快乐、自我表达或求知欲望得到满足，他们便会乐于从事创新。无处不在的大众文化正是这类群体出于对事物的热爱而创作出来的。[4]

约束与引导不同主体从事符合社会福利的创作行为，需要将主体需求、动机与行为结合起来，通过诉诸主体需求而对主体动机施加影响，进而改变或调整主体行为，最终得到社会可欲的结果。

（二）约束机制的差异性

主体动机的多元性表明"不同的作者和创作类型可能对应不同的最佳激励方式"[5]，因而需要引入差异化的约束机制：

---

[1] [美]威廉·M. 兰德斯、理查德·A. 波斯纳：《知识产权法的经济结构》，金海军译，北京大学出版社2016年版，第78页。

[2] 章凯业："版权保护与创作、文化发展的关系"，载《法学研究》2022年第1期，第209页。

[3] Paula E. Stephan, "The Economics of Science", 34 *Journal of Economic Literature*, 1199, 1203 (1996).

[4] 章凯业："版权保护与创作、文化发展的关系"，载《法学研究》2022年第1期，第208页。

[5] 章凯业："版权保护与创作、文化发展的关系"，载《法学研究》2022年第1期，第210页。

著作权法律制度的经济分析

对受直接经济利益驱动的职业创造群体来说,排他权利并非激励知识供给的唯一或最优的制度方案,而是存在多种与之竞争的替代方案,例如补贴机制与先动优势;对于不以直接经济利益作为行为动机的学术研究群体和业余爱好群体来说,他们更加仰仗声誉激励与社会尊重。

1. 职业创作群体的约束机制

虽然排他权利的授予可为职业创作群体带来垄断定价的权利以及与之相关的经济利益,但是职业创作群体的逐利动机还可以通过补贴机制、先动优势等非排他机制更妥帖地得到满足。

(1)排他权利。分析排他权利的竞争机制之前,我们首先观察排他权利的比较优势与劣势。缺少排他权利,无需承担创作成本(固定成本)的搭便车者便可获得成本优势,只要高于复制成本(可变成本)定价,其即有利可图。源于搭便车者的自由竞争迫使市场定价接近复制成本,在这一点上,创新主体难以收回创作成本,但是搭便车者仍然有利可图。排他权利限制搭便车者的自由竞争,并使创新主体高于复制成本定价,知识产品市场售卖产生的经济回报使其获得持续创新的激励。同时,对搭便车者施加惩罚(禁令与赔偿),使其失去侵权所得。创新主体获得回报与搭便车者遭到惩罚的前景可为公众带来稳定的行为预期:创新主体自身不必采取成本高昂的自我保护措施便可预期"处于其合法控制下的某一对象,将随时间的经过而继续保持这种状况,不受外界的干扰",[1]因而无需担心其所生产的知识公开之后无法收回成本,将有持续生产与传播知识的激励。这样一种收入前景也会吸引企图不劳而获的搭便车者加入这一有利可图的创新产业,而非耗费资源进行盗版。诉诸

---

[1] [美]罗伯特·P. 莫杰思:《知识产权正当性解释》,金海军、史兆欢、寇海侠译,商务印书馆2019年版,第388页。

第二章 作品产权界定制度的经济分析

第三方施行和保护的排他权利，可以降低创新主体自己保护作品的支出，也可降低潜在的搭便车者通过复制以及其他盗版方式盗用信息的支出，耗费在作品保护与作品窥探上的无用社会支出可被转化为作品的生产投入。[1]创作群体的扩大与创作投入的增加将会产出更多的优秀作品。

相比于补贴机制，排他权利之下，高于可变成本的市场定价会提高获取知识产品与后续创新的成本。此外，排他权利不能保证一切类型的创新主体的收入前景与不同消费群体的知识需求得到满足，因为排他权利及其依赖的市场机制更加青睐商业性、大众化的知识产品，并且瞄向具有支付能力的市场，许多创新成本较高且社会价值重大的知识产品的消费群体数量可能很少或支付能力不足。[2]比如，基础研究通常不与消费需求直接发生联系，但是"常常可以和其他知识联系起来用以进一步产生其他的知识或者生产某种实物"，如若依赖市场机制，基础研究的投入与产出将会低于社会可欲的水平。[3]再如，不同收入群体的支付能力不同，瞄准富人市场的知识产品可以很好地利用市场机制收回创作成本并且供应充足，那些可以满足穷人生存需要的知识产品将难以从穷人的腰包中获得报酬因而供应不足。例如，药企对于困扰穷人的疟疾和结核疾病的研发投资很小。[4]总之，排他权利不能很好地激励自身社会价值无法通过消费群体的支付意愿显示的创新成果的供给。

---

[1] [美]斯蒂文·沙维尔：《法律经济分析的基础理论》，赵海怡、史册、宁静波译，中国人民大学出版社2013年版，第131、132页。

[2] Stephen Breyer, "The Uneasy Case for Copyright: A Study of Copyright in Books, Photocopies, and Computer Programs", 84 Harv. L. Rev. 281, 287 (1970).

[3] [美]史蒂文·沙维尔：《法律经济分析的基础理论》，赵海怡、史册、宁静波译，中国人民大学出版社2013年版，第145页。

[4] Benjamin N. Roin, "Intellectual Property versus Prizes: Reframing the Debate", 81 U. Chi. L. Rev. 999, 1030 (2014).

（2）补贴机制。知识产权制度产生之前，补贴机制曾以私人赞助的形式激励知识供给，知识产权制度发展至今，补贴机制仍基于政府税收直接或间接地为创新主体提供资金支持。如果忽视补贴金额的计算问题，公共补贴是比排他权利更具竞争优势的激励机制：补贴机制保留了排他权利的优点——创新主体可从补贴当中获得经济利益，覆盖创新成本，从而保有持续创新的激励；避免了排他权利的不足——创新成果进入公共领域，可不受限制地传播与为公众自由取用，从而促使创新成果的使用接近社会最优水平。[1]不过，计算恰当的补贴金额并非易事。排他权利引入的人为稀缺可迫使消费者揭示自身偏好与需求——对于知识产品的需求越多、越强，主体愿意支付的价格便会越高。因而排他权利可以借助市场价格揭示消费偏好，引导私人投资转向正确的方向。[2]在补贴机制之下，创新成果可为公众自由取用，无需面临稀缺问题也就难以借助市场价格获得评估创新成果社会价值的消费偏好与需求信息，因而难以准确计算补贴金额，创新主体所获补贴与其付出之间存在的出入容易扭曲补贴机制的激励效应。[3]

对比排他权利产生的接触损失与补贴机制存在的计算困难，以及保护权利的社会成本与维持补贴机制的开支，目前未有明确的理论与经验证据表明在整体上何种制度方案更具优势。但在特定领域，补贴机制比排他权利更出色。研发成本较高的创新成果，如若依赖排他权利与市场机制，前期研发成本的分摊

---

[1] [美]史蒂文·沙维尔：《法律经济分析的基础理论》，赵海怡、史册、宁静波译，中国人民大学出版社2013年版，第142页。

[2] [美]保罗·戈斯汀：《著作权之道：从谷登堡到数字点播机》，金海军译，北京大学出版社2008年版，第147页。

[3] Benjamin N. Roin, "Intellectual Property versus Prizes: Reframing the Debate", 81 U. Chi. L. Rev. 999, 1035 (2014).

第二章 作品产权界定制度的经济分析

将会推高市场售价，带来更为严峻的接触损失。例如，作为基础设施的北斗导航，前期研发耗时耗资巨大，如只依赖事后的排他权利及其市场获利前景，获权与获利的不确定性（风险）可能导致北斗导航的前期研发无从展开，即便可以研发出来，高额研发成本的分摊也会使其市场价格畸高，导致北斗导航的使用低于社会可欲的平均水平。[1]旨在揭示事物基本规律的基础研究缺少近期可见的商业应用，也就难以通过消费需求显示市场前景并且获得经济回报。

（3）先动优势。即便缺少排他权利与补贴机制，先动优势也可以为创新主体带来足以覆盖研发成本的经济回报。布雷耶（Breyer）等指出，创新主体拥有的时间领先优势使其可以抢占消费市场，搭便车者了解作品或产品是否富有市场前景、判断是否值得复制或制造、破解技术保护措施与产品的技术原理以及投入市场生产与销售需要花费相当可观的时间与精力。这一时间间隔可使创新主体无需面临搭便车者的市场竞争，趁此时间向市场推出足够数量的作品或产品，以此收回研发成本甚至获取利润。通过广告宣传电影首次上映的日期与地点，目的就是利用时间间隔占领尽可能多的消费市场。

先动优势对较短时间内即可满足消费需求并且占有市场的作品或产品具有较大作用。报纸短期之内需求旺盛，价值与销量会随时间的推移而迅速下降，报社的先动优势可以使其获得相当的经济回报。教材价值的实现需要耗费较长周期，而非一旦出版就为各大高校采用，仅凭先动优势短期内难以为作者带来足够的回报。技术水平影响搭便车者复制作品与制造产品所需的时间与精力。搭便车者的技术水平越高、被复制作品的技

---

[1] Benjamin N. Roin, "Intellectual Property versus Prizes: Reframing the Debate", 81 U. Chi. L. Rev. 999, 1046 (2014).

术措施或被生产产品的技术原理越简单,创新主体享有先动优势的时间便越短暂。对于需要实质设计与生产加工程序才能生产出来的作品或产品,创新主体可以享有较长时间的先动优势。比如,可乐配方、雕塑或建筑作品。与之相反,如权利人未对数字作品采取保护措施,搭便车者可以迅速制作可与原件媲美的副本,削弱创新主体的先动优势。先动优势大多是暂时的,因为缺少制度对搭便车行为的规制,成功的先动优势将面临竞胜者的模仿与挑战,从而分流或压缩先动优势带来的市场利润,因而先动优势带有极大的不确定性。例如,汽车生产商可以通过引入新车型获得市场先机,但其竞争者绝不会坐视不理,因此任何一个具有市场先动优势的主体都无法稳坐泰山。[1]

表 2-2 排他权利、补贴机制与先动优势的比较分析

激励机制	激励形式	比较优势	比较劣势	最优领域
排他权利	市场回报	显示消费偏好	限制公众接触	应用研究
补贴机制	公共补贴	促进公众接触	补贴计算困难	基础研究
先动优势	市场利润	无需制度成本	存在不确定性	短期消费品

虽然追求直接经济利益构成从事创新的普遍动机,尤其是对职业创作者来说更是如此,但是获取直接经济利益的方式至少包括补贴机制、先动优势。只有当授予排他权利比诉诸其他机制获取经济回报的机会成本更低时,排他权利才构成对职业创作群体的有效激励。[2]由于不同机制的比较优势与最优领域不同,在为职业创作群体提供赖以维持生计的经济利益之时,

---

〔1〕 [澳]柯武刚、[德]史漫飞、[美]贝彼得:《制度经济学:财产、竞争、政策》,柏克、韩朝华译,商务印书馆 2018 年版,第 318 页。

〔2〕 章凯业:"版权保护与创作、文化发展的关系",载《法学研究》2022 年第 1 期,第 211 页。

应为职业创作群体选用最为契合的约束机制，明了排他权利对于创作激励而言只扮演着一种相对有限的角色。

2. 非职业群体的约束机制

我们将阿罗所称的学术研究者与业余爱好者称为非职业群体，对于非职业群体而言，上述制度（特别是产权制度）缺少魅力。在经济诱导之下，职业创作群体始终根据对其作品具有支付能力的读者的喜好调整作品的题材、类型；在补贴机制下，创作者不得不讨好补贴的发放主体，创作行为将服务于补贴主体的目的；在产权机制下，创作者将从事那些最受市场欢迎的作品的创作；在先动优势下，创作者将从事那些能够短期获得巨额利润的知识供给。概言之，如果仅关注并依赖职业创作群体的动机与诉求，忽视非职业群体的创作动机与诉求，势必会有损作品的多样性，因而必须同时注重采用能够激励非职业群体进行创作的约束机制。

对于追求学术影响与尊重的学术研究者与追求精神满足与约束的业余爱好者而言，声誉机制要比排他权利、补贴机制与先动优势带来的经济利益更具优势。尊重知识与尊重人才的社会环境内含从事创新与共享被视为高尚与从事抄袭与圈地为人所不齿的道德观念。在此种道德观念之下，从事创新与共享能为学术研究者和业余爱好者带来更多的愉悦和赢得更多的尊重，并使声誉激励机制起到倍增效果——内在愉悦与外在尊重使学术研究者和业余爱好者对其创新和共享行为更加坚信和坚持，并对社会成员起到示范和引导功能。建立外在评价与学术研究者和业余爱好者及其行为、成果的联系乃是声誉激励发挥作用的前提，此种联系的建立需要诉诸命名权利、署名权利，防止成果被歪曲、被篡改的权利以及获得表彰和嘉奖的权利。为了尽早用其姓名命名相关成果，命名权利使学术研究者与业余爱好者有动力创新并尽早公开创新成果。署名权利保证主体及其成果与正面评价之间的联系不被割裂。防止成果被歪曲、被篡改的权利避免恶意的歪曲、篡改而给主体声誉和情感造成的负面影响。表彰和嘉奖可以扩大主体知识生产与共享贡献被知悉、被认可的程度,扩大学术研究者与业余爱好者的社会影响。此外,晋升机制可对声誉进行固化和变现,并为学术研究者带来更多的创作激励。因此,对于学术研究者来说,还需诉诸晋升机制。晋升意味着更高的薪酬待遇与社会地位,由此带来的物质报酬与精神嘉奖使学术研究者更有动力从事知识的供给。由此起到的示范效应还可激励更多处在职业发展初期的学术研究者更多地从事知识的供给。

主体动机的多元性与约束机制的差异性表明,排他权利的确可以通过市场售卖帮助创作主体收回创作成本,因而可对以直接经济利益为行为动机的职业创作群体发挥较好的激励作用。但因排他权利更加青睐商业性、大众化的知识产品,对于许多创造成本较高且有重大社会价值知识产品的激励力所不逮,因而还需借助补贴机制与先动优势。对于追求间接经济利益与单纯精神愉悦的学术研究群体与业余爱好群体,则更需要声誉机制与社会尊重。以上分析表明,为了激励主体从事创作,需要匹配主体动机进行多元制度供给,而非过分"神化"排他权利的激励作用并且将之用于约束任何类型的主体。

三、累积创作与约束机制的有限性

诗人杨格将模仿区分为两类,一类是模仿自然,另一类是模仿其他作家。无论"自然"意指天然事物还是自然人格,模仿自然均意在强调不受前人素材影响的独创行为,模仿自然所形成的独创作品好比自然界的植物,从天才的根茎中自动长成。

第二章 作品产权界定制度的经济分析

模仿他人是因袭,因袭的作品是根据前人提供的材料"制造"出来的。尽管杨格极力推崇模仿自然反对因袭他人,笔者认为,模仿自然所创作的原创性作品只存在于教育与交流极不发达的人类社会早期,在相互交往与彼此依存的人类社会中,个人"完全因为与其伙伴的个人联系才在才智上、道德上、文化上和情感上不断成长的"[1],如果创作主体试图改变与有所创新,就应首先接受和习得许多前人的智慧成果。例如,中国古代书法家郑板桥是在反复临摹各家书法之后进而在融会贯通、各取所长的基础之上独创了"六分半书"字体。如果没有空想理论的启发,马克思的《资本论》还不知要在黑暗中摸索多久。真实的创作过程并非"前无古人、后无来者"的开天辟地,而是承前启后、承上启下的累积创作,这意味着后来作者需要从先前作者那里汲取养分,获得知识储备并培养创作能力,而又由于其作品为后来作者学习与借用而成为先前作者,因此创作主体总是处在"继往圣,开来学"的累积创作过程之中。波普尔(Popper)的知识进化理论真实展现了创作的累积性质,新的想法和表达很少凭空出现,它们是大量信息输入的结果,创作者总是站在巨人的肩膀之上。约瑟夫·斯多利(Joseph Story)法官指出:"事实上,在文学、艺术与科学领域,完全新颖、原创的东西几乎没有,文学、艺术与科学领域中每一本著作都要借用而且必须借用众所周知和曾经用过的东西。"[2] 德霍斯(Drahos)指出,个人的创造力既是传统和其他社会力量的产物,同时也有突破和超越传统和其他社会力量的能力,因此个人扮演着双重的相互对立

---

[1] [德] 柯武刚、史漫飞:《制度经济学:社会秩序与公共政策》,韩朝华译,商务印书馆2000年版,第70页。

[2] Mark S. Nadel, "How Current Copyright Law Discourages Creative Output: The Overlooked Impact of Marketing", 19 Berkeley Tech. L. J. 785, 815 (2004).

的角色——既是复制者、借用者,也是革新者、先锋派。[1]相应地,创作成果多为因袭他人成果进而有所创新的"衍生型作品"而非基于模仿自然、完全独创的"原创型作品"。因而引入排他权利之时,不宜忽视个人创作的累积性质与个人的双重角色,过分夸大个人的革新者与先锋者的角色,完全保护个人创作成果,不让他人复制和借用。

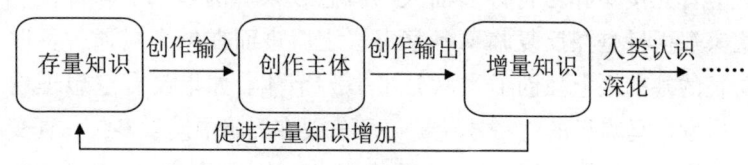

图2-12 创作的累积性质[2]

然而,要有能力站在巨人肩膀的高度,创作者必须通过外在的教育培训与内在的勤学苦练获得基本的知识储备与创作能力。个人在获取知识储备与创作能力之时,明显会受到其不得不为获取知识和技巧付出代价的影响。[3]提高知识的价格意味着更少的人为准备增加自己的知识而投资,结果是使越来越多的主体无法获取知识储备、培育创作能力,职业创作群体无法形成,业余创作群体也将"失语",这对文化与民主的发展而言是毁灭性的,因为它导致只有那些掌握经济财富的主体才能获得启蒙与智识。同时,受到鼓励来玩"给知识定价"游戏的人会越来越多,他们更有可能牢牢握住这些知识,由于"任何一

---

[1] [澳]彼得·德霍斯:《知识财产法哲学》,周林译,商务印书馆2017年版,第95页。

[2] 图2-12基于吴汉东教授所作之图进行了改进。吴汉东:《著作权合理使用制度研究》,中国人民大学出版社2013年版,第66页。

[3] [澳]彼得·德霍斯:《知识财产法哲学》,周林译,商务印书馆2017年版,第252页。

个个人或组织要想对某种知识体系的所有方面都进行充分利用，这种能力是有限的"，"通过给知识定价，个人可能被鼓励去固守那些他们没有能力去充分利用或根本就没有利用的知识"。[1]因此，一个拥有高度发达的产权制度的社会可能发现，它通过提高知识接触与利用的价格，正在将知识集中在少数精英手中，从而剥夺了社会大众知识积累与自我发展的机会，其结果是整个社会人力资本的发展不完全与利用不充分。对于职业创作群体而言，固然通过"给知识定价"可以使其收回创作相关的成本：材料费用、营销费用、生活开支与机会成本（他们本可以从从事其他职业而非创作行为中所获得的收入）。但是，一旦职业创作群体获得足够的经济利益，金钱便将不再构成驱动创作行为的主要动力，追求名誉或纯粹的创作需求成了激励更大产出的主要动力。因此，降低知识的价格并未威胁职业创作群体的生存与发展。相反，它以降低创作成本的形式满足职业创作群体追求名誉与纯粹创作的更高层次需求。对于那些积极参与社会文化建构的业余爱好者，降低知识的价格并不会威胁他们的生存与发展，因为其并不以此为业，反而降低了其获取有用知识的成本并因此增加了其获得有用知识的机会，使其能够更充分地参加到社会文化建构之中。因此，处于"无知之幕"背后的职业创作者与非职业创作者，更有可能一致同意一个受到限制而非绝对的产权制度。

小　结

产权赋予给主体的获利能力是激励主体特别是职业群体进行创作的必要手段，但是过于广泛的产权制度容易走向其对立

---

[1] [澳]彼得·德霍斯：《知识财产法哲学》，周林译，商务印书馆2017年版，第252页。

面——由于产权所赋予的广泛的获利能力使职业创作者"获得比让他们伏案写作所必需之金额更多的金钱",[1]必需金额之外的意外所得使职业创作者可以长久地维持生计,因而在作品的创作中有所懈怠,丧失继续创作与改进作品的激情、灵感与能力。无论是职业创作者还是非职业创作者,他们都无一例外地从早期作者以及传统中获取材料,创作的累积性质决定了问题的关键并不在于产权所授予的广泛的获利能力,而是在于所有创作者能够以较低的成本获取知识、摆脱蒙昧进而参与社会文化建构。因此,笔者认为,从经济激励而言,私有产权是必要的,但从累积创作而言,私有产权是受限的。

第三节 作品产权化的制度选择

作品产权化的制度选择,不同主体之于作品应建立何种财产关系,有两种路径可供选择:一种路径是私有产权模式;另一种路径是公共产权模式。私有产权的支持者主张对作品设置更强的私人控制、更长的保护期限以及更多的作品权利;公共产权的支持者主张较弱的私人控制、较短的保护期限以及更窄的作品权利,其典型论述是"限制与抛弃著作权"。[2]不同学者因立场不同而青睐不同的模式。

第一种观点从公共物品理论出发,认为对于具有非竞争性与非排他性的作品,应由政府供给、公共消费。美国学者罗伯特·考特(Robert Cooter)、托马斯·尤伦(Thomas Ulen)与我

---

[1] [美]保罗·戈斯汀:《著作权之道:从谷登堡到数字点播机》,金海军译,北京大学出版社2008年版,第31页。

[2] [荷]约斯特·斯密尔斯、玛丽克·范·斯海恩德尔:《抛弃版权:文化产业的未来》,刘金海译,知识产权出版社2010年版。

第二章 作品产权界定制度的经济分析

国学者陈昌柏、刘茂林持这一观点。考特与尤伦提出了四个财产法的基本问题，其中之一即是"何物可以被私人占有"，并指出私人物品与公共物品之间的区别应该指导财产规则向回答"何物可以被私人占有"的方向发展。他们认为，效率要求竞争性和能够排他的产品应该由个人或小群体控制，而非竞争性和无法排他的产品应该由较大的群体如政府来提供。[1]知识产权经济分析学者沿用了罗伯特·考特与托马斯·尤伦关于"何物可以被私人拥有"这一问题的分析。刘茂林与陈昌柏指出："私人产品和公共产品的经济区别为我们安排产权提供了有益思路。一般来说，具有公共性的资源或资产由于'外部效果'和'搭便车'等原因，其产权不易私有。或者更确切地说，公共产品界定为私有产权，其履行和保护费用极高。"[2][3]"具有外部性和公共品性质的资产应该选择公有产权制度安排，具有排他性的资产应该选择私有产权制度安排，并用市场失灵理论解释这些问题。"[4]

第二种观点着眼于作品作为一种公共物品所引起的接触与激励悖论，并从激励理论出发，主张私有产权模式。其理由在于缺少对创作主体的经济激励将导致作品的生产不足。对于私有产权模式可能导致作品利用不足的问题，私有产权模式的支持者认为，通过授予创作主体对其作品的控制能力可能增加而不是减少了公共领域中的信息。[5]创作主体对作品控制能力的

---

[1] [美]罗伯特·考特、托马斯·尤伦：《法和经济学》（第6版），史晋川等译，史晋川审校，格致出版社、上海三联书店、上海人民出版社2012年版，第94页。

[2] 陈昌柏：《知识产权经济学》，北京大学出版社2003年版，第34页。

[3] 刘茂林：《知识产权法的经济分析》，法律出版社1996年版，第65页。

[4] 刘凤芹、陆文玥：《产权保护与经济增长》，中国社会科学出版社2017年版，第26页。

[5] R. Polk Wagner, "Information Wants to Be Free: Intellectual Property and the Mythologies of Control", 103 Colum. L. Rev. 995, 997 (2003).

增强使创作主体可以实行价格歧视,即对不同的消费者提供相同等级与质量的商品,但收取不同价格,可以使消费者对作品接触与利用的需求得到满足,减少或消除无谓损失。

第三种观点同样着眼于作品作为一种非纯粹公共物品所引起的接触与激励的悖论,但是该种观点从使用者"接触"利益出发,认为私有产权模式将导致作品的利用不足,因而造成了社会福利的损失。该种观点认为,除私有产权模式外,其他机制如领先优势、补贴机制、权利管理等都可以激励作品的创作,因而主张限制或抛弃著作权。[1]

斯蒂文·沙维尔(Steven Shavell)指出:"如果财产权的收益足够大,那么任何形式的财产权的存在就都是合理的。"[2]私有产权模式的支持者批判抛弃著作权将导致"公地悲剧",而主张限制或抛弃著作权的学者则指摘私有产权模式是"第二次圈地运动",导致溢出效应无从发生的"反公地悲剧"。与上述保守的私有产权模式的支持者及激进的著作权抛弃者不同,罗伯特·A.赫韦利(Robert A. Heverly)认为,作品是兼具私有产权属性与公共产权属性的半公地资源,并指出忽视作品的半公地属性会造成比"公地悲剧"与"反公地悲剧"更大的悲剧。作品产权化的制度选择,即选择私有产权模式、公共产权模式抑或在这两者之间进行某种程度的折衷,需要对不同产权模式的"悲剧"或"喜剧"程度加以分析。

一、公地悲剧:激励不足抑制知识供给

"公地悲剧"这一概念由哈丁在1968年提出。加勒特·哈

---

〔1〕 [荷]约斯特·斯密尔斯、玛丽克·范·斯海恩德尔:《抛弃版权:文化产业的未来》,刘金海译,知识产权出版社2010年版。

〔2〕 [美]斯蒂文·沙维尔:《法律经济分析的基础理论》,赵海怡、史册、宁静波译,中国人民大学出版社2012年版,第20页。

第二章 作品产权界定制度的经济分析

丁教授（Garrit Hadin）认为，当资源被置于"相对封闭且有限的""开放进入式的""未加管理的"[1]公地时，每一主体都有使用的特权（the privilege to use）并在经济人自利动机的驱动下倾向于从公地中最大限度地攫取，并且不同主体之间都没有排除他人使用公地资源的权利（the right to exclude）（维持公地良好状态的动机受到抑制），这样一种非排他过度攫取的趋势最终导致资源的拥堵、损耗与枯竭。[2]公共牧场是公地悲剧的现实例证：在开放进入式的牧场中，每个主体都倾向于增加更多的牲畜，因其能从增加放牧的牲畜中获得更多的收益，但对公地造成的损害却由全体成员承担，过度放牧最终导致牧场拥堵、损耗与枯竭。公地悲剧的要点如下：其一，每一主体利用公地的收益由其个人独占，但对公地造成的损害却由全体成员承担，负外部性难以内化导致每一自利的经济人均倾向最大限度地攫取公地资源，直到公地变得拥堵、损耗与枯竭，由此导致公地资源的"利用悲剧"。其二，维持公地良好状态或改善公地的成本是由个人承担，但所得收益由全体成员共享，正外部性无法完全内化导致每一理性的经济人均会丧失维持公地良好状态或改善公地的动机，由此导致公地资源的"供给悲剧"。其三，即便目光长远的经济人认识到了上述"双重悲剧"，并且愿意合作避免悲剧发生，但却对此无能为力。因为改变公地资源的用途需与全体使用者达成协议，并在协议达成后监督全体使用者的行为，但对"开放进入式"的公地而言，潜在使用者的范围是开放和动态的，与全体使用者达成协议将会招致高昂的交易成本，足以阻碍公地资源从拥堵、损耗、枯竭转向更高价值的用途。

---

[1] 阳晓伟、杨春学："'公地悲剧'与'反公地悲剧'的比较研究"，载《浙江社会科学》2019 年第 3 期，第 5 页。

[2] Garrett Hardin, "The Tragedy of the Commons", 162 *Science* 1243 (1968).

哈丁公地悲剧的现实例证乃是有体资源——"相对封闭且有限"的公共牧场,对资源经济属性不加区分并认为无体资源也会如同有体资源一般产生公地悲剧实际上是对公地悲剧的片面理解。对竞争性资源而言,资源的公共状态确实会导致资源的拥堵、损耗与枯竭,且没人愿意从事竞争性资源的供给,因此对竞争性资源而言,利用与供给的"悲剧"同时存在,并共同提出了排他需求。但非竞争性资源不会因为需求过多而负担过重。例如,即便存在海量需求也不会造成数字作品的损耗,众多使用者可以在其选定的时间、地点消费,而不会对任何使用者产生外部性,使用者的群体越大,由其产生的社会收益越大。这意味着,对非竞争性资源来说,并不存在拥堵、损耗与枯竭的"利用悲剧"。不过,由于非竞争性资源的供给需要耗费智力与物力投入,对经济人而言,如果不能在其播种之后有所收获,任由搭便车者不付成本地自由攫取,将没人愿意从事非竞争性资源的供给,从而导致"供给悲剧"。可见,竞争性与非竞争资源均存在"供给悲剧",不过非竞争性资源的"供给悲剧"远没有竞争性资源严重。这是因为尽管搭便车者导致非竞争性资源的市场价值受损,但却不会导致非竞争性资源本身的损耗,也不影响生产主体自身照常利用非竞争性资源,他们并非一无所获。[1]此外,由于非竞争性资源的使用者间彼此互不影响,在将非竞争性资源转向更高价值的用途之前,不必征得众多其他使用者同意,因此非竞争性资源的公共状态并不会招致类似竞争性资源一般的交易成本。

知识产品属于非竞争性资源,并不存在拥堵、损耗或枯竭

---

[1] 文礼鹏、秦敬云、赵相忠:"公共地悲剧理论在知识产权经济学分析中的限制——也谈当前全球科学研究领域的新圈地运动和反公共地悲剧",载《广西社会科学》2011年第9期,第59页。

的"利用悲剧"。但知识产品的公共状态确实容易招致搭便车者的不当攫取,从而损害知识持续供给的激励,只是这种"供给悲剧"显然小于竞争性资源。相比于竞争性资源双重悲剧提出的排他需求,知识产品的供给悲剧提出的排他需求显然要弱一些。

二、反公地悲剧:交易成本阻碍知识利用

1998年赫勒(Heller)教授提出的反公地悲剧始于盖达尔之问——为何在向市场转型的俄国境内,商人挤在寒冷狭窄的街头小亭售卖货物,沿街商铺却是空空如也、利用不足?赫勒教授认为,沿街商铺利用不足乃是由于转型政府分拆权利,并把分拆后的权利分配给不同主体,主体一有出售权,主体二有出租权等,如果想使用商铺售卖货物,则必须获得不同主体的同意。[1]概括起来,反公地悲剧是指,不同主体均无使用的特权,但是彼此可以排斥他人对资源的使用,这种排他能力或通过法律途径取得(如众多主体对于沿街商店拥有排他权利导致沿街商铺利用不足),或源于非法的物理控制(如黑手党要求街头小亭交保护费阻碍街头小亭的尽早出现)。无论是正规还是非法,过多或过强的排他控制均构成对潜在帕累托改进的阻碍,从而导致资源利用的最大价值无法实现。[2]排他权利的数量影响反公地的悲剧程度。例如,m个主体拥有特定资源的排他权利,假设资源整合的社会收益固定,m的数量较少,整合排他权利的交易成本较低,整合资源尚且有利可图。但随着m的数量增大,各方对于资源价值取向的冲突就会显露出来,整合权

---

[1] Michael A. Heller, "The Tragedy of the Anticommons: Property in the Transition from Marx to Markets", 111 Harv. L. Rev. 621 (1998).

[2] 阳晓伟、庞磊、闫明雄:"'反公地悲剧'问题研究进展",载《经济学动态》2016年第9期,第103页。

利的交易成本将会超过资源整合的社会收益，整合资源将变得无利可图，最终导致资源处于闲置状态。尽管界定资源的排他权利可以相对容易地克服公地悲剧，但是整合资源的排他权利克服反公地悲剧更困难。这是因为，受到禀赋效应的影响，一旦主体拥有某项资源，其对资源的评价要比尚未拥有之时大为提高，面临资源整合，都倾向于通过行使"一票否决"的威胁，索要高价，否则便会拒绝合作。换句话说，排他权利越强，禀赋效应越强，反公地悲剧也就越难以被克服。如果交易成本较小或彼此之间互信合作，反公地不一定导致悲剧。即若排他权利数量有限，整合排他权利的交易成本较低，资源最优利用仍有可能达到。同时，如果排他权利受到限制，减弱排他权利主体破坏性否决权的效力，也会抑制阻碍资源利用的策略行为。

反公地悲剧发生在未能整合排他权利并阻止资源更高价值的利用时，相较于表现为资源拥堵、损耗与枯竭的公地悲剧而言更加隐蔽与更难发现，因此长期为法学家与经济学家所忽视。反公地悲剧的例证同为有体资源——沿街商铺，知识产品的反公地悲剧更严峻。首先，某些有体资源，例如野生动植物保护区与核废料堆，较少使用并不必然导致利用不足，停止使用会是资源利用的最优状态，此时"反公地产权"（广泛或绝对的排他权利）会是可欲的产权安排。但对知识产品而言，较少或停止使用都会导致利用不足的悲剧——授予任何数量或程度的排他权利都将减少知识被有效利用的时间幅度与空间范围，限制其所带来的任何改进机会。[1][2]然而，世界不应被剥夺发展的

---

[1] [澳]彼得·德霍斯：《知识财产法哲学》，周林译，商务印书馆2017年版，第80页。

[2] Yi Zhou, "The Tragedy of the Anticommons in Knowledge", *Review of Radical Political Economics* (2015).

第二章 作品产权界定制度的经济分析

机会,知识的进步也不应当受到阻碍。[1]其次,相较于有体资源,发现和克服知识产品的反公地悲剧更困难。知识产品的最佳用途为其自身的无形属性掩盖,利用不足的悲剧难以如同沿街商铺那般易被关注。[2]整合知识产品排他权利的交易成本因为如下因素而更为高昂:受到人格理论与劳动理论影响,创新主体容易怀有浪漫主义观念与反对传播的动机;知识产品的边界需要借助抽象思维才能把握,价值需要体验才能确定;累积创新、集合作品与复杂产品需要整合众多排他权利。例如,一家开发治疗阿尔兹海默病药品的公司将会发现,除非购买并且获取众多其他公司的专利,否则任何一位持有关键技术的专利权人都有可能借助"一票否决"威胁巨额回报,从而抑制有助于人类健康的药物研发与应用。再如,在谷歌数字图书馆计划中,数字图书馆的建立依赖于大量分散的纸质图书,这些图书中有相当一部分是孤儿作品或已故作者的作品,获得这些图书的许可是不可能的,交易成本的存在将会遏制数字图书馆计划的实施,其代价是人类整体的福利损失。

反公地悲剧的核心在于碎片化与绝对性的排他权利引发的交易成本会阻碍资源的最优利用。对于知识产品来说,只要其上存在排他权利,利用不足的悲剧就会难以避免,应对知识产品反公地悲剧的理想方案应为减少排他权利的数量与限制排他权利的强度,扩大与保护知识产品的公共领域。[3]反公地悲剧系对排他权利的首次反思,并提出了公共领域的经济理性之

---

[1] [美]保罗·戈斯汀:《著作权之道:从谷登堡到数字点播机》,金海军译,北京大学出版社2008年版,第41页。

[2] Robert Cunningham, "The Tragedy of (Ignoring) the Information Semicommons: A Cultural Environmental Perspective", 4 Akron Intell. Prop. J. 1, 25 (2010).

[3] Yi Zhou, "The Tragedy of the Anticommons in Knowledge", *Review of Radical Political Economics* (2015).

——降低交易成本。

三、半公地理论：动态交互促进知识创新

亨利·史密斯（Henry E. Smith）教授于 2000 年提出了半公地理论。[1]其认为资源具有多重属性——一些属性适合私用，一些属性适合公用。在通常情况下，某些属性居于主导地位，使得忽视非主导性的属性及其价值并整体上将其视为私有或公共财产更为合适。例如，为了紧急避险私有土地可为公用，但是此种公用属性居于次要地位，整体上不影响土地的私有属性。如果私用与公用的属性及其价值都很重要，并且私用与公用的交互会使彼此变得更好，就不宜忽视其中任何一方并坚持私有与公有二分的产权路径，而应采用私有与公有并存的半公地产权安排。半公地理论的原始模型是中世纪与近代北欧的敞田制。在该制度下，农民拥有在不足一英亩的条状地上种植谷物的私人排他权利——有权获得土地产出的谷物，有权出租、转让和继承土地。这些条状地并不相邻，而是分散在中心村周围 2 块～3 块土地上。休耕期间，农民有义务将土地开放，以便轮流或雇佣牧民集体放牧所有的牲畜。敞田制使农民从不同规模的土地使用中获益：为种植目的，所有条状地都是私用的，因而使农民获得了种植的私人激励；为放牧目的，所有的条状地都是公用的，因而使农民获得了放牧的规模经济。不过，私用与公用并存的产权安排也易引发策略行为：贿赂或威胁牧民在夜间将牲畜圈养在自己的土地上获取肥料而受益，并使其在白天将牲畜放牧在他人的土地上避免践踏自己的土地而得益。条状地的分散化可以增加策略行为的成本从而抑制策略行为：狭长的条

---

[1] Henry E. Smith, "Semicommon Property Rights and Scattering in the Open Fields", 29 J. Legal Stud. 131 (2000).

第二章 作品产权界定制度的经济分析

状地使将牲畜从甲的土地驱逐到乙的土地成本高昂,分散化的条状地使牲畜总是相对均匀地分散在不同主体的土地上,"以邻为壑的成本上升、'肥水不流外人田'的难度也增加"。[1]整体上,条状地不同规模的使用产生的社会收益超过策略行为以及避免策略行为的成本,并使半公地成为更可欲的产权安排。

罗伯特·海弗利(Robert A. Heverly)将半公地理论引入信息领域,认为信息更适合半公地产权安排。[2]理由在于信息的私用与公用相互影响,此种交互并非彼此对立的冲突使用,相反,这种交互可使双方相互成就与变得更好。彼此促进的动态交互是指宏观而非微观层面——并非所有的私用都对每次公用有益,也非所有的公用都对每次私用有益。宏观的动态交互包括内容与流通两个层面。内容层面的动态交互是指公众使用作为私人所有的原始信息的评价与改进机制,会以某种方式改进原始信息。[3]这是因为创作活动的本质在于相互启迪,没有知识的自由接触,互相启迪式的创造性活动很难繁荣。[4]一人的认知通常有限,群策群力通常能够更好地改进作品并且开发新的利用方式,完全交由私人控制就会限制公众改进与利用带来的福利增进机会。[5]例如,学者在学术会议上提出的科学理论及其论证,不仅可以增进参会人员的认知,参会人员的交流和

---

[1] 张永健:《物权法之经济分析:所有权》,北京大学出版社2019年版,第62页。

[2] Robert A. Heverly, "The Information Semicommons", 18 Berkeley Tech. L. J. 1127 (2003).

[3] 刘银良:"著作权法中的公众使用权",载《中国社会科学》2020年第10期,第185页。

[4] [澳]彼得·德霍斯:《知识财产法哲学》,周林译,商务印书馆2017年版,第97页。

[5] Brett M. Frischmann and Mark A. Lemley, "Spillovers", 107 Colum. L. Rev. 257, 282 (2007).

论辩还会带来改进科学理论及其论证的契机。再如，小说或电影发表以后，公众对小说或电影的广泛讨论与改进，可以提供创作更好作品的契机。流通层面的动态交互是指公众使用作为原始信息相对中立的认同与宣传机制，会扩大有价值的原始信息的传播范围与市场影响。例如，一本小说的社会评价会引起读者阅读小说的兴趣，一部电影的良好口碑会引起观众观影的兴趣，进而增加小说或电影的传播范围与市场影响。再如，戈德堡对相对论在不同国家产生反响与传播的比较研究表明，在信息传播和交流相对自由的德国，最终接受了相对论，但在相对沉默的法国，则出现了完全相反的局面。[1][2]如果信息完全为人私有，公共使用受到过分限制，私用与公用的某些方面将被同时丢失——公众对于信息的评价与改进必先获得许可，受权利人价值取向与认知水平的限制，削弱信息评论的可靠性与限制信息改进的可能性，原始信息的传播范围与学术影响难以拓展，从而反噬信息的私有私用。假设私人激励对于信息产出是必需的，信息私有的缺位将会同时损害私用与公用——公众使用最终将会因为私人缺少产出激励而缺乏可供利用的素材。无视公用本身和公用与私用动态交互产生的社会收益会导致罗伯特·坎宁安（Robert Cunningham）提出的忽视信息半公地的悲剧。[3]

半公地理论将信息私有与公有二分对立的财产观念转向信

---

〔1〕 ［澳］彼得·德霍斯：《知识财产法哲学》，周林译，商务印书馆2017年版，第97页。

〔2〕 网络效应也是公用促进原有信息传播范围与市场影响的典型例证。所谓网络效应是指消费群体数量与所获利益同时增加。例如，聊天软件最初的开放使用将会提升软件的价值与扩大软件的市场，从而使权利人获得市场优势地位，并从衍生产品开发与销售中获得延迟利益。

〔3〕 Robert Cunningham, "The Tragedy of (Ignoring) the Information Semicommons: A Cultural Environmental Perspective", 4 Akron Intell. Prop. J. 1, 28 (2010).

息私用与公用动态交互的混合财产观念,认为半公地的产权安排可使信息私用与公用因彼此的存在而变得更好——同时捕获私人创作激励与公众接触的规模经济,增进知识创新数量与提升知识创新水平。半公地理论通过强调私用与公用动态交互的社会收益而将公共领域提升到与排他权利匹敌的地位,是对反公地悲剧及其财产观念的进一步发展。

四、公地喜剧:溢出效应促进知识创新

溢出效应——一人活动所产生的未被内化的正外部性,无处不在。我造的漂亮的花园对于邻居和路人都有好处。教育孩子成为守法、付税的公民,可使依赖政府税收支出度日的穷困公民受益。溢出效应并非利他而是自利的产物,建造花园并非为了邻居或路人,教育孩子也非为了向政府纳税。尽管溢出效应对于个人而言微不足道,但对社会意义重大——溢出效应乃是无处不在的恩惠,人们无时不从溢出效应中得益或受到启发,因为人们共享生存环境并且彼此联系密切。创新领域的溢出效应更为显著。贝尔发明的电话虽然为其带来了经济回报,同时也使依赖电话发明成立的公司盈利与公司员工谋生,电话用户会以不计其数的方式从中受益,比如邻居拨打的报警电话可以避免或减少我的生命或财产损失。其他主体所得利益虽未内化为贝尔的经济回报,也不影响贝尔是否从事电话发明的激励。不过,传统观念认为,如果主体不能内化行为所生的正外部性,其将缺少投入时间、劳动与金钱从事有益社会的活动的最优激励。传统观念指出,你我或贝尔之外的其他主体(也即搭便车者)所得利益系为有损创新激励并且需要加以内化的正外部性,排他权利可使私人自负盈亏,是内化一方施加给他方收益与成本以及激励创新的有效工具。马克·莱姆利(Mark A. Lemley)

教授等认为,通过授予财产权利、施加私人控制完全内化上述溢出效应(未被内化的正外部性)对于私人激励并不必要,因为私人建造花园、教育孩子以及发明电话之时并不关注或未考虑到上述可以变现的溢出效应,事后无关预期或超出预期的溢出效应对于事先供给花园、孩子以及发明的激励并无太大影响,反而会产生福利减损效应。

马克·莱姆利(Mark A. Lemley)教授等进一步认为,溢出效应(未被内化的正外部性)更有可能激励而非有损创新。[1]实证研究表明,溢出效应显著的行业与城市一般会经历更多与更快的创新。例如,20世纪八九十年代硅谷迅速崛起,波士顿第128号公路地区不断衰退,原因在于硅谷开放与协同的创新环境、员工与知识的自由流通以及与之相伴的溢出效应提升了创新群体的认知水平和创新能力。为了捕获溢出效应带来的潜在收益,企业将有激励进行研发投资以便提升吸收和转化创新的能力。理论研究指出,由于更多与更强的排他权利带来的创新回报(创新激励的表现形式)与创新产出之间并非线性函数关系,而是会因排他控制成本的上升而抵消创新产出带来的社会收益,甚至阻碍创新,排他控制成本包括"产生无谓损失、有损后续创新、引发寻租行为、触发权利执行费用以及导致创新投资过度"。[2]因此,为了激励创新,创新主体无需内化创新活动产生的全部社会收益,只需要被给予足以覆盖创新活动固定

---

[1] Mark A. Lemley, "Property, Intellectual Property, and Free Riding", 83 Tex L. Rev. 1031 (2005); Brett M. Frischmann and Mark A. Lemley, "Spillovers", 107 Colum. L. Rev. 257 (2007); Brett M. Frischmann, "Speech, Spillovers, and the First Amendment", 2008 U. Chi. Legal F. 301 (2008); Brett Frischmann, "Spillovers Theory and Its Conceptual Boundaries", 51 Wm. & Mary L. Rev. 801 (2009).

[2] Mark A. Lemley, "Property, Intellectual Property, and Free Riding", 83 Tex L. Rev. 1031 (2005).

成本的激励。约瑟夫·耶茨（Joseph Yates）法官曾在"米勒诉泰勒案"（Millar v. Taylor）中指出，作者当然有权就其劳动获得回报，但是不能据此得出结论，认为作者的回报无限并且永无止境。[1]史蒂芬·布雷耶（Stephen Breyer）同样指出，工人与老师未获得与其所产生的社会价值相匹配的工资，创作者、发明人未有特殊之处而值得区别对待。[2]

溢出效应指出：随着排他权利强化与正外部性内化，其所引发的排他成本逐渐上升并阻碍创新；作为正外部性外化的发生场域，公共领域可以激励创新并可增进社会福利，产生公地喜剧。作为相关悲剧理论的补充与完善，溢出效应表明正外部性外化与公共领域对知识创新的促进作用，并将公共领域置于比排他权利更重要的地位。

小 结

"公地悲剧""反公地悲剧""半公地理论"以及"溢出效应"反映了产权学者对管理资源的不同类型的产权制度的认识。公地悲剧理论表明知识的公共状态容易引发知识供给不足的悲剧，授予排他权利可以激励知识供给，带有20世纪70年代产权学者对私有产权的推崇色彩。反公地悲剧表明过多与过强的排他权利产生的交易成本容易导致知识利用不足的悲剧，应当减少与限制排他权利，代表着20世纪90年代产权学者对私有产权模式的质疑与反思。忽视半公地引发的悲剧表明知识的私用与公用之间的动态交互可使彼此变得更好，忽视经由公共领域支

---

[1] [美]保罗·戈斯汀：《著作权之道：从谷登堡到数字点播机》，金海军译，北京大学出版社2008年版，第39页。

[2] Stephen Breyer, "The Uneasy Case for Copyright: A Study of Copyright in Books, Photocopies, and Computer Programs", 84 Harv. L. Rev. 281, 286 (1970).

撑的公用本身及公用与私用的动态交互将限制有价值知识的改进与传播。溢出效应表明，公共领域作为正外部性外化的发生场域，可更有效地促进知识创新。半公地理论与溢出效应代表了当代产权学者对于信息的一种更贴近现实的认识。从反公地悲剧反思排他权利，到半公地悲剧提出私有与公有并重，再到溢出效应偏好正外部性外化，对于公地悲剧（喜剧）的系统解读表明，公共领域应被置于可匹敌排他权利甚至更重要的地位。因此，作品产权界定的制度设计应当避免流入私有产权至上与公共领域虚无或者公共领域至上与无视私有产权的两个极端，而是应将公共领域置于与私有产权同等重要的地位。同时，避免类推物权思维落入信息成果及其属性，以及任何对于信息成果及其属性已知或未知的利用方式均由权利主体完全排他支配或者与之相反的对立一面，而是应当根据信息成果类型、属性以及利用方式的不同，分析信息成果及其特定利用行为交由私人控制与置于公共领域的社会收益与成本，再行确定特定类型的信息成果或信息成果的特定属性或利用方式应被纳入私人控制还是留在公共领域。

表2-3　不同悲剧（喜剧）理论的理论原型、核心及其解决方案

悲剧理论	理论原型	理论核心	解决方案
公地悲剧	公共牧场（有体）	激励不足导致供给悲剧	提出排他权利需求
反公地悲剧	沿街商铺（有体）	交易成本导致利用悲剧	减少/弱化排他权利
半公地悲剧	敞田制度（有体）	动态交互促进知识创新	排他权利与公共领域共存
公地喜剧	信息产品（无体）	正外部性促进知识创新	提出公共领域需求

第四节　作品产权化的制度设计

有关悲剧与喜剧的理论分析表明，信息成果产权界定的制度设计应当基于特定信息成果及其特定利用方式交由私人控制与置于公共领域的社会收益与成本进行分析：如果特定信息成果及其特定利用方式私有的激励效应不足，而其私有的社会成本十分高昂，私有权利对于社会福利的封锁效应表明特定信息成果及其特定利用方式应被置于公共领域。如果福利封锁效应存在于特定信息成果几乎所有的利用方式上，著作权法便在准入环节将该信息成果排除在保护范围外。对于已经准入的信息成果来说，并非将所有的利用方式交由私人控制都会产生福利增进效应，将特定利用方式交由私人控制产生福利增进效应的才被纳入受控范围；对于纳入受控范围的特定利用方式来说，私人控制的特定利用方式的行使如果产生福利封锁效应，也要受到诸如保护期限之类的限制。概言之，如果著作权法欲实现接触与激励利益的帕累托改进，其中，一些主要的制度设计必须最近似地最大化社会福利。[1] 上述经济理性构成著作权法制度设计的基本逻辑。

一、权利客体的准入与排除

特定信息成果能否通过著作权法的准入门槛并且获得作品资格，需要满足如下三项条件：特定信息成果属于表达而非思想；特定信息成果具备了独创性；特定信息成果"能以一定

---

〔1〕 ［美］威廉·M. 兰德斯、理查德·A. 波斯纳："版权法的经济分析"，苏力译，载 ［美］唐纳德·A. 威特曼编：《法律经济学文献精选》，苏力等译，法律出版社 2006 年版，第 130、131 页。

（有形）形式固定/表现"。上述三项条件设置的目的在于分流海量的信息成果：如果特定信息成果的私有产生福利封锁效应且该效应存在于几乎所有利用方式之上（例如思想、非独创性表达），著作权法便直接在准入环节将其排除在外。相反，如果特定信息成果私有产生福利增进效应，则可准入著作权法。

（一）思想/表达二分法的经济分析

思想/表达二分法是指，著作权法只保护表达，不保护思想，如果特定思想只有有限的一种或者几种表达方式，这些表达方式如同思想一般不受著作权法的保护。

1. 思想/表达二分法概述

思想/表达二分法的早期雏形源于18世纪文学财产争论时期。思想/表达二分法的产生本意在于满足文学财产支持者的两种需求，即界定财产边界的需求与协调私人利益与公众利益的需求。文学财产争论时期，文学财产的反对者认为，任一对象如若获得财产保护，需要满足"可确认性"这一前提条件。"可确认性"是指"当财产被用来划定一个独占区域时，有必要显示存在着某种能够'清楚可见地得到享用'的东西；存在着某种'对它进行定义的界限和对之加以区分的标记'"。[1]文学财产的反对者认为，知识思想的无体特征导致没有任何可以将之识别出来并且划定其边界的财产标记，因此无法确认知识思想与知识思想的权利主体，无法划定知识思想的权利主体与其他主体之间的行为边界，因而无法判断权利主体的合法权益是否受到侵害。文学财产的反对者因此提出，由于知识思想无法满足"可确认性"这一前提条件，因而不能作为财产对象获得保护。面对质疑，文学财产的支持者不得不为知识思想"这个

---

[1] [澳]布拉德·谢尔曼、[英]莱昂内尔·本特利：《现代知识产权法的演进：英国的历程（1760-1911）》，金海军译，北京大学出版社2012年版，第29页。

虚幻的幽灵添上四肢和面容",即提供使之具备"可确认性"的标记,他们采用的临时策略是使知识思想与其物质体现——印刷文本——彼此结合,当知识思想通过印刷文本传播给每个人观看和理解时,知识思想可被识别与确认。[1]文学财产的反对者并未止步,他们提出即便知识思想具有"可确认性",但是允许对已发表作品享有复制权必将减少可为公众接触与利用的知识资源,此时"个人的私益必须为公众的利益让路"[2]。文学财产的支持者并未否定上述主张,但是文学财产的支持者认为,他们所主张的文学财产具有更多的限制特征——知识、原则和思想并不纳入文学财产控制之下,文学财产的范围仅仅限于印刷和重印。文学财产支持者的这一自我限制无异于自挖墙脚——印刷和重印的权利无法限制字面复制之外的复制行为,因此他们必须重新思考文学财产对象的本质特征与范围,使之既能够确定文学财产的边界,又能够协调私益与公益之间的冲突,协调上述需求的办法即是主张文学财产既不保护思想,也不限于印刷文本,而是保护思想见诸文字的方法。[3]通过将文学财产的保护范围限制在"思想见诸文字的方法",也即表达之上,文学财产的支持者既满足了规制字面复制之外的节选、汇编、翻译行为的需求,也为自身面临的"有损公众接触与利用自由"的指摘提供了辩护。思想/表达二分法的一般观念由此诞生。

思想/表达二分法的正式确立始于美国联邦最高法院审理的

---

[1][澳]布拉德·谢尔曼、[英]莱昂内尔·本特利:《现代知识产权法的演进:英国的历程(1760-1911)》,金海军译,北京大学出版社2012年版,第31页。
[2][澳]布拉德·谢尔曼、[英]莱昂内尔·本特利:《现代知识产权法的演进:英国的历程(1760-1911)》,金海军译,北京大学出版社2012年版,第34页。
[3][澳]布拉德·谢尔曼、[英]莱昂内尔·本特利:《现代知识产权法的演进:英国的历程(1760-1911)》,金海军译,北京大学出版社2012年版,第38页。

著作权法律制度的经济分析

"贝克诉塞尔登案"（Baker v. Selden）[1]。在"贝克诉塞尔登案"中，塞尔登拥有相关图书的版权，该图书对一种记账方法进行了解释，并附有由线条和标题组成的记账方法的表格，用来例证记账方法如何使用。贝克利用了与塞尔登表格几乎相同的表格，但在栏目的安排上有所区别，且使用了不同的表格标题。该案的争议焦点在于，塞尔登是否可以对这种记账方法主张版权。美国联邦最高法院认为，一本关于科学或实用艺术的书，正如一篇有关药品成分和使用、有关耕犁制造和使用的论文一般，其目的在于向世界传播书或论文中所包含的有用知识，如果知识不能够在不招致盗版指责的情况下被使用，上述目的将会受挫。如果不使用图书或论文中的方法和图表就不能利用图书和论文传达的技艺，图书和论文中的方法和图表就应当一起被提供给公众。因此，尽管描述特定技艺的图书和论文可以获得版权保护，但是图书和论文中的方法和图表无法获得版权保护。随后，美国1976年《版权法》确认了"思想/表达二分法"，同时扩展了不予保护的"思想"范畴，拒绝对任何"程序、过程、系统、操作方法、概念、原则或发现"提供版权保护。

自此之后，思想/表达二分法的内涵不断丰富，为了实现法律概念的涵摄目的，"思想"与"表达"已经超越自身的语义范畴，逐渐成了一项隐喻和涵摄"方法与表达二分""事实与表达二分"与"功能与艺术二分"的上位概念。同时，为了落实著作权法的价值目标，思想/表达二分法自身不断调适进而形成诸如"合并原则"[2]与"必要场景原则"[3]等衍生规则。此

---

[1] Baker v. Selden, 101 U. S. 99 (1879).

[2] 合并原则是指当思想的表达方式只有一种或有限几种之时，这些表达方式均不受著作权法中私有规则排他性与可转让性的支配。

[3] 必要场景原则是指特定场景中实际上不可或缺或至少是标准的事件、人物或场景不受著作权法中私有规则排他性与可转让性的支配。

第二章 作品产权界定制度的经济分析

后,作为初步筛查可获著作权法保护的表达与不可获得著作权法保护的思想的规则,思想/表达二分法逐渐获得国际公约与各国立法的认可。

2. 思想/表达二分法的经济分析

(1)思想财产权化的社会成本。思想的财产权化将会引发高昂的社会成本,这些社会成本包括无谓损失、交易成本与保护成本,因而应当审慎对待思想的财产权化。首先,本章第一节在对作品的经济属性进行分析时指出,作品的供给与消费涉及思想、思想的表达、表达的载体以及载体的容纳。一般来说,物越抽象,非竞争性越强。例如,任何一个主体对于思想的消费都不会减损其他主体从该思想的消费中获得的效用。因此,物越抽象,也就愈加适合置于公共领域,任由公众共享,由此可以产生最优的社会收益。反之,如果将其交由私人控制,将会产生无谓损失,导致社会收益未能达到最优状态。例如,对于一些通用的、实用的理论而言,将使用它们的排他权授予个人,将使整个社会遭受重大损失。[1]其次,思想的财产权化将会招致高昂的交易成本。"思想作为素材的一个很重要的特点是逐渐累积的,因为思想的发展和成熟具有渐进性。"[2]追溯某一思想的第一位作者需要对某一思想进行历史回溯。因此,寻找某一思想的第一位作者并确定交易对象势必招致高昂的交易成本。假如能够成功确定某一思想的第一位作者,并对其给予保护,那么后来的N-1位作者,如果想要利用这一思想,就只能从最先提出这一思想的作者那里寻求许可或选择用额外的表达

---

[1] [美]斯蒂文·沙维尔:《法律经济分析的基础理论》,赵海怡、史册、宁静波译,中国人民大学出版社2012年版,第133页。

[2] 冯晓青:"著作权法中思想与表达'二分法'的法律与经济学分析",载《云南大学学报(法学版)》2004年第1期,第29页。

|著作权法律制度的经济分析|

来掩盖其思想中与第一位作者思想的重合之处,后来作者就不得不承担许可成本或者重新表达的成本。创作成本增加的直接结果是创作出来的作品数量的减少。复次,思想的财产权化还会引起保护成本。短期来看,对思想赋予财产权保护意味着权利人不得不监控财产的使用和销售,但是监控思想的使用和销售要比监控有形产品困难很多,[1]同时法院不得不识别其在个案中要保护的思想并划定其边界,"而且,全部之中最困难的是,确认被控侵权作品中的原创性思想",[2]因为人类社会性生产实践的共同性决定了人类思想的趋同性,因此要识别二次使用者是复制了生产抑或攫取了思想就将变得十分困难。长期来看,由于对思想的著作权保护增加了作品的创作成本,从而减少了被创作出来的作品的数量,其保护成本有可能降低,但作品数量与保护成本之间并没有十分清晰而直接的因果关系,利益冲突并不会随着作品数量的减少而减轻,反而会因思想的纷争而加剧。最后,除了上述可以货币量化的无谓损失、交易成本与保护成本之外,思想财产权化的社会危险进一步例证着思想财产权化的不可欲性。从表达的载体到思想的表达再到思想是一个载体不断抽离、客体不断抽象的过程。客体越抽象,其能涵摄的对象范围也就越广泛,受到控制的行为范围也就越大。比如,从印刷文本到表达的抽象就使作品侵权行为的范围从完全相同的复制侵权扩展到了近似的演绎侵权。客体越抽象,客体赋予的经济上的影响力就越大。例如,当著作权法的保护范围从印刷文本扩展到表达后,就可以说一部电影是一部小说的

---

〔1〕[美]斯蒂文·沙维尔:《法律经济分析的基础理论》,赵海怡、史册、宁静波译,中国人民大学出版社2012年版,第133页。

〔2〕[美]威廉·M.兰德斯、理查德·A.波斯纳:《知识产权法的经济结构》,金海军译,北京大学出版社2016年版,第111页。

复制品，如若著作权法的保护范围扩展到思想，其可控制的对象与行为将更为广泛。按照彼得·德霍斯（Peter Drahos）有关抽象物的权力理论，当抽象物经济上的影响力足够大时，其将形成一种用来购买权力的资本，思想所有者不仅获得经济上的垄断地位，也会事实上赋予其政治上的控制能力，接触与表达的自由则不得不依附于思想的实际控制者，而思想的控制者则往往倾向于收取高额的许可费并拒绝对自己不利（批评）的许可，政治民主化与思想多元化的理想愿景都将随着少数思想控制者的"寡头政治"而覆灭。

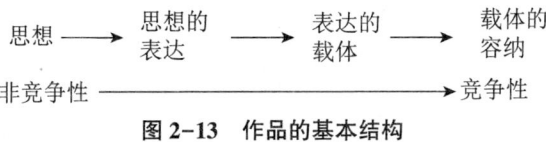

图 2-13　作品的基本结构

（2）思想财产权化的激励效应。如果思想的财产权化能够激励更多富有价值的思想产生，并且足以抵消思想财产权化产生的社会成本（无谓损失、交易成本、保护成本以及社会危险），思想的财产权化就仍然是可欲的。笔者认为，抛开表达而单独给予思想著作权法保护的激励效应并不明显。首先，提出一个想法花费的时间和精力通常小于赋予思想可以感知的外在形式花费的成本。例如，几乎人人都可以提出"创作一部穷小子和富家女历经艰难险阻最终走到一起的爱情小说"，但是赋予这一想法活力且使之呈现在公众面前需要一个长期的创作过程：赋予上述想法鲜明的角色、丰富的情节以及生动的描述，并且需要借助物质载体予以固定和外化。由于上述想法的提出并不耗费实质成本，因此即便不受著作权法保护，也不影响提出上述想法的激励。其次，作品的创造与传承具有主体间性，并依托于外部定在方能实现。我国《著作权法》要求作品能以"一定形式表现",[1]《美国版权法》要求"以任何有形表达形式固定",[2]本质均是要求表达形成一定的外部定在,这样作者才能实际占有和控制,公众方能感知、获取和传达。依托于外部定在,表达"把作者置于与他人的交流之中";[3]依托于主体间性,作者的创造性智力劳动才能获得精神上的认同与经济上的回报。思想不借助表达无法形成外部定在,因而只能存在于个体范围内,无法获得"主体间性",作者的思想无法得到社会公众的认同,经济价值也就难以实现。因此,撇开表达而单独给予思想保护的激励机制难以发挥作用。其次,虽然著作权法无法单独给予思想以保护,但对表达的保护却间接保护了思想。"实质性相似"实际上已经将逐字复制侵权扩展到了抽象的非字面的近似侵权,这意味着后续作者如果要利用原作者作品中的思想,必须承担与原作者的表达不构成"实质性相似"的表达成本。最后,财产权激励思想的产生并非唯一和妥帖的机制,对于确需耗费实质成本才能产生的思想,政府组织的集体研发与政府给予的补贴似乎是更有效率的一条路径。原因在于,财产的价值实现与价值增值必然建立在市场的供求基础上,而市场充满了变数与风险,依赖于市场事后回报的财产权激励机制对于耗时耗力巨大的基础思想的研发收效甚微,因此风险规避型的经济人可能更青睐补贴机制带来的事先激励。

由于单独给予思想著作权法保护的激励效应并不显著,对

---

[1]《著作权法》(2020年修正)第3条规定,本法所称的作品,是指文学、艺术和科学领域内具有独创性并能以一定形式表现的智力成果。

[2] Copyright protection subsists … in original works of authorship fixed in any tangible medium of expression … from which they can be perceived, reproduced, or otherwise communicated. 17 U.S.C.A. § 102.

[3] 李雨峰:"思想/表达二分法的检讨",载《北大法律评论》2007年第2期,第440页。

其予以保护引发的无谓损失、交易成本、保护成本以及政治风险足以使其抵销思想财产权化带来的任何社会收益。换言之，思想的财产权化将会产生社会福利封锁效应，此效应存在于几乎所有的利用方式之上，因而理性的选择便是拒绝给予思想以任何财产权。[1]思想/表达二分法的经济分析表明，判断某一非典型对象属于思想还是表达不应通过"思想"与"表达"二词的语义分析，而是应当诉诸经济分析，通过比较拒绝保护的福利效应与予以保护的福利效应分析非典型对象应当落入不受保护的思想范畴还是交由应受保护的表达涵摄。

(二) 独创性的经济分析

世界各国要求信息成果应具备独创性才可作为作品受到著作权法的保护，但是各国对独创性的基本内涵与涵摄范围并未形成共识。

1. 独创性概况

在 1900 年的"沃尔特诉莱恩案"（Walter v. Lane）[2]中，英国法院首次讨论了独创性。在该案中，报纸的记者将罗斯伯里（Rosebery）勋爵 5 次在公共场合发表的有关公共利益的演讲逐字逐句记录下来，并且写成报道刊登在报纸上，这些报道随后被转让给了沃尔特（Walter）（原告）。莱恩（Lane）（被告）擅自将这些报道结集成书出版。沃尔特认为莱恩侵犯了其对报道享有的版权。初审法院认为，记者在记录他人演讲的时候，通过准确记录、加标点、分段落，付出了相当的劳动、技巧和判断，即便这些依据记录写成的报道是对他人演讲逐字逐句的记录，也是可以获得版权保护的，因此初审法院认为被告侵犯了

---

[1] 蒋舸:"论著作权法的'宽进宽出'结构"，载《中外法学》2021 年第 2 期，第 339 页。

[2] Walter v. Lane (1990) AC 539.

原告的版权。[1]上诉法院认为,上述报道是对他人演讲逐字逐句的复制,未能体现记者的个性,因而不具有独创性,不能作为作品受到版权保护。上议院认为,是否能够作为作品受到版权保护,关键并不在于是否体现个性,而是是否体现"劳动和技巧",因此推翻了上诉法院的判决。"沃尔特诉莱恩案"确定的这一较低的独创性判断标准也被称为"额头出汗"(sweat of the brow)理论或"辛勤收集"(industrious collection),这一标准更偏重于对"独立劳动"的嘉奖,并不强求成果的创作过程必须要有智力劳动的介入。较低的独创性标准提高了对新技术的适应能力,使其很容易接纳伴随技术发展出现的新型客体。但较低的独创性标准也使版权保护扩张到了思想和事实本身,因而将版权保护范围不当扩张到了公共领域。在1991年的"费斯特出版公司诉郊区电话服务公司案"(Feist Publications, Inc. v. Rural Telephone Service Co., Inc.)[2]中,美国联邦最高法院推翻了"额头出汗"理论。在该案中,郊区电话服务公司出版了电话号码簿,该号码簿由白页和黄页构成。白色页面依郊区电话服务公司(Rural Telephone Service Co., Inc.)用户姓名的字母顺序罗列了用户的姓名、所在城镇以及电话号码;黄色页面按照行业类别和字母顺序列出了商业用户,并投放了广告。费斯特出版公司(Feist Publications, Inc.)未经许可复制了郊区电话服务公司白色页面的内容,其1983年电话号码簿中有1309条与郊区电话服务公司电话号码簿相同。地区法院和上诉法院认为,郊区电话服务公司的电话号码簿具备作品资格并可获得版权保护。美国联邦最高法院认为,独创性应从两个方面判断;第一,是否由作者独立

---

[1] 易健雄:"技术发展与版权扩张",西南政法大学2008年博士学位论文,第89页。

[2] Feist Publ'ns, Inc. v. Rural Tel. Serv. Co., 499 U. S. 340 (1991)。

第二章 作品产权界定制度的经济分析

完成,换言之,作者未复制其他作品;其二,特定信息成果具备最低程度的创造性(a minimum degree of creativity)。在本案中,郊区电话服务公司对于基本信息的选择(姓名、城镇以及电话号码)以及依照字母顺序而对上述信息进行编排,属于常规的选择和安排方式,缺少最低程度的创造性,因而无法获得版权保护。

《德国著作权与邻接权法案》第2条第2款规定"作品是指作者自己的智力创作成果"。[1]由"智力创作"(intellectual creation)的表述,可以推知,德国采用较高的独创性判断标准,花费一般或平均智力劳动,例如技巧和判断,产生的信息成果一般无法作为作品获得保护,只有信息成果体现了较高水平的创造性才有可能作为作品获得保护。但较高的独创性判断标准也使德国立法难以为新型信息成果提供保护,这是因为法官对独创性的判断注定能力有限。一些法官事先看来相当疯狂和荒唐的新型信息成果(例如计算机软件、数据库)事后被证明对公众有益,以较高的独创性判断标准拒绝保护该类信息成果就会导致新型信息成果无法得到保护、挫伤创新热情与减损有益社会的创新成果产出的后果。[2]这一后果会使法院陷于易于遭受指摘的局面,因此理想的做法便是降低判断标准。判断标准越低,法官出错的概率越低,同时越多的新型信息成果便可获得著作权法的保护。当然,由于法官的能力有限,降低判断标准也会导致错误准入的问题,但是相比于错误排除产生的挫伤创新热情与减损社会公益的后果,错误准入完全可以通过宽泛的豁免机制予以纠正。基于上述考虑,德国法院适当降低了判断标准,以"小硬币"理

---

[1] http://nan.shaip.com/uploads/20201130/20201130162405055055.pdf,最后访问日期:2024年1月6日。

[2] [澳]布拉德·谢尔曼、[英]莱昂内尔·本特利:《现代知识产权法的演进:英国的历程(1760-1911)》,金海军译,北京大学出版社2012年版,第214页。

论应对伴随技术发展出现的新型信息成果。法国深受人格理论的影响，认为独创性的判断取决于特定信息成果是否反映作者的个性（the personality of the author）。在"帕乔案"（Pachot）中，法国最高法院采用了"智力投入"而非"个性烙印"的判断标准，并将计算机软件纳入保护范围。法国也接受了"小硬币"理论，认为即便科技类作品中的个性印记并不明显，如果具备"小硬币"似的一点创造性，也仍有可能获得保护。从严格坚持"智力创作"和"个性烙印"到兼采小硬币理论来看，为了避免新型信息成果无法得到保护，德国与法国有降低独创性判断标准的趋势。

从各国"独创性"的判断标准来看，"独创性"的最初判断受到不同法系地方性知识的支配（如英美法系受到劳动理论的支配，大陆法系受到人格理论的支配）并因此呈现出了较大的差别。[1]为了适应技术发展与国际贸易需求，两大法系采用的独创性判断标准日渐趋同：采用较低的判断标准易将公共领域素材纳入保护范围，耗费制度成本（如无谓损失、交易成本、保护成本等）保护本对社会无所增益的对象；采用较高的判断标准容易错误排除新型信息成果，挫伤产出新型信息成果的热情。可见，促使两大法系判断标准日渐趋同的并非地方性知识，而是对成本-收益分析或接触与激励的权衡。

2. 独创性的经济分析

（1）价值性。19世纪以来，国家市场的发展、新的经济活动方式、不断变化的生产和营销模式以及新兴产业创造的新的利益都对著作权法观念产生了深刻影响。[2]"自19世纪下半叶

---

[1] [澳]布拉德·谢尔曼、[英]莱昂内尔·本特利：《现代知识产权法的演进：英国的历程（1760-1911）》，金海军译，北京大学出版社2012年版，第254页。

[2] Oren Bracha, "The Ideology of Authorship Revisited: Authors, Markets, and Liberal Values in Early American Copyright", 118 YALE L. J. 186, 209 (2008).

第二章 作品产权界定制度的经济分析

以来,该法律(著作权法)就已将其注意力从智力劳动和创造性上转移开了,而是更多地集中于其对象本身。""具有重要意义的……是作品(对于知识和进步)所作出的贡献,通常以经济学或者准经济学术语加以判断。"[1]简单来说即是,特定信息成果的价值,使得动用著作权法变得值得。特定信息成果具有价值,是指信息成果能够产生满足人们需求的增量知识(区别特征)。例如,一本小说、一台戏剧、一部电影可以满足人们的精神消费需求;一本法学教材、一门数学网课、一份权利说明可以满足人们的精神发展需求。由此,特定信息成果可以提升劳动素质、积累人力资本,并且推动技术进步、经济发展、政治民主与文化繁荣。复制公共领域的表达或者复制他人作品,并未产生任何增量知识,使其准入著作权法、获得作品资格将会导致耗费制度成本(如无谓损失、交易成本、保护成本等)保护本对社会无所增益的对象的福利减损后果。正因如此,英美法系才放弃了"额头出汗"理论,并将准入门槛适当提高,目的在于分流产生增量知识与重复存量知识的客体。当然,著作权法不应苛求客体的价值,一般来说,如果不是单纯复制公共领域素材或他人作品,同时产生一定的区别特征,通常即可准入著作权法。这是因为,对信息成果(尤其是新型信息成果)的价值评估多是回顾性的与市场性的,非市场性判断(例如法官判断)与非回顾性判断(例如事先判断)都易导致误判。假阳性错误(采用较低的门槛产生的准入错误)完全可以通过宽泛的豁免机制加以纠正和救济。但是,假阴性错误(采用较高准入门槛产生的错误排除与挫伤创新热情的后果)却很难得到

---

[1] [澳]布拉德·谢尔曼、[英]莱昂内尔·本特利:《现代知识产权法的演进:英国的历程(1760-1911)》,金海军译,北京大学出版社2012年版,第206~208页。

救济。因此,特定信息成果是否产生能够满足人们需求的增量知识(区别特征)构成了独创性判断的核心因素。

(2)稀缺性。当然,如果具有价值的信息成果的供给十分丰裕,每个主体的需求都能得到很好的满足,就没必要授予财产权利、动用著作权法的制度成本激励本就丰裕的信息成果的供给了。诸如阳光、空气,虽对人类的生存和发展具有极高价值,但是阳光、空气的持续供给相对于人们需求而言总是处于丰裕的状态,在其之上没有供求冲突,也就没有必要引入财产权利协调供求冲突的必要了。信息成果有所不同。第二章第一节指出,信息成果的持续供给相对于人们日益增长的精神消费与发展需求而言总是处于相对稀缺状态,这是因为信息成果的供给需要耗费相当大的前期投入。可以认为,信息成果生产投入的稀缺性质导致信息成果的持续供给相对于人们的需求而言总是处于相对稀缺状态。信息成果的构思与表达均需耗费一定的智力投入与物质载体。智力投入的稀缺性表现为专业人才的数量稀缺与价值珍贵。信息成果的供给对于专业人才有着特殊要求:一是他们具有天分,能够胜任智力劳动;二是通过后天教育,具备相当的知识储备。[1]物质投入的稀缺性表现为信息成果的固定与外化需要借助物质载体与传播设备,任何物质载体与传播设备并非唾手可得,而是需要花费相当大的成本。一般来说,信息成果的生产投入与信息成果的价值(区别特征)高度相关,信息成果耗费的智力与物质投入越多,信息成果的价值(区别特征)就越加显著,也就愈加稀缺。相反,无需耗费智力与物质投入的信息成果的价值(区别特征)也就越低,也就没有稀缺问题了。例如,抄袭剽窃无需耗费实质成本,但

---

[1] 吴汉东:"关于知识产权基本制度的经济学思考",载《东方法学》2000年第4期,第34页。

也未能产生任何增量知识;四大名著的创作耗费了大量的时间和精力,同时也产生了巨大的社会价值,并且这类作品相对稀缺。此外,信息成果耗费的智力与物力投入越多,信息成果越为稀缺,他人为了规避生产成本、从事抄袭剽窃的动机也就越强,对该信息成果进行保护所能获得的收益越大。反之,如果信息成果无需耗费任何生产投入便唾手可得,抄袭和剽窃反倒不如自己从事生产,对该信息成果进行保护的收益也就越小。总而言之,如果信息成果高度稀缺,为使主体收回创作成本、保持持续供给的激励,也就愈加值得动用著作权法的制度成本。反之,如果信息成果并不稀缺或者著作权法的激励效应对于缓解特定信息成果的稀缺状况无法发挥作用,便不值得动用著作权法的制度成本。例如,猴子拍摄的照片或自然的鬼斧神工无论多么稀缺,也无法基于著作权法的激励效应得以缓解。特定信息成果是否稀缺构成独创性判断的另一核心因素。

综上,成本-收益分析或接触与激励的权衡决定着独创性的基本内涵与涵摄范围:判断新型信息成果能否准入著作权法并且获得保护,应当分析新型信息成果是否产生能够满足人们需求的增量知识(区别特征),与新型信息成果是否需要耗费高昂的智力与物力投入因而相对稀缺,以免动用著作权法的制度成本保护未能产生增量知识因而无所增益(无价值)与无需耗费实质成本便唾手可得(不稀缺)的客体,同时避免具有价值性与稀缺性的信息成果无法得到保护进而挫伤创新热情。[1]

(三)"能以一定(有形)形式固定/表现"的经济分析

具备独创性的表达还要"能以一定(有形)形式固定/表

---

[1] 蒋舸:"论著作权法的'宽进宽出'结构",载《中外法学》2021年第2期,第345页。

现"才能最终获得著作权法的保护,未以一定(有形)形式固定或者表现的独创性表达,仍然无法获得保护。

1."能以一定(有形)形式固定/表现"概述

根据《美国版权法》第101条的规定,作品被"固定"是指,经由作者授权,作品在复制件或录音制品上的呈现,足够永久、稳定,从而使得作品可以在并非稍纵即逝的时间内被观察、被复制、被传播。如小说被固定在纸张上、照片被固定在胶片上,小说与照片才可以被观察、复制和传播。《美国版权法》第101条还规定,当作品被首次固定在复制件或录音制品上时,作品创作完成。《美国版权法》第102条(a)款要求,只有固定在有形载体上的作品可以获得版权保护。根据上述规定,在美国,对于可版权性而言,"固定"具有如下两种作用:其一,表明版权保护范围;其二,决定作品何时创作完成以及版权保护何时开始。我国《著作权法》在2020年修正之前未对"作品"概念进行明确界定,作品的概念交由《著作权法实施条例》进行界定。[1]根据《著作权法实施条例》的规定,著作权法所称的作品,需要能以某种有形形式进行复制。2020年《著作权法》对作品的概念进行了明确界定,规定著作权法所称的作品,能以一定形式表现,不再限于"能以某种有形形式进行复制"。[2]

---

〔1〕 1991年施行《著作权法实施条例》第2条规定,著作权法所称作品,指文学、艺术和科学领域内,具有独创性并能以某种有形形式复制的智力创作成果。2002年修订的《著作权法实施条例》第2条规定,著作权法所称作品,是指文学、艺术和科学领域内具有独创性并能以某种有形形式复制的智力成果。2011年、2013年修订的《著作权法实施条例》沿用了2002年的规定。

〔2〕《著作权法》(2020年修正)第3条规定,本法所称的作品,是指文学、艺术和科学领域内具有独创性并能以一定形式表现的智力成果,包括:……

2. "能以一定（有形）形式固定/表现"的经济分析

使财产的法律边界更加容易确定的规则可以有效降低观察者和交易者的认知成本和互动成本，从而更好地落实著作权法的价值目标。无论美国版权法的"固定性"要求还是我国著作权法的"能以一定形式表现"，经济理性均在于通过使权利人与观察者（防范侵权的义务主体与利用作品的交易主体）拥有据以分析自身行为边界与彼此互动交往的参照物并使受著作权法保护作品的边界和性质易于观察和理解，从而降低公众的认知成本。[1]对权利人来说，从作品"能以一定（有形）形式固定/表现"之时，可以在其有生之年及其身后数年享有和行使固定在特定载体上的作品版权。对于观察者（主要包括防范侵权的义务人与利用作品的交易者）来说，"能以一定（有形）形式固定/表现"发挥着对世性的通知作用，提醒外在观察者，从信息成果被固定/表现时起，被固定或被表现的信息成果之上可能存在版权（之所以说"可能"是因为是否实际存在权利，还需要看该信息成果是否具有独创性），并使外在观察者能够初步把握自己的行为边界。对于防范侵权的义务人来说，因其对于消费或改进特定信息成果并无太大兴趣，只要避免接触和利用特定载体，就可避免侵权。对于利用作品的交易者而言，信息成果被固定/被表现使其获得了分析的参照物，从而可以相对容易地分析特定信息成果是否能够满足自身需求。缺少"能以一定（有形）形式固定/表现"作为可版权性的前提条件，著作权法将深陷于有关作品定义和界限的争议中。[2]一般来说，认知形

---

[1] Clarisa Long, "Information Costs in Patent and Copyright", 90 (2) Va. L. Rev. 465, 533~540 (2004).

[2] Megan Carpenter and Steven Hetcher, "Function over Form: Bringing the Fixation Requirement into the Modern Era", 82 Fordham L. Rev. 2221, 2239 (2014).

态捉摸不定的抽象事物要比认知形态相对固定的有形事物的成本要高很多，因此通过将抽象的表达固定在/表现在载体上，可以有效地降低认知成本。

二、权属配置的约定与法定

我国《著作权法》规定的权属配置规则包括三种，其一，《著作权法》直接规定作品权利归属，笔者称其为"法定归属规则"。例如，我国《著作权法》第12条第1款规定，在作品上署名的自然人、法人、非法人组织为作者，且该作品上存在相应权利。再如，《著作权法》第13条规定，演绎作品的著作权归演绎人享有。其二，《著作权法》授权主体可以约定作品的权利归属。例如，《著作权法》第17条规定，除电影、电视剧以外的视听作品的著作权归属由当事人约定。再如，《著作权法》第19条规定，委托作品的著作权归属由委托人和受托人约定。其三，约定缺位之时，《著作权法》介入供给缺省规则。例如，没有约定或约定不明时，电影和电视剧以外的视听作品的著作权由制作者享有，受托作品的著作权由受托人享有。对上述权属配置的经济分析将表明，比较优势理论乃是三种权属配置规则的底层逻辑，即在一个交易成本不为零的世界中，著作权应被初始配置给对其评价最高与能够对其最优利用的主体。

（一）约定归属规则的经济分析

科斯（Coase）认为，如果交易成本为零，无论权利初始界定如何，资源总会顺畅地流转到对其评价最高并且能够对其进行最佳利用的主体手中。现实却是交易成本无处不在，权利的初始界定就会变得至关重要，如果资源权利被界定给无法对其进行最佳利用的主体手中（受到交易成本的影响，这一初始分配可能就是权利的终局分配），就会导致资源利用的最佳用途无

第二章 作品产权界定制度的经济分析

法实现甚至资源的闲置与浪费。[1]波斯纳因而指出,应依比较优势原理进行权利的初始界定,也即何者对于资源的利用能力越强、评价越高,权利就应初始授予何者,同时由其适当补偿其他主体之于资源开发与改进做出的贡献,由此节约资源转向最佳用途的交易成本,"直接促成有益结果的出现"。[2]对于主体的利用能力与主观评价的测度,经济学家相信"第三方控制者不可能明白他人的心思","主观评价标准才是对价值的唯一可信测度"。[3]因此,主体而非任何外在的第三方对于自身的资源利用能力和主观评价拥有最为完备的信息,因而能够在其社会交往当中自发构建与反复检验能够促进资源最优利用的权属配置规则,"经济决策应尽可能地由个人做出"。[4]外在第三方规则供给者不足以领会复杂技术牵涉社会关系的所有细节,并就这些社会关系作出细致入微的安排,至多只能依据粗略的测度标准提出并非理想的次优权属配置规则。例如,为了协调复杂经济体制由第三方进行的计划配给,最终导致了无效率的结果。这意味着,利益主体越多元、利益关系越复杂,判断不同主体之于特定客体利用能力与主观评价所需的信息也就越多,也就越发适合以自发的有序化构建权属配置规则。

在著作权法中,在牵涉多元主体的复杂利益关系时,法定权属配置规则则让位于私人自发构建的归属规则。例如,我国《著作权法》第 17 条第 2 款前半句规定电影、电视剧以外的视

---

〔1〕 张永健:《物权法之经济分析:所有权》,北京大学出版社 2019 年版,第 140 页。
〔2〕 [美]斯蒂文·沙维尔:《法律经济分析的基础理论》,赵海怡、史册、宁静波译,中国人民大学出版社 2012 年版,第 95 页。
〔3〕 [美]罗伯特·C. 埃里克森:《无需法律的秩序:相邻者如何解决纠纷》,苏力译,中国政法大学出版社 2016 年版,第 181 页。
〔4〕 [澳]柯武刚、[德]史漫飞、[美]贝彼得:《制度经济学:财产、竞争、政策》,柏克、韩朝华译,商务印书馆 2018 年版,第 38 页。

听作品的著作权归属由当事人约定。再如，我国《著作权法》第19条前半句规定，委托作品的著作权归属由委托人和受托人通过合同约定。在上述两规定中，电影、电视剧以外的视听作品的创作一般都会牵涉多元主体的复杂贡献，例如编剧、导演、摄影、作词、作曲等作者，相较于掌握主观评价与利用能力信息的私人，立法机关的有限理性使其作出的有关何者能对作品进行最优利用与评价最高的判断总是带有臆测的成分，直接通过法定规则进行权属配置极易导致权利归属、主体利用能力与主观评价的错配，导致委托作品与电影、电视剧以外的视听作品未被配置给能对其进行最佳利用、评价最高的主体。因此，对于牵涉多元主体与复杂关系的作品而言，应当引入自发有序化构建的权属配置规则，以此降低法定规则权属配置的错误概率。

（二）缺省归属规则的经济分析

牵涉多元主体的复杂利益关系之时，不同主体可能由于疏忽或者利益分歧而无法达成共识的权属配置规则，而当纠纷被提交给司法者时，对该纠纷作出裁判乃是职责所在。此时，不得不以法定缺省规则弥补自发有序化的缺位。因外在的第三方探知主体对于作品的利用能力与主观评价的信息成本过高，所以只能通过一些反映主体利用能力与主观评价的客观测度标准，以此确定权利的初始配置。一般来说，理性和自利的主体作出的决策和行为都是基于对投入和预期产出的权衡：主体对于预期产出的主观评价和利用能力越高，愿意为此付出的前期投入便会越高。毕竟，任何理性和自利的主体都不愿意付出巨额投入获取对其价值不大并且难为自身带来任何收益的产出。即便主体对于自身的利用能力与主观评价（预期产出）存在误判且付出了不当的高额投入，为了收回前期投入，其也最有动机充分挖掘产出的价值。"人的行动受盈亏信号和自利追求的指挥，

第二章　作品产权界定制度的经济分析

而对私利的追求又要接受普适制度的引导。"[1]此种高度关联关系表明，反映主体投入的介入程度可以作为衡量主观评价与利用能力的一个粗略、次优的测度指标。

抽象的"介入程度"术语可涵摄智力、物力等具体投入。对于作品创作来说，创造性投入相比于物质性投入数量更为稀缺、价值更为珍贵，并直接导致了作品的产生，进行权属配置之时应被优先考量；物质性投入只有经数量稀缺与价值珍贵的创造者才被转化为具有更大价值的精神财富，进行权属配置之时只能作为次优因素加以考虑。因而，如果作品之上牵涉复杂主体的创造性投入、物质性投入等多元贡献，并且约定缺位之时，著作权法定权属配置的一般规则为，著作权应优先界定给为作品创作付出创造性贡献的主体。例如，我国《著作权法》第19条后半句规定，对于委托作品，合同未作明确约定或者没有订立合同的，著作权属于作出创造性贡献的受托人。例外规则为，如果产业惯例和一般经验表明，付出物质性投入的主体要比付出创造性投入的主体能更有效地开发利用作品，著作权应被界定给为作品创作付出物质性投入的主体。例如，我国《著作权法》第17条第2款后半句规定，对于电影、电视剧以外的视听作品，没有约定或者约定不明的，著作权属于制作者。此时，越过作出创作性投入的主体而将著作权界定给付出物质性投入的制作者。原因在于，相较于作出创造性投入的主体，作为商业主体的制作者，通常最为了解市场供求关系，并且具有营销和开发利用作品的市场能力；若将视听作品的不同部分分别界定给对其付出创造性贡献的主体，视听作品的利用需对付出创造性贡献的分散化主体享有的权利进行整合，由此引发

---

[1] [澳]柯武刚、[德]史漫飞、[美]贝彼得：《制度经济学：财产、竞争、政策》，柏克、韩朝华译，商务印书馆2018年版，第190页。

的交易成本将会制约视听作品的有效开发与利用。

(三) 法定归属规则的经济分析

进行作品权属配置的第三种模式是立法者直接对作品的权属进行法定初始配置,而不采用约定优先、同时辅以缺省规则的权属配置模式。作品权属法定初始配置模式一般适用于如下情境:作品牵涉主体种类单一、数量较少,利益关系相对简单,立法者可相对准确、容易地识别能对作品作出最高评价与进行最优利用的主体,作品权属法定初始配置发生错误的概率较小;虽然作品牵涉的主体种类多元、数量较多,利益关系复杂,但是根据产业习惯和常识经验,将权利配置给某一(些)主体的交易成本过高,但配置给其他主体的交易成本较低,面临较低交易成本的主体可以有效降低权利流转的交易成本,因而能对作品进行最优利用;出于特定政策或价值目标的考虑,将作品权利配置给某一主体能够促进特定政策或价值目标的实现,即便这一主体并非能对作品作出最高评价与进行最优利用的主体。

我国《著作权法》第 11 条第 1 款、第 13 条、第 15 条规定,著作权属于作者,在不涉及法人作品、合作作品、视听作品、职务作品、委托作品之时,单一自然人创作完成的作品(包括演绎作品)被初始配置给该自然人,此时立法推定该自然人的开发能力更强。这是因为相比于没有为该作品创作付出智力与物力贡献的主体,付出实质智力与物力贡献的主体即便自身对于作品的利用能力有限,也有激励通过招标引入能对作品作出更高评价与进行更好利用的市场主体开发作品的价值,从而促进作品的有效利用。[1]再如,我国《著作权法》第 17 条第

---

[1] 蒋舸:"论著作权法的'宽进宽出'结构",载《中外法学》2021 年第 2 期,第 333 页。

1款规定，视听作品中的电影作品、电视剧作品的著作权由制作者享有，但编剧、导演等作者享有署名权，并有权依据其与制作者签订的合同获得报酬。根据该款规定，立法将著作权初始配置给制作者，原因在于，作为市场主体，制作者对电影或电视剧进行开发利用的交易成本较低。相反，若将电影、电视剧由编剧、导演、摄影等共同享有，作品素材的权利过于分散，整合权利的交易费用就会过高，进而阻碍资源的最优利用。再如，我国《著作权法》第24条的规定，从字面来看是对著作权人权利的限制，但是本质是基于特定政策或价值目标而将特定利用行为的权利初始界定给社会公众。比如，为了介绍、评论目的进行适当引用的权利由公众享有，目的在于维护言论自由；为了教学科研目的少量复制作品的权利由公众享有，目的在于培育人力资本与促进技术进步。诸如此类的还包括了为了民族团结、扶持弱势群体进行的权利配置。

综上，可以得出，如果牵涉的主体利益关系复杂，立法者的有限认知不足以使其进行权利的最优配置，但是可依反映主体主观评价与利用能力的客观指标进行次优配置，此时权利归属应为约定优先，并由缺省规则作为补充；如果牵涉的主体利益关系相对简单，立法者的有限认知导致权属配置错误的概率不高，或者立法者旨在追求超越效率的分配正义目标，此时的权利归属适合由立法者进行法定初始配置。

三、权利类型的设置与限制

（一）权项设置的经济分析

著作权法采用"以用设权"，即以作品的使用方式设定权利类型，权利人的控制范围与相对人的行为自由均由权利类型的范畴及其数量多寡决定。[1]我国《著作权法》第10条规定了4项著作人身权、12项著作财产权以及1项权利兜底条款,除了权利兜底条款之外,每项权利控制一组指向客体或其属性的相似行为。例如,复制权控制未经授权通过印刷、复印、拓印、录音、录像、翻录、翻拍、数字化等方式将作品制作一份或者多份的权利,因此复制权规制行为的相似性体现在它们共同导致作品副本数量的增多上。再如,修改权控制未经授权删改错字、标点符号,因此修改权规制行为的相似性体现在它们共同导致作品内容的改变上。随着技术与商业模式发展出现的新型作品利用方式,依据与既有权项控制行为的相似性从而可为特定权项涵摄并受规制,但若新型利用方式难以建立其与既有权项之间的相似性并为上述16项权利涵摄,是否坚持严格的权项法定,抑或可以自由创设新型权项就有赖于权利类型意定与权利类型法定何者更优的比较分析了。[2]

1. 权利类型意定

权利类型意定,是指私人可以根据自身需求自由创设任何类型的权利。一般来说,如果私人能够内化权利自由创设带来的社会成本,权利类型意定可以创设最优数量的权项。相反,

---

[1] 熊琦:"著作权法定与自由的悖论调和",载《政法论坛》2017年第3期,第85页。

[2] 有关权利类型意定与法定的国外文献参见:Thomas W. Merrill and Henry E. Smith, "Optimal Standardization in the Law of Property: The Numerus Clausus Principle", 110 Yale L. J. 1 (2000); Nestor M. Davidson, "Standardization and Pluralism in Property Law", 61 Vand. L. Rev. 1597 (2008); Christina Mulligan, "A Numerus Clausus Principle for Intellectual Property", 80 Tenn. L. Rev. 235 (2013); Yun-Chien Chang and Henry E. Smith, "The Numerus Clausus Principle, Property Customs, and the Emergency of New Property Forms", 100 Iowa L. Rev. 2275 (2015). 国内文献参见李扬:"知识产权法定主义及其适用——兼与梁慧星、易继明教授商榷",载《法学研究》2006年第2期;崔国斌:"知识产权法官造法批判",载《中外法学》2006年第1期;熊琦:"著作权法定与自由的悖论调和",载《政法论坛》2017年第3期。

第二章　作品产权界定制度的经济分析

如果私人能从权利创设当中获取私人收益，并且外化权利创设引发的社会成本，私人成本低于社会成本，私人将有动力创设过多的权项，偏离社会最优水平。自由创设权利引发的社会成本包括避免侵害权利的认知成本、确认交易对象权利内容的认知成本以及系统成本。

其一，避免侵权的认知成本。对于物权而言，社会公众依据书面登记或占有外观形成权利分割和归属情况的共同理解进而确定自己所享自由与所担义务，只要遵守不进入或不占有的义务即可避免侵犯物权，无需为了避免侵权而耗费过多的认知成本。对著作权来说，社会公众对于行为边界的把握完全依赖著作权法公示的法定权项，封闭与数量相对有限的法定权项使公众不付出实质成本就可明了行为自由空间并且无需担心侵权风险。假设私人可以任意创设新的权项，复杂和叠加的权利类型将为不特定的第三方施加服从义务，不特定的第三方为了避免侵权，必然需对特定作品之上的权利状况进行一番细致入微的探查，"权利类型的熟悉成本"[1]随权利的开放状态与数量而上升。[2]任意创设权项造成行为边界模糊，推高认知成本，导致行为失范：对风险规避型的第三方而言，若试图在受控行为之外免费利用作品，则需耗费实质成本细致探究作品之上的权利状况，这一成本完全可能超过利用作品给其带来的收益，并倾向于放弃从事哪怕不受权项控制的作品利用行为；对风险偏好型的第三方而言，若试图在受控行为之内通过获得许可与支付费用利用作品，则需耗费实质成本探究权项划定的行为范围，

---

[1] 熊丙万："法定物权的自由展开：经济分析与法律教义"，载《中国法学》2023年第6期，第232页。

[2] Thomas W. Merrill and Henry E. Smith, "Optimal Standardization in the Law of Property: The Numerus Clausus Principle", 110 Yale L. J. 1, 32 (2000).

这一成本完全可能超过无视行为边界、随心所欲行为带来的侵权成本，并倾向于径直做出侵权行为。可见，自由创设权利将会推高义务主体的认知成本，难以触发公众的自发遵守，最终导致著作权法旨在实现的促进作品接触与激励的价值目标落空。

其二，进行交易的认知成本。在物权法中，不动产或特殊动产之取得需要进行登记，潜在交易主体只需查阅登记文件，即可明了不动产或特殊动产上的权利状况，是否存在抵押权、地上权等传统物权与任何新设的权利。著作权法并不要求作品强制登记，任何自由创设的新型权项均无法通过登记或占有的方式进行公示，潜在交易主体为了进行交易必须探究权属状况，由此推高交易成本，加剧交易难度，或者即便可以达成，也会消耗部分交易双方本可获得的交易剩余，"这不符合'鼓励交易'和'物尽其用'的现代法律精神"。[1]

其三，系统成本。由于自由创设的权利无法进行有效公示，由此推高公众的认知成本，潜在的义务主体无法明了自己的行为边界，潜在交易主体难以厘清交易对象之上的权利内容，导致交易纠纷与侵权纠纷增多，并需耗费相当的人力和物力成本裁决纠纷。当然，为了避免事后的交易纠纷与侵权纠纷，还可事先引入认知成本降低机制，例如作品登记，但是设立和维持任何类型的认知成本降低机制都要耗费实质成本，而且随着新设的个性化和多样化权利类型的增多，登记公示系统的负担和成本也会随之增加，并无助于社会总体福利的增长。

相比于权利类型法定，权利类型意定更具弹性，更有可能及时、精准地捕获技术与市场变迁带来的潜在获利机会与利用需求，更有利于提升知识产品的利用效率。例如，网络技术与

---

[1] 熊丙万："法定物权的自由展开：经济分析与法律教义"，载《中国法学》2023年第6期，第231页。

第二章　作品产权界定制度的经济分析

数字技术使得原有权项不敷使用,创设新型的信息网络传播权利就可节约反复通过合同和技术措施保护信息网络传播利益引发的社会成本。总之,权利类型意定可为新型权利的创设带来更多的可能与注入更多的活力。但是,权利类型意定带来的任何好处,很难抵消其对世性地向社会施加的高昂认知成本与系统成本,这也是为何世界各国均不偏好权利类型任意自由创设、反而奉行权利类型法定的古老传统的经济理性。

2. 权利类型法定

权利类型法定,是指特定权利的创设和剔除完全交由立法机关进行,在法定权利类型外创设的新型权利无效。

法定权利类型是否符合社会最优水平依赖于立法机关的理性能力。具体包括,立法机关能够获得有关特定行为私有的社会收益高于社会成本,与特定行为公有产生的社会收益高于社会成本的信息;立法机关能够超越立场分歧,不受利益群体游说的影响,客观公正地将私有化社会收益高的一类相似行为纳入特定权项;立法机关能够及时根据其所获得的信息作出反应。本书第一章在论述信息理论之时明确指出"无知"或曰"有限理性"是人类社会的一项"构造性条件",立法机关的任何决策都带有"构造性无知"的烙印,并在面临复杂的开放系统之时尤为明显。例如,在科技水平与商业模式更新迭代较为迅速的社会中,总会出现许多未曾预料的新变化与新情况,对于新变化与新情况的及时回应能够反过来进一步推动科技与商业的发展。但立法者对此预见能力和反应能力有限。[1]立法机关的认知缺陷与僵化的权利法定导致立法者难以准确、客观、及时地根据一组相似行为实现私有的社会收益与成本的权衡,而为私

---

〔1〕 能丙万:"法定物权的自由展开:经济分析与法律教义",载《中国法学》2023年第6期,第233页。

著作权法律制度的经济分析

人主体控制该组行为创设新的权利,或者剔除社会成本超过社会收益的既有权项,从而导致社会可欲的权利类型未被制定或者不再可欲的权项长期占据核心位置[1][2],妨害社会发展。此成本被托马斯·梅里尔(Thomas Merrill)与亨利·E.史密斯(Henry E. Smith)称为可欲目的不能之"受挫成本"(frustration cost)。如侵犯复制权的损害后果完全可以为侵害传播权的损害后果吸收,复制权的传统中心地位完全已为传播权取代,本来保护传播权就可以有效定分止争,司法实践却仍费力不讨好地严格依照立法文本分别追究侵犯复制权与侵犯传播权的侵权责任,进而导致司法资源的无谓浪费。

相比于权利类型意定,权利类型法定为潜在的义务主体与交易主体划定了明确的行为边界,较长周期的立法程序,被清晰阐述、被正式记录以及被广泛公布[3]因而相对稳定的立法文本以及持续不断的司法适用足以使得相关公众无需检索或者思考即可明了客体之上的权利状况与自身的行为边界,无需为了避免侵权或者进行交易而付出过多的认知成本,与之相关的系统成本也会较低。实际上,我国制定《著作权法》之初,立法技术并不成熟,未考虑到立法者同样处于"构造性无知"状态,周延列举发表权、署名权、修改权、保护作品完整权、使用权与获得报酬权五个权项,这种权利类型法定模式在科学技术发展与商业模式迭代较为缓慢的年代尚且合理,但在科技与市场变动不居的年代,显然无法适应社会发展的需求。

---

[1] 张永健:《物权法之经济分析:所有权》,北京大学出版社2019年版,序言第135页。

[2] Yun-Chien Chang and Henry E. Smith, "The Numerus Clausus Principle, Property Customs, and the Emergency of New Property Forms", 100 Iowa L. Rev. 2275, 2283 (2015).

[3] [澳]柯武刚、[德]史漫飞、[美]贝彼得:《制度经济学:财产、竞争、政策》,柏克、韩朝华译,商务印书馆2018年版,第145页。

3. 权利类型意定与法定的折中

权利类型意定与法定的折中是指，权利类型的增加与剔除既非交由私人任意创设或改变，也不交由立法机关，而是交由司法机关进行权项更新（新设与剔除）。

如果某一主体发现控制指向客体的一组相似行为对其有利，则其一般会通过合同对于控制该组相似行为的权利作出安排，从而产生对人效力，一旦这一安排得到群体其他成员的效仿并被反复采用，而且效仿的成员数量达到经验数据（成为一种习惯），通过合同安排产生的对人效力便具备了对世排他效力。[1]例如，合同与技术措施的合作形塑面临海量不特定第三人的拆封许可与点击许可，使得任何拟对作品进行接触与利用的主体必须同意合同施加的诸如禁止二次销售载体、禁止反向工程、禁止公开评论作品等限制，从而使得意定的相对之债获得对世的排他效力。[2]一般来说，通过合同而对控制一组相似行为的权利作出安排可以促进个体与群体的利益，也即具有效率。例如，限制软件转售的拆封许可一般售价较低，否则个体与群体便会转向采用其他安排。但是，通过合同而对控制一组行为的权利作出安排，监管和执行成本较高，而且未必会对群体之外的其他群体及其成员有利。例如，禁止二次销售载体与促进物尽其用的社会利益不符、禁止反向工程会与鼓励创新的社会利益冲突、禁止评论作品将会损害言论自由。因此，群体作出的安排或遵循的习惯，必须经过相对中立的司法群体的检验与校正，基于正义考量个体安排与群体惯例成为一项具有对世排他

---

[1] [澳]柯武刚、[德]史漫飞、[美]贝彼得：《制度经济学：财产、竞争、政策》，柏克、韩朝华译，商务印书馆2018年版，第131页。

[2] 熊琦："著作权法定与自由的悖论调和"，载《政法论坛》2017年第3期，第87页。

效力的权项是否能够增进全体的利益。

总而言之,合理的权利类型创设模式应为严格法定与自由创设的折中,并具体表现为"类型法定、个案承认"。相比权利类型意定,上述模式可以避免私人任意自由创设新型权利而使社会公众负担过高的认知成本和系统成本;相比权利类型严格法定,上述模式可以准确、客观、及时地将能增进社会福利的行为纳入控制范围并将对增进社会福利无所助益的行为剔除出既有权项,降低"受挫成本"。在下图中,权利类型意定与法定折中的最优水平是边际受挫成本与边际认知与系统成本相交之处。我国《著作权法》于2001年的修正基于著作权权利束严格法定难以回应社会发展需求的考量引入权项的兜底条款,使得借助司法群体的集体共识进行权项更新变得可能。但在通过司法纳入新的权项之时,应当充分识别特定行为的私人控制是否已成习惯与检验赋予排他效力是否损害其他群体利益,避免合法造法滑入非法扩权的窠臼。

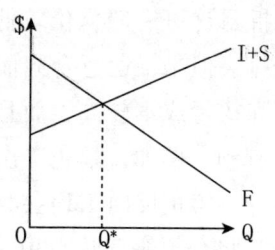

图 2-14 权项意定与法定折中的最优水平[1]

---

〔1〕 X 轴表示权项法定与意定的水平,原点表示权项法定并且只有一项,X 轴的延伸表示意定水平不断提升,并且伴随权项数量的不断增多;Y 轴表示权项社会成本;向上延伸的 I+S 表示随着权利意定水平的提高,与之相关的边际认知与系统成本也会提高;向下延伸的 F 表示随着权利意定水平的提高,与之相关的边际受挫成本(实现可欲社会目的的边际社会收益)不断降低。当 I+S 与 F 相交时,也即边际认知与系统成本等于边际受挫成本之时,达到权项意定与法定折中的最优水平。

综上，可以得出，著作权法规定的权利类别既不应当严格恪守类型法定，也不应当滑入权利类型自由创设的另一极端，而是应当综合权衡权项设立引发的认知成本与系统成本与权项未能设立引发的特定目的不能实现的受挫成本，基于司法识别与检验创设新的权利类型。

（二）权利类型的经济分析

对于准入著作权法的客体而言，并非客体的所有利用方式都适合由私人控制。一些利用方式（例如私人复制）不会实质侵害权利主体的利益并且因此损害创新激励，而且对其加以保护的社会成本很高。例如，私人复制隐蔽、分散，因而难以发现与规制，便无必要动用著作权法的制度成本将该利用行为纳入受控范围。但是，如果伴随技术发展出现新的高价值利用方式，并且此种利用方式可能会给权利主体的利益造成实质损害并且因此损害创新激励，便有必要纳入受控范围，例如通过信息网络传播作品以及歪曲、篡改作品。

1. 著作人身权利的经济分析：以保护作品完整权为例证

著作人身权利是指"某一作者因其作品享有持续性身份表示并且控制其作品之呈现的权利"。[1]我国《著作权法》规定了发表权、署名权、修改权与保护作品完整权四项著作人身权利。传统观念认为由于作品乃是作者意志的外化和延伸，作者对作品怀有感情，他人发表、不当署名、修改、歪曲作品将给作者带来痛苦，作品人身权利通过规制他人擅自发表、不当署名、修改与篡改作品可以避免损害作者的意志，并且使其作为作者的尊严得到尊重，这被视为作品人身权正当性的传统理由。但是，引入人身权利保护作者意志实际上是对作者财产利益的

---

[1] [美]罗伯特·P.莫杰思：《知识产权正当性解释》，金海军、史兆欢、寇海侠译，商务印书馆2019年版，第304页。

道德修辞。实事求是地讲,《著作权法》引入人身权利的目的乃是避免他人擅自发表、不当署名、修改与篡改而给作者声誉造成负面影响,进而损害作者作品的市场价值。例如,署名权发挥着类似商标一般的"来源标示功能"[1],进而保证作品传播与消费产生的社会评价特别是其积极评价归于特定主体,从而积累主体的声誉。明星作者的署名还可起到质量保证功能与品质宣传功能,从而增加明星作者署名作品的消费者吸引力,扩大市场销量。[2] 控制作品是否发表的权利可使作者控制质量不高、有待修改的作品进入市场,从而避免损害自身声誉;控制以何方式发表的权利可使作品免受因为发表方式而给自身带来的损害,例如单独发表而非被收录到文集(通过相似文章的联系和比较可能损害声誉);控制作品何时与何地发表的权利可使作者选择偏好作品的市场契机与市场范围发表作品。控制他人修改与歪曲篡改可以避免他人破坏作者作品一贯的艺术风格从而避免损害作者声誉。对于作者人身权利的侵害实际上给作者声誉施加了负外部性,保护作者的人身权利在保护作者声誉以及因该声誉而给作者带来的经济利益方面扮演着重要角色。以下试以保护作品完整权加以例证。

保护作品完整权实际上是作者保留对其作品的持续限制使用的权利,从而可以类比欧美法中有关"一般禁止动产限定使用、仅在特殊情形方才允许动产限定使用"[3]的规则。禁止施

---

[1] 易玲:"数字时代保护作品完整权的功能更代与存废思考",载《法学研究》2023年第5期,第51页。

[2] 徐小奔:"论人工智能生成内容的著作权法平等保护",载《中国法学》2024年第1期,第176页。

[3] [美]亨瑞·汉斯曼、马瑞纳·桑梯利:"作家和艺术家的道德权利:一个比较视角的法律经济学分析",牛悦译,载 [美] 唐纳德·A. 威特曼《法律经济学文献精选》,苏力等译,法律出版社2006年版;Henry Hansmann, "Marina Santilli, Authors' and Artists' Moral Rights: A Comparative Legal and Economic Analysis", 26 J. Legal Stud. 95 (1997)。

第二章 作品产权界定制度的经济分析

加动产限定使用的理由在于：动产的卖者并没有相较于动产的买者以及任何其他主体不同或更为重要的利益。具体是指：买者而非卖者更为看重特定利益；卖者施加限定使用或者买者解除限定使用并不容易，具体是指买者认为解除限定使用的交易成本较高，如果限定使用利益被初始界定给卖者或者法律对此不作干预，限定使用利益难以通过市场自愿交易转移到对其更看重的买者手中，法律此时应介入进来并将限定使用利益授予对其更为看重的买者。法律允许施加动产限定使用的特殊情形是指：买者以及其他主体不受限制地使用动产将给卖者的利益造成实质损害。具体是指：卖者而非买者以及任何其他主体更为看重限定使用利益；卖者施加限定使用交易成本较高，如果限定使用利益被初始界定给买者或法律对此不作干预，限定使用利益很难通过市场自愿交易转移到对其更看重的卖者，法律此时应介入进来并将限定使用利益授予对其更为看重的卖者。是否施加限定使用的经济理性遵循科斯定理的一般逻辑：如果交易成本为零，无论产权如何界定，特定资源总能流转到能对其进行最优利用的主体手中；如果交易成本为正，资源的产权应被界定给能对其进行最优利用的主体手中。

对于作者来说，"作品被歪曲、被篡改"会对其利益产生三种不利影响。其一，作品类似作者之子，因而作者高度看重作品的现有特征，不希望这些特定被改变，作品被歪曲、被篡改会使作者感到精神痛苦，"防止作品被歪曲、被篡改"可以保护作者的精神利益。然而，对作者精神利益的保护不足以正当化"防止作品被歪曲、被篡改"的权利。其二，作品买者以及任何其他主体对于作品的歪曲、篡改将会改变作者一以贯之的艺术风格，从而会对作者声誉以及利用声誉变现的能力产生负外部性，这是因为作者身份与艺术价值紧密联系：对于作者声誉的损害将会影响作者已经创作和售出的作品的市场评价与需求，而这些已售出的作品常为作者以外的博物馆、收藏家、继承人持有，因此作者声誉的损害会给持有作者作品主体的经济利益产生负面影响；对于作者声誉的损害还会影响作者后续创作与出手的作品的市场评价与需求，对作者声誉的损害最终会影响作者的经济利益，甚至最终会使从事艺术创作难以为继。其三，艺术作品反映特定时期特定地域的社会风貌，对于公众而言具有历史价值，公众有权知晓作品的出处与原貌，歪曲、篡改行为破坏作品的历史价值并且损害公众利益。整体而言，声誉负外部性更有力地解释了作者为何需要控制"防止作品被歪曲、被篡改"的利益。在《商标法》中，许可人应保证使用注册商标的商品质量，目的在于防止他人的不当使用（例如通过掺杂使假、偷工减料、以次充好）给许可人的商标商誉以及使用这一商标的其他商品的市场需求与份额造成负外部性。虽然许可人可以合同控制给其商誉造成负面影响的行为，但是作品的作者与作品载体的买者之间并无类似的许可关系（只有买卖关系），以合同相对地向作品载体的买者施加"防止作品被歪曲、被篡改"义务的交易成本显然过高；以权利而对世地使作品载体的买者承担"防止作品被歪曲、被篡改"义务，显然更为经济可行。

  以上分析表明，避免歪曲、篡改行为损及作者声誉以及由此带来的负外部性才是保护作品人身权利的本质所在。声誉负外部性理论同时解释了为何计算机软件著作权人与专利权人不享有类似的人身权利——计算机软件、专利方法或产品的市场价值与计算机软件著作权人以及专利权人的声誉关系不大，而与计算机软件与专利产品或方法的功能相关，对计算机软件与专利方法或产品的损坏不会有损著作权人或专利权人的声誉并因此给软件与专利产品或方法的市场评价与份额造成过多负面影响。

2. 著作财产权利的经济分析：复制权的式微与传播权的渐起

（1）印刷技术时期复制权的中心角色与传播权的补充地位。印刷技术时期，受到作品复制和传播技术的限制，只有通过将作品物化在载体上以及载体的首次售卖与后续转售，作品才能被公之于众并与消费需求发生联系（传播）。不过，载体的售卖依赖于作品复制件的制作，因而控制了作品复制也就控制了作品售卖（传播），作品载体的首次售卖与后续转售（传播）缺少被独立规制的价值，因而印刷技术时期著作财产权主要围绕复制权及其衍生形态展开。

印刷术提高了复制速度，降低了复制成本，导致了图书种类和数量的增加——1500年，欧洲市场流通的书籍猛增并出现了多种题材。图书成本的降低与数量的增加使图书可以较低价格售卖，图书种类的增加满足了不同主体的偏好，加之社会识字率的提升与经济状况的改善，一个利润丰厚的大众市场得以产生。市场巨额利润导致盗版盛行——复制畅销不衰、利润丰厚的书籍有利可图，而且无需支付获得手稿、印刷特权的事前成本，其行为也未被规定为非法而需要支付侵权成本。由于印刷商不仅需要购买手稿、获得特权，还要承担市场失败的风险，源于盗版商的成本优势与价格竞争导致印刷商难以收回成本，双方失衡的局面孕育了规制盗版行为——印刷和重印——的需求。彼时，印刷业是一个资金密集型产业，一般公众不具备以印刷方式从事复制的能力，因而印刷业为商业性印刷商和盗版商垄断，其从事的复制等"前期准备行为"与后续"公开传播行为"密不可分：从印刷商来看，他们进行复制的唯一目的和最终归宿是从作品的首次市场售卖中收回成本与获得利润，作品的首次市场售卖及其后续转售被认为是复制的应有之义；对盗版商来说，进行印刷和重印的"前期准备行为"与后续首次市场售卖及其后续转售的"公开传播行为"同样存在必然联系，控制了盗版商的复制行为，也就从源头上抑制了作品的市场售卖，维护了权利人的市场份额。因此，在印刷技术时期，版权法关注"生产端"，聚焦复制及其衍生形态——翻译、改编等（翻译产生作品的外文复制件，改编产生作品的节选复制件，因而落入广义的"复制"范畴）[1]"前期准备行为"，并不关注有形载体的首次售卖与后续转售，仅有的传播权（发行权）也只是作为复制权的补充而存在。

（2）模拟技术时期复制权的日渐式微与传播权的角色渐起。模拟复制时期，复制权及其衍生形态的中心角色遭到挑战。复制设备的普及使从事复制的主体从盗版商拓展到了消费者。静电复印"使人们第一次可在不被发现的情况下，在图书馆或办公室轻易地复制成千上万的复制件"，[2]录音录像使家庭复制变得可能。基于"地点或时间转换"目的的私人复制（"私人复制+个人利用"）破坏了复制与商业传播间的必然联系——为了个人利用目的进行的私人复制，未对版权市场造成过分损害，缺少规制意义。即便会对版权市场产生影响，权利人通过行使复制权而对分散和隐蔽的私人复制所能主张的回报有限，但是信息和执行成本高昂，还会伴有隐私侵犯风险。真正会对版权市场造成损害的是基于商业传播目的进行的复制行为（"私人或商人复制+商业传播"），而聚焦私人或商人的"公开传播行为"要比聚焦"前期准备行为"能更有效地维护版权市场，复制权及其衍生形态变得流于形式而名不副实。模拟技术时期，

---

[1] 李明德：《知识产权法》，法律出版社2008年版，第50页。复制与广义复制的区别在于，后者是在复制的基础之上增添了创造性成分。

[2] 易健雄："技术发展与版权扩张"，西南政法大学2008年博士学位论文，第103页。

第二章 作品产权界定制度的经济分析

作品的传播方式不再限于作品载体的售卖，随着放映、广播以及电视技术的发展，作品的传播方式变得更加多元（通过放映、广播、表演传播作品），未经授权的传播极易转移作品的受众群体与作品的市场份额，控制能与消费需求直接发生联系的传播行为的诉求提升，因此这一时期作品传播权利的种类有所丰富，从发行权扩张到了放映权、广播权，表演权的内涵也有所丰富。不过，在模拟技术时期，作品载体（书籍、唱片等等）的售卖仍是作品传播的主要方式，作品传播受到有形载体易损耗性的限制，而且通过模拟技术制作的副本因其质量逐步降低而无法形成对正版副本的完美替代，因而未对版权市场造成过分损害。因此，在模拟技术时期，尽管控制作品传播的需求提升，但因未经授权的副本在质量和范围上未对版权市场造成实质损害，因而未取代复制权的中心地位。

（3）数字技术时期传播权的中心角色与复制权的补充地位。技术发展不断突破作品传播的时空限制，例如广播和电视克服了现场表演的空间限制，将作品传播范围扩展到现场表演外，录音录像突破了机械表演的时间和空间限制。数字技术可使几乎所有著作权法认可的作品形式以数字形式记录、存储、传播与接收。首先，普通私人可以从事即时与海量复制，复制成本低廉而且可与原件媲美。其次，作品的数字形式解放了有形载体存储和传输的物理限制——以数字代码0和1存在的数字副本存储时间更长，且只占据很少的存储空间。最后，数字化能够适应现代计算机的运算能力和互联网无远弗届的可接入性，5G技术使数字副本实现低成本、低延迟、全球化与点对点传播。[1]总而言之，数字技术对于有形载体存储和传播时空限制

---

〔1〕［美］保罗·戈斯汀：《著作权之道：从谷登堡到数字点播机》，金海军译，北京大学出版社2008年版，第163页。

的突破使得作品一旦公开，未经授权的传播即可替代一个巨大的正版市场，控制作品通过信息网络传播的需求增加。复制和传播技术的普及和进步导致复制权和传播权的权重发生颠覆。作品传播不再依赖作品载体的售卖，而是通过下载数字副本（数字下载模式），或将作品存储在云端，仅需购买一个订阅账户（数字订阅模式）或一张权益凭证（非同质代币化模式）即可传播和获得作品。数字下载模式当中，人人均可为了私人使用或商业传播复制和传输彼此可以相互媲美的数字作品，私人与商人身份混同且可相互转化，"私人复制和商业复制的界限彻底消失"，[1]传播范围也从熟人社区扩张到了任何可以接入网络的陌生社会。着眼复制难以区分转移正版消费需求、有损版权市场因而需要规制的"私人复制+商业传播"与并未转移正版需求、无损版权市场因而无需规制的"私人复制+个人使用"。版权体系索性放弃了对未与消费需求直接发生联系的"隐蔽、分散、目的不明"的生产端的复制行为的规制，转向满足消费需求因而损害版权市场的"公开、集中、侵权意图明显"的传播行为。数字订阅模式和非同质代币化交易模式使得作品的传播和获得不再依赖数字副本的上传和下载，仅在作品上传或铸造阶段存在"作品上传并存到服务器"这一复制行为，消费者接触和利用作品通过购买数字订阅服务或与数字作品存在唯一关联的权益凭证的方式完成。即便未经授权转售特定数字订阅服务或者权益凭证也可在不涉及作品上传和下载的前提之下进行，使得无需作品复制的传播方式变得可能，由于并不涉及复制行为，因而无法用复制权规制，只能诉诸传播权。无损版权市场的复制、无需复制的传播都使规制复制缺少价值，作品传播的

---

〔1〕 熊琦："论'接触权'——著作财产权类型化的不足与克服"，载《法律科学（西北政法大学学报）》2008年第5期，第90页。

第二章 作品产权界定制度的经济分析

即时和广泛使其一旦公开即可满足一个巨大的版权市场，控制作品传播的需求提升，复制权的中心角色日渐为传播权所取代。

综上，可以得出，作品财产权利的类型处于流变当中，流动的动力源于技术进步与市场发展，即技术和市场导致指向特定客体或客体属性的特定利用行为私有化收益率的变化：如果技术进步和市场发展导致特定客体或客体属性特定利用行为的市场价值提升，对其进行私有控制的成本降低，私有化收益率的提高致使将其交由私人控制的激励效应更为明显，交由私人控制的社会成本降低，特定客体或客体属性的特定利用行为便适合由私人控制。相反，如果技术和市场变化导致特定客体或客体属性的特定利用行为的市场价值贬损，私有控制的成本攀升，将其交由私人控制的激励效应降低而其社会成本攀升，便适合将其置于公共领域。这一经济理性解释了复制权与传播权在作品财产权体系中的角色流变，并为未来特定行为是否适合交由私人控制提供了一般性指引。当然，经由技术和市场变化产生的价值增值与成本降低不应由权利人完全独占，而是应在不同社会群体当中实现利益惠享。

（三）权利限制的经济分析

对于纳入私人控制范围的利用行为，其行使也并非毫无限制。例如，所有的著作财产权利均受期限限制，特定财产权利的行使还会受到法定许可制度与合理使用制度的限制（参见本书第三章第三节），售卖作品载体的权利受到首次销售原则的限制。施加权利行使限制的目的在于避免权利行使减损社会福利。例如，施加权利期限限制的原因在于较长的保护期限所能起到的激励效应甚微，但是与之相关的无谓损失、交易成本以及保护成本十分高昂，施加权利行使限制与首次销售原则的原因与之近似。

1. 权利的期限限制

（1）作品保护期限概述。国际公约与各国著作权法中都规定了对著作权的期限限制。《保护文学与艺术作品伯尔尼公约》规定了成员国对著作权的最低保护期限,为"作者有生之年及其死后五十年内",特殊类型作品,如电影作品、不具名作品和具笔名作品、摄影作品和实用艺术作品的保护期限有所差异。[1]世界各主要国家的著作权的期限限制均采用"作者生前及其身后数年,特殊类型作品有所差别"的立法模式。我国《著作权法》规定自然人作品的发表权与著作财产权的保护期限为作者终生及其死亡后50年;法人或者非法人组织的作品、著作权(署名权除外)由法人或其他组织享有的职务作品、视听作品发表权的保护期限为作品创作完成后的50年,著作财产权的保护期限为作品首次发表后的50年,但是自作品创作完成后50年未发表的,不再受到著作权法的保护。[2]由于公约规定的是最低保护期限,美国、日本、澳大利亚与欧盟等在公约基础上采取了更长的保护期限。以美国为例,美国国会在迪士尼公司的极力游说[3]之下于1998年通过了《松尼·波诺版权期限延长法案》(Sonny Bono Copyright Term Extension Act)(以下简称《松尼·波诺法案》)这一法案延长了《美国1976年版权法》所确定的作者生前及其身后50年的保护期限。根据该法案,一般作品保护期限调整为作者终生及其死后70年,匿名作品(Anonymous Works)、假名

---

[1]《伯尔尼保护文学和艺术作品公约》第7条。

[2]《著作权法》(2020年修正)第23条。

[3] 依照《美国1976年版权法》,1998年迪士尼公司价值80亿的版权将于2003年到期,保护期限的延长将使迪士尼公司受益。为实现延长保护期限的目的,迪士尼公司时任首席执行官迈克尔·艾斯纳(Michael Eisner)会见了时任参议院多数党领袖特伦特·洛特(Trent Lott),洛特随后作为共同发起人之一签署了旨在延长版权保护期限的《松尼·波诺法案》。迪士尼公司对众议院与参议院中该法案的支持者提供了直接的经济资助,并推进该法案最终于1998年10月27日经时任美国总统克林顿签署成为法律。Kristelia A. Garcia and Justin McCrary, "A Reconsideration of Copyright's Term", 71 ALA. L. Rev. 351, 359 (2019).

作品（Pseudonymous Works）与雇佣作品（Works Made for Hire）的保护期限调整为作品首次发表之日起95年，或者自创作之日起120年，以最先到期者为准。[1]在保护期限结束后，社会公众可以对该作品进行自由利用。

从1710年《安娜法》最初确定的28年（14年的保护期限加上14年的续展期限），到1908年《伯尔尼公约》（柏林文本）普遍确定的50年，再到诸如1998年美国采用长于国际公约的保护期限，著作权的保护期限不断延长。传统理论认为，"作者生前+身后数年"的基本模式与不断延长的立法趋势乃是基于"照顾理论"的考虑："作者生前"保护期限的确立乃是因为作者生前一般穷困潦倒，如果不给他们足够的照顾，他们可能无法为其家庭提供经济保障，"身后数年"保护期限的确立是出于对作者后代的照顾，以使他们能够长到自立的年龄；1908年《伯尔尼公约》（柏林文本）将保护期限延长为"作者生前+身后五十年"是出于对作者及其"两代后人"的经济照顾，《松尼·波诺法案》将保护期限延长至"作者生前+身后七十年"乃是因为人均寿命延长，作者的近亲属在其去世50年之后仍然存活于世，此前的"身后50年"不足以为这些近亲属提供充分的经济利益，故而延长至今日的"身后70年"。[2]然而，自然人作品期限限制的时间长度与非自然人作品的期限限制的时间标准为何一致且为何保持一致的扩张步调并非"照顾理论"所能解释，出于保障作者及其后代的生存利益的"照顾理论"，其实未能解释上述两类作品的期限限制是如何与著作权法的价值目标相互联系的。因此，尽管"照顾理论"是对作者利益的良好关切，

---

[1] 17 U.S.C.A. § 302.
[2] 喻玲："著作权保护期限标准的审视与重构"，载《法学家》2020年第3期，第159页。

但是这种良好愿景不为著作权法的价值目标真正关切,著作权法的价值目标真正关切的是权利保护期限的福利效应。

(2)作品保护期限的经济分析。著作权保护期限不断扩张能够带来的激励收益实际很小。经济学中的边际效用递减规律与时间贴现机制表明"由于版权保护而在未来的某个时间获得收入的前景对于当前的激励作用的影响很小"。[1]边际效用递减是指消费者从增加的一单位商品中所获得的效用增量是递减的。例如,在一个身无分文、即将饿死的穷人面前摆着一块钱的硬币,这一块钱关系着这个穷人是生存还是死亡,因此穷人有动力去争取这一个硬币,因为获得了这一个硬币,其就可以购买面包果腹并且生存下去。假设这个穷人通过努力奋斗变成了一位腰缠万贯的富人,其还会有动力去争取这一个硬币吗?即便其有动力去争取这个硬币,这种动力肯定也小于穷人在为获取生存情况下的动力。对于作者而言,当创作主体为获取生存能力时,其创作作品的动力是最大的,当创作主体获得足够的财富时,延长对其作品的保护期限对创作主体继续从事创作行为的激励很小。时间贴现(Time Discounting)即事物的主观价值随着距其发生时间的延长而下降了。未来可得的1块钱看起来更像是现在的5毛钱,未来的可得收益被"贴现"了。琳达·科恩(Linda Cohen)教授和罗杰·诺尔(Roger Noll)教授指出,如果一件作品在其创作完成后第105年可以获得100万美元的著作权许可收入,那么这一前景在作品创作完成之时的现值仅为30美元。因此,对于创作主体而言,其未来(作者晚年)或身后所获得的收益对当前其是否从事创作行为的激励很小。如波斯纳指出:"未来25年后的收入前景对当下的决策几乎没有什么影响,但是不会为零因为人们确实为他们甚至25年之后

---

[1] 王素玉:"版权法的经济分析",吉林大学2009年博士学位论文,第74页。

的退休做准备。然而，100年后的版税收入前景对大多数作者的激励不会有影响。"[1]故从一个较长的保护期限所带来的收入前景来看，其对私人创作的激励影响很小。

著作权保护期限延长与无谓损失、交易成本与保护成本这些福利损失正相关。作品的供求悖论表明作品生产者对作品的排他控制越强，与之相关的无谓损失就越严重，著作权保护期限的延长意味着作品在更长时间内受到排他控制，与作品消费相关的无谓损失也会增加。著作权保护期限延长最主要的福利损失是与作品创作相关的交易成本。作品创作行为所需接触与利用的素材结构可以表示为："Ipublic+Iintra+Iprivate"，其中Ipublic表示来源于公共领域的素材，Iintra表示使用人自己所掌握的素材，Iprivate表示处于私人控制下的素材，前两种素材一般可以免费获得，第三种即私人控制下的素材则要寻求私人许可并支付许可费用才能获得。著作权保护期限的延长意味着作品进入公共领域的时间被延缓了，进入公共领域的素材减少，而为私人控制的素材增多，公众将被迫从免费的自由使用转向收费的许可使用。使用者将不得不发现著作权人，与之协商并获得许可，权利人可以借保护期限肆无忌惮地施行策略行为，收取过高的许可费用，交易成本由此变得高昂。在所有的交易成本之中，追踪成本受到著作权保护期限延长的影响最为明显。由于"很难在几代人的时间内一直跟踪版权的继承人"，[2]追踪成本会随着著作权保护期限的延长而上升。波斯纳在其早期

---

[1] [美]威廉·M. 兰德斯、理查德·A. 波斯纳："版权法的经济分析"，苏力译，载[美]唐纳德·A. 威特曼：《法律经济学文献精选》，苏力等译，法律出版社2006年版，第147页。

[2] [美]威廉·M. 兰德斯、理查德·A. 波斯纳："版权法的经济分析"，苏力译，载[美]唐纳德·A. 威特曼：《法律经济学文献精选》，苏力译，法律出版社2006年版，第147页。

认可这一观点，[1]但随后其观念发生了改变，认为追踪成本的产生并非由于著作权的保护期限，而是由于缺少登记制度。[2]笔者以为，缺少登记制度并非追踪成本产生的原因，登记制度只是降低追踪成本的一种方式。尽管追踪成本可因登记制度的引入而得到降低，但与期限限制所带来的减少追踪成本的效果相比，登记制度显然收效甚微。而且，登记制度本身是有成本的，并因著作权保护期限的延长而增加。无谓损失与交易成本作用于作品消费与作品创作行为——它抑制了对作品的接触和利用，从而影响了作品的产出。著作权保护期限延长还会导致保护成本的上升，广义的财产权保护成本包括标志财产边界的成本、强制实现财产权利的成本与狭义的"警察、财产所有权人以及法院为阻止不法侵入和盗窃而强制实施法律时所承担的费用"。[3]随着著作权保护期限的延长，著作权保护期限所导致的福利损失将超过所引起的激励收益。

由于著作权保护期限的延长产生的激励作用日趋弱化，与之相关的无谓损失、交易成本与保护成本趋于占据主导地位，这即是说著作权的排他性与可转让性应限制在作品生产可持续（作品生产者收回创作的固定成本）的有限年份之内，随后即应从排他性与可转让性的私有规则的支配下抽取出来，将其置于不可排他与无需转让的公共领域之内。

---

[1] [美] 威廉·M. 兰德斯、理查德·A. 波斯纳："版权法的经济分析"，苏力译，载 [美] 唐纳德·A. 威特曼：《法律经济学文献精选》，苏力译，法律出版社2006年版，第147页。

[2] [美] 威廉·M. 兰德斯、理查德·A. 波斯纳：《知识产权法的经济结构》，金海军译，北京大学出版社2016年版，第262页。

[3] [美] 威廉·M. 兰德斯、理查德·A. 波斯纳：《知识产权法的经济结构》，金海军译，北京大学出版社2016年版，第21页。

2. 权利的行使限制——以发行权用尽（首次销售原则）为例证

（1）首次销售原则的适用基础。前文已经提到，在实体环境之下，著作权人更为看重复制权，而非控制作品首次售卖与后续转售的传播权，因而复制权的中心角色成了适用发行权用尽的基础之一。此外，在实体环境之下，消费者对于所有权的偏好与作品传播限于载体售卖同样构成首次销售原则的适用基础。

首先，复制成本与所有权的观念惯性。复制成本与复制质量之比越高，载体与内容的可分程度越低，载体相对于内容的价值越高，消费者更加青睐占有和支配载体本身。

复制技术影响复制成本与质量之比。手抄誊录时期，作品的复制由人工在昂贵的羊皮纸上誊写，还需采用图形修饰，再为装订好的羊皮纸覆上外皮、配上金属扣环。一本抄写和装订极为考究的图书，往往由六七位工作者合力完成。时间、费用和"麻烦"构成了誊录手稿数量的天然限制，且无法避免文字和标点的累积错误，复制成本与质量之比极高。在印刷技术时期，复制成本有所降低，且减少了手抄誊写的人工错误，不过彼时印刷业是"资金密集型"行业——"铸造金属活字耗资巨大，制造插图雕版、聘请专业技师花费不少，此外购买纸张、油墨等也需要大量的资金投入"，[1]"印刷的可变成本——无论绝对地说，还是与固定的表达成本相对而言，都还是很高的"。[2]在模拟复制时期，复制设备（如摄像机、录音机、录像机）的大

---

[1] 易健雄：《技术发展与版权扩张》，西南政法大学 2008 年博士学位论文，第 5 页。

[2] [美] 威廉·M. 兰德斯、理查德·A. 波斯纳：《知识产权法的经济结构》，金海军译，北京大学出版社 2016 年版，第 60 页。

众化普及使复制变得更为便宜，但复制质量的提高并不与之同步，反复录制导致音质劣化，如欲制作一份可与原版媲美的《国家地理》杂志副本，其所花费的成本可能超过原版的购买成本。可见，在实体环境下，制作一份可以完美替代原版的副本，需要付出极大的制作成本，制作成本占据作品成本结构的主要部分（如图2-15左侧）。复制成本与质量之比影响载体内容的可分程度。手抄誊录时期，手抄誊录的麻烦构成了副本数量的天然限制，副本的累积错误使之难以媲美原件。结果就是，作品很难脱离原载体而在新载体上呈现并为人们阅读、观看和倾听。在印刷技术时期，印刷设备和发行体系均由具有较强经济能力的印刷商和盗版商掌握，一般公众并不具有分离作品内容与载体的能力，其对内容的消费与体验仍然依赖于载体的占有。在模拟复制时期，受到副本质量的影响，原版的消费体验胜于通过模拟技术制作的副本。可以说，从手抄誊录到模拟复制，作品内容无独立的使用价值，而是寄生于载体的使用价值，导致副本的价值结构当中，载体的使用价值居于主导。

由于消费者接触和利用作品内容依赖制作成本较高的有形载体，只有借助其与有形载体之间的持续占有与广泛支配关系，消费者才可能随时调用作品载体、体验作品内容，并且排除他人对其体验行为的干预，否则他们必须要为再行接触与利用作品内容支付高昂的载体制作成本与排他成本。加之长久以来人们普遍认为"无实体者则非财产之对象"的财产观念惯性，实体环境下消费者更看重作品载体的所有权。

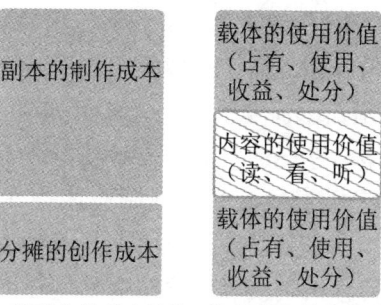

图 2-15 物理副本的成本和价值结构

其次,复制环境与作品供求的中心化。从手抄誊录到模拟复制,具有较强经济能力的传播者垄断着作品载体的制作与传播。[1]传播者作为作品价值实现与公众接触作品的链接和中心,一方面从作者处获得原稿,一方面又与消费者通过买卖发生联系,不过作者与消费者之间激励-接触利益的交换是驱动作品经由传播者的中介从作者传递给消费者的动力。[2]

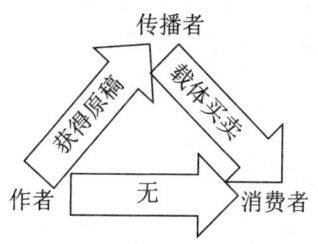

图 2-16 实体环境之下作品供求模式

---

〔1〕 Jane C. Ginsburg, "Essay: From Having Copies to Experiencing Works: The Development of an Access Right in U. S. Copyright Law", 50 J. Copyright Soc'y U. S. A. 113, 114 (2002-2003).

〔2〕 邵树杰:"论接触权——一种新型的著作权",中国政法大学 2019 年硕士学位论文。

| 著作权法律制度的经济分析 |

在"作者-传播者"的关系中,作者受到经济能力与技术的限制,难以自行制作和传播作品载体,作品的价值实现需仰仗传播者进行载体制作、商业推广。传播者如果没有作品底稿,也就没有可供制作与推广的对象。作者与传播者彼此依赖完成作品有形载体的市场提供,并就规制盗版存在共同诉求。在"传播者-消费者"的关系中,传播者对作品的推广是将作品有形载体的所有权转移给消费者。这一交易实际上已超越载体本身扩展到了载体承载的内容,传播者转移的不仅包括有形载体的使用价值,也包括了作品内容的使用价值,消费者支付的是指向载体的持续性占有利益与内容的概括性接触利益的"一次性总对价"。[1]不过,由于作品与载体间难以分割,传播者与消费者之间有关激励-接触利益的交换只能体现为作品载体所有权的转移。在"作者-消费者"的关系中,作者与消费者虽然可以绕过传播者直接实现激励与接触利益的交换,但是作品副本的制作、传播技术都为传播者独占,作品有形载体的发行、零售体系也由传播者控制,作者与消费者即便想要规避传播者也是有心无力。分散在世界各地的无限个体,所能找到的或是小区附近的零售商店或是某一较为知名的传播者,作者与消费者受到信息和交易成本的限制很难找到彼此并达成满足个性需求的多元交易类型。

总体而言,在实体环境下,著作权人和消费者联系过远,限于信息、交易和执行成本的障碍,作品激励与接触利益的交换依赖传播者中介,并以转让有形载体所有权这一相对粗糙和简化的无奈之举对作品接触利益进行概括转移,而对著作权人和消费者的个性需求缺乏灵活性与适应性。

---

[1] 彭学龙:"论著作权语境下的获取权",载《法商研究》2010年第4期,第117页。

（2）首次销售原则的经济分析。在实体环境下，复制权的中心角色、所有权的观念惯性以及中心化的作品供求模式构成首次销售原则的适用基础，并使首次销售原则作为协调著作权与所有权冲突、接触与激励冲突的帕累托规则存在。

首先，协调著作权与所有权的冲突。首次销售原则可被理解为禁止著作权人对所有权施加持续的使用（转售）限制，由此类比欧美一般禁止施加动产的限定使用限制，例如"再次出售的价格保持"。理由在于"物品的卖主一般并没有与其他人不同或是比其他人更重要的重大利益，而这种利益也不会因为物品在后面买主手中被使用而受到影响"，同时"限定使用……强加给买主一个负担，要按照限定使用的要求去做，并且在与限定使用规定不符的使用方式看来是值当的时候……找到限定使用的所有者，与其协商，争取他的同意"。[1]

在实体环境下，以所有权转让的方式将载体的持续占有利益与内容的概括接触利益首次售卖之后，所需的制作成本与分摊的创作成本已经得到弥补；作品的二次转售（传播）受到载体竞争性和排他性的限制，传播时空范围有限，不会损害著作权人的市场。对于著作权人而言，在实体环境中，控制复制（以及与其存在必然联系的首次销售）要比控制二次转售（传播）对于维护自身市场更为重要。对所有人来说，只有通过持续占有和广泛支配载体，其才可能充分调用载体、获得消费体验。在载体制作成本高昂与产量稀缺的年代，允许消费者消费完作品后进行转售，可避免载体的闲置与浪费，促进作品可得与节约创新成本，从而产生更大的社会价值。也就是说，在实

---

[1] [美]亨瑞·汉斯曼、马瑞纳·桑梯利："作家和艺术家的道德权利：一个比较视角的法律经济学分析"，牛悦译，载[美]唐纳德·A.威特曼：《法律经济学文献精选》，苏力等译，法律出版社2006年版，第155页。

体环境之下，著作权人对二次转售的评价与其控制二次转售所生的社会价值不会比消费者对载体二次转售的评价与其控制载体二次转售所生的社会价值更高。首次销售原则实际是将载体的二次转售利益授予对其评价最高并且能够创造更大社会价值的主体。这符合产权界定的一般逻辑：权利应当被赋予对其评价最高且能产生更高社会价值的主体。

当然，如果交易成本为零，法律完全可以不作任何干预，而是任由载体的二次转售利益经由合约转到对其评价较高并且产生更大价值的所有人处。但是，如前所述，在实体环境之下，作品激励和接触利益的交换经传播者完成，著作权人和消费者彼此匿名，难以找到与了解彼此，实施或者解除转售并不容易。如果没有首次销售原则，消费者在认为转售必要之时，必先需要调查是否具有转售的能力与获得许可，寻找著作权人以及获得转售许可的信息与交易成本足以超过消费者的转售收益，阻碍作品载体的自由流通与有效使用；即便赋予著作权人追踪后续交易并且从中分成的权利，也会因为信息和执行障碍而难以实现，逐利动机会使他们倾向于放弃一个信息和执行成本超过潜在利益的权利。[1]中山信宏指出："权利人和使用人之间并没有被一根无形的绳子联系起来……在权利人那里即使想主张某种权利的存在，但对'绳子'另一端的情况事实上却无法支配。"[2]信息、交易和执行成本的存在提出法律干预的需求，即将载体二次转售利益交由对其评价较高的所有权人。

整体来说，首次销售原则符合科斯定理的一般逻辑：如果

---

〔1〕 Guy A. Rub, "Rebalancing Copyright Exhaustion", 64 Emory L. J. 741, 789 (2015).

〔2〕 [日]中山信宏："数字时代著作权法的变化"，詹智玲译，载《外国法译评》1995年第2期，第67页。

交易成本过高，二次转售利益应交由能对其进行更好利用并且产生更多社会价值的主体，由此维护交易清晰与增进交易效率。

其次，平衡版权人的激励利益与消费者的接触利益。前文提到，在实体环境中，单件作品的成本价格（维持创作激励的最低售价）由其所需的制作成本和其分摊的创作成本组成。其中单件作品的制作成本（V）主要是指制作载体花费的纸张、油墨等，通常较为高昂；单件作品分摊的创作成本取决于作者花费的时间、精力（F）与作品的市场销量。在实体环境中，载体的制作成本很高，作品产量有限，因而相对稀缺，如果首次购买者对作品内容的接触利益得到满足后禁止其转售作品载体，实际上即意味着载体的闲置和浪费。首次销售原则是以应对载体稀缺、促进物尽其用的方式，降低阅读成本与促进作品可得。假设市场中有 M 位消费者，一件作品载体经 N（N 大于 1）位消费者才会损耗殆尽。如果首次销售原则无法适用，作品的市场销量为 M，每位消费者需要支付的作品的成本价格为 F/M+V，社会总的阅读成本为 F+VM。如果适用首次销售原则，作品可以卖出 M/N 册，一手市场的作品成本价格为 FN/M+V。当首次及后续购买者可以转售作品（直到载体损耗殆尽）之时，N 位购买者分摊一手市场的作品成本价格，每个消费者最终需要支付的成本价格为 F/M+V/N，社会总的阅读成本为 F+VM/N。[1]对比每位消费者需支付的阅读成本 F/M+V 与 F/M+V/N，与社会总阅读成本 F+VM 与 F+VM/N，可得首次销售原则通过节约载体制作成本的方式降低了消费者个人和社会总的阅读成本，促进了作品可得。此外，作品通常具有文化、历史价值，是文化

---

[1] 陈琛、夏瑶：" 虚拟发行语境下首次销售原则的法律和经济分析"，载《广西社会科学》2017 年第 1 期，第 100 页。

基因的组成部分。[1]首次销售原则鼓励作品有形载体的保存与二手市场的运行，使消费者在作品绝版后仍可能获取作品。

前文提到，在实体环境中，载体与内容因受到复制质量与成本之比的限制而难以分离，载体内容的不可分性导致载体的排他性与竞争性被传导给作品内容，从而掩盖了内容本身的非排他性与非竞争性。载体的排他性被传导给作品意味着借助载体的控制可以限制他人对作品内容的接触。载体的竞争性被传导给作品意味着作品载体通常只为一人占有，多人很难同时消费同一作品，必须等到他人消费完后再行消费，且作品载体流转中的物理损耗限制了作品内容的传播范围。因此有形载体的自由流通不会过分损害著作权人的短期市场——多人无法同时消费作品，载体持有人之外的使用者如急切消费作品，不会等待载体持有人消费完毕之后的转售，而是会从一手市场购买最近的作品；也不会过分损害著作权人的长期市场——载体流转中的毁损不可避免，他人只能从一手市场购买较新的作品。无论是等待的时间抑或是载体的损耗都会影响消费体验，导致二手市场作品无法完美替代一手市场作品。有形载体的排他性与竞争性，加之实体环境中获得二手作品的信息成本、地理限制以及运输成本，意味着即便有形载体自由流转，也不会过分损害作品市场，著作权人的创作激励得以为继。

由于在实体环境之下，权利人对载体传播利益的评价与控制能力受到载体竞争性与排他性以及交易成本的限制，远没有消费者对载体圆满控制自由的渴求，因此实体环境之下允许载体自由转售既没有过分损害权利人的利益，也符合消费者的期待。但是信息超越物质（在著作权法中，即是作品与载体的分

---

[1] Guy A. Rub, "Rebalancing Copyright Exhaustion", 64 Emory L. J. 741, 783 (2015).

离），乃是经济赖以发展的动力与趋势所在，从手抄誊录到印刷技术再到模拟复制，即是作品不断脱离载体并且自身价值不断凸显的过程。数字时代作品已与载体完全分离自不待言，作品不再受到载体竞争性与排他性的限制，并且自身价值凸显，权利人对于作品传播利益的评价与利用能力已经大为提升。在数字环境之下，首次销售原则的适用基础与协调功能已然发生改变，因此，不能理所当然地将本适用于实体环境的首次销售原则扩张适用于数字环境。

小 结

是否能够产生福利增进效应构成支配著作权法制度设计的底层逻辑。权利客体的准入与排除制度，例如思想/表达二分法、独创性，经济理性在于剔除对其加以保护的激励效应小于社会成本的客体，并且此种福利封锁或减损效应几乎存在于该客体的所有利用方式之上。权属配置规则，例如约定配置规则、缺省配置规则与法定配置规则，经济理性在于实现作品权属的最优配置，即将作品或者作品的特定利用方式交由对其作出最高评价与进行最优利用的主体，由此实现作品的最优利用。权项的设置与限制也因私人控制作品特定利用方式的激励收益与社会成本而处于动态流变之中。成本与收益分析或者接触与激励的权衡不仅构成支配著作权法制度设计的底层逻辑，而且赋予著作权法接管和解决新型法律问题的勇气与活力。例如，人工智能生成内容是否具备作品资格的问题可以通过授予人工智能生成内容作品资格的激励效应与社会成本分析得到回答（参见本书第五章）。再如，人工智能生成内容的权利归属问题可以遵循本书有关权属配置的比较优势原理实现最优配置。

本章小结

　　本章指明了作品产权化的路径选择应当是"半公共"的。这一路径选择并非出于臆想偶然得出，而是基于现实分析得出。作品属性与主体行为共同构成作品产权化路径选择的现实基础。作品生产投入的稀缺性质与作品消费的公共性质导致了作品供给与需求之间的悖论，正是这一悖论导致了作品激励与接触之间的矛盾。作品产权化的路径选择应当有助于这一悖论的解决，通过分析作品完全控制、部分控制与自由取用的短期与长期福利效应，本章第一节指明了作品部分控制保证了作品生产激励可持续，从而缓和了作品完全控制之下的过度激励与分配担忧，解决了作品自由取用之时激励不足的问题。同时，作品部分控制缓和了作品完全控制之下的无谓损失，并以增加的作品类型弥补了它所产生的无谓损失，因此作品的部分控制更为可取。

　　有限理性表明，个人做出的决策与行为容易产生既不自利也不利他的结果，因而需要引入相应的约束与激励机制。约束与激励机制的引入应当结合主体动机、创作规律以及不同机制的比较优势，选用最为契合的约束与激励机制。主体创作行为受到直接经济利益、间接经济利益与单纯精神愉悦三重动机驱动。对于追求直接经济利益的职业创作群体而言，产权制度、补贴机制与先动优势可以为其带来经济利益，但因产权制度、先动优势偏好大众化、商业化知识产品，并且瞄准具有支付能力的市场，因此基础研究更加仰仗补贴机制。不过，受到累积创作规律的影响，即使是职业创作群体，也更倾向同意一个受到限制而非绝对的产权制度。对于追求间接经济利益与单纯精神愉悦的主体而言，他们更加仰仗职业晋升机制与声誉激励机制。主体行为的经济分析表明，产权制度虽能发挥激励作用，但其激励作用绝不应被过分夸大。

公地悲剧理论表明公共产权会导致有形资源供给与利用的双重悲剧，但作品并不存在损耗与枯竭的问题，公共产权与作品的利用悲剧无关，只与作品的供给悲剧有关。反公地理论悲剧指出过多与绝对的私有产权引发的交易成本将会导致作品利用不足。"半公地"理论表明作品之上的某些属性适合私用，某些属性适合公用，因而不应坚持私有与公有绝对二分的产权路径，而是坚持私有与公有并存的"半公地"产权安排。公地喜剧表明，作品或作品的某些属性置于公共领域将会产生福利增进效应。有关"公地悲剧"理论、"反公地悲剧"理论、"半公地"理论、"公地喜剧"理论的系统分析表明，作品的产权化的制度设计应当是半公共的：即若信息成果或信息成果的特定利用方式交由私人控制能够产生福利增进效应（激励效应减去交易成本以及相关的无谓损失、保护成本之后仍有结余），则其适合私有；如果信息成果或信息成果的特定利用方式交由私人控制产生福利减损效应，则适合被置于公共领域。特定信息成果及其利用方式的福利增进或减损效应并非一成不变，而是处于动态变化之中，因此会对客体的准入与排除，权项的设置与剔除产生影响。

依据上述作品产权化的一般指引，本章还对具体制度设计进行了经济分析。权利客体的准入与排除制度，例如"思想/表达二分法""独创性""能以一定形式固定/表现"本质在于排除对其加以私人控制产生福利减损效应的信息成果，并且这种福利减损效应存在于这类信息成果的所有利用方式上。利用行为的受控与自由（权项的设置）的本质在于，即便对于准入著作权法的客体而言，并非客体的任何利用方式交由私人控制都能产生福利增进效应，一些交由私人控制的福利效应为零或为负的利用行为不能通过增设权项的方式纳入受控范围。例如，歪曲、篡改行为交由著作权人控制，就是因为不受限制的歪曲、篡改将给著作权人声誉及其后续售出的作品的经济价值、其他主体持有的作品原件的经济价值以及作品的文化价值造成损害，交由私人控制就可缓解公众自由歪曲、篡改带来的福利减损效应。当然，利用行为交由私人控制的福利效应处于流变之中，例如传播权取代复制权的中心地位，就是因为传播行为交由著作权人控制的激励效应显著，复制行为交由私人控制的激励效应减弱并且执行成本高昂。当然，推动权项流变的方式包括意定与法定两种，两者各有优势与劣势，更为妥帖的路径在于借助司法的集体共识识别与检验私人或群体的经验，从而推动权项的纳入与剔除。

本章指出，作品之上的产权模式应当是"半公共"的，即基于信息成果或信息成果的特定利用方式私有化收益率与公有化收益率的比较进行制度设计。由此，作品激励与接触之间的矛盾可以得到初步解决。

第三章
CHAPTER 03
作品产权交易模式的经济分析

> 将那些从本质上来讲流向毫无用处的地方——亦即只是消耗在权利转移过程中——的金钱予以最小化,这就推动我们趋向于以尽可能最有效率的方法达到目标。[1]
>
> ——罗伯特·莫杰思

产权的初始界定是资源优化配置的初始环节,它试图依据比较优势原理将资源初始配置给对于资源的评价最高并且能够进行最佳利用的主体。但产权界定者受到信息成本的限制,无法获得有关资源评价与利用能力的真实信息。对于作品来说,从一开始就将其准确配置给对其评价最高与最优利用的主体通常是不可能的,若作品未被初始配置给对其评价最高与进行最优利用的主体,就会导致作品自身的最优价值无法实现。产权交易可以矫正资源产权初始配置的错误,使资源从对资源的利用不拥有专业化知识的低利用者手中流转到对资源的利用拥有专业化知识的高利用者手中,并借助分工与专业化协作实现资源的最优利用。在市场自愿交易中,交易双方按照自己的偏好对

---

[1] [美]罗伯特·P. 莫杰思:《知识产权正当性解释》,金海军、史兆欢、寇海侠译,商务印书馆2019年版,第396页。

资源有用性作出不同的评价,在达到相互认同时实现交易——如果交易双方不能从中获利,双方就不会达成交易,就此发挥出每个资源的有用性来,而通过连续的这样的交易,不断挖掘有用性,整个社会就有实现资源最大价值的可能。[1]例如,甲拥有某物,其对该物的评价为100元,对乙而言,该物价值120元,如果双方以110元对该物进行买卖,对甲而言该物增值10元,对乙而言,节约了10元的支出,双方的合作产生了20元的剩余。在甲与乙交易之时,或甲与乙交易完成后,存在对该物评价为140元的第三方丙,通过甲或乙与丙的交易,该物最终会流向对其评价最高的丙。通过连续不断的自愿交易,各方都能从交易中获益,因此自愿交易能够在帕累托意义上促进社会福利最大化。

然而,上述结论依赖"交易成本较低"的前提假设,若交易成本不为零,因产权初始界定错误引发资源配置的无效率状态将被持续。交易成本的存在往往构成市场中自愿交易的障碍,它使自愿交易不能达成或者即便交易可以达成,交易成本的存在也将减损双方所能从交易中获得的剩余。交易成本减损了权利人从交易中获得的收益或增加使用者为获得权利所支付的费用,就好比是"机器的不同部件之间所发生的纯粹摩擦",除了增加机器的磨损、抑制机器的运行效率之外,并不服务于任何有价值的目标。[2]例如,同样是在上述例子中,如果交易成本高于20元,高于双方均可能从该交易中获得的最大剩余,那么理性的甲与乙之间就不会自愿达成至少会使一方受损的交易。

---

〔1〕 冉昊:"法经济学中的'财产权'怎么了——一个民法人的困惑",载《华东政法大学学报》2015年第2期,第66页。

〔2〕 [美]罗伯特·P.莫杰思:《知识产权正当性解释》,金海军、史兆欢、寇海侠译,商务印书馆2019年版,第395页。

资源的最优利用与产权的有效交易要求创造富有效率的交易机制，把"流向毫无用处的地方——亦即，只是消耗在权利移转过程中——的金钱予以最小化"，[1]将交易过程中节省的交易费用补贴给权利人或使用者，以使使用者以最低的成本为代价来满足创作者的私人激励，有关作品激励与接触之间的矛盾就能得到进一步缓解。

本章主要分析如何通过克服产权交易的成本并且进一步缓和作品接触与激励之间的矛盾。

第一节 交易成本理论

在作品交易中，许可成本中的一大部分，并不由著作权人受益，而是发生在权利流转过程中的纯粹交易成本，这些交易成本并不服务于任何有价值的目标，例如使著作权人获得更高的许可费用或降低使用者支付的费用。如果对权利流转过程中的交易成本施加合理的关注，就可以将该交易成本节省下来补贴给著作权人或使用者，从而促进作品激励利益与接触利益的帕累托改进。在探讨交易成本降低机制之前，厘清交易成本的类型、影响交易成本高低的因素、降低交易成本的基本路径以及著作权法领域交易成本的类型、影响因素可为降低交易成本、促进接触与激励利益的帕累托改进指明方向。

一、交易成本的基本类型、影响因素及其降低机制

虽然本书第一章已经对交易成本理论进行了简要的论述，但由于交易成本理论的复杂性与本书行文逻辑的需要，在此仍

---

[1] [美]罗伯特·P. 莫杰思：《知识产权正当性解释》，金海军、史兆欢、寇海侠译，商务印书馆2019年版，第396页。

有必要对交易成本理论进行一番论述。

(一) 交易成本的基本类型与影响因素

1. 交易成本的基本类型

利用市场机制所产生的交易成本、利用企业所产生的管理型交易成本与政府行政机器所产生的政治型交易成本共同构成广义交易成本的三种类型。

交易成本最初是指利用市场机制产生的费用。交易主体利用市场机制进行资源配置的过程可被划分为三个阶段：第一，判断自己的需求，然后找到交易对象，包括找到你想买的东西的出售人或找到想购买你所出售的东西的买受人；第二，交易双方之间讨价还价并且最终拟定合作协议，并在必要之时雇用律师；第三，当拟定合作协议后，合作协议必须得到执行，因而必须监督和评估合约履行的情况，并在一方怠于履行或未能圆满履行合约义务之时诉诸自力或者司法机关施加惩罚。[1]交易主体利用市场机制进行资源配置所生之费用为"市场型交易成本"，并具体包括了"事前的搜寻和信息费用""事中的谈判和决策费用"以及"事后的履行和监督费用"。如在图书购买的例子当中，消费者需要事先进行调查，确定图书的内容能否满足自身需求，哪里以及从谁手中可以买到该书，驱车前往购买，讨价还价并且达成契约，支付对价购得该书以及确保出售者向其交付的图书没有质量问题，等等。

由于利用市场机制改变和组合权利的交易费用可能会非常高，比如为了重复生产，尽管每天可从劳务市场雇用劳力，从原料市场购买原料，从资本市场借到资本，但是这样一种调度劳力、物力与资本的市场交易将会产生极高的交易成本。如果

---

[1] [美] 罗伯特·考特、托马斯·尤伦：《法和经济学》（第6版），史晋川等译，史晋川审校，格致出版社、上海三联书店、上海人民出版社2012年版，第80页。

第三章　作品产权交易模式的经济分析

依赖市场,不得不就每次契约进行谈判,并且监督和执行契约。一种可以节约交易成本与获得更好的资源配置效率但是相比利用市场机制的费用更低的组织可以增大产值,因而很多重复性生产都是在企业内部进行,从而节约交易成本与实现规模经济。"资源的所有者们缔结关系性契约,将主要资源或多或少永久性地结合起来,并经营它们,以追求一个(或若干)共同的目标。"[1]科斯在《社会成本问题》一文中指出:"采用一种替代性的经济组织形式能以低于利用市场时的成本而达到相同的结果,这将使产值增加……企业就是作为通过市场交易来组织生产的替代物而出现的。在企业内部,生产要素不同组合中的讨价还价被取消了,行政指令替代了市场交易。"[2]但是一切解决问题的组织都有费用问题,例如设立、维持和改变组织的费用,组织运行的费用,这些费用被称为"管理型交易费用"。

"政府是一个超级企业,因为它有能力通过行政决策来影响诸多生产要素的使用。"[3]比如,政府可以通过直接规制宣布人们必须如何行为以及不得如何行为。但是,政府的行政机器本身并不是无需费用的,这些费用包括设立、维持和改变政治组织的费用,政治组织运行的费用,这些费用被称为"政治型交易费用"。例如,司机无法和潜在的不确定的行人进行事先谈判,以确定在事故发生后各方应当承担的责任;打人者与被打者之间彼此敌对的情绪也使他们很难事先就殴打造成的损害达

---

[1] [澳]柯武刚、[德]史漫飞、[美]贝彼得:《制度经济学:财产、竞争、政策》,柏克、韩朝华译,商务印书馆2018年版,第348页。

[2] [美]罗纳德·H.科斯:"社会成本问题",载[美]罗纳德·H.科斯等:《财产权利与制度变迁——产权学派与新制度学派译文集》,刘守英等译,格致出版社、上海三联书店、上海人民出版社2014年版,第15、16页。

[3] [美]罗纳德·H.科斯:"社会成本问题",苏力译,载[美]唐纳德·A.威特曼:《法律经济学文献精选》,苏力等译,法律出版社2006年版,第15页。

成协议。此时需要由政府介入进来，制定和实施侵权法，通过责任的施加，将那些由高交易成本造成的负外部性（损害）内化。[1]当然，制定和实施侵权法本身也需耗费成本。

由于市场、组织和政府均存在交易成本的问题，没有理由说由于问题没有为市场或企业所解决就一定需要政府出面处理，同样也不应当片面地认为某一问题由政府加以解决不会导致具有经济效率的结果。[2]究竟是否采取某种制度或组织以及采用哪种制度或组织需要对不同制度或者组织的实际效果加以研究。

2. 交易成本的影响因素

罗伯特·考特（Robert Cooter）与托马斯·尤伦（Thomas Ulen）以对偶的形式具体列举了提高与降低"市场型交易成本"的因素，如表3-1所示。[3]

影响交易成本的因素之一是商品或服务的属性，商品或服务通常具有多重属性，充分理解和测度不同属性的费用很高。如果商品或服务的交易主要与其易于理解和测度的属性相关，则其为查验品，消费者不需要付出高昂的调查成本即可明了商品或服务是否满足自身需求。如摆在架子上的碗筷，消费者以肉眼观察即可明了碗筷是否满足用餐需求。如果商品或服务的交易主要与其不易理解与测度的属性相关，则其为体验品，消费者通过消费和使用才能明了商品或服务是否满足自身需求。如消费者想要购买口味较好的水果，只有通过实际品尝每个水果，才能明了水果的口感是否较好。如果商品或服务的属性被

---

〔1〕［美］罗伯特·考特、托马斯·尤伦：《法和经济学》（第6版），史晋川等译，史晋川审校，格致出版社、上海三联书店、上海人民出版社2012年版，第178页。

〔2〕［美］罗纳德·H. 科斯："社会成本问题"，苏力译，载［美］唐纳德·A. 威特曼：《法律经济学文献精选》，苏力等译，法律出版社2006年版，第14~16页。

〔3〕［美］罗伯特·考特、托马斯·尤伦：《法和经济学》（第6版），史晋川等译，史晋川审校，格致出版社、上海三联书店、上海人民出版社2012年版，第82页。

第三章 作品产权交易模式的经济分析

标准化了,标准化本身传达了商品或服务的属性信息,例如质量、成分、规格,从而使消费者无需付出额外的调查成本。另外,商品或服务本身或其属性如果不可替代,就会赋予商品或服务或其属性持有主体特定的权势,并使与之交易的相对一方被迫接受他们索要的较高报酬,如果相对一方拒绝,交易就将无法达成。

影响交易成本的因素之二与人相关,即谈判方的数量、态度与熟悉程度。一般来说,当交易涉及较多的谈判方,并且谈判方彼此分散时,他们为了议价而聚在一起的可能就会低很多;随着人数的增多,人们议价的动机也会减弱;即便议价确实发生,彼此之间基于自利动机与偏好差异产生的利益分歧也会导致这些主体很难达成有利各方的交易。例如,对于工厂排出的废气,周围的居民都指望着其他居民去与工厂谈判,自己则从谈判当中获利,若人人怀有搭便车心理,谈判可能无从发生。[1] 谈判方之间彼此友好,就越有可能为了达成互利的合作坐下来进行谈判。相反,谈判方之间彼此充满敌意,就不可能为了达成互利的合作坐下来进行谈判。例如,在离婚案件中,有关财产的分配更多需要律师和法院的介入,双方很难通过私下协商达成有关财产分配的协议。彼此熟悉的谈判方之间对于对方以往如何在交易中行为拥有相对完备的信息,因而更有可能选择自己信赖的谈判方并且愉快地达成和执行合作,从而省去讨价还价的环节与监督契约的执行,同时他们也更懂得着眼长远,而非采取破坏自身声誉的投机取巧行为。相反,如果谈判方之间彼此陌生,为了获得更多的交易剩余便有动力采取策略行为,通过隐藏自身的真实评价,攫取更多的交易剩余。

影响交易成本的其他因素包括延时交易、偶然因素以及监管

---

[1] [美]斯蒂文·沙维尔:《法律经济分析的基础理论》,赵海怡、史册、宁静波译,中国人民大学出版社2012年版,第78页。

成本。在延时交易的情形下，偶然因素容易介入履约过程，使交易双方为应对不确定性事先设计应变机制变得必要，并且同时提出履约监管的需求，从而推高交易成本。相反，在即时交易的情形下，交易即时完成，没有偶然因素的介入空间，因而无需监管。

表 3-1　交易成本的影响因素

交易成本影响因素	降低交易成本	商品或服务属于查验品、标准化、可替代性；谈判方少、友好、熟悉、理性；即时交易；没有偶然因素；监管成本低等
	提高交易成本	商品或服务属于体验品、非标准化、不可替代性；谈判方多、敌对、不熟悉、非理性；延时交易；很多偶然因素；监管成本高等

（二）降低交易成本的强制与自发路径

法经济学分析文献中交易成本的降低路径沿着两种思路展开。一种路径是吉多·卡拉布雷西（Guido Calabresi）与道格拉斯·梅拉米德（Douglas Melamed）所提出的，当交易成本较低时，财产规则比责任规则更有效率，但当交易主体人数较多与潜在的策略性交易问题以及其他高交易成本的情形存在时，责任规则优于财产规则；[1]另一路径由罗伯特·P. 莫杰

---

〔1〕 卡拉布雷西与梅拉米德认为，保护法授权利（也即本书第二章的"产权界定规则"）的三类规则是：财产规则、责任规则与不可让渡性。法授权利受到财产规则保护是指产权的嗣后流转必须通过自愿的市场交易、获得卖方同意，并以卖方同意的价格完成与实现，国家并不干预这一类型权利的流转。法授权利受到责任规则保护是指买方通过支付客观确定的价值即可实现权利的流转甚至消灭，这一客观价值经由国家确定，因而责任规则涉及较多的国家干预。不可让渡性是指国家不准法授权利在自愿的买方与卖方之间进行转让。我们在此对不可让渡性进行扩展，认为不可让渡性不仅包括禁止转让的情形，也包括强制转让的情形，它是对当事方转让自由的限制，并将不可让渡性与责任规则相互结合，认为责任规则应当包括对当事方转让自由的限制。

思（Robert Merges）提出，即在交易成本较高之时，私人依据财产规则自愿创制的交易成本降低机制优于第三方提供的责任规则。

卡拉布雷西与梅拉米德指出，当市场中的自愿交易由于交易成本存在而不能达成时，第三方（例如立法者和司法者）自上而下地提供责任规则，限制或消灭主体基于财产规则享有的许可权与定价权，可以降低交易成本与促成交易。"如果社会可以排除每块土地的市场定价，公共性地决定价值，并予以贯彻，那么待价而沽的问题就不存在了。"[1]但由立法者和司法者决定如何交易与设定交易对价存在如下问题。其一，立法者和司法者制定的责任规则与设定的交易对价可能偏离市场。这是因为交由立法者和司法者制定责任规则与设定交易对价，将会鼓励寻租行为。例如，权利人将对立法者和司法者进行政治游说与利益输送，以使立法者和司法者设定更高的交易对价，从而对自身有利。再如，使用者也会游说和收买立法者和司法者，以使立法者和司法者设定更低的交易对价，从而对自身有利。何者最终取胜将视二者的游说能力与经济实力而定。即便立法者和司法者受到道德与制度的约束，从而不受或较少受到利益群体的影响，也会因为自身的有限理性无法准确获得市场信息而使他们制定（降低交易成本）的责任规则与设定的交易对价无助于甚至对立于降低交易成本的市场需求。其二，商业环境变动不居，即便立法者和司法者受到道德与制度的约束，并且能够通过暂时克服认知局限制定降低交易成本的责任规则与设定合理的交易对价，也不能随着商业环境的变化灵活、及时设立

---

[1]［美］吉多·卡拉布雷西、道格拉斯·梅拉米德："财产规则、责任规则与不可让渡性"，载［美］唐纳德·A.威特曼：《法律经济学文献精选》，苏力等译，法律出版社2005年版，第38页。

新的降低交易成本的责任规则与调整交易对价，特别是在立法者和司法者依据以往经验汲取信息、指导未来实践之时，立法与司法的滞后性与僵化性将会产生交易成本"锁定效应"，致使交易成本问题无法得到及时解决。[1]不过，立法者和司法者设定的责任规则并非毫无优势，特别是在存在集体行动困境、私人无法反映自身诉求与提供能够增进自身利益的交易成本降低机制之时，立法者和司法者就有必要介入。

另一种是罗伯特·P. 莫杰思所提出的当利用市场机制的交易成本较高时，一项较强的财产规则仍然会是最优选择。其指出："考虑到资产的专业性质与复杂多变的商业环境，法院通常难以迅速便宜地确定交易条款"，"高交易成本并不会阻碍交易而是鼓励生产者与使用者投资于能够降低交易成本的制度安排"。[2]因此认为卡梅框架中的财产规则便于当事人进行降低交易成本的制度创新，而法定责任规则将阻碍能够为交易双方达成的自愿而灵活的制度安排。私人依据财产规则自发创制的降低交易成本的市场方案具有如下优势。其一，私人作为著作权市场的直接参与者，在其商业交往当中经过反复博弈，通常能够基于其对市场变化的专业洞见，提出能够降低交易成本与改善交易各方境遇的方案，因而其所提出的方案更能契合市场主体的交易需求与提升交易效率。其二，私人创制的交易成本降低方案，可以根据不断变化的商业环境立即作出反应与进行灵

---

[1] 罗伯特·C. 埃里克森指出，人的认知能力有限，因此不会无休止地从头计算自己的每一步行动，而是会从文化传统、角色理论与试错实验后获得的习惯中汲取信息和指导。虽然依据习惯降低了决策费用，但是也会使决策者不能更快地适应周围环境的变化。[美]罗伯特·C. 埃里克森：《无需法律的秩序：相邻者如何解决纠纷》，苏力译，中国政法大学出版社2016年版，第166页。

[2] Robert P. Merges, "Of Property Rules, Coase, and Intellectual Property", 94 Colum. L. Rev. 2655, 2662 (1994).

第三章　作品产权交易模式的经济分析

活调整。[1]正是基于私人创制的上述优势,罗伯特·P.莫杰思认为,私人依据财产规则自发创制的交易成本降低机制优于立法者或司法者制定的降低交易成本的责任规则。但是,私人提供的交易成本降低机制本身存在缺陷,即由(通常经济能力较好的)私人自发提供的交易成本降低机制虽反映了具有相同立场的群体利益,但对(强势)群体之外的其他(弱势)群体利益可能关照不足,因而私人自发创制的交易成本降低机制可能带有倾向和偏见,并有可能在整体上产生福利封锁甚至减损效应。由于私人自发创制的交易成本降低机制易因群体能力的差别导致厚此薄彼、弱肉强食的社会达尔文化,挑战作为社会底限的公平与加剧社会不同阶层的对立,因此应对强弱差序格局之下私人群体自发创制的交易成本降低机制持有相对谨慎的态度。[2]例如,拆封许可与点击许可,虽以标准的格式合同和技术措施降低了权利人的交易成本与反映了权利人追求最大利润的动机,但因权利人没有动力关注也无法完全掌握公众偏好,未经协商的格式合同条款可能无从反映公众的诉求,并可能以规避合理使用以及其他权利限制制度的方式损及公众的接触利益,因而需立法者与司法者对私人创制的交易成本降低机制施加适当的关注。[3]

笔者认为,在市场机制的运行存在交易成本时,采用立法者与司法者干预建构的交易成本降低路径还是私人自发建构的交易成本降低路径取决于不同方案的成本与收益。为选择一种最有利的交易成本降低路径,我们不应带有私立规则最优或干预规则最优的先入之见或有色眼镜,而是应对各种可选的交易成

---

[1] Robert P. Merges, "Contracting into Liability Rules: Intellectual Property Rights and Collective Rights Organizations", 84 Cal L. Rev. 1293, 1299 (1996).

[2] 谢鸿飞:"私法中的分配层次",载《中国社会科学》2023年第9期。

[3] Yochai Benkler, "Unhurried View of Private Ordering in Information Transactions, An", 53 Vand. L. Rev. 2063, 2069 (2000).

本降低路径的成本收益与最优作用领域进行分析与解释,以便为新制度的引入与实施、旧制度的改进与废除提供富有洞见的观察。

二、著作权法领域交易成本类型、因素与降低机制

(一) 著作权交易成本类型与影响因素

相比于传统的有体物及其他知识产权交易,作品的属性、创作的主体以及与著作权交易相关的观念与制度环境使得利用市场机制改变与组合作品产权的交易成本在整体上非常高昂。

首先,有形财产的市场交易一般运行良好,因为有体财产的边界相对清晰,人们可以通过查看物理栅栏或不动产登记证确定有体财产边界。[1]作品的无形性决定了作品的保护边界只能通过法律拟制与观念建构的方式加以确定并且需要借助抽象思维加以把握。例如,用于确定不受保护的思想与可受保护的表达的思想/表达二分法;再如,用于确定受保护表达的独创性。但与法律拟制与观念建构相伴的是思想/表达二分法与独创性带有的捉摸不定色彩。"就客体界定难度而言,人们很容易理解作为劳动成果的有体物指什么,却不那么容易理解作为劳动成果的发明或者作品是什么。"[2]因此,著作权交易的客体并非标准化的商品或服务,而是边界难以识别与把握的抽象物,花费在界定著作权交易客体与测度客体价值上的交易成本十分高昂。作品的体验性决定了作品价值的判断只能通过实际的消费和体验才能得知,但一旦消费和体验了作品,他人实际上便已无成本地获得了作品,因而产生了信息商品交易的阿罗悖论——买

---

[1] Brett M. Frischmann and Mark A. Lemley, "Spillovers", 107 Colum. L. Rev. 257, 274 (2007).

[2] 蒋舸:"认知经济性视角下的游戏规则作品资格",载《版权理论与实务杂志》2022年第12期。

方得到信息之前，并不了解信息的价值，一旦买方了解了信息的价值，他实际上已经无成本地获得了信息，这从根本上阻碍了利用市场机制达成交易的可能。作品的无形性还会导致作品复制、传播与使用的隐蔽，从而使权利人难以发现与制止未经授权的消费行为，即便达成了交易，监督与制止交易方以及其他主体搭便车行为的成本也十分高昂。

其次，创作具有累积性质，网络时代创作的累积性质进一步得到了强化，"网络时代的作品更多以'集体创作'的方式出现，以'集合作品'的形式存在"，[1]"计算机开源程序就是一种蓝本，这种程序是由许许多多的个人程序员贡献计算机代码而形成的一个复杂的最终产品，比如一套操作系统或者某个服务器软件"，[2]"同样的动力机制，也在当下的其他许多领域发挥作用：从粉丝网站，到食谱分享网站，再到各种各样的旅游攻略网站"。[3]众多主体的贡献共同指向同一作品，导致作品之上的产权复杂、主体分散。同时，同一作品需要借鉴众多先前作品，聚合分散的主体与整合众多权利的交易成本高昂。另外，作者可能受到感性情绪的影响而非理性的驱动，因而难以达成改进各方境遇的交易。[4]这种感性情绪在著作权法中表现得尤为明显。这是因为，受到人格理论与劳动理论的影响，浪漫主义的作者观念仍然随处可见，作者与作品之间的联系在某种程度上仍然被视为母与子之间的情感纽带，而不是生产者与产出

---

[1] 熊琦："著作权许可的私人创制与法定安排"，载《政法论坛》2012年第6期，第95页。

[2] [美]罗伯特·P.莫杰思：《知识产权正当性解释》，金海军、史兆欢、寇海侠译，商务印书馆2019年版，第438、439页。

[3] [美]罗伯特·P.莫杰思：《知识产权正当性解释》，金海军、史兆欢、寇海侠译，商务印书馆2019年版，第439页。

[4] Mark A. Lemley, "The Economics of Improvement in Intellectual Property Law", 75 Tex. L. Rev. 989, 1060 (1996—1997).

之间的商业联系，故艺术家们曾一度对作品的商业化嗤之以鼻。因而，在著作权交易中，权利主体特别是作者可能基于非理性的感性观念怀有反对作品传播的动机。

复次，赋权产生的禀赋效应[1]通过推高主体对客体价值主观评价的方式阻碍交易的达成。禀赋效应是指主体为了获得作品、发明或者商标的知识产权愿意支付的对价通常低于主体出售相同权利愿意索要的对价。换句话说，主体获权之后对于权利的评价要比未获权利之前更为高昂。一项研究表明，人们平均愿意索要143美元来出售他们已经拥有的狩猎许可，但是只愿支付31美元来获得相同的狩猎许可。对于禀赋效应的解释包括所有权效应理论（ownership effect）与损失厌恶理论（aversion to loss）。所有权效应理论认为，主体为了获得作品、发明或者商标的知识产权，付出了智力劳动，并在作品、发明或者商标之上注入主体人格，知识产权作为主体劳动的外化或者主体人格的体现，被视为是主体本身的扩张与延伸，主体自然更为看重体现主体劳动与人格的知识产权，就像看重他们自身一样。所有权效应在著作权领域有被放大的趋势，这是因为，著作权法深受劳动理论与人格理论的影响，并弥漫着浪漫主义作者观念，一旦作品售价太低，怀有浪漫主义情怀的作者将会倍感受伤。损失厌恶理论认为，一定量的损失带来的效用降低要多于一定量的收益带来的效用增加。知识产权禀赋效应容易导致主体索要的价格偏离市场价值——就其拥有的知识产权索要偏离权利市场价值的高价，否则便会拒绝传播，进而阻碍知识产权

---

[1] 论述知识产权禀赋效应的文献，See Christopher Buccafusco and Christopher Sprigman, "Valuing Intellectual Property: An Experiment", 96 Cornell L. Rev. 1 (2010); Christopher Buccafusco and Christopher Jon Sprigman, "The Creativity Effect", 78 U. Chi. L. Rev. 31 (2011); "Ofer Tur-Sinai, The Endowment Effect in IP Transactions: The Case against Debiasing", 18 Mich. Telecomm. & Tech. L. Rev. 117 (2011).

市场交易，因而需要对其加以适当矫正。矫正禀赋效应引发的交易失败的方式之一乃是引入责任规则，通过公权机构而非权利主体决定是否进行权利交易与权利的市场交易价格。[1]例如，仅向主体授予要求损害赔偿的权利而非停止侵权的权利，相比于授予主体停止侵权与要求损害赔偿的权利，可更有效地限制禀赋效应并且促使交易双方通过索要和支付合理的市场价值达成交易。[2]

最后，商标权与专利权的取得需要经过专门机关的审查、核准与公告，在有关商标权与专利权的交易过程中，受到商标权与专利权保护的客体数量较少，商标与专利的权属与流转情况一经查询即可明晰。著作权的取得是基于作品创作完成这一事实行为，无需经过事先审查，较低的准入门槛、较长的保护期限以及未能设置简化的弃权机制共同导致受著作权保护的作品不计其数、无处不在。此外，著作权法领域存在大量作者身份不明的孤儿作品。在著作权交易中权利受让人对于作品持有人是否是有权主体，在作品持有人之外是否还有其他共有权利人之类的问题通常面临信息获取障碍。尽管著作权登记制度的实行在一定程度上缓解了著作权权属不清的问题，但由于该登记是自愿而非强制的，是收费而非免费的，导致一部分作品未能获得著作权登记。[3]此外，登记效力未定，登记与诉讼、赔偿之间的关系未明，都将牵制著作权登记制度实效的发挥，影

---

[1] Christopher Buccafusco and Christopher Sprigman, "Valuing Intellectual Property: An Experiment", 96 Cornell L. Rev. 1, 14 (2010).

[2] Mark A. Lemley, "Contracting around Liability Rules", 100 Calif. L. Rev. 463, 486 (2012).

[3] 根据中国版权中心发布的著作权自愿登记收费标准，其最低收费为针对100字以下的文字、口述作品收取100元，针对超过100字的文字、口述作品或其他类型的作品的收费均超过100元。

响著作权交易安全与交易效率。

由此可见,由于著作权交易客体、主体与相关观念与制度环境的特殊性,罗伯特·考特与托马斯·尤伦所提及的导致交易成本上升的因素——与作品属性相关的边界界定与价值测度问题、与集体创作相关的产权复杂与主体分散的问题、与浪漫主义作者观念和禀赋效应相关的非理性行为以及与制度环境相关的交易安全问题,几乎都存在于著作权市场交易过程中,况且本书还尚未周延列举有关推高交易成本的因素。故著作权法律制度中接触与激励的悖论实际上与著作权的界定关系不大,而与著作权能否有效交易相关。正如熊秉元所言"承认问题的存在才能面对问题,了解问题的根源才能解决问题",[1]揭示著作权交易成本的影响因素至少为降低著作权交易成本指明了思路,诸如信息的有限披露、声誉机制、可信中介以及责任规则可以有效提高著作权交易效率(参见本书第五章),促进接触与激励利益的帕累托改进。当然,任何一种交易成本降低机制本身也会产生设立与运行的费用,并且存在潜在的异化风险。例如,聚合内容和获取内容的网络平台可能截取聚合内容所生价值的极大部分,从而减少权利人可以获得的收入或推高消费者支付的费用。但是,只要组织或制度本身的费用低于组织或制度节约的交易成本,并且对其异化的风险施加合理的关注,那么特定组织和制度就是可欲和可行的。

(二)降低著作权交易成本的两种路径

为应对市场机制中的交易成本,我国著作权法律制度也处于不断的调整、完善过程中,沿着私人自主构建与法律干预建构的交易成本降低路径规定了多样化的交易成本降低制度。

---

[1] 熊秉元:《不完美的世界:熊秉元经济学十五讲》,东方出版社2018年版,第165页。

第三章　作品产权交易模式的经济分析

法律干预建构的交易成本降低机制主要包括法定许可制度与合理使用制度。其中，法定许可制度乃是一项典型的责任规则，将权利人的许可权与定价权转化为事后的报酬请求权，也即，在特定情形之下，是否授予许可并非由权利人决定，而是立法者强行将许可给予符合条件的主体，支付多少对价也非由权利人决定，而是由立法者或其授权的部门决定应向权利人支付法定许可使用费。可以说，法定许可制度以法定安排替代了私人协商，因而是一项法定的责任规则。合理使用制度是指特定情形之下，主体的许可权与定价权被消灭了，使用者无需获得许可、无需支付对价即可接触与利用作品。因此，相比于法定许可制度，合理使用制度可以说是一项强化的责任规则或亚伯拉罕·贝尔（Abraham Bell）与吉迪恩·帕乔莫夫斯基（Gideon Parchomovsky）指出的零价弹性规则（zero order pliability rule）。[1] 相比于私人自主建构，法律干预建构的交易成本降低机制由第三方，例如立法者和司法者建立，但是立法者和司法者并非市场交易的直接参与者，因而不可避免地受到认知能力的限制，致使其所建构的交易成本降低机制无法准确反映市场参与者的利益诉求。此外，因第三方与权利人的立场不同，缺少最大化作品收益的经济动机，且受限于法定规则调整的复杂性，难以为了增进作品收益及时应对交易成本。

私人自主建构的交易成本降低机制包括但不限于一体化的集体管理组织、数字权利管理、拆封许可以及点击许可。私人自主建构的交易成本降低机制主要依据财产规则进行。一体化

---

[1] 亚伯拉罕·贝尔与吉迪恩·帕乔莫夫斯基指出，除典型的财产规则与责任规则之外，存在多种财产规则与责任规则的弹性形态，例如零价弹性规则（权利人丧失对作品或者作品之上特定利用行为进行排他控制的权利，允许任何人可免费利用作品）。Abraham Bell and Gideon Parchomovsky, "Pliability Rules", 101 Mich. L. Rev. 1 (2002).

的集体管理组织制度是指权利人受到财产规则保护，即在尊重权利初始分配的基础上，自愿将许可权与定价权转移给代表权利人意志的第三方确定作品的许可条件和定价机制，相比于法定许可制度，集体管理组织制度可被称为自愿的责任规则。私人还可通过数字许可，根据使用者的不同需求进行差别化定价，从而促进交易。不过，实行差别化定价需要在财产权利外，进一步增强权利人对作品的控制能力，因此相比于集体管理组织，价格歧视可被视为强化的财产规则。相比于法律干预建构的交易成本降低机制，私人自主建构的交易成本降低机制能够灵活、及时适应技术发展与商业模式的变化。例如，集体管理组织制度最初主要为了降低权利的监督和执行成本，即帮助分散的权利人进行集体诉讼，以此维护合法权利，在其合法权利得到维护之后，集体管理组织的职能才转变为集中许可，以此降低规模许可的交易成本；进入网络时代以后，集体管理组织解决交易成本的方式已为技术手段替代，集体管理组织的优势已被削弱，因此允许著作权人撤出集体管理组织，独立许可网络环境之下的权利，避免了集中许可模式对个性化交易需求的无奈忽略。[1]集体管理组织的职能变更反映出了集体管理组织能够及时获取市场信息并且根据市场情势的变化灵活调整许可模式与定价机制。不过，集体管理组织是由著作权人创制，因此其设立和调整很大程度上反映了著作权人的诉求与立场——以尊重著作权和追求作品许可收入最大化为目标，因而极可能损害使用者的利益。集体管理组织损害使用者利益的负面效应将因缺乏竞争与限制使用者的选择空间而被放大，因而有必要纳入抑制垄断与监管私人自治的制度设计，以消减集体管理组织的负面效应。

---

[1] 熊琦：“著作权集体管理制度本土价值重塑”，载《法制与社会发展》2016年第3期，第99页。

表 3-2 著作权法中不同交易成本降低方案对应的规则形态与规则属性

卡梅框架	规则形态	规则属性	交易模式
财产规则	强化的财产规则	排他性的增强	他种制度私人建构
	自愿的责任规则	排他性的转移	集体管理组织制度
责任规则	法定的责任规则	许可权、定价权转移	法定许可制度
	强化的责任规则	许可权、定价权消灭	合理使用制度

无论采用何种路径和机制，其共同的价值旨趣均是减少交易摩擦，促进互惠交易的达成，并最终服务于有价值的目标——将交易成本节省下来补贴给交易主体以缓和作品接触与激励的矛盾。这一目标有赖于上述交易成本降低机制的实效，故下文将对上述交易成本降低机制展开详细分析，以揭示这些制度的机理、缺陷与可能的改进方向。

第二节 著作权交易的私人自主建构模式

市场经济早期，交易成本并未引起经济学家的关注，这是因为早期受到交通与通讯的限制，人们之间彼此熟悉，交易通常发生在有限的地域范围内。如在集市上，合意的达成与物质的给付是同时完成的，人们通过实体市场交易均可以获得物品组合，满足自身生存与发展的需要，当然不会去想那些极少失败的交易是因何而没有达成，甚至科斯本身对交易成本的关注也不是源于那些未达成的失败的交易，而是源于对企业组织的形成与发展现象的思考。

著作权交易与著作权法律制度同时产生，著作权的交易模式与作品的商业化程度直接相关。早期作品的商业化程度不高，作品的供给与需求仅在有限的地域范围内开展，作品类型和利用方式都相对单一,通过传播者的中介,作品成本的收回(激励)与价值的实现(接触)相对容易,一对一的授权许可即可完全满足作品的交易需求。技术的变迁导致著作权法律制度迅速膨胀,权利主体更加分散、权利种类更加丰富、客体类型更加多样,致使交易主体更加陌生、利用方式更加多元、交易客体更加复杂,"著作权交易无论在范围和频率上都远超以往",[1]依赖于当面逐一协商的授权许可模式无法满足交易需求。如莫杰思所言,阻碍使用者前进的每一棵葡萄树,每一棵植物,都象征着为个人所拥有的独一无二的知识产权:每前进一步,使用者都需要分别获得单个使用者的许可,当只有一项权利阻碍使用者前进时,寻求授权许可即可向前行进。然而,当今使用者面临的是一大堆错综复杂、扭曲不堪的知识产权,它们在使用者的商业道路上纵横交错并使使用者步履维艰,使用者每前进一步都需要与多个独立的权利持有人签订大量合同。[2]这迫使著作权交易主体不得不对当面逐一协商的授权许可模式进行调整,并由此发展出了集体管理组织及私人自主建构的其他制度形式。

一、集体管理组织制度的经济分析——个体管理向集体管理的过渡

进入模拟复制时代之后,个体权利人面对的是日益庞大的使用团体与日益复杂的使用方式,特别是未经授权的作品使用行为(非戏剧性表演行为)每天都在遍布全国的各个城市、村镇的餐厅、酒店、舞厅和广播组织反复发生,依赖于当面逐一

---

[1] 熊琦:"著作权许可的私人创制与法定安排",载《政法论坛》2012年第6期,第93页。

[2] Robert P. Merges, "Contracting into Liability Rules: Intellectual Property Rights and Collective Rights Organizations", 84 Cal. L. Rev. 1293, 1295 (1996).

协商的授权许可模式使个体权利人的权利管理能力受到了极大限制,"权利人不能控制或者难以控制其权利"[1]——权利人不可能完全知道何人何时在何地以何种方式使用了自己的作品。即便能够识别使用者,与每一位使用者进行协商缔约所招致的交易成本也可能超过因缔约所获取的收益,即便能够分别与使用者缔约,监督庞大而复杂的使用行为也是不可能的。

另一方面,销售商取代权利人进入到作品有形载体的交易市场中,权利人则直接从实体交易市场退居到幕后。以餐厅、酒店和音乐厅为典型的商业机构所使用的作品数量是巨大的,事先逐一寻找幕后权利人并获得许可耗时耗力,"使用者难以寻找大量作者并获得其授权"。[2]此时,使用者面临三种选择:第一种选择是不使用作品,在此种情况下,餐厅等商业机构无成本无收益;第二种选择是使用作品,并出于风险规避的心理寻求许可再行使用,在此种情况下,餐厅等商业机构使用行为的收益取决于其为寻求许可所支付的成本能否为其收益所抵消;第三种选择是使用作品,但出于侥幸心理未经许可径直使用,在此种情形下,餐厅等商业机构使用行为的收益取决于其未经授权的使用行为被发现的概率以及为此支付的赔偿是否能够为其收益所抵消。显然,在上述三种选择(无成本无收益、收益-交易成本、收益-被发现的侵权概率×损害赔偿)外,还存在着一种帕累托改进的策略即降低使用者为寻求许可支付的成本,而"集体管理组织可以将碎片打包,尽可能地减少使用者的负担"。[3]

---

〔1〕 熊琦:"著作权集体管理制度本土价值重塑",载《法制与社会发展》2016年第3期,第103页。

〔2〕 熊琦:"著作权集体管理制度本土价值重塑",载《法制与社会发展》2016年第3期,第103页。

〔3〕 [加]丹尼尔·热尔韦编著:《著作权和相关权的集体管理》,马继超、郑向荣、张松译,商务印书馆2018年版,第15页。

著作权法律制度的经济分析

权利人与使用者在模拟复制环境下的"隐身"产生了需求某种"中间性"的一体化组织来克服双方所面临的交易困境。

(一) 集体管理组织整体概观

虽然著作权法学者一般将著作权集体管理组织的产生诉诸法国的"音乐咖啡厅案",但在此之前有关戏剧作品的集体管理的经验已经出现。在18世纪,法国剧院通过一次性买断作者手稿的形式强迫作者放弃权利。博马舍(Beaumarchais)对此感到不满,并与其他作者创立了戏剧立法局,以禁止剧院一次性买断作品的行为并提出界定计算版税的依据的诉求。为达到这一目的,博马舍等作者开展了为期3年的"罢写"活动,并建立了"法国戏剧作家和作曲家协会"(SACD)。[1]SACD主要是为了增强剧作者与剧院的谈判能力并且争取合法的权益,更常为著作权法学者提及的是"音乐咖啡厅案"。1847年,作曲家欧内斯特·布尔热(Ernest Bloch)在一家名为"大使"的咖啡厅喝咖啡时,发现该咖啡厅正在演奏他创作的曲子。布尔热事先并未许可该咖啡厅使用他创作的曲子,也从未向咖啡厅收取过任何费用,他对此感到愤愤不平并拒绝向咖啡厅支付咖啡费用,由此引发了诉讼。塞纳河商事法庭判决咖啡厅向创作者支付充分的报酬。这一偶然事件促成了法国1850年"作者、作曲者和音乐出版商协会"(SACEM)的成立。[2]随后,根据每个国家的文化环境所建立的集体管理组织陆续产生。我国《著作权法》2001年修正之时,基于产业发展需要与制度移植考量,首次规定了著作权集体管理组织制度,但是我国首个著作权集体管理组

---

[1] 罗向京:《著作权集体管理组织的发展与变异》,知识产权出版社2011年版,第45~47页。

[2] [加]丹尼尔·热尔韦编著:《著作权和相关权的集体管理》,马继超、郑向荣、张松译,商务印书馆2018年版,第191、192页。

织——"中国音乐著作权协会"成立于1992年,早于法律规定。我国的著作权集体管理组织还包括2005年成立的"中国音像著作权集体管理协会",2008年成立的"中国文字著作权协会"与"中国摄影著作权协会",2010年成立的"中国电影著作权协会"。

1. 集体管理组织的竞争与垄断模式

世界各国建立的集体管理组织可分为两类,一类是某一类作品或者某一类权利,由几家集体管理组织进行竞争性管理;另一类是某一类作品或者某一类权利,由一家集体管理组织进行垄断性管理。

美国集体管理组织采用的是竞争模式。20世纪初期,单一的作曲者并没有足够的资本和力量对抗餐厅和舞厅等公开的、无偿的音乐作品表演行为,因为任何一位对抗餐厅和舞厅等表演音乐作品实践的作曲者都将遭到餐厅和舞厅的联合抵制。为了改变这一局面,1914年来自纽约音乐产业的九位知名参与者联合起来,采取一致行动反对公开的、无偿的音乐作品的表演行为,并成立了非营利性的"美国作曲家、作家和出版商协会"(the American Society of Composers, Authors, and Publishers, ASCAP)。随着广播和电视技术的发展,广播和电视产业获得了巨大收入,ASCAP也由此获得了大量的版税收入。该组织逐渐获得了市场支配地位,得以任意设定版税标准,致使无差别版税标准与差异化的使用需求不符,同时损害权利人(较高质量与需求广泛的作品无法获得更高的价格)和使用者(无法因为组织之间与权利人和组织之间的价格竞争受益)的利益。为了限制ASCAP的市场支配地位,1941年,美国专门成立了与之竞争的非营利性"广播音乐公司"(Broadcast Music Incorporated, BMI)以及一个由私人控制的营利性组织"欧洲戏剧作家和作曲家协会"(SESAC)。竞争模式下,权利人和使用者可以自行选择与上述任何一个机构签订授权或获权协议。不过，一类权利或一类作品领域存在多个集体管理组织相互竞争，易削弱集体管理组织的规模经济。

德国著作权集体管理组织的模式选择，"经历了由'自由竞争'到'法定垄断'，再到'事实性垄断'的发展演变"。[1]20世纪20年代，德国的集体管理组织"音乐表演权集体管理协会"（GEMA）、"作曲者协会"（GDT）与奥地利的集体管理组织就德国境内的集体管理产生了部分竞争。1933年德国首部《集体管理组织专门法》规定集体管理必须要经过事先审批，从而为由GEMA与GDT合并成立的"音乐作者权利管理协会"（STAGMA）创造了法定垄断地位。第二次世界大战后，《德国集体管理组织专门法》废除了集体管理必须经过事先审批的规定，从而使得其他集体管理组织获得了进入市场的机会。不过，从收入和会员数量来看，GEMA仍占据着事实垄断地位。日本最初的著作权集体管理组织与我国一样，是垄断模式。其1939年颁布的《著作权中介业务法》规定，任何打算开展中介业务的个人或组织都必须获得许可，对每一类型的作品仅可授予一个人或组织。[2]故在该时期，日本的著作权集体管理组织制度采用的是法定垄断模式。日本2000年颁布了《著作权和邻接权管理业务法》一改其在《著作权中介业务法》中的许可制度，而以登记制度取代之，放松了对著作权管理业务的限制，由此引入了著作权集体管理组织的竞争模式。[3]尽管如此，在特定业务领域（如音乐著作权业务）中，新成立的团体所占据的市场份

---

〔1〕 孙松："著作权集体管理行为的法律规制研究"，中南财经政法大学2019年博士学位论文。

〔2〕 [加] 丹尼尔·热尔韦编著：《著作权和相关权的集体管理》，马继超、郑向荣、张松译，商务印书馆2018年版，第437页。

〔3〕 [加] 丹尼尔·热尔韦编著：《著作权和相关权的集体管理》，马继超、郑向荣、张松译，商务印书馆2018年版，第441页。

额也较小,"日本作词家、作曲家和出版商协会"(JASRAC)的市场份额仍占据绝对优势。我国《著作权集体管理条例》(以下简称《条例》)规定任何新设立的著作权集体管理组织不得与已依法登记的集体管理组织的业务范围交叉、重合。《条例》第20条同时规定,权利人对集体管理组织进行授权后,不得再自行许可,权利人难以通过独立行使权利而对集体管理组织进行制约。可见,我国采取的是一类作品只有一家集体管理组织进行管理的法定垄断模式。若已设立的集体管理组织因事实垄断性或法律垄断性缺少来自同类集体组织和权利人的有效竞争,则极有可能导致损害许可规模较小的权利人或以概括许可而对使用需求较小的使用者收取不合理的高价,从而削减集体管理组织的制度收益,因而必须引入政府监管与制度约束抑制垄断。

2. 集体管理组织的官方与民间性质

各国所设立的著作权集体管理组织的性质或属于官方性质,或属于民间性质或介于两者之间。

由于著作权集体管理组织的设立是私人出于降低授权和维权交易成本的需要经过市场反复博弈而自主建构的交易成本降低机制,故早期的著作权集体管理组织主要是由私人组建的民间机构,如法国"戏剧作家和作曲家协会"(SACD)的前身即是博马舍与其他20位剧作家所创建的"法梅里代理处",而法国"作词者、作曲者和音乐出版商协会"(SACEM)的前身则是布尔热与其他两位作者在出版商资助下所建立的"作词者和作曲者权利征收总代理"。[1]此外,德国、英国及美国的著作权集体管理组织也都是在私人首创精神的推动下建立的民间机构。

---

[1] [加]丹尼尔·热尔韦编著:《著作权和相关权的集体管理》,马继超、郑向荣、张松译,商务印书馆2018年版,第191、192页。

|著作权法律制度的经济分析|

第二次世界大战之后,东欧国家出现了半官方的集体管理组织,第三世界国家(如非洲的法语国家)所建立的集体管理组织同样也是官方与半官方性质。"在欧洲的另一些国家,如意大利,管理机构具有半官方的性质;保加利亚和匈牙利则是官方机构。"[1]从我国《著作权集体管理条例》的文本规定来看:我国的著作权集体管理组织是由中国公民、法人和非法人组织发起设立的民间机构。但从实践观察,官方机构实际上主导了集体管理组织的建立,如中国音乐著作权协会即是由国家版权局和中国音乐家协会共同发起设立的。[2]

从整体来看,那些作品交易市场形成与发展较早的国家率先在私人首创行动下建立了著作权集体管理组织,由此建立的集体管理组织反映和代表了权利人的利益,因而与权利人具有相同的立场和追求。那些作品交易市场形成与发展较晚的国家则在很大程度上基于制度移植而在政府的主动或扶持下建立起了著作权集体管理组织。由政府主导或扶持可以快速构建集体管理组织制度,跳过私人自主构建所需的漫长博弈过程,迅速弥补权利交易中介机构的缺位困境。[3]然而,当集体管理组织的设立与发展由政府强制推行时,管理的色彩不可避免地渗透到了权利管理中,由此导致集体管理组织与权利人或使用者之间并不是基于契约自由的对等关系,而是基于行政权力的管理与被管理的关系。如此构建的集体管理组织可能并不符合权利人和使用者的期待,会剥夺甚至架空集体管理组织的私人自治色彩以及因该私人自治带来的制度收益——限制权利人对集

---

[1] 湛益祥:"论著作权集体管理",载《法学》2001年第9期,第44页。

[2] 《著作权集体管理条例》第7条规定,依法享有著作权或者与著作权有关的权利的中国公民、法人或者其他组织,可以发起设立著作权集体管理组织。

[3] 熊琦:"著作权延伸性集体管理制度何为",载《知识产权》2015年第6期,第24页。

体管理组织的自发调整能力以及为应对交易成本和市场变化而灵活、及时调整组织职能、许可模式与版税标准的能力,诱发权利人与使用者对由此构建的集体管理组织的抵触情绪,最终抑制集体管理组织的实效。"了解实情者与决策者之间的脱钩","处处以行政命令代替协商机制的制度价值立场,不但无法产生与他国集体管理制度相同的社会绩效,反而成为我国版权产业进一步发展的制度瓶颈",[1]并因此放大著作权集体管理组织的制度损失。不过,如果政府是以监管角色而非替代私人自治的角色介入,则不仅能保留私人自治的优势,还能抑制私人自治可能产生的滥用权利、损害其他群体利益的负面效应。

(二) 集体管理组织的制度收益

著作权集体管理组织是在尊重权利人享有的可排他性与可转让性的私有权利的前提之下,由权利人自愿将其转化成为由第三方行使的责任规则,通过私人自治的方式对权利的碎片化现状与规模化的利用需求作出了制度回应,并且产生降低交易成本与捕获规模经济的制度收益。

1. 降低交易成本

"数量众多的单独交易带来的高成本,使得一体化(组织)成为一个更好的替代选择",[2]著作权集体管理组织可以减少以下交易成本:

首先,事先的搜寻和信息成本的节约。信息搜寻成本包括两部分,即获得目标信息所消耗的成本与排除信息噪声所消耗

---

[1] 熊琦:"著作权集体管理制度本土价值重塑",载《法制与社会发展》2016年第3期,第97页。

[2] [美]罗伯特·P. 莫杰思:《知识产权正当性解释》,金海军、史兆欢、寇海侠译,商务印书馆2019年版,第400页。

的成本。著作权集体管理组织作为连接权利人与使用者的中介,乃是"著作权市场供求关系的信息集散地"[1]——通过建立包括其所管理的权利种类和作品、录音录像制品等的名称、权利人的姓名和名称以及授权管理的期限信息的权利信息查询系统,以供权利人和使用人查询,实际上充当了一个信息中介机构。[2]美国拥有两大表演权集体管理组织,即ASCAP(美国作曲家、作家和出版商协会)与BMI(广播音乐公司)。早在20世纪90年代ASCAP的会员数目就超过了5万名(约有29 000名作家和12 000名音乐出版商),歌曲数目约300万首,2005年其会员已超20万;20世纪90年代BMI会员数目已超8万名(约53 000名作家与32 000名出版商分支机构)并拥有一个包含约150万首歌曲的曲目库,2005年BMI会员数已突破30万。[3] 2019年"中国音乐著作权协会"会员总数突破1万人,达到10 031人,所管理的音乐词曲作品截至2016年年底已超过15万首。以酒店、餐厅、歌厅为代表的商业性使用者,其所使用的作品是大量的,分别寻找目标作品与权利人势必要在获得目标信息的过程中花费无谓的支出,并且由于缺乏专业检索能力,在排除干扰信息时也需要花费额外的精力。借助于集体管理组织,"权利人和使用者都不再需要花费告知市场、彼此寻找建立供求关系的搜索成本"。[4]

其次,事中谈判和决策费用的节约。著作权集体管理组织

---

[1] 熊琦:"著作权集体管理制度本土价值重塑",载《法制与社会发展》2016年第3期,第98页。

[2]《著作权集体管理条例》(2013年修订)第24条。

[3] Stanley M. Besen, "An Economic Analysis of Copyright Collectives", 78 Va. L. Rev. 383, 385 (1992).

[4] 杨晓静:"著作权延伸集体管理制度的法经济学解析",载《中国出版》2018年第11期,第53页。

许可以两种形式进行,一种是单项许可,另一种是一揽子许可。著作权集体管理组织所发放的许可更常采用一揽子许可,以特别满足使用者对大量作品的利用需求。所谓一揽子许可即是集体管理组织授权使用者只需支付一笔固定的费用,就可以在许可证期限内不限次数地播放在该组织所提供目录上的所有歌曲。[1]集体管理组织所发布的一揽子许可证的具体形式取决于使用者的业务性质,但是,针对每个行业所使用的许可证的形式与内容是统一的。一揽子许可有意忽视了使用费率与使用数量、范围与频率之间的关联,许可内容的格式化与单一化使集体管理组织与使用者之间无需花费时间与精力就许可协议的条款内容进行讨价还价,因此节约了协商和缔约成本。[2]早期,如音乐作品的使用者一般都是剧院、餐厅、舞厅、酒店,这些使用者不太可能预先知道他们将要使用的作品,一揽子许可使使用者无需事先指明其要使用的具体作品,也使使用者避免了就每一部作品、每一次使用行为获得许可的繁琐。因此,著作权集体管理组织节约了谈判和决策费用。

最后,事后的监督和履行费用的节约。一揽子许可的使用者获得了集体管理组织所有作品的使用权,因而免除了分散的个体权利人分别监管的负担,而集体管理组织只需将监督重点放在识别出那些未经其授权的使用者,而不必特别监管使用者使用了作品目录中的哪些作品。分散的权利人在发现未经授权的使用行为上并不具有专业化优势,也并不掌握专业化工具,因此往往要耗费大量的时间、精力与金钱。著作权集体管理组

---

〔1〕 [美]威廉·M. 兰德斯、理查德·A. 波斯纳:《知识产权法的经济结构》,金海军译,北京大学出版社2016年版,第140页。
〔2〕 熊琦:"著作权集体管理制度本土价值重塑",载《法制与社会发展》2016年第3期,第100页。

织可以自己的名义为著作权人及相关权人主张权利,并可以作为当事人进行诉讼、仲裁和调解活动,相比于分散的权利人,著作权集体管理组织可以记录与监管作品使用行为,在发现侵权与制止侵权行为的过程中具有专业化优势,可以节省分散的权利人进行监督与维权所支出的成本。例如,著作权管理组织管理 100 位权利人的 100 件作品,为发现与制止侵权行为,著作权集体管理组织只需要进行一次信息支出,例如浏览相关网站、走访相关娱乐场所,而由 100 位权利人分别对其 100 件作品进行分别管理时,彼此之间因为缺乏沟通机制,每位权利人都要支出重复的费用,即 100 次的信息支出。

概言之,集体管理组织旨在降低因权利分散与使用多元导致的搜寻、谈判与监督成本,减少权利流转过程之中的价值耗散,增加权利人或者使用者因此获得的交易剩余,从而提高大规模与分散化的权利许可效率。

2. 捕获规模经济

当我们把集体管理组织与企业作类比,把集体管理组织对作品的管理视为其产出时,企业投入与产出的规模经济理论就可以揭示著作权集体管理组织的另一重制度收益。企业的平均总成本是平均固定成本与平均可变成本两者之和。在企业产量水平极低时,由于固定成本只被分摊到少数的产品上,故企业的平均固定成本很高,而平均可变成本相对较低,故在企业产量水平较低时,增加产出可以使企业的平均总成本下降,这即是规模经济,表现为图 3-1 中点 A 左侧的生产水平。当企业的产量达到一定的水平即点 A 时,由于固定成本被分摊到了更大数量的产品上,此时企业的平均固定成本对平均总成本的影响减小,而平均可变成本的增加开始起决定作用,故在企业产量达到一定水平后,继续增加产出会导致企业的平均总成本上升,

第三章 作品产权交易模式的经济分析

这即是规模不经济，表现为图 3-1 中点 A 右侧的生产水平。[1]

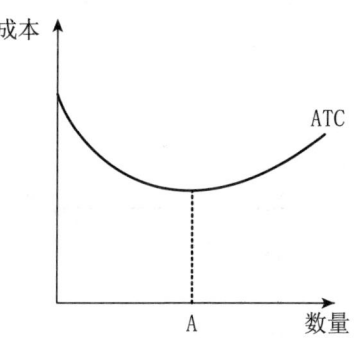

图 3-1 规模经济理论

规模适度的集体管理组织可以捕获作品管理的规模经济。集体管理组织的管理职能类似于企业的生产功能。著作权集体管理组织运行的固定成本是指与其设立机构相关的支出，而可变成本是指其进行作品管理所产生的费用。如图 3-2 所示，曲线 ATC 代表了著作权集体管理组织进行权利管理的平均总成本变化，在其所管理的作品数量达到临界值 A 之前，由于集体管理组织机构设立产生的固定成本可以被分摊到更多次的权利管理之中，故其耗费在权利管理上的平均总成本逐渐下降。当其所管理的作品超过临界值 A 之后，由于权利管理数量超过了集体管理组织的管理能力，管理机构会越来越庞杂，内部协调问题将使集体管理组织的平均总成本上升。

我们假设分散的个人进行权利管理的平均总成本为 I，并呈现为图 3-2 中一条直线，集体管理组织进行权利管理的平均总成本为 ATC，并呈现为图 3-2 中一条 U 型曲线，当集体管理组

---

[1] [美]曼昆：《经济学原理》（第 7 版·微观经济学分册），梁小民、梁砾译，北京大学出版社 2015 年版，第 288、291 页。

织进行权利管理的平均总成本小于个人进行权利管理的平均成本时（权利管理的数量介于 B 与 C 之间时），由集体管理组织进行权利管理更具成本优势。

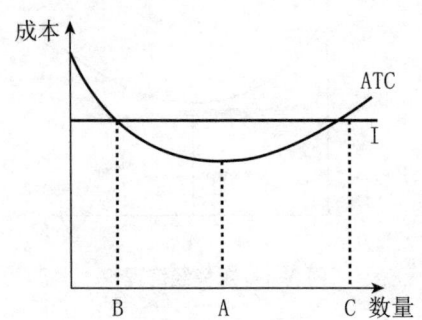

图 3-2　个人权利管理与集体管理权利的成本比较

（三）集体管理组织的制度损失

1. 竞争模式与垄断模式之博弈

竞争模式与垄断模式的存在一方面表明各种模式因能调适其本土环境，因而具有价值并成为其本土优选的模式，另一方面本土之外的他种模式也成为反思本土模式的参照，并为彼此提供了可供相互借鉴的样本。然而，要改进本土的立法模式就不可避免地要对两种模式进行一番比较。

学者们在著作权集体管理组织应采用何种模式上莫衷一是，并未达成何者更为优越的一致意见。提倡"垄断模式"的学者指出，多家集体管理组织所呈现的"叠床架屋"式的架构"会在著作权人入会、资源分配、对外关系等各方面遇到许多复杂问题"。[1]这种问题主要表现为：①使用者成本的增加。当存在多家竞争性的集体管理组织时，使用者"需要在多家著作权集

---

[1]　王迁：《著作权法》，中国人民大学出版社 2015 年版，第 393 页。

第三章　作品产权交易模式的经济分析

体管理组织中搜寻和取得许可",[1]"有些权利人参加两个以上的中介团体,各个团体都向使用者收费,好像一头牛要剥几层牛皮,使用者苦不堪言"[2]并"容易因未能选择正确的集体管理组织支付许可费而导致侵权"。[3]如果集体管理组织的规模较大,并且管理相当数量的作品,才能向使用者颁发有效的一揽子许可,使使用者能够使用任何作品而不必担心会有侵权与诉讼发生。[4]②集体管理组织运行效率的减损。竞争模式可能导致集体管理组织的规模受限,因此更难将其设立的固定成本分摊到多次权利管理之中。③权利人的收益减少。竞争模式下,集体管理组织所收取的使用费减少,花费在组织运行上的费用增加,因而可以分配给权利人的收益减少,特别是当集体管理组织之间进行竞争而从事恶意降价行为时,将进一步减少权利人的收益。

事实上,采用垄断模式也会导致一系列问题。学者们一般认为,对私人自治的侵犯与滥用垄断权利是垄断性集体管理组织最常见的两类问题:①对私人自治的侵犯。著作权集体管理组织是私人自发创制与自我管理的结果,其基本理念植根于"如果个人能自由地安排自己的事情,那么适合市场体系的制度就会随着自然选择的过程而出现"。[5]故权利人在是否由集体管理组织管理其权利、选择何种集体管理组织管理其权利时应有充分且圆满的决定自由,私人自治的基本理念可以确保集体管

---

[1] 林秀芹、黄钱欣:"我国著作权集体管理组织的模式选择",载《知识产权》2016年第9期,第54页。

[2] 刘丽娟:"集体管理:互联网时代著作权管理的必要模式",载《著作权》2001年第10期,第48页。

[3] 王迁:《著作权法》,中国人民大学出版社2015年版,第393页。

[4] [美]保罗·戈斯汀:《著作权之道:从谷登堡到数字点播机》,金海军译,北京大学出版社2008年版,第59页。

[5] [英]诺尔曼·P. 巴利:《古典自由主义与自由至上主义》,竺乾威译,上海人民出版社1999年版,第9页。

理组织的许可条件与定价效率能够根据供求关系与商业模式的变化作出灵活调整。当某一类作品或者某一类权利只能由一家集体管理组织进行管理时,私人自治必定遭到一定程度的侵蚀,进而导致集体管理组织无法实现私人自治之下的运行效率。使用者也会同权利人一样处于尴尬的境地,他们不能在不同的集体管理组织之间进行比较,因此不能选择最契合自身需求的集体管理组织。权利人与使用者的选择自由都受到了侵犯,集体管理组织的运行效率也将有所减损。②滥用垄断优势。如有学者指出,著作权集体管理组织的垄断地位很容易被滥用,从而给著作权人(会员)和使用者带来各种各样的伤害。比如,限制会员退出、歧视会员、强迫用户接受一揽子许可、索要高额许可费。[1]一个明显的例证是,在日渐走向垄断的过程中,ASCAP对使用费的分配因对创始成员有利而引起了新加入ASCAP权利人的不满。[2]

2. 垄断模式下的效率损失

笔者并不赞同垄断模式,理由如下:首先,稍微掌握一些经济学理论就会发现反"竞争模式"学者对"竞争模式"的指摘其实并不成熟;其次,除上述反"垄断模式"的论据外,经济学的理论与实践还为"竞争模式"提供了更多的支持。

竞争模式下的集体管理组织并不一定导致管理成本的增加、许可收费的混乱以及收入分配的减少。集体管理组织的规模只是影响其运行成本的一个因素,如果竞争能够使集体管理组织的运行变得更有效率,那么小规模的集体管理组织就不一定是

---

[1] 崔国斌:"著作权集体管理组织的反垄断控制",载《清华法学》2005年第2期,第110、111页。

[2] [美]保罗·戈斯汀:《著作权之道:从谷登堡到数字点播机》,金海军译,北京大学出版社2008年版,第59页。

第三章 作品产权交易模式的经济分析

缺乏效率的。正如私人建构的集体管理制度可以节约交易成本一样,没有理由认为在竞争模式下由私人对集体管理组织进行改进就不会导致组织运行成本的降低,故其分配给权利人的收益并不一定会减少。集体管理组织之间为竞争所从事的降价行为并不一定是缺乏效率的,降价减少了权利人的收入,但是也使得使用者支付的费用减少,以卡尔多-希克斯效率标准观之,竞争压力下的降价行为可能使总体福利得到增加。

经济学理论与实践为与集体管理组织垄断模式相关的效率损失提供了更多的支持。

"X-非效率"理论指出了垄断性集体管理组织缺乏效率的根源。与竞争性集体管理组织由于规模较小,不能将其固定成本分散到更多次的权利管理之中,因而不能捕获规模经济一样,垄断性集体管理组织同样可能由于规模过大而丧失规模经济优势。美国经济学家哈维·莱宾斯坦(Harvey Leibenstein)提出了"X-非效率"理论。该理论认为:"在垄断企业的大组织内部,存在着资源配置上的非效率性。"[1] 其原因在于,随着组织规模的扩大,组织内部的摩擦也会增加,协调成本的上升将使集体管理组织运行的成本优势最终丧失。由于缺少来自于纯粹竞争经济中的竞争压力,集体管理组织并没有激励去降低内部的协调成本,并最终因尾大不掉而变得行动缓慢、反应迟钝,在实现委托人的目标方面效能较差。[2]

笔者以一组例证来说明垄断性集体管理组织所导致的效率损失。我们首先在不纳入"X-非效率"的情况下来分析垄断性

---

[1] 高德步:《产权与增长:论法律制度的效率》,中国人民大学出版社1999年版,第223页。
[2] [澳]柯武刚、[德]史漫飞、[美]贝彼得:《制度经济学:财产、竞争、政策》,柏克、韩朝华译,商务印书馆2018年版,第365页。

集体管理组织的效率。

基本情景：在著作权集体管理组织成立之前，权利人之间的相互竞争导致作品个人授权许可的价格被压低到100元（即作品定价为100元），使用者为获得对该作品的使用需为搜寻作品、协商许可等支付额外50元的交易成本，由于作品对使用者的效用（使用者的支付意愿）为200元，使用者愿意花费150元（作品价格加上交易成本）来获得该作品。在该情景中，权利人所获剩余为0元，使用者所获剩余为50元（支付意愿减去作品价格与交易成本），总剩余为50元。

改进情景一：假设只存在一家同类作品或权利的集体管理组织，这意味着使用者无法从其他集体管理组织那里得到替代性满足，那么为最大化权利人的利益，集体管理组织便会倾向于从事垄断定价行为，即将作品定价为使用者愿意为作品支付的最高价格，即200元；若集体管理组织将全部的收益转让给权利人（假设组织的运行成本为零），此时权利人剩余为100元（垄断价格200元减去竞争价格100元），使用者剩余为0元（支付意愿减去作品价格），总剩余为100元。相较于基本情景而言，权利人的状况得到了改善，使用者的状况变差，但是由于集体管理组织的存在使交易成本减少，总剩余增加50元，相较于基本情景而言，改进情景一是一种卡尔多-希克斯效率意义上的改进。

改进情景二：假设存在多家同类作品或权利的集体管理组织，这将意味着使用者的需求可以从任何一家集体管理组织那里得到满足，任何一家从事垄断定价的集体管理组织都会导致使用者从他家集体管理组织那里获得许可，不同集体管理组织之间的竞争导致它们至多只能向使用者收取150元的费用（作品100元的竞争价格加上节约的50元的交易成本），这是因为收取高于150元的费用将会导致使用者从权利人那里直接获得授权许可；若集体管理组织将全部的收益转让给权利人（假设组织的运行成本为零），此时权利人剩余为50元，使用者剩余为50元，总剩余为100元。相较于基本情景而言，权利人剩余增加50元，权利人状况变好，但使用者所获剩余仍为50元，状况没有变差，全部剩余在权利人与使用者之间进行了分配，且交易成本被补贴给权利人，因而在没有损害使用者对作品接触的情况下增加了对作品的激励，因而改进情景二相较于基本情景是一种帕累托效率意义上的改进。

当然，上述改进情景一是以集体管理组织与权利人签订独占许可为前提的，因为在非独占许可的情形下，垄断性集体管理组织任何从事垄断定价的策略都会导致使用者从权利人那里直接获取授权许可。故我们认为，集体管理组织的垄断性会因其与权利人签订独占许可而得到强化。改进情景一与改进情景二的对比说明了在不考虑"X-非效率"的情况下，垄断性集体管理组织相较于个人授权许可具有卡尔多-希克斯效率，但是竞争性集体管理组织相较于个人授权许可则具有帕累托效率，故竞争性集体管理组织更能够在促进对作品激励的同时促进对作品的利用，因此竞争性集体管理组织更为有效。

当我们把"X-非效率"所导致的垄断损失考虑进去，即放松集体管理组织运行成本为零，因而可以将全部的收益转移给权利人的假设，改进情景一与改进情景二的效率就要发生改变。

改进情景三：假设只存在一家同类作品或权利的集体管理组织，且组织的运行是有成本的，即集体管理组织向使用者收取200元，只能在扣除组织运行的费用后才能将收益转移给权利人，而且由于缺乏竞争，组织的运行费用会越来越高，假设其运行费用为50元，此时，权利人剩余为50元（200元-50元-100元），使用者剩余为零（支付意愿200元减去作品价格200

元),总剩余为50元。相较于基本情景,并没有任何改进,只是发生了剩余转移,即将使用者的接触利益转移为了对权利人的激励利益。当组织的运行成本升高时,比如运行成本增加到了100元,则权利人的剩余为零,使用者的剩余也为零,相较于基本情景,总剩余减少50元,因此大规模的垄断性集体管理组织的效率甚至不如个人授权许可模式。

改进情景四:假设存在多家同类作品或权利的集体管理组织,组织运行有成本,但竞争会导致组织进行制度创新,以至于组织倾向于将其运行成本降低至零,相较于改进情景二而言,并不会有过多的效率损失。

改进情景三与改进情景四说明,当我们把"X-非效率"考虑进去之后,垄断性集体管理组织由于缺乏竞争,组织的运行成本增高,可分给权利人的收益减少,并倾向于向使用者收取高价,接触与激励的矛盾加剧而不是缓解。竞争性集体管理组织在竞争压力的驱使下,可以不断降低组织的运行成本,并将因此节省下来的费用补贴给权利人或使用者,接触与激励之间的矛盾就会缓和而非加剧。

从各国的立法例来看,各国实际上较少采用法定垄断模式。采用竞争模式的国家(如美国),并不认为有任何的必要来改变其竞争模式。在其他国家,无论其之前采用的是竞争模式还是垄断模式,其现行制度中均较少采用法定垄断模式:现行德国《著作权集体管理法》(LACNR)并没有赋予任何集体管理组织以法定垄断;日本现行的《著作权和邻接权管理业务法》也一改其早期《著作权中介业务法》中要求必须获得"文化厅长许可"与"每一类型的作品仅可授予一个人或组织"的法定垄断模式。目前国际上公认衡量集体管理组织效率的标准是看集体管理组织的费用占其全部收入的比重。通常,当集体管理组织的费用占其收入的比重达到20%到30%时就说明该组织的管理效率已经很高了。据有限的可查数据，美国ASCAP向其会员分配的收入在20世纪已经达到86%，直到2019年中国音乐著作权协会向会员分配的收入才达到80%。另外，20世纪90年代ASCAP会员数目就超过了5万名，歌曲数目约300万首，而我国音乐著作权协会2019年的会员数才刚突破万人。这表明，我国著作权集体管理组织的法定垄断模式实际上运行效率是很低的。

事实上，集体管理组织的垄断性来源于两个方面：一方面是由于法律限制就同一类作品或权利存在两个及以上的集体管理组织，另一方面是由于"规模经济"所导致的自然垄断。即便不采用法定垄断模式，即在那些采用竞争模式的国家中，也没有出现山头林立、错综复杂的局面，竞争最终导致了少数集体管理组织处于事实垄断的局面。"其实，成长过程中的竞争活动会在集体管理组织身上留下烙印，使其市场行为逐步趋向规范化。"[1]

如果集体管理组织能够最大限度地发挥其制度收益（降低交易成本与捕获规模经济）且规避其制度损失（垄断损失），就不仅能激励作品的创作，还能够促进作品的利用，这也为我国著作权集体管理组织的改进指明了方向。

（四）我国著作权集体管理组织的改进方向

"著作权集体管理组织对权利分散性的解决与对排他性的坚持，使权利人能够在保证私人自治、回应著作权市场供求关系的前提下，解决权利许可中的交易成本问题。"[2]政府干预与垄断损失则对著作权集体管理组织的制度收益形成了反作用力，

---

[1] 崔国斌："著作权集体管理组织的反垄断控制"，载《清华法学》2005年第2期，第114页。

[2] 熊琦："著作权集中许可机制的正当性与立法完善"，载《法学》2011年第8期，第104页。

使之制度收益趋于消解。故改进的关键在于回归著作权集体管理组织设立的自治精神与竞争环境。我国集体管理制度中需要改进之处主要有：

第一，集体管理组织设立的法定垄断模式需要调整。根据《著作权集体管理条例》的规定，著作权集体管理组织的设立须经国务院批准，不得与已经依法登记的著作权集体管理组织的业务范围交叉、重合，权利人在与著作权集体管理组织签订著作权集体管理合同后，不得在合同约定期限内自己行使或者许可他人行使合同约定的由著作权集体管理组织行使的权利。上述规定表明，在我国，某一类作品或某一类权利有且仅有一家集体管理组织，该组织享有法律上的和事实上的垄断地位。即便权利人认为集体管理组织设定的许可模式与定价机制已与市场需求脱节，已然无法发挥降低交易成本与满足交易需求的制度功能，实际上也很难通过自行许可他人利用已由集体管理组织管理的权利，变革现有无效率的集体管理组织或者新设能够满足交易需求的自治组织。同样，使用者只能被迫接受无效率的集体管理组织的许可模式与定价机制，并无自由选择的空间，结果导致集体管理组织未能带来任何增进社会福利的制度收益。在缺少市场竞争之时，集体管理组织并无任何动力降低自身的运行成本，以向权利人分配更多收入或向使用者收取更低价格。因此，需要将集体管理组织的垄断模式改为竞争模式。具体措施包括：改变权利人与集体管理组织之间专有许可的规定，允许权利人在授权集体管理组织管理权利后自行行使或许可他人行使已由集体管理组织管理的权利；不应事先限制集体管理组织的数量，允许符合条件的主体自由创设集体管理组织。如此一来，自由的市场准入机制可对现有集体管理组织形成竞争压力，迫使其朝着有利于权利人与使用者的方向改进运行效率。

二是在位集体管理组织的规模经济可以限制过多的集体管理组织进入市场，避免"山头林立"与"组织混乱"的管理格局。

第二，集体管理组织的管理色彩需要淡化。我国著作权集体管理组织使用费的确定与收取，采用的是"集体管理组织申报—政府审定—批准执行"[1]的模式，官方因素的介入导致使用费更像是基于不对等的管理关系而非对等的协商关系确定与收取，由于任何带有行政色彩的机构都不是作品价值的最佳判断者，且缺少使用者与权利人就使用费的博弈过程，将导致使用费的确定与收取过分偏离市场机制，不能反映作品的供求信号。笔者认为，在集体管理组织使用费的确定与收取中应纳入使用者和权利人的实质性参与机制。一则使私人自治精神得到充分发挥；二则使使用费的确定与收取更加合理。对延伸性集体管理制度的引入应保持审慎。延伸性集体管理"是一种在法定条件下将特定集体管理组织的作品许可规则扩大适用于非会员权利人，以此扩大使用者获取作品的范围和降低分散许可交易成本的制度"。[2]延伸性集体管理本质上以"家长主义"理念替代"私人自治"价值而实现对权利排他性的强制移转而非自愿转移，因此是对私人自治的价值减损，致使私人缺少自发、及时和精准应对市场、技术与商业模式变化引发的交易成本的自由与激励，因此应当对延伸性集体管理组织的引入持有更为审慎的态度。

当然，著作权集体管理组织的任何改进路径都不是要将自治精神或竞争环境绝对化，而是避免对自治精神与竞争环境的过分偏离。

---

[1] 倪静：“我国著作权集体管理组织许可使用费决定机制检讨与改革”，载《河南财经大学学报》2012年第2期，第88页。

[2] 熊琦：“著作权延伸性集体管理制度何为”，载《知识产权》2015年第6期，第18页。

二、他种制度私人建构的经济分析——集体管理向个人管理的复归

（一）他种制度私人建构概观

著作权人对作品控制能力的增强使得著作权交易从集体管理模式向个人管理模式的复归变得可能。

特罗特·哈迪（Trotter Hardy）列举了信息产品生产者用以限制其作品被复制的四种方式。这四种控制方式分别为："财产类保护"（Entitlement-Like Protection）、"合同类保护"（Contract-Like Protection）、"现有技术水平限制"（State-of-the-Art Limitations）、"特殊目的技术限制"（Special-Purpose Technical Limitations）。[1]

"财产类保护"实际上是由著作权法通过具有排他性与可转让性的私有规则对信息产品生产者进行授权，并由此产生了对世效力，他人未经许可对作品的接触与使用都将受到"财产类保护"规则的规制。"财产类保护"的控制能力来自于以武力为后盾的国家公权力。对作品接触与利用进行控制的第二种方式源自"合同类保护"。[2] 与"财产类保护"不同，"合同类保护"对作品接触与利用的限制仅具有相对效力，因其无法规制合同双方之外的第三人对作品的接触与利用。"合同类保护"的控制能力来自于合同双方之间的合意。对作品接触与利用进行控制的第三种方式产生于"现有技术水平限制"。制作表达载体的副本需要成本，但显然不同媒介的复制成本是不同的，技术

---

[1] Trotter Hardy, "Property (And Copyright) In Cyberspace", 1996 U. Chi. Legal F. 217, 223 (1996).

[2] 与信息产品有关的合同有两类：一类是将财产权利作为合同的对价，此类合同是利用财产权利获取报酬的手段，在此种情况下，财产控制与合同控制相辅相成；另一类是在财产权利之外由双方当事人额外意定设权或对其财产权利的限制进行规避。这里所说的合同控制主要第二种类型的合同。Trotter Hardy, "Property (and Copyright) in Cyberspace", 1996 U. Chi. Legal F. 217, 224 (1996).

变化影响复制成本：手抄誊录时期，一份手稿只有通过誊录才能被复制，誊录的成本——时间、费用及"麻烦"——构成了誊录者所能制作的手稿副本数量的天然限制；模拟技术时期，复制质量的提高与复制技术的普及并不同步，复制效果并不理想，例如影印版《国家地理》杂志远逊色于原版，因此复制技术的普及并不会对《国家地理》杂志构成实质威胁；数字技术时期，尽管唾手可得与高保真度的复制技术使现有技术对作品接触与利用的控制能力减弱，但是作品生产者所实施的"特殊目的技术限制"限制了现有复制技术的实施。所谓"特殊技术目的限制"是作品生产者通过私力实施的，为应对财产类保护、合同类保护与唾手可得和高保真度的复制技术对作品接触与利用控制不足的问题，如有线电视公司所使用的信号"加扰"技术，家庭观众为观看特定频道，必须向有线电视公司购买能够"解扰"的电子设备。

上述四类控制模式可以进一步归纳为三类，即财产类保护、合同类保护与技术类保护。其中，财产类保护属于典型的借助法律排他性所实施的控制，技术类保护属于典型的借助事实排他力所实施的控制，而合同类保护在合同双方自我执行的情况下具有针对相对人的事实效力，而当其为法律强制执行时具有针对相对人的法律效力。

在集体管理时期，作品生产者主要依赖著作权法律制度中的财产类保护对作品的接触与利用行为进行事后规制。在这一时期，即便作品生产者可以借助合同类保护限制作品的接触与利用行为，大部分也是以著作权法律制度中的财产权利为对价，旨在实施著作权法律制度所授予权利人的财产权利，且缺乏技术的支持，仅借助具有相对效力的合同实施财产权利，实际上难以识别与监管相对人超越合同约定范围的接触与利用行为，个体权利人的管理能力因此受到了极大的限制，故需要借助集体管理组织来辅助与强化其对作品的控制。

在数字复制时代，作品复制的便宜仅是数字技术的一重面向，其另一重面向则在于它同时使权利人获得了通过其他手段对作品进行控制的机会，并增强了作品生产者的控制能力，这使得数字复制时代著作权交易从集体管理向个人管理的复归变得可能，以前通过"中间化"的集体管理组织来实施的著作权交易越来越多地转变为权利人与使用者之间的直接交易。

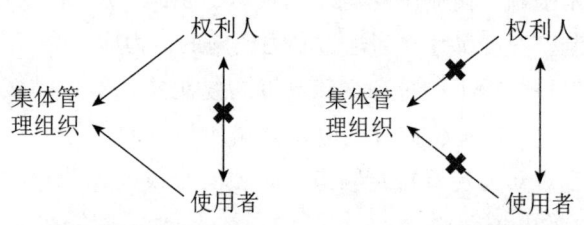

图 3-3　集体管理时期著作权交易　图 3-4　个人管理时期著作权交易

由于"财产类保护"是由法律所设定的，而"现有技术限制"是由技术发展阶段所制约的，故在数字复制时期，私人首创精神主要被用于合同控制模式的革新与"特殊目的技术限制"（以下简称"技术控制"）的改进。以下将分别对私人自主建构的合同控制模式与技术控制模式概观进行简要论述。

1. 合同控制模式

传统的著作权交易是以当面逐一协商的合同为基础的，在数字复制时期，实现著作权交易功能的合同模式更加多样，如拆封许可、点击许可以及新近引起学界讨论的智能合约。

（1）拆封许可与点击许可。拆封许可（Shrinkwrap License）是 20 世纪 80 年代软件交易行业中的一大特色，但是具体由谁首先在软件交易实践中使用了拆封许可已经成为一个不可考证的过去。拆封许可的典型形式是一张包含许可条款的纸，它与一个或多个计算机磁盘一起被透明的塑料包装所包裹。其他形式的拆封许可包括印在软件包装盒外、附在软件包装盒内或者用户手册的一页上。无论拆封许可位置何在，拆封许可通常都包含以下内容：

供应商向您提供所附材料的明确条件是您对本软件许可证表示同意。使用所附软件，即视您同意软件许可。如您不同意许可条款，请在收到后3天内将这些材料以原包装退还给您的经销商，以获退款。[1]

当使用者撕掉包装并使用软件时，被视为同意许可协议。

点击许可（Clickwrap License）与拆封许可是一对孪生姐妹，正如拆封许可是软件权利人为应对软件的大规模实体零售而进行的交易模式革新一样，点击许可是应对软件的大规模网络销售而进行的交易模式革新，两者都是面向大众许可市场的交易机制。点击许可主要有两种典型形式。一种是使用者首次下载软件时，在将软件下载下来之前，电脑会自动弹出列明许可协议条款的对话框，使用者只有点击对话框中的"我同意"按钮才能进行软件的下载操作。点击许可的另一种典型形式是使用者在启动对软件的安装程序时，自动弹出的许可协议条款对话框，使用者同样需要点击"我接受"按钮才能进行软件的安装操作。[2]在上述两种情形下，使用者点击"我同意"或"我接受"按钮的行为即被视为接受权利人的许可协议条款。

---

〔1〕 Mark A. Lemley, "Intellectual Property and Shrinkwrap Licenses", 68 S. Cal. L. Rev. 1239, 1241 (1995).

〔2〕 梁志文："版权人的自力救济及其限度——从微软'黑屏'事件谈起"，载《法学》2008年第12期，第118页。

拆封许可与点击许可的效力经历了由早期否定其效力到认可其效力的过程。马克·A.莱姆利（Mark A. Lemley）于1995年对各国对待拆封许可的态度进行了梳理，结果表明美国法院普遍拒绝执行拆封许可，[1]美国之外的其他许多国家要么完全拒绝执行拆封许可，要么对这类许可的形式和内容施加限制条件，仅有极少数国家自由执行拆封许可。[2]这一情形因1996年美国联邦第七巡回法院对"ProCD诉马休·泽登伯格案"的判决发生逆转。[3]美国联邦第七巡回法院认为《美国统一商法典》允许卖方接受以行为作出的承诺，并可以对构成承诺的行为类型进行规定，买方可以通过作出卖方规定为承诺的行为作出承诺。在该案中，ProCD提议买方可以通过在阅读计算机屏幕或手册中的许可协议后的使用行为来接受协议。泽登伯格阅读了电脑屏幕上的许可协议，并继续使用了软件。因此，他接受了ProCD的要约，并签订了具有约束力的合同。据此，联邦第七巡回法院认为，该案中的拆封许可协议是可执行的。由于点击许可与拆封许可之间存在天然纽带并且其均是针对大众许可市场的交易机制，"ProCD诉马休·泽登伯格案"的判例效力不仅及于拆封许可协议，也同样及于点击许可协议。我国立法中是以格式合同之名而对拆封合同与点击合同的效力予以认可的。在"浙江淘宝网络有限公司诉许文强等网络服务合同纠纷

---

〔1〕 例外情况是"亚利桑那州零售系统公司诉软件链接公司案"（Arizona Retail Systems, Inc. v. Software Link, Inc.）。在该案中，地区法院以一种非常谨慎的方式执行了附随在软件评估版本中的拆封许可条款，即其判决是基于亚利桑那州零售系统公司（使用者）承认其打开、阅读拆封许可并对软件进行数小时使用后，其并不打算保留软件。

〔2〕 彼时（1995年），自由执行拆封许可协议的国家和地区包括奥地利、多米尼加共和国、中国香港地区、韩国与马来西亚。Mark A. Lemley, "Intellectual Property and Shrinkwrap Licenses", 68 S. Cal. L. Rev. 1239, 1252-53 (1995).

〔3〕 See ProCD, Inc. v. Zeidenberg, 86 F. 3d 1447 (7th Cir. 1996).

案"中,上海第一中级人民法院认为:"网络交易平台经营者采用点击合同文本确认的方式与用户达成服务协议,是订立合同的一种形式,对于双方当事人订立的格式条款,只要合同的约定不存在法律禁止的内容,服务协议的效力应予确认。"[1]

(2) 数据导向合同、可计算合同与智能合约。缺少技术控制模式的支持,合同控制模式的任何革新都受制于相对效力而使其控制能力大打折扣,因此合同控制模式的革新是与技术控制模式的改进协同发生的。合同与技术的深度融合已经引起了学者的广泛关注。哈里·苏登(Harry Surden)描述了两种在技术上较为先进的合同形式:数据导向合同(Data-Oriented Contract)与可计算合同(Computable Contract)。[2]传统合同通常是由缔约双方使用书面(或口头)文字描述合同条款。数据导向合同的技术特征在于合同条款以机器可读的形式表示,将合同义务作为数据,以便于计算机和其他电子系统处理。可计算合同的技术特征较之数据导向合同更为先进:它不仅可以将合同条款以机器可读的形式表示,还在合同自动化程度上更进一步——它可以使用数据处理来确定合同履行是否完成,但其所得判断只是表面结论,终局判断仍需借助法律机制。智能合约(Smart Contract)代表着对以往试图通过新兴技术实现合同法自动化的彻底突破,由尼克·萨博(Nick Szabo)在其1996年撰写的《智能合约》中首次提出,是指对合同条款进行编码,对合同标的进行托管(利用区块链技术使合同标的如作品、财产置于区块链中的暂停状态),在触发特定条件时进行自动履行或自主救济,并排除外界对其履行和救济进行干预的封闭系统。至少对其支持者而言,智能合约使人们能够制定完美的、自我执行的合约,并

---

[1] 上海市第一中级人民法院[2017]沪01民终13085号民事判决书。
[2] Harry Surden, "Computable Contracts", 46 U. C. Davis L. Rev. 629 (2012).

且维持一个独立于国家干预的交易机制。[1]数据导向合同、可计算合同与智能合约本质上是传统合同因技术面纱而呈现出来的新面孔，尽管呈现出不同于传统合同的新特点，[2]但并不变其"旧酒"的本质，因此技术融合型合同理论上应具备合同效力。

2. 技术控制模式

权利人采取的技术控制手段可以被大致分为两类：一类为控制对数字内容接触的技术手段，如数字加密技术就如同防盗门一般将盗窃者挡在门外，使之无法接触数字化内容；另一类为控制对作品使用的技术手段，这包括了对作品具体使用方式的控制（如数字指纹技术与数字水印技术）与对作品使用状态的控制（如权限表达语言）。[3]

著作权法律语境中使用频率较高的技术手段主要包括"技术措施""权利管理信息"与"数字权利管理"。目前的著作权国际公约仅对"技术措施"与"权利管理信息"进行了界定，尚未对"数字权利管理"下定义。[4]根据王迁教授对"技术措

---

[1] Mark Verstraete, "The Stakes of Smart Contracts", 50 Loy. U. Chi. L. J. 743, 745 (2019).

[2] 我国有学者指出，智能合约中公众并不清楚以计算机语言表述的智能合约的具体内容，在此种情形下公众的行为较难构成承诺；智能合约的履行不存在迟延履行、不完全履行、不能履行等不能全面履行义务的形态，并且公众行为只会导致智能合约无法执行的问题，而不会产生违约责任。华劼："区块链技术与智能合约在知识产权确权和交易中的运用及其法律规制"，载《知识产权》2018年第2期，第17、18页。

[3] 郭禾："规避技术措施行为的法律属性辩析"，载《电子知识产权》2004年第10期，第12页。

[4]《世界知识产权组织版权条约》（WCT）第11条规定："缔约各方应规定适当的法律保护和有效的法律救济办法，制止规避由作者为行使本条约或《伯尔尼公约》所规定的权利而使用的、对其作品进行未经该有关作者许可或未有法律准许的行为加以约束的有效技术措施。"第12条第（2）款规定："'权利管理信息'系指识别作品、作品的作者、对作品拥有任何权利的所有人的信息，或有关作品使用的条款和条件的信息，和代表ult中信息的任何数字或代码，各项信息均附于作品的每件复制品上或在作品向公众进行传播时出现。"

施""权利管理信息"与"数字权利管理"的区分:"技术措施"是用于阻止他人对作品和其他著作权法保护的客体实施非法（未获授权或未经法律准许）接触与利用行为的技术手段;"权利管理信息"仅是识别作品、权利主体、使用条件等内容的信息,本身并不具有阻止他人对作品实施接触与利用行为的技术功能;数字权利管理较之"技术措施"与"权利管理信息"外延更为广泛,数字权利管理中的"权利"并非法定权利,"管理"也不是严格意义上的法律用语,因此是"技术措施"与"权利管理信息"的上位概念。[1]较之"技术措施","数字权利管理"超越了对著作权客体非法接触与利用行为的规制,它是指对著作权客体及与其具有相似特征之客体（如数据库）进行经济学意义上之经营管理行为,因此自然地涵盖了对非法接触与利用作品之行为的规制;较之"权利管理信息",用于"数字权利管理"之信息并不局限于有关作品、权利主体或使用条件之信息,甚至可以揭示使用者的相关信息。故权利人对作品或与其具有相似特征之客体进行技术控制的技术手段是指涵盖了"技术措施"与"权利管理信息",并始终因技术变迁而不断变革的数字权利管理。

技术语境下的数字权利管理是一个技术系统,由各种相关技术按照特定方式组合而成,该技术系统由数字内容打包处理模块、数字内容发布模块、许可证管理模块与客户端模块构成。各模块之间的协调模式如下:内容提供商使用打包处理模块对数字内容进行打包,然后将打包文件送至发布模块进行发布;用户从发布模块取得数字内容,客户端检测到用户所请求的操作需要授权并查找相应的许可证以获得授权;如果没有找到相应的许可证,就向许可证管理模块发出请求;许可证管理模块

---

[1] 王迁:"'技术措施'概念四辨",载《华东政法大学学报》2015年第2期,第30~37页。

根据用户的请求决定针对该数字内容的合适策略并且进行符合这一策略的交易;交易完成后,许可证管理模块就把使用权利和解密数字内容的密钥打包成许可证,发送给用户;客户端验证该许可证,根据许可证设定的使用权限再现内容。[1]在这一从生产者到发布者最后到消费者的过程中,各模块之间的协调是借助如下技术手段实现的:

(1)身份认证技术,是指基于用户身份,如其姓名、手机号码、电子邮箱、身份证号、生理特征,或者基于使用设备(如 IP 地址)来授权一位或多位用户在一台或多台设备上使用数字内容,如某政法大学购买的北大法宝数据库即是基于 IP 地址进行身份认证,进而控制对北大法宝的接触与利用行为。

(2)数据加密技术,是指将数字内容通过加密钥匙与加密函数转换,变成不具有文本意义的密文,数字内容的接受者只有从权利人处取得许可并获取密钥才能将密文还原为数字内容,进而对数字内容加以接触与利用的技术。

(3)防复制技术,如 SCMS 防复制技术使数字内容不能被复制或复制后内容失真,如对从某学术期刊网站下载的期刊进行复制粘贴后的内容是混乱的。

(4)数字指纹技术,数字指纹与人体指纹类似,正如人体指纹是从人体器官中提取的身份识别信息,数字指纹是从数字内容中提取的内容片段。

(5)数字水印技术,是夹在数字内容中的一小段代码,不易或不能被使用者感知,不会影响使用者对数字内容的使用体验,并且难以被篡改或伪造。数字指纹技术与数字水印技术可以使权利人追踪那些将其数字内容窃为己有并公然示众的行为,

---

[1] 李彬、杨士强:"数字权利管理的关键技术、标准与实现",载《现代电视技术》2004 年第 11 期,第 113 页。

并可以此作为侵权行为的初步证据。[1]

(6) 权限表达语言,即权限声明,它定义了"什么人在何种条件下可以对哪些资源采取何种动作",[2]如自动计数技术就可以设定使用人对数字内容的使用次数上限或者根据实际使用次数计费。

(7) 区块链技术（Blackchain）最早由中本聪在《比特币：一种点对点的电子现金系统》一文中提出。广义的区块链技术是指:"利用块链式数据结构来验证和存储数据、利用分布式节点共识算法来生成和更新数据、利用密码学的方式保证数据传输和访问的安全、利用由自动化脚本代码组成的智能合约来编程和操作数据的一种全新的分布式基础架构与计算范式。"[3]

技术控制模式使权利人对作品的控制获得了事实上的对世性的排他效力,并因国际公约与各国立法对技术规避行为违法性的确认而获得了法律的支持,故通过私人建构的他种制度模式（技术控制下的合同许可）实际上正在取代著作权法律制度所精心调试的产权界定规则,并使著作权法律制度沦为缺省规则。[4]

(二) 他种制度私人建构的制度收益

由外部环境引起的主体的受益或受损的效应是私人进行合同模式革新与技术手段改进的动机,即除非私人能够从制度建

---

〔1〕 郭禾:"规避技术措施行为的法律属性辨析",载《电子知识产权》2004年第10期,第12页。

〔2〕 李慧颖等:"数字权限表达语言综述",载《计算机科学》2004年第7期,第12页。

〔3〕 《中国区块链技术和应用发展白皮书（2016）》。

〔4〕 如哈佛大学法学院教授威廉·W. 费舍尔三世（William W. Fisher Ⅲ）所言:"互联网中流通之作品的创作者将越来越少依赖知识产权法但却越来越多地依赖合同权利与技术保护而对那些企图接触其作品的使用者收费。"William W. Fisher Ⅲ, "Property and Contract on the Internet", 73 Chi. -Kent L. Rev. 1203 (1998).

构中获得制度收益,否则私人不会进行制度改革。私人通过合同模式革新与技术手段改进获得的控制能力使其可以降低交易成本与进行价格歧视,进而获得更多的交易剩余。

1. 降低交易成本

(1)事先搜寻和信息成本的节约。信息搜寻即排除信息噪声与获得目标信息的过程,在这一过程中,信息搜寻者需要耗费搜寻时间与支出查询费用。一般而言,信息的搜寻费用与不确定性有关,不确定性越高,信息搜寻者花费的信息搜寻成本越高。

著作权交易的前提是确定目标作品及与之相关的信息。权利人进行合同控制与技术控制的前提是"大多数21世纪的娱乐产品和信息产品将由数字记录、数字存储、数字传输与数字接收",[1]"数字形式胜于任何其他媒介的一个引人之处在于:它能够适应现代计算机的运算能力和互联网无远弗届的可接入性",[2]这意味着传统上建立在空间上相互移动的信息搜寻行为的成本大大降低了,使用者点击鼠标检索作品花费的时间与费用要大大少于由走访书店等实体场所引发的成本,通过点击鼠标能够搜寻到的作品的范围也远远超过脚步丈量的作品范围。"利用区块链的分布式存储、共识机制、'时间戳'技术所构建去信任的数据交换环境,可以准确、及时、完整地记录数字版权从产生、使用、交易、许可及转让等一系列过程。"[3]使用者通过点击所获得的不是作品的"片段"信息,而是作品及其权

---

〔1〕[美]保罗·戈斯汀:《著作权之道:从谷登堡到数字点播机》,金海军译,北京大学出版社2008年版,第163页。

〔2〕[美]保罗·戈斯汀:《著作权之道:从谷登堡到数字点播机》,金海军译,北京大学出版社2008年版,第163页。

〔3〕赖利娜、李永明:"区块链技术下数字版权保护的机遇、挑战与发展路径",载《法治研究》2020年第4期,第130页。

利人的"全生命周期信息",因此减少了使用者为应对与著作权交易客体的不确定性而分别点击搜索作品"片段"信息的成本。更进一步,权利人所实施的技术控制可以根据使用者的浏览记录、消费记录揭示与挖掘使用者的偏好,通过算法推荐向使用者推送与其偏好一致的作品,节省交易双方的信息搜寻成本,提高达成交易的可能。

仅确定目标作品及与之相关的外在信息是不够的,使用者必须对目标作品的内在价值有所了解。然而,作品交易的阿罗悖论——在买方得到作品之前,他并不能判断作品的价值,而一旦其得到了作品,其实际上已经无成本地获得了这一作品——指出作品权利人与使用者之间因缺少对称信息,使用者为应对目标作品价值的不确定性而花费在确定目标作品价值上的信息搜寻成本完全可能导致著作权交易失败。权利人实施的技术控制为减少使用者的信息搜寻成本提供了可能——权利人可以为使用者提供短时间的"试看"与"试用"服务。尽管"试看"与"试用"服务可能隐含权利人诱导消费的意图,但对作品信息的直接披露为使用者判断作品价值提供了有用信息,因此减少了使用者从任何其他渠道打探作品信息而花费的无用支出,并提高了著作权交易达成的可能性。

(2)事中谈判和决策费用的节约。设计、起草和协商合同条件需要花费成本,这不仅表现为直接的金钱成本,还表现为间接的机会成本——当事人花费时间与精力进行讨价还价而丧失了从事其他经营活动的获益可能。讨价还价的过程越长,谈判与决策的费用就越高。艾瑞卡·J.纳什(Erika J. Nash)将合同划分为为了满足特定交易当中交易双方的需求设计、起草和协商的定制合同与为了满足规模交易与重复使用需求设计、起草和协商的格式合同。[1]通常来说,为了规模交易与重复使用需求设计、起草和协商的格式合同更具效率优势。拆封许可、点击许可与智能合约是一方当事人为了重复使用而预先拟定,并在订立合同时未与对方协商而订立的格式合同。在格式合同中,格式合同的接受者(在著作权法律语境中一般是使用人)"要么接受,要么走开"(Take It, or Leave It),省去了讨价还价的过程,也就因此节约了消耗在讨价还价中的成本。[2]除非自由合同的谈判与决策费用为零,否则从自由合同[3]到格式合同至少满足了卡尔多-希克斯效率标准。

（3）事后履行和监督费用的节约。由于合同仅具相对效力,故事后履行与监督费用的节约很大程度上要归功于私人所进行的技术手段的改进。在传统意义上,著作权监督与履行的费用是很高的,这不仅包括合同当事人为履行和监督著作权交易所付出的私人成本,还包括了在私力所不达时需要引入的公力救济机制,律师、法官与执行人员构成了公力救济机制的一部分,而由公力救济机制所招致的社会成本是高昂的。[4]技术手段的改进不仅降低了事后履行与监督的私人成本,也使得减少甚至消除履行与监督的社会成本变得可能。技术手段的改进减少了著作权履

---

〔1〕 Erika J. Nash, "Blockchain & Smart Contract Technology: Alternative Incentives for Legal Contract Innovation", 2019 Byu L. Rev., 799, 803 (2019).

〔2〕 柯庆华:"格式合同的经济分析",载《比较法研究》2004年第5期,第33页。

〔3〕 自由合同产生两种结果:一种结果是因谈判与决策费用超过合作剩余而导致合同不能达成,另一种结果是虽然达成合同,但是谈判与决策费用消耗了合作剩余,导致可为合同双方分配的合作剩余减少。格式合同与第一种情形相比具有帕累托效率,因为它使双方都获得没能达成合同时的剩余,与第二种情形相比具有卡尔多-希克斯效率,因为它使可为双方分配的总剩余增加了,尽管分配可能不均。故格式合同与自由合同相比应至少具有卡尔多-希克斯效率。

〔4〕 宋华健:"契约的重塑:区块链上的智能合约",载《法律与金融》2019年第1期,第7页。

行与监督的私人成本。权限表达语言使权利人可以对其作品的下载与使用行为进行自动计数,并因此可以对使用者的下载与使用次数设定上限或者根据其下载或使用计数收费,权限表达语言的预先限定功能由此节约了权利人花费在事后监管上的成本。数字指纹与数字水印使权利人在发布授权许可后可以识别与追踪对作品的接触与利用行为,数字指纹与数字水印的事后监管功能由此节约了权利人花费在著作权纠纷中的存证取证支出。区块链技术支持下的智能合约具有透明可信、自动执行与强制履约的特点,不仅节约了私人耗费在履约行为与履约监督中的私人成本,还可以降低甚至消除与其相关的社会成本——公力救济过程中,有关作品创作与交易的全生命周期信息,司法部门借助区块链数据库一键调取即可获得;智能合约在区块链的支持下甚至具备了不依靠中央权威机构而自动执行的可能性——智能合约按照当事人需求进行架构设计与算法编写,履约条件成就时,合约自动履行,"当作品使用人支付使用费时,使用人便获得作品的相应著作权,许可费用自动分摊给平台中介机构和著作权人",[1]而当违约条件被触发时,合约自动提供救济,情势变更或单方行为不影响合约履行与其救济功能,因此减少了通过公力救济机制促进履行或提供救济的社会成本。[2]

从整体上来看,在集体管理向个人管理复归时期,由于合同模式革新与技术模式改进降低了个人进行权利管理的交易成本,个人权利管理的平均成本曲线有所下降。笔者在图3-5中给出了个人权利管理与集体权利管理平均成本曲线的大致位置,

---

〔1〕 赖利娜、李永明:"区块链技术下数字版权保护的机遇、挑战与发展路径",载《法治研究》2020年第4期,第131页。

〔2〕 夏庆锋:"从传统合同到智能合同:由事后法院裁判到事前自动履行的转变",载《法学家》2020年第2期,第18页。

对比个人管理向集体管理过渡时期的平均成本曲线（图3-2），个人权利管理的平均成本显著降低。因此，当私人自主建构的他种交易模式显著降低了个人权利管理的交易成本之时，由个人进行权利管理更加符合效率要求。

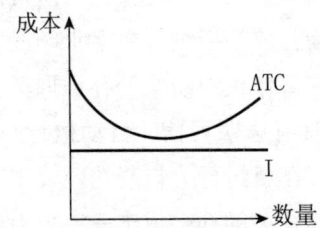

图3-5 个人权利管理与集体管理权利的成本比较

2. 减少无谓损失

除财产控制之外，"如果允许作者通过定制化合同与技术限制对其作品的接触，那么他进行价格歧视的能力就会大大增强"。[1]

（1）价格歧视[2]的必要条件。迈克尔·J. 默尔（Michael

---

〔1〕 William W. Fisher Ⅲ, "Property and Contract on the Internet", 73 Chi. -Kent L. Rev. 1203, 1237 (1998).

〔2〕 论述著作权法领域的价格歧视的文献十分丰富，认可价格歧视之于改进作品接触与激励悖论作用的相关文献包括：Michael J. Meurer, "Price Discrimination, Personal Use and Piracy: Copyright Protection of Digital Works", 45 Buff. L. Rev. 845 (1997); William W. Fisher Ⅲ, "Property and Contract on the Internet", 73 Chi. -Kent L. Rev. 1203 (1998); Michael J. Meurer, "Copyright Law and Price Discrimination", 23 Cardozo L. Rev. 55 (2001). 另有一些文献反对著作权法领域的价格歧视：Wendy J. Gordon, "Intellectual Property as Price Discrimination: Implications for Contract", 73 Chi. -Kent L. Rev. 1367 (1998); James Boyle, "Cruel, Mean, Or Lavish - Economic Analysis, Price Discrimination and Digital Intellectual Property", 53 Vand. L. Rev. 2007 (2000); Yochai Benkler, "Unhurried View of Private Ordering in Information Transactions", An, 53 Vand. L. Rev. 2063 (2000); Julie E. Cohen, "Copyright and the Perfect Curve", 53 Vand. L. Rev. 1799 (2000).

J. Meurer）指出当"卖者对买者收取不同的价格，而这种价格差异不能用提供版权作品的成本差异来解释"时，卖者就在实施"价格歧视"。例如，出版商对同一作品的精装版本与平装版本分别收取不同的价格，且这种价格差异远远超过生产精装版本与平装版本的成本差异时，即便同一作品的不同版本之间存在区别，这种情况也被视为价格歧视。

在至少满足三个条件的情形下，价格歧视才可行：

其一，卖方拥有市场力量。价格歧视与完全竞争市场无关，在完全竞争市场中，价格是由市场决定的，卖方与买方都是价格接受者。在完全竞争市场中，由于有许多竞争者提供同质产品，任何从事价格歧视的行为都会导致使用者从其他竞争者那里得到替代性满足。著作权人拥有市场力量是实行价格歧视的必要条件之一，不论著作权人是完全垄断者、寡头垄断者还是垄断竞争者。著作权人拥有的市场力量主要来自于权利人对作品的法律控制（"财产类保护"），即任何其他竞争者都负有未经许可不得复制作品的法律义务。但是，通过法律控制所获得的市场力量并不圆满，因为著作权法并不禁止其他竞争性的作品生产者对著作权人作品中非独创性表达部分的使用。[1]作品消费的公共性质导致著作权人可以获得自然垄断地位，这构成了著作权人市场力量的另一来源。[2]

其二，卖方可以将价格与消费者的个人偏好相联系。除非消费者的偏好能够被揭示，否则卖方就难以根据消费者的支付意愿进行价格歧视。作品是经济学意义上的公共物品，克里斯

---

〔1〕 Michael J. Meurer, "Copyright Law and Price Discrimination", 23 Cardozo L. Rev. 55, 60 (2001).

〔2〕 [美] 曼昆：《经济学原理》（第 7 版·微观经济学分册），梁小民、梁砾译，北京大学出版社 2015 年版，第 322 页。

| 著作权法律制度的经济分析 |

托弗·S. 尤（Christopher S. Yoo）指出，对于公共物品而言，个体消费者消费相同数量，并且通过支付不同的价格揭示其偏好，但是消费者的搭便车动机使其倾向于低估对公共物品的评价，以使其他消费者承担更多的成本份额，即难以通过价格揭示消费者的真实偏好。[1]在数字权利管理环境下，权利人通过财产、合同与技术对作品实施的控制使作品具有了类似于私人物品的排他性与竞争性，并因此可以迫使消费者主动揭示其偏好。权利人通过财产控制对世性地使任何购买图书或歌曲等作品的使用者负有未经许可不得复制的法律义务，而由被发现侵权的概率和所面临的法律责任共同作用所构成的内心威慑，使任何拟对作品进行利用的使用者表明其身份并寻求获得权利人授权许可。权利人通过合同实施的控制具有相对性，但是合同可以使权利人自定义规则，进而扩大了消费者揭示其偏好的范围。那些在财产控制之下不必揭示其偏好的消费者，由于权利人通过合同将其控制范围延伸到了财产控制之外，因而必须向权利人表明其身份并获得许可。如合同对首次销售原则的规避，就迫使那些拟对作品进行转售的消费者主动揭示其身份。技术控制则进一步迫使消费者向权利人揭示更多的信息，如使用时间、地点、频率甚至作品的使用载体，从而使作品价格与消费者的偏好相联系。例如，数字出版商可以提供对数字百科全书的访问并根据使用情况收费，而不是以固定价格出售百科全书的纸质版。频繁使用者为访问接触支付更多，而不频繁使用者支付更少。[2]

---

[1] 对于私人物品，个体消费者支付相同的价格并且通过不同的消费数量反映他们对于公共物品的偏好。Christopher S. Yoo, "Copyright and Public Good Economics: A Misunderstood Relation", 155 U. Pa. L. Rev. 635, 670 (2007).

[2] Michael J. Meurer, "Price Discrimination, Personal Use and Piracy: Copyright Protection of Digital Works", 45 Buff. L. Rev. 845 (1997).

第三章 作品产权交易模式的经济分析

其三，消费者不能就价格差异实施套利行为。如对作品评价较低并且为了获得作品支付了较低价格的使用者在购买作品后，能够以高价将其出售或出租给对其评价较高并且愿意支付较高价格的使用者，价格歧视就不能得到施行。故阻止消费者之间的套利行为是实行价格歧视的第三项必要条件。在集体权利管理时期，权利人主要通过财产规则实现对作品的控制，但权利人通过财产规则对作品进行的控制受到各种例外情况的限制，如首次销售原则使那些购买合法复制件的主体拥有转售或出租其所购买的作品载体的自由。[1]数字权利管理时期，权利人对作品的控制是多重的，除法律控制之外，合同控制与技术控制都使得权利人阻止消费者之间的套利行为变得更加容易。合同控制可以在"意思自治"的伪装下为权利人在双方之间创设新的权利或规避对权利的限制，如对首次销售原则进行规避，而当这种合同控制被反复多次使用时，它使权利人获得了可与财产规则的排他性相媲美的控制力，并事实上使得著作权法律制度成为可以为合同改变的缺省规则（Defualt Rule）。[2]如在"ProCD诉马休·泽登伯格案"中，伊斯特布鲁克法官（Easterbrook）解释道，ProCD数据库许可证禁止消费性使用者将其产品用于商业性使用阻止了套利行为。[3]技术控制可以控制作品使用者的权限，防止对作品的使用进行时间与空间转移，并能够监督和管理所有对作品的使用行为。技术控制与财产控制、合同控制的有效配合，使权利人可以有效地阻止消费者之间的套利行为。

---

[1] 首次销售原则存在适用例外，即权利人仍有权在视听作品、计算机软件、录音录像制品首次销售之后控制其原件或复制件的出租。

[2] Julie E. Cohen, "Copyright and the Perfect Curve", 53 Vand. L. Rev. 1799, 1804 (2000).

[3] See ProCD, Inc. v. Zeidenberg, 86 F. 3d 1447 (7th Cir. 1996).

(2)价格歧视的作用机制。哈罗德·德姆塞茨(Harold Demsetz)证明了价格歧视可以使人们认为不可能的事情成为可能:在向作者提供创作激励的同时,结合不同消费者的偏好向每一位消费者收取不同价格,从而使每一个对作品的评价高于边际成本的人都可以获得对作品的接触。[1]价格歧视是通过如下机制使"不可能变得可能的"。笔者在此以完全垄断为例证进行说明,以简化说明价格歧视的作用机制,但是这并不意味着在其他类型的市场中不能实现价格歧视。当权利人没有实行价格歧视时,如图3-6所示,权利人利润最大化发生在边际成本与边际收益曲线相交时,此时作品价格为P^*,作品销量为Q^*。由于此时那些对作品的评价高于边际成本但低于权利人垄断定价的消费者未能获得作品,因此产生了无谓损失。此时的社会福利包括两部分,即消费者剩余与垄断利润。

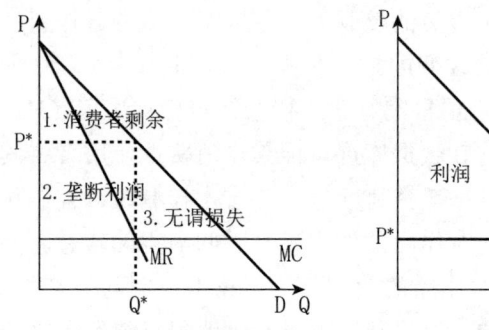
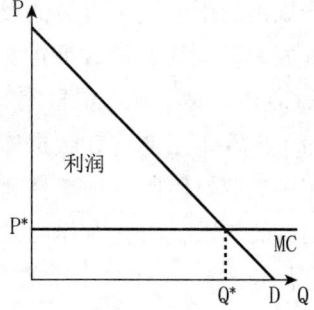

图3-6 无价格歧视时的福利水平　图3-7 完全价格歧视时的福利水平

在完全价格歧视(Perfect Price Discrimination)中,垄断者能对其售出或许可的每一作品收取不同的价格,因此在完全价

---

[1] Harold Demsetz, "The Private Production of Public Goods", 13 J. L. & ECON. 293 (1970).

格歧视中,边际收益曲线与需求曲线重叠,如图3-7所示。在完全价格歧视中,每一位对作品的评价高于边际成本的使用者都被收取了其愿意支付的价格,图3-6中那些对作品的评价高于边际成本但是低于垄断价格的消费者的需求在图3-7中得到了满足。[1]故在实行完全价格歧视时,作品的销量增加(从图3-6中的Q^*增加到图3-7中的Q^*),权利人的利润增加(即图3-6中的无谓损失与消费者剩余都将在图3-7中由于权利人的完全价格歧视行为而转化为权利人的利润),社会福利水平提高(即在图3-6中需求没有得到满足的使用者在图3-7中由于权利人按照其支付意愿收取费用而得到了满足)。因此,相比于垄断市场中的统一定价(图3-6),垄断市场中的价格歧视因对所有主体有益(权利人的激励利益增加,使用者的接触利益增进)且增进了整体社会福利,因此实现了帕累托改进。

(3)价格歧视的制度收益。价格歧视的制度收益在于其通过减少无谓损失来缓解有关作品的接触和激励之间的矛盾。

价格歧视的作用机制向我们展示了用一系列的歧视性价格

---

[1] 经济学家根据对消费者偏好的衡量程度,将价格歧视分为三级:一级价格歧视即完全价格歧视,是指卖者了解每个买者的支付意愿,根据每个买者的支付意愿而以不同的价格与每个买者进行交易,并可以阻止买者之间的套利行为。二级价格歧视是指卖者知道买者分属于不同的群体,且知道每个群体的偏好,但不能确定每一买者具体属于哪一群体,卖者通过提供差异化产品,可以使买者揭示其偏好,进而进行价格歧视。在作品市场中,卖者通过以下特征来差异化其产品:交付日期、质量、数量及合同限制,并以此实行价格歧视。如腾讯视频网站中的热播电视剧,与更新同步的观看体验一般需要付费,而与更新有时间差的观看体验一般是免费的或者支付的费用较少。不同观看体验的选择一般会随着日期的延后而在价格上有所下降。三级价格歧视是指卖者将买者划分为不同的市场群体,并在不同市场群体之间收取不同的价格,而在同一市场群体之内则收取相同的价格。如在火车票的售卖中,学生票较普通成人票的价格要优惠。Michael J. Meurer, "Copyright Law and Price Discrimination", 23 Cardozo L. Rev. 55 (2001);王素玉:"版权法的经济分析",吉林大学2009年博士学位论文;吴江洪:《垄断经济学》,经济日报出版社2008年版,第75页。

|著作权法律制度的经济分析|

取代单一的垄断性价格可以使作品权利人获得更大比例的消费者剩余与减少无谓损失（获得与减少的程度与权利人施行价格歧视的程度相关），这强化了对权利人的现有激励。例如，权利人对那些单纯消费作品或者不与其进行竞争的使用者收取更低的价格，但是权利人对那些希望以某种方式改进其作品（或与之竞争）的使用者收取更高的费用。然而，对后续改进行为的激励作用并没有被遗忘——理性的权利人会以当时的市场价格许可改进行为，权利人之间的市场竞争将使改进许可的市场价格维持合理。[1]每个人最终都将从创造性产出的增加中受益，而进行价格歧视的能力为此提供了保证。

  同时，实施价格歧视促进使用者接触的作用是直观明了的：通过精准授权满足用户的特定需求，增加了消费者选择空间，增加了不同收入水平的消费者群体（特别是低收入的消费者）接触和利用作品的可能。比如，急切想要观看腾讯视频中的电视剧的观众可以通过购买会员的方式，实现观看体验与视频更新的同步，但是愿意付出等待时间的用户，可以稍微等待几天，以免费观看腾讯视频中的电视剧。再如，如果仅仅阅读某电子书，而不转售电子书的复制件，消费者就可以较低的对价获得阅读体验。无论如何，针对消费偏好的不同而对不同主体收取不同价格，特别是对低收入的消费者收取一个较低甚至接近于零的价格，价格歧视增加了消费者的选择空间并促进了更大范围消费者群体对作品的接触与利用。如在"ProCD 诉马休·泽登伯格案"中，伊斯特布鲁克法官（Easterbrook）指出，ProCD 所实行的双重定价结构（即对商业用户收取高价，对普通用户收取大约 150 美元的低价）为普通用户打开了市场，否则 ProCD

---

  [1] Julie E. Cohen, "Copyright and the Perfect Curve", 53 Vand. L. Rev. 1799, 1803 (2000).

第三章 作品产权交易模式的经济分析

不得不为了收回成本与有所回报设定一个高于150美元的统一定价。普通用户就将被统一定价之下的高价格排除在对数据库光盘的接触范围之外。[1]

从整体的福利效果上来看，那些收入较低的使用者由于被收取了与其对作品的评价相近的价格，福利水平并没有产生过多变化，而那些收入较高的使用者，由于权利人不再以单一的垄断性价格而是按照其对作品的评价而对其进行收费，其在单一的垄断性价格下所获的消费者剩余将因价格歧视而转化为权利人的利润。因此，对于那些收入较高的使用者而言，其福利水平有所下降。对于权利人而言，由于其获得了所有的消费者剩余，并减少了在单一的垄断性价格下的无谓损失，其福利水平的改进要高于收入较高的使用者的福利水平的减损（权利人的利润由图3-6中较小的矩形区域变为图3-7中较大的三角区域）。由于收入水平较低的使用者的福利水平没有多大变化，而权利人的福利改进要高于收入较高的使用者的福利减损，故在价格歧视下，整体的福利水平得到改进（福利水平的增加源于图3-6中无谓损失的消失），故以卡尔多-希克斯效率标准观之，价格歧视具有效率，其效率来源于无谓损失的减少。

价格歧视对总体社会福利的增进作用，以及与之相伴的对作品接触与激励的促进作用是其经济学意义上的制度收益。然而，价格歧视的制度收益似乎远不止于此。有学者指出，纵然那些对作品评价较高（对作品的需求弹性较小）的消费者会因其消费者剩余转移给垄断者而蒙受损失，但是其净效应可能是减少了财富不平等，特别是在对作品的评价较高的那部分消费者相对富有，而那些对作品评价较低（对作品的需求弹性较高）的消费者相对贫穷时。通过对支付意愿较强的较富裕的消费者

---

[1] See ProCD, Inc. v. Zeidenberg, 86 F. 3d 1447, 1449 (7th Cir. 1996).

收取较高价格，并对支付意愿较弱的较贫穷的消费者收取较低甚至趋近于零的价格，从而使权利人获得维持创作的激励，换句话说，价格歧视通过牺牲较富裕的消费者帮助较贫困的消费者，从而减少财富不平等与实现分配性正义。[1]

在某种程度上，价格歧视的制度收益是因立场不同而有所区别。支持者[2]认可价格歧视所带来的上述制度收益，而批评者[3]则对其效率提出反驳，并指出了与价格歧视相关的分配问题。笔者以为，尽管对价格歧视存在众多的批判，但其至少提供了一条可以改进单一的垄断性定价福利水平的制度选择。

(三) 他种制度私人建构的制度损失

通过私人建构的他种制度降低交易成本与进行价格歧视，乃是他种制度的收益所在。但是私人并非公共利益的代言人而是私益的逐利者，因此私人进行制度建构主要基于制度建构能够给其自身带来收益。为最大化群体内部成员的利益，私人可

---

[1] [美]亚伦·普赞诺斯基、杰森·舒尔茨:《所有权的终结：数字时代的财产保护》，赵精武译，北京大学出版社2022年版，第116页。

[2] William W. Fisher III, "Property and Contract on the Internet", 73 Chi.-Kent L. Rev. 1203 (1998).

[3] 温迪·戈登 (Wendy Gordon) 与朱莉·E. 科恩 (Julie E. Cohen) 对价格歧视持批判态度。温迪·戈登指出，价格歧视的制度收益取决于采用何种参照系，威廉·W. 费舍尔在其《互联网中的财产与合同》中所采用的参照系是完全垄断市场模型，与完全垄断下的单一性定价相比，价格歧视的制度收益是显而易见的，但是如果采用他种参照系，如与具有竞争性的市场进行比较，价格歧视的制度收益则被消解了，因为竞争市场中作品的价格更低、售量更多。Wendy J. Gordon, "Intellectual Property As Price Discrimination: Implications for Contract", 73 Chi.-Kent L. Rev. 1367 (1998). 朱莉·E. 科恩认为，价格歧视的制度收益其实是不确定的，单一垄断性定价模型（即图3-6）并没有反映低收入群体通过替代性机制（如公共图书馆）接触与利用作品的福利水平，只有在无视这些替代性机制的福利水平时，图3-6中的无谓损失才是真正的无谓损失，当考虑这些替代性机制的福利水平时，价格歧视通过减少无谓损失进而改进福利水平的效应是不确定的。Julie E. Cohen, "Copyright and the Perfect Curve", 53 Vand. L. Rev. 1799 (2000).

以通过未经充分协商的合同与单边技术措施不断向消费者施加负外部性,从而导致价格歧视之下的总体福利水平并不一定高于统一定价之下的社会福利水平。

1. 价格歧视通过规避客体排除与权利限制规则损害社会总福利

为了能够有效实行价格歧视,权利人必须能有效阻止套利行为。但是,著作权法中的一些制度设计本身并不利于阻止套利行为与实行价格歧视。例如,首次销售原则、合理使用制度以及思想/表达二分等等。为了实行价格歧视,权利人常假借契约自由或技术控制规避上述著作权法中的客体排除制度与权利限制制度,导致为维护使用者利益而设的制度沦为缺省规则。原本可以通过首次销售原则、合理使用制度或者思想/表达二分接触和利用的内容变得难以接触与利用。一些原本无需寻求许可的批评、评论,一些原本对于思想的使用,如今却要受权利人控制,并且只有在权利人点头之时才可利用。因此,任何客观合理但却可能有损于权利人声誉的评价都可能无从产生,赞美之词却总受到欢迎。结果就是,不仅作品的接触与利用受到限制,作品种类的多样性也将被破坏。我们假设基于法律与现有技术水平,作品当中受到著作权法保护与不受保护部分之间的比例为 e,任何作品当中,受到著作权法保护的部分为 M,不受著作权法保护的部分为 N,不受著作权法保护的部分是由首次销售原则、合理使用制度以及思想/表达二分等划定。[1]现有法律与技术状态之下 e 的水平给定,假设受到著作权法保护部分的 M 的供给乃是为了获得排他权利与市场回报,权利人为了最大化自身利益,将会确定其所生产的 M 产量。由于 N 是生产

---

[1] Yochai Benkler, "Unhurried View of Private Ordering in Information Transactions", An, 53 Vand. L. Rev. 2063, 2073~2075 (2000).

M 的副产品，因此由于 M 的供给产生的社会总体福利等于 M 和 N 产生的福利总和。图 3-8 表示在实施统一定价（没有价格歧视）时受著作权法保护部分产生的社会福利（图 3-8 左侧图中消费者剩余与垄断利润之和）与不受保护部分产生的社会福利（图 3-8 右侧图中消费者剩余）。如果实行价格歧视，权利人为阻止套利行为将会规避著作权法规定的首次销售原则、合理使用制度以及思想/表达二分等等，不受著作权法保护部分产生的社会福利将会减损甚至消失。图 3-9 表示实施价格歧视时的社会福利总体水平仅由权利人的垄断利润构成。对比图 3-8 和图 3-9 左侧可以发现，实行价格歧视以减少无谓损失的方式增进了社会总福利，对比图 3-8 和图 3-9 右侧，可以发现，实行价格歧视以限制对不受著作权法保护部分的接触与利用的方式减损了社会福利，因而为了实行价格歧视而以合同或技术控制规避客体排除制度与权利限制制度，并不一定产生福利增进效应。

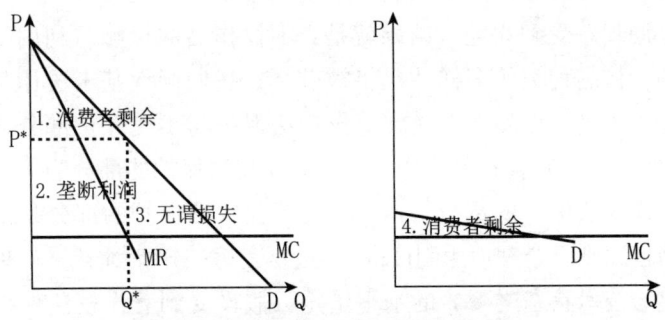

图 3-8　没有实行价格歧视时，受保护部分与
　　　　　不受保护部分产生的福利水平

第三章 作品产权交易模式的经济分析

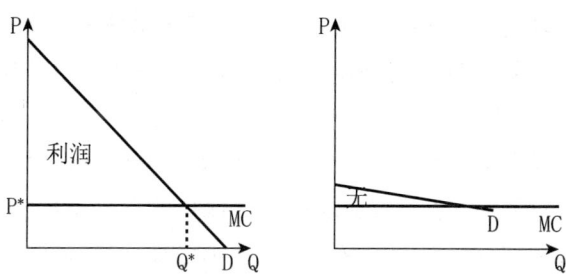

图 3-9 实行价格歧视时，受保护部分与不受保护部分产生的福利水平

2. 价格歧视通过规避客体排除与权利限制规则损害使用者利益

通过图 3-8 和图 3-9 的对比还可发现，权利人有动力实行价格歧视的原因在于其可以将尽可能多的消费剩余转化成自己的垄断利润。虽然在理论上较贫困的消费者可以较低甚至趋近于零的价格获得统一定价之下原本无法接触与利用的作品，但由于权利人阻止套利行为的成本很高，也即阻止实际支付低价的消费者向愿意支付高价的消费者出借、出租或者转售作品十分困难，在多数情况下，权利人实际上并不关注和愿意通过向贫穷的消费者收取低价售卖作品，从而使贫困的消费者实际很难获得作品，因此图 3-8 左侧中的无谓损失很难因为价格歧视的实行而被消除。在实行价格歧视的市场当中，较富裕的消费者不得不为获得作品支付高于统一定价的对价，统一定价之下可以节省的开支（表现为图 3-8 左侧中的消费者剩余）原本可以用来购买更多作品，以消费者剩余支持更多创造性作品的生产，现在却被转化为权利人利润。[1]通过图 3-8 和图 3-9 左侧图形的对比可以发现，在没有实行价格歧视时，对于作品评价高于统一定价的较富裕消费者本来可以通过支付统一定价获

---

[1] Julie E. Cohen, "Copyright and the Perfect Curve", 53 Vand. L. Rev. 1799, 1807（2000）.

得消费者剩余（图3-8左侧），但在实行价格歧视之后，较富裕的消费者则须根据其对作品的评价支付与之相符的较高价格，消费者剩余被转化为权利人利润（图3-9左侧）。通过图3-8和图3-9的整体对比可以发现，在没有实行价格歧视时，较富裕的消费者只需为了获取受到著作权法保护的部分支付相应对价，在实行价格歧视后，由于权利人规避了诸如思想/表达二分、首次销售原则以及合理使用制度等，较富裕的消费者不仅要为受到著作权法保护的部分支付对价，还需要为不受著作权法保护的部分支付对价。例如，在拆封许可与点击许可中，要求消费者为一个比著作权法所允许的更长期限支付费用，原本用于激励创造表达的市场回报，现在却被用来购买不受保护的思想或原本可以自由接触的内容。总体来说，虽然价格歧视可以通过牺牲较富裕的消费者帮助较贫困的消费者，从而在消费者群体内部减少财富不平等与实现分配性正义，但是价格歧视的实行通过攫取尽可能多的消费者剩余而使权利人变得更加富有，在消费者和权利人之间并未减少财富不平等与实现分配性正义。

总体来说，适度的价格歧视可以增进权利人的激励利益与使用者的接触利益，但若为了实行价格歧视规避著作权法中为维护作品接触与激励利益之间的平衡而精心设计的客体排除制度与权利限制制度，将使著作权法规定的客体排除制度与权利限制制度沦为可以任由私人规避的缺省规则，以损害使用者利益的方式破坏作品接触与激励之间的平衡。因而规制私人通过合同和技术创设的交易方案以及与之相伴的价格歧视的关键在于，避免私人假借私人自治与契约自由之名义，规避客体排除制度与权利限制制度的适用。

（四）我国他种制度私人建构的改进方向

他种制度私人建构的制度收益应被肯定，特别是其使私人

第三章　作品产权交易模式的经济分析

有机会变革那些因过时而变得不合理的法定资源配置，并为应对交易障碍和变革法律制度提供有益经验。但不得不承认的是，他种制度的私人建构旨在最大化权利人的私人利益，并因此将负外部性施加于使用者，这种负外部性导致接触与激励之间的失衡，并因以意定权利替代法定权利而减损了产权界定的公示价值，使使用者承担更高的注意义务。笔者认为，为了减少私人自主建构的制度损失，应当对权利人施加的合同控制与技术控制施加规制。

（1）如果合同条款经过交易双方平等、自由协商，交易各方通过合同或技术控制进行的权利安排应被尊重。在平等、自由协商的情景下，有理性的使用者一般不会为了接触与利用不受著作权法保护的客体或者为了合理使用而向权利人支付任何对价，权利人企图以技术与合同控制规避客体排除制度与权利限制制度和不当扩张权利范围的行为将会受挫。虽然交易双方通过合同或技术控制作出的权利安排可能限制使用者依著作权法享有的接触与利用作品的利益范围，但在平等、自由协商的前提之下，此种安排乃使用者为了获得较低的作品对价，根据需求而对自身依据著作权法享有的作品接触与利用利益予以自愿放弃的结果。例如，使用者可以为阅读图书的需要购买作品载体，通过占有作品载体实现多次、随时阅读载体承载的作品内容，甚至出借、出租或出售作品载体，不过其为获得作品载体所需支付的对价往往也会更为高昂。使用者还可以在不购买和占有载体的前提下通过支付较低的许可费用的方式而在特定时间、地点实现对作品有限次的阅读。虽然权利人以作品许可替代载体售卖的形式规避了首次销售原则的适用，但是无论载体售卖抑或作品许可，本质上是使用者根据自身接触与利用作品的需求支付与其需求匹配的对价获得作品的接触与利用利益。

如此一来，既可以使使用者以较低对价接触与利用作品，并未产生过多的制度损害，还可为权利人应对交易障碍进行制度革新保留必要空间。

（2）如果合同条款未经充分的平等自由协商，特别是在格式化的终端用户许可合同的情形之下，权利人为了最大化自身利益，倾向于不向使用者充分告知和说明扩大自身利益与损害对方利益的合同条款，辅以限制作品接触与利用的技术措施的控制，使得任何欲接触与利用作品的使用者须以同意接受合同条款的约束为前提，本质上仅具有相对效力的合同之债，获得对抗不特定第三人的对世效力。信息获取不对称与技术能力不对等使使用者难以通过支付合理的交易对价接触和利用作品，反而使权利人获得交易剩余的绝大部分。这一结果因使用者位置分散、能力薄弱，因而难以对抗权利人通过合同和技术施加于自身的负面影响而加剧，当使用者均怀有风险规避的心理与从其他使用者对抗权利人的"战果"中"搭便车"的心理之时，上述不可欲之局面无法得到改善。在合同与技术的控制之下，著作权法为维护使用者利益与接触与激励平衡设计的客体排除与权利限制制度被迫沦为可以任意加以规避的缺省规则，并且提出对权利人通过合同和技术施加的控制能力加以规制的需求。

其一，社会可欲的作品接触与利用行为应当属于强制条款，权利人不得以格式合同任意规避强制条款的适用。社会可欲的作品接触与利用行为类型包括：为了教育、政治、科学研究以及公共性图书馆浏览的目的而接触和利用作品；接触与利用不受著作权法保护的客体。任何规避上述强制条款的格式条款无效。

其二，权利人虽可以技术措施限制社会可欲的作品接触与利用行为，但使用者为了从事社会可欲的作品接触与利用行为而避开技术措施，不构成著作权侵权。我国《著作权法》2020

年修改之后，引入"为了特定目的规避技术措施而不构成侵权"的条款，在使用者从事社会可欲的教学、科研等作品接触与利用行为之时，可以避开技术措施。

小　结

集体管理组织制度与私人建构的他种制度是为应对著作权的交易障碍而进行的制度革新。集体管理组织的制度收益在于其采用的一揽子许可模式能够节约"小权利"的交易成本，以及实现在管理"小权利"上的规模经济，而其制度损失在于垄断性集体管理组织可能导致垄断损失。我国著作权集体管理制度应朝着降低集体管理组织的垄断损失这一方向改进，其途径是回归著作权集体管理组织的自治精神与竞争环境。权利人通过技术与合同获得的控制能力使权利的集体管理向个人管理的复归成为可能，其制度收益不仅在于降低交易成本，也能根据消费者的偏好进行价格歧视，其制度损失在于对著作权的初始界定形成反噬，以意定权利取代法定权利，打破著作权法律制度在接触与激励之间所达致的精致平衡——使用者接触与使用利益的削减。故私人建构的他种制度的规制路径应当是：在自由协商之情形下，尊重交易双方所作之意定权利安排；在权利人单方施加控制能力，利用格式合同与技术措施限制使用者选择空间与所知信息时，应探索采取合同法模式、著作权法模式或反垄断法模式对其所作的意定权利进行矫正。

集体管理组织制度与私人建构的他种制度在制度收益与制度损失上有所区别，这决定了私人自主建构的不同制度模式更适合于不同类型的权利管理：集体管理相较于个人管理具有规模经济优势，但是其所采用的一揽子许可模式无法根据作品的具体使用情况收取费用；个人管理相较于集体管理具有个性化与精确化优势——它可以实现对每一次作品使用行为进行收费，因此更能根据作品的价值高低进行许可，但是其并不具有集体管理的规模经济优势。故对于一般权利人，特别就管理其所拥有的那些"小权利"而言，集体管理与一揽子许可是更具效率的著作权交易模式；而对于那些掌握大量权利的法人与具有影响力的作者，可能更青睐于个人管理与私人定制所带来的著作权收益。由于私人自主建构的不同制度模式各有所长所缺，私人自主建构的著作权交易模式的改进方向应当促进集体管理与个人管理优势互补，借助于"组织"的规模优势与"数字权利管理"的控制能力，最终实现一体化组织内部多元化权利管理模式的联合。[1]

第三节　著作权交易的法律干预建构模式

权利人与使用者的社会境遇决定了其品格的差异与行动的逻辑。权利人的生存与发展是借助市场机制通过售卖作品获取回报来维持的，这种社会境遇后天塑造了权利人的"商人的品格""企业家的精神"，"商人"或"企业家"的冒险精神与其抵御风险的能力，使其对实际或潜在的获利机会高度敏感，且在面临实际或潜在的获利机会时往往能够更勇于、更迅速地做出行动。人力资本的稀缺性决定了能够获得权利人角色的只是一小部分群体，按照奥尔森"集体行动"的逻辑，在小集团中，由于成员数目有限，每个成员都能得到总收益的相当大的一部分。因此，面临技术进步与市场发展形成的增长红利之时，小集团的成员更容易组织起有效率的集体行动。也就是说，在获

---

〔1〕罗向京：《著作权集体管理组织的发展与变异》，知识产权出版社2001年版，第192页。

利机会与既定现实的种种限制之间,权利人更可能组织起来以"企业家式的创新方式"进行制度建构、提供制度供给并借此捕获获利机会。

兰斯·F. 戴维斯和道格拉斯·C. 诺思指出,大多数人都是厌恶风险的,力量薄弱的使用者在面对权利人的控制能力时更易怀有风险规避的心理,而由知识产权保护,特别是强著作权保护的话语体系所形成的社会舆论压力使使用者安于现状并被动承受权利人施加于其的控制能力。[1]在由广泛分散且成员难以确定的使用者所构成的大集团中,"任何人在总团体利益中所获取的收益越少……任何小的成员子集从集体利益中获取足够的收益,同时只为此承受一个很小的负担的可能性越小……组织的成本也越大",[2]这决定了任何一个使用者为维护其接触和使用利益所付出的成本都可能超过其因此获得的利益,这种行为的正外部性决定了任何一个使用者都期待其他使用者作出维护其接触和使用利益的努力。这种坐享其成与搭便车的行动逻辑加之使用者风险规避的品格,使使用者更加偏好消极无为,因而很难通过有效的组织和施加充分的政治影响进行制度供给,以此捍卫其对作品的接触与使用利益。

由于使用者在捍卫其对作品接触与利用利益的过程中存在风险规避心理与搭便车者的行动逻辑,致使如果完全依赖于使用者提供维护作品接触与利用利益的制度供给,就会导致制度

---

[1] [美]兰斯·F. 戴维斯、道格拉斯·C. 诺思:"制度变迁的理论:概念与原因",载[美]罗纳德·H. 科斯等:《财产权利与制度变迁——产权学派与新制度学派译文集》,刘守英等译,格致出版社、上海三联书店、上海人民出版社2014年版,第198页。

[2] [美]弗农·W. 拉坦:"诱致性制度变迁理论",载[美]罗纳德·H. 科斯等:《财产权利与制度变迁——产权学派与新制度学派译文集》,刘守英等译,格致出版社、上海三联书店、上海人民出版社2014年版,第243页。

供给不足与接触与利用利益无法得到有效维护的局面。[1]对此，国家可以采取行动以弥补使用者制度供给的不足。霍布斯关于建立一个强大的"利维坦"来结束"一切人对一切人的战争状态"虽因反例的存在——没有公共权力的地方并非只有混乱——而被证伪并因此遭到后世的不断指摘，但是其关于公共权力必要性的论述却为存在"混乱"之时进行国家干预提供了正当化的基础。笔者认为，对于使用者捍卫其作品的接触与利用利益遭遇的困境局面同样需要由国家干预以提供这一困局之解，否则，权利人与使用者力量对比的悬殊将导致著作权的无限扩张与使用者合法诉求的不当减损。这一困局之解即是合理使用制度与法定许可制度。

一、合理使用制度的经济分析

如本书第二章所述合理使用制度是指在特定情形下，无须经权利人同意，也不必向权利人支付对价，而对作品接触与利用的制度。相对于私人自治而言，合理使用制度中的法律干预色彩主要表现为权利人许可权与定价权的消灭。

（一）合理使用制度的实践样本

世界各国合理使用制度的立法模式不外乎"具体列举""抽象规定"或者兼采"具体列举"与"抽象规定"。各国在构成合理使用的具体情形上受制于本土化需求而列举了不同类型，因此难以对"具体列举"立法模式进行统一梳理。在采用"抽象规定"立法模式的国家，"抽象规定"的立法模式有两种：一

---

[1] 林毅夫："关于制度变迁的经济学理论：诱致性变迁与强制性变迁"，载[美]罗纳德·H.科斯等：《财产权利与制度变迁——产权学派与新制度学派译文集》，刘守英等译，格致出版社、上海三联书店、上海人民出版社2014年版，第276、277页。

第三章 作品产权交易模式的经济分析

种是采用国际条约所确立的"三步测试法";另一种是美国"因素主义"的立法模式。

美国合理使用制度所采用的是"具体列举"与"因素主义"式"抽象规定"的立法模式。美国合理使用制度的雏形形成于"福尔生诉马什案"(Folsom v. Marsh),并得以在《美国1976年版权法》中以成文法形式体现。在"福尔生诉马什案"中,约瑟夫·斯多利(Joseph Story)法官承继了英国司法实践中对于使用是否合理的考量,并创造性地提出了有关合理使用判断的三个因素:使用的性质与目的;所使用材料的数量与价值;使用可能损害原作品的销售、减少其利润或取代原作品的程度。[1]经由美国司法实践的发展,合理使用的判断标准最终在《美国1976年版权法》中得以立法体现,但是合理使用制度的立法文本并不旨在改变、限缩或扩大而仅是陈述随着司法实践不断发展的判断标准。《美国1976年版权法》第107条将合理使用的判断标准确定为:"为判断特定情形下对作品之使用是否构成合理使用,考量的因素应包括:使用的目的与性质,包括此种使用是商业性抑或为非营利性教育之目的;受版权保护作品之性质;同整个受版权保护作品相比所使用部分的数量与实质性;使用对受版权保护作品的潜在市场或价值所生之影响。"[2]在这

---

[1] See Folsom v. Marsh, 9 F. Cas. 342 (C. C. D. Mass. 1841).

[2] See 17 U. S. C. A. § 107. 我国的许多相关著述均将《美国1976年版权法》第107条之规定称为"四要素"。如吴汉东教授在其颇具影响力的《著作权合理使用制度研究》一书中将斯多利法官在"福尔生案"中判断使用是否合理的标准称为"三要素",将《美国1976年版权法》第107条之规定称为"四要素"。笔者以为,以美国司法实践与立法旨趣来看,其并不打算"冻结"其所列举之四项标准,因而使用了"因素"(factor)之表述与非周延列举之方式。因此,我国学者在对美国合理使用判断标准进行论述时,应避免使用带有周延与穷竭色彩的"要素"的表述,而应使用具有非周延与非穷尽之意味的"因素"的表述。笔者曾多次对此加以陈述,以期能够纠正我国立法、司法与理论对合理使用判断标准表述方式的误用。

四项法定列举因素之下,每个因素还包括了不同的子因素:在使用的目的与性质因素项下,美国在司法实践中通常考量的子因素包括使用是否是商业性的,使用是否是转换性的与被告对作品的使用是否出于恶意。受版权保护作品之性质这一因素涵盖的子因素包括受版权保护之作品是事实性的抑或者创造性的与使用的作品是否已经出版,未发表的创造性作品相比于已发表的事实性作品更加靠近版权保护的核心范畴。在适用合理使用第三个因素之时,不仅需要考虑所使用部分的"量",也要考虑被使用部分的"质",被使用的"量"越大、"质"越高,使用行为被认定为合理的可能性就越小。在第四个因素项下不仅需要考量被告特定行为对原作所引起的市场损害,还要考虑若此种行为不受限制与广泛传播而给原作潜在市场所带来的影响。[1] 事实上,上述四因素及其之下所涵盖的子因素远不能穷尽美国司法实践中现下与今后在认定行为合理时所考量的事项,这也是为何《美国1976年版权法》使用非穷尽式的因素(Factors)列举方式,而非周延的要素(Elements)罗列模式,以期应对因技术发展与商业模式变革而给版权立法所带来的那些令人头疼的问题。

美国司法实践中,在适用《美国1976年版权法》第107条所列举之因素及其子因素之时,不无分歧,此种分歧主要集中在《美国1976年版权法》第107条所列举之因素及其子因素所具有的权重上。早期美国司法实践中在判断被告对原作的使用是否合理时,主要依赖《美国1976年版权法》第107条所列举之因素的第1项与第4项。在1984年"美国索尼公司诉美国环球影城公司案"(Sony Corp. of Am. v. Universal City Studios, Inc)

---

〔1〕冯晓青、刁佳星:"转换性使用与版权侵权边界研究——基于市场主义与功能主义分析视角",载《湖南大学学报(社会科学版)》2019年第5期,第137页。

中，美国联邦最高法院的多数意见阐述了如下两个推定：其一，任何对受版权保护材料的商业性使用都被推定为是（对版权人垄断特权的）不合理利用；其二，如果预期使用是为商业利益之目的则可推定未来损害之可能。[1]在 1985 年"哈珀与罗出版公司诉国家企业案"（Harper & Row Publishers, Inc. v. Nation Enterprises）中，珊卓拉·戴·欧康纳法官（Justice O'CONNOR）阐述了"对（受版权保护作品）市场的影响'无疑是合理使用（判断）中最重要的因素'"。[2]"索尼案"与"哈珀案"均是美国联邦最高法院作出的判例，其效力支配了美国联邦巡回法院及地区法院对合理使用判断标准的适用，故在美国早期司法实践中，其视角主要集中在作品使用特别是其商业性使用是否对权利人造成了市场损害。这一情形自"坎贝尔诉艾克福-罗斯音乐公司案"（Campbell v. Acuff-Rose Music, Inc.）发生了反转，"坎贝尔案"推翻了"索尼案"中形成的上述两项假定，而将皮埃尔·N. 列瓦（Pierre N Leval）法官在理论探讨中所提出的"转换性使用——使用是否以不同的目的或性质增加了新的东西，并以新的表达、意义或信息改变了原作品"[3]引入美国司法实践，同时赋予"转换性使用"相对于其他因素而言更多的权重，即"使用越具有转换性，那些不利于判定使用行为合理的因素，如商业性，所起的作用就越小"。[4]由于"坎贝尔案"同样是由美国联邦最高法院作出的，故其判例效力及于整个美国联邦司法系统，并因此表明了美国司法实践中在合理使用的判断上逐步将其视角扩宽到使用行为是否能够产生具有社会可

---

[1] See Sony Corp. of Am. v. Universal City Studios, Inc., 464 U. S. 417, 451 (1984).

[2] See Harper & Row Publishers, Inc. v. Nation Enterprises, 471 U. S. 539, 566 (1985).

[3] See Campbell v. Acuff-Rose Music, Inc., 510 U. S. 569, 579 (1994).

[4] See Campbell v. Acuff-Rose Music, Inc., 510 U. S. 569 (1994).

欲性的结果方面，不再局限于使用行为对权利人所造成的市场损害。

正如美国合理使用制度开放式立法与变动性司法所表明的，美国合理使用制度所面临的主要问题是其不确定性。

我国知识产权制度的建立乃是法律移植的产物，作为著作权法构成部分的合理使用制度是对国际条约进行借鉴的产物。在合理使用制度的立法模式上，我国同样是兼采"具体列举"与"抽象规定"的立法模式，只不过作为法律移植的产物，在对合理使用进行抽象规定时，所采用的是国际公约所确立的"三步测试法"。具体而言，2020年修订的《著作权法》第24条整合了2010年修正的《著作权法》与《著作权法实施条例》的规定，规定在符合合理使用的法定限制类型时，还应不影响作品的正常使用与未不合理地损害著作权人的合法权益，同时在十二类典型的合理使用情形之外纳入"法律、行政法规规定的其他情形"这一兜底条款，但是尚未有法律、行政法规在《著作权法》列举的十二类情形之外规定新的合理使用情形，而且通过不断修改法律与行政法规持续纳入新的合理使用情形显然也是不可行的。依据《著作权法》第24条的规定，当前合理使用的情形实际上仍限于上述十二类典型情形，法官无权根据现实需要，超出上述列举情形，自行认定特定使用行为是否构成合理使用，背后隐含的假设是，如果特定利用行为不属于上述十二种典型情形，则被推定构成非法的侵权行为。因此，整体来看，我国合理使用的立法模式是以权利本位为视角，以"权利的限制"之名进行合理使用制度立法的，这不可避免地导致了我国合理使用制度立法模式的封闭性，并因此与美国的开放式立法形成了鲜明对照。

在立法枷锁的束缚之下，封闭式立法"既无法避免法官审判实践中的分歧，也无法应对新技术带来的新问题",[1]为应对合理使用制度"难以顺应时代发展的制度僵化问题",[2]最高人民法院于2011年发布的《关于充分发挥知识产权审判职能作用推动社会主义文化大发展大繁荣和促进经济自主协调发展若干问题的意见》引入了美国合理使用制度中"四因素"的判断标准，并对其加以"不影响作品合理使用"与"未不合理地损害著作权人的合法权益"的限定。由于该文件并未限定于特定情形，似乎是突破了《著作权法》的封闭式立法。迫于实践需要，司法实践中也多有突破封闭式立法，认定在除《著作权法》所列举的十二种情形之外的其他行为构成合理使用，[3]但若缺少明确的法律与行政法规的规定，司法实践对于特定行为构成合理使用的认定将具有不确定性。

可见，我国的合理使用制度既在建立之初移植了国际公约所规定的"三步测试法"，又在后天的改革发展中照搬了美国合理使用制度的"四因素"，既有封闭式的立法模式，又有突破性的司法实践。褒义来讲，我国合理使用制度是集各国立法经验之大成，贬义来说，我国合理使用制度就是一团混沌，缺少本

---

[1] 吴汉东：《著作权合理使用制度研究》，中国人民大学出版社2013年版，第290页。

[2] 李杨："著作权合理使用制度的体系构造与司法互动"，载《法学评论》2020年第4期，第89页。

[3] 在"王某与北京谷翔信息技术有限公司等作品信息网络传播纠纷上诉案"中，北京市高级人民法院认定，北京谷翔公司片段式提供涉案作品的行为构成合理使用。在该案中，北京市高级人民法院还列举了其他不属于《著作权法》第12条所列举之情形，但是仍由法院判定其行为构成合理使用的其他案例，如在"覃某殷诉北京荣宝拍卖有限公司侵犯著作权纠纷案"中，北京市第一中级人民法院认为，被告在图书搜索类网站中对原告作品片段的使用构成合理使用，在"吴某与北京世纪读秀有限公司侵犯著作权纠纷上诉案"中，北京市第一中级人民法院认为，被告经营的图书搜索类网站中对于原告作品片段的使用构成合理使用。参见北京市高级人民法院第［2013］高民终字第1221号民事判决书。

土化文化与思索的支撑。[1]这决定了我国合理使用制度相较于美国开放式立法所引起的不确定性有过之而无不及。当怀有风险规避意识的使用者面临不确定的合理使用制度时，为了避免停止侵权与损害赔偿的侵权责任的承担导致前期投入付诸东流，即便行为本可构成合理使用，也会积极寻求许可，由此建立的许可市场将对使用行为是否合理的认定产生负面影响，导致权利人享有的激励利益不断扩张与使用者享有的接触利益不断缩减。

（二）合理使用制度的经济模型

合理使用立法模式与司法实践所引起的不确定性及其所导致的不可欲的社会结果引起了学者的共同关注。由于美国在判断使用行为是否合理的过程中纳入了使用行为的性质与行为的市场损害两类考虑因素，这使其所规定的合理使用制度从一"出生"就与"市场经济"紧密联系，并因此成了美国法经济分析学者所热衷分析与研究的制度领域，以至于有关合理使用的理论探讨与司法实践不借助于经济分析方法（无论是以明示还是暗示的方式）就难以对使用行为的合理性作出确定性的判断。戈登提出的市场失灵模型（1982年）、费舍尔提出的激励-损失模型（1988年）以及兰德斯和波斯纳提出的成本收益模型（1989年）奠定了有关合理使用经济分析的基础，也即，后作多以上述三者提出的理论模型应对合理使用判断的不确定性。

1. 戈登：市场失灵模型

戈登指出"合理使用应被解释为在版权背景下对市场失灵的一种司法回应模式"，并由此开创了合理使用制度的"市场失

---

[1] 这一点在我国在对美国合理使用判断标准进行制度移植时表现得尤为明显，即我国理论界与实务界通常将商业性使用认定为不合理，实际仍然是因袭美国"索尼案"中所阐述的两项推定，但是上述"坎贝尔案"已在事实上推翻上述两项假定，制度移植的时滞性导致了我国对美国合理使用判断标准的误用。故笔者认为有必要在此强调商业性使用也有可能构成合理使用。

灵理论"。[1]戈登所提出的"市场失灵理论"认为,在满足如下条件时,版权侵权诉讼中被告使用行为应被认定为合理使用:①存在市场失灵;②被告对作品的使用具有社会可欲性;③合理使用的认定不会对版权人的激励造成实质损害。[2]依戈登之见,相对于其他任何机制而言,市场机制是促使资源从低效利用者手中转移到高效利用者手中的最富效力的机制,因此只有在自愿交易机制不能发挥作用时才可以以其他机制替代市场机制来促进资源流转,在著作权法语境下即在存在市场失灵时才可以适用合理使用。戈登提出了三种市场失灵的情形:

第一,交易成本的存在。当达成与执行交易的成本低于从交易中获得的预期收益时,交易市场将会形成。但当达成与执行交易的成本高于从交易中获得的预期收益时,使用者的预期收益越小,使用者对作品的利用就越容易为交易成本阻碍,从而导致任何能够增进社会福利的交易都不会发生。因此,交易成本与预期收益之比越大,权利人执行其权利的动机越弱,使用行为被认定为合理的可能性就越大。私人复制行为被认定为合理使用的原因就在于使使用者为使用作品一小片段而寻求许可是一种预期收益低而交易成本高的活动,而对权利人而言其针对每个分散的使用者执行权利而花费的支出相比于其因许可作品一小片段所获得的收益而言是不划算的,而且权利人监管

---

[1] 有学者也将戈登对合理使用的经济分析称为"三步测试法",笔者在此为与我国合理使用判断标准的"三步测试法"相区分并为突出戈登经济分析中的重点而将戈登的理论称为市场失灵理论。Kelvin Hiu Fai Kwok, "Google Book Search, Transformative Use, and Commercial Intermediation: An Economic Perspective", 17 Yale J. L. & Tech. 283, 290 (2015).

[2] Wendy J. Gordon, "Fair Use as Market Failure: A Structural and Economic Analysis of the Betamax Case and Its Predecessors", 82 Colum. L. Rev. 1600 (1982); Kelvin Hiu Fai Kwok, "Google Book Search, Transformative Use, and Commercial Intermediation: An Economic Perspective", 17 Yale J. L. & Tech. 283, 290~291 (2015).

分散使用者的复制行为还会伴有隐私侵犯风险以及由此引发的法律责任。

第二，正外部性的存在，不可以货币量化之利益与非商业性行为。私人行为使其他主体受益但却无法向之收费，即存在正外部性。双方就作品之使用而进行交易的成本收益结构往往与交易所引起的社会成本收益结构不同。[1]对于使用者而言，尽管其使用行为会导致社会可欲性结果并因此产生社会收益，但是其为接触与利用作品所愿意支付的对价是作品对其的私人价值，并不愿意为一个更为可观的社会收益去支付超过其私人价值的更高对价。对权利人而言，其并不关心许可行为产生了多大的社会收益，而只关心其能否将许可行为所引起的社会收益内化为其私人收益。故权利人与使用者均没有动机去达成具有社会可欲性并因此产生社会收益的结果。教育、学术与研究行为能够积累人力资本与促进知识进步，被认定为合理使用的经济理性正是由于正外部性的存在。

当使用者的接触与利用行为触发不可以货币量化之利益——公共知识、政治讨论或人类健康之宪法价值时，依赖市场机制对宪法价值进行定价显然是不合适与不可靠的，并由此产生对市场机制的不信任。故在使用者的接触与利用行为涉及不可以

---

[1] 科林·肯尼迪（Colin Kennedy）以数字形式例证了正外部性存在时判断使用行为构成合理使用的必要性：学者认为某一作品价值1000＄并且愿意以1000＄为对价接触与利用权利人的作品，但是权利人只有在获得的对价超过5000＄时才愿意许可学者接触与利用其作品，在此并不存在市场失灵。当学者将权利人作品作为节略而创作新作品时，新作品可能产生10 000＄的社会价值。尽管学者与权利人就作品的接触与利用达成交易将会产生6000＄（10 000＄+1000＄-5000＄）的社会净收益，由于社会的成本收益与私人的成本收益结构不同，因此能够产生社会净收益的上述自愿交易不会达成，在此就需要合理使用介入对市场失灵进行纠正。Colin Kennedy, "An Economic Analysis of Market Failures in Copyright Law: Iatrogenesis and the Fair Use Doctrine", 16 Wake Forest J. Bus. & Intell. Prop. L. 208, 228 (2016).

货币量化之宪法价值时，宜将其行为认定为合理使用。

当使用者的接触与利用行为具有非商业性质时，可以认为，使用者拟为接触与利用版权材料的支付意愿与能力无法真实反映使用者接触与利用行为可能增进的公共利益。但是，正如"坎贝尔案"所指明的，法官在应用使用行为的商业性质判断使用行为合理与否的时候，必须谨小慎微，因为非商业性的群体可以参与市场交易，而商业性使用也有可能面临市场失灵。

第三，反对传播的动机。权利人的自利动机使其在因许可所获得的收入与许可所导致的损害之间进行比较，当其从许可中所获的收入小于其因许可对其不利的批评、评论以及戏仿而导致的损失时，权利人往往怀有反对传播的动机并利用私有规则所授予其的排他力与可转让性控制他人对其作品的负面使用。故在权利人存在反对传播的动机之时，使用者难以在自愿的交易市场中获得批评与评论权利人作品的许可，信息的自由传播处于危险之中。在此情形下，使用者的批评与评论行为被认定为合理使用正是基于权利人在面临对其作品的批评与评论时可能怀有反对传播的动机。当然，有人指出，允许批评、评论、戏仿以及其他可能会对版权作品的评价与销量产生负面影响的使用构成合理使用将损害权利人的激励，但是如果批评、评论以及戏仿恰如其分地指出了版权作品的缺陷，被批评、评论以及戏仿作品的销量减少也是理所应当的。

仅存在市场失灵并不构成适用合理使用的充分条件，只有在对市场失灵附加额外两项条件时，才可以适用合理使用，这两项额外条件分别是：通过权衡原告的损害与被告因使用所做的社会贡献，被告对作品的使用是否是价值最大化的；在满足市场失灵与价值最大化条件的前提之下，还要考虑适用合理使用是否会对权利人及其他处境相同之人造成实质损害。第一项条件（市场失灵）与第二项条件（社会可欲性或者说价值最大化）由使用者证明，而第三项条件（实质损害）则由权利人证明。当使用者证明市场失灵存在与其使用具有社会可欲性，且权利人未能证明其实质损害存在时，应认定使用者使用行为构成合理使用。例如，对于非标准化的利用行为来说，因使用者向权利人描述利用行为、取得合理报价与获得利用许可的交易成本十分高昂，且该非标准化利用行为超出了权利人的预期与能力，因而不落入权利人可预期可实现的市场。将其视为合理使用不会实质性损害权利人的激励利益，反而可以借助群策群力挖掘作品更多的价值，从而增进社会福利，完全可以通过戈登的市场失灵理论——"是否存在市场失灵、能否增进社会福利与是否损害了权利人利益"的测试。[1]

2. 费舍尔："激励-损失"模型

费舍尔对合理使用的经济分析始于一位大学教授在其学术会议上向其二十位学生分发了《福尔摩斯探案全集》（以下简称《探案全集》）中的一篇故事，为决定本案中大学教授之使用行为的合理性，费舍尔认为法院应识别与比较对《探案全集》所有类型的使用行为引起的"激励-损失比率"。[2]费舍尔假定对受版权保护的侦探小说仅存在五类使用行为，分别为：①盗版出版公司也出版精装本《探案全集》，其零售价为15美元；②畅销书俱乐部很快向其会员提供平装本《探案全集》，其对价为4美元；③巴克兄弟（美国桌游主要制造商）[3]开发了一款名为

---

[1] 蒋舸："论著作权法的'宽进宽出'结构"，载《中外法学》2021年第2期，第333页。

[2] William W. Fisher Ⅲ, "Reconstructing the Fair Use Doctrine", 101 Harv. L. Rev. 1659 (1988).

[3] 这意味着相较于竞争者，巴克兄弟能够以更低的成本生产和销售桌游，并对"侦探"游戏进行垄断定价。

"侦探"的游戏，其游戏情节设计与《探案全集》中故事情节近似，该游戏将以10美元的价格出售；④《纽约时报》拟发行某位评论家对《探案全集》的评论，其观点是《探案全集》的风格虽比权利人之前的故事更为夸张，但情节更为巧妙，并为观点论证之目的引用了《探案全集》与权利人先前作品中的几段话；⑤上述大学教授的使用行为。

一位全知全能的法官将根据上述各种情形所引起的"激励-损失比率"来确定哪种情形构成合理使用，这一分式中的分子代表禁止上述使用而由权利人所获之激励收益，分母代表由权利人控制上述使用所导致的接触损失，以下是关于由权利人控制上述几种行为所产生的"激励-损失比率"的推测性描述：

在情形①中，在盗版出版公司与权利人之间就出版精装本《探案全集》自由竞争的情形下，竞争行为最终将会导致《探案全集》的价格接近边际成本。在由权利人对盗版出版公司出版精装本《探案全集》进行控制时（即禁止盗版出版公司出版，权利人独占市场），权利人可以获得垄断利润，但也会因此产生无谓损失。通过计算可得此种情形下的激励（垄断利润）与损失（无谓损失）比率为2∶1，这一比率构成了下述几种情形所导致比率的参照。[1]

在情形②中，权利人为实行价格歧视之目的而将其平装本

---

〔1〕 在情形①中，权利人对盗版出版公司行为进行控制所引起的"激励-损失比率"即为下图中垄断利润 ABCE 与无谓损失 ECF 之比。微观经济学数理推导可证明，当需求曲线（D）为一条直线时，边际收益曲线的斜率为需求曲线的2倍，这意味着 C 为 BF 两点之间的中点，ABCE 的面积是 ECF 面积的2倍，故"激励-损失比率"为 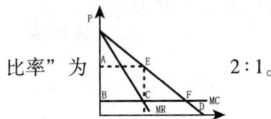 2∶1。

| 著作权法律制度的经济分析 |

《探案全集》的发行延后 6 个月，并将平装本零售价定为 4 美金，这使权利人可以从精装本的更长期销售中获得更高的利润。畅销书俱乐部向其会员提供平装本《探案全集》的行为将打乱权利人的价格歧视计划：其迫使权利人不得不提前其平装本的发行，并因此使其损失了从更长期限的精装本销售中所获得的利润。故由权利人控制畅销书俱乐部的行为将产生如下影响：权利人的价格歧视行为将使其获得更高的垄断利润但不会增加无谓损失（在完全价格歧视的情形下，甚至不存在无谓损失），这意味着价格歧视下的"激励-损失比率"比情形①中普通垄断下的"激励-损失比率"还要高。[1]

在情形③中，巴克兄弟对"侦探"游戏自由生产与销售（即巴克兄弟的使用行为不受权利人控制）并不会对权利人声誉与《探案全集》销售产生影响。权利人对巴克兄弟的使用行为进行控制则可迫使巴克兄弟向权利人寻求许可，权利人因此获得版税收入，而巴克兄弟"侦探"游戏成本会相应增加，并最终转移到消费者所支付的更高价格之中，价格的提高意味着能够接触与利用这一作品的消费者减少，由此产生了更大的无谓损失。费舍尔将这一情形下"激励（权利人的版税收入）-损失（因价格提高而增加的无谓损失）比率"假定为 1.76∶1，低于情形①中的 2∶1 的比率。

在情形④中，评论的发行对《探案全集》的市场需求与权利人的收入影响极小，但权利人对评论的控制所导致的损失是巨大的，这是因为禁止评论的发行阻止了消费者获得《探案全集》的相关信息以及从作出购买作品与否的明智决定中所捕获的福利。故在这一情形下，"激励-损失的比率"很低。

---

〔1〕 在该情形下，费舍尔假定畅销书俱乐部向其会员提供平装本的行为对权利人的垄断利润与其所导致的无谓损失影响极小。

第三章　作品产权交易模式的经济分析

费舍尔最后转向对大学教授使用行为的分析。当权利人对教授的使用行为进行控制时，大学教授会作出如下反应：其一，要求学生购买包含学术会议所讨论之故事的选集，这对权利人收入的增加并不显著，但却会增加教育支出与损害教育质量，在此种情形下，"激励-损失比率"相当低；其二，放弃使用权利人故事，权利人不会因此增加任何收入，但是同样会增加教育支出与损害教育质量，在此种情形下，"激励-损失比率"极低；其三，要求学校图书馆购买《探案全集》，权利人的收入因为图书馆的购买行为得以增加，但是前往图书馆借阅图书的不便将会损害教育质量，在此种情形下，"激励-损失比率"虽然相对较低，但是相较上述两种情形而言要高一些。费舍尔根据上述各种反应所占比例进行计算，发现此种情形下"激励-损失比率"整体上要高于情形④但低于情形③。

费舍尔随后对上述五种情形的"激励-损失比率"从高到低进行排序：畅销书俱乐部的行为>盗版出版公司行为>巴克兄弟行为>大学教授行为>评论行为。随着权利人的控制范围从畅销书俱乐部的行为扩展到评论行为，权利人的总收入有所增加，但是扩大权利人控制范围的激励效应有所减缓，与之相关的社会损失不断增加，费舍尔的模型表明当权利人的控制范围扩展到巴克兄弟行为之时，收益与损失之差（权利人的总收入减去社会损失）达到最大。由此，费舍尔认为，在上述不等式中，巴克兄弟及其左边的行为应被认定为是不合理的，而其右边的行为应被认为构成合理使用（这是因为权利人控制大学教授行为与评论行为将会引起的较大社会损失，而由此产生的激励效应却不明显）。[1]费舍尔承认，进行诸如此类的激励-损失分析

---

〔1〕　William W. Fisher Ⅲ, "Reconstructing the Fair Use Doctrine", 101 Harv. L. Rev. 1659, 1716 (1988).

需要掌握大量信息，法官不愿意并且没有能力进行详尽和准确的分析，但是"激励-损失"分析并非毫无价值。例如，如果两类利用行为对权利人的收入前景造成相当程度的损害，但是后一利用行为相较前者能够产生更多的社会价值，也即后一利用行为的"激励-损失比例"相较后者更小，认定前一利用行为构成合理使用与后一利用行为构成侵权行为，则不符合激励-损失理论。[1]

3. 波斯纳与兰德斯："成本收益"模型

波斯纳所采用的"成本收益"模型认为在如下情境下使用行为应被认定为合理使用：①高交易成本但没有任何损害的情形；②损害为负且默示同意的情形；③损害为正但生产性使用的情形。[2]

（1）高交易成本但没有任何损害的情形。同戈登一样，兰德斯与波斯纳指出，如果自愿交易的费用相较收益来说很高，从而阻碍了权利人与使用者之间自愿交易的达成，在此种情形下授予使用者合理使用特权会产生符合帕累托效率标准的结果：使用者接触与利用利益因此得到了增进，而这也无伤对权利人的激励，因为即使不授予使用者合理使用特权，权利人也会因交易成本的存在而无法从使用者那里获得许可收入。

（2）损害为负且默示同意的情形。损害为负且默示同意的典型情形是评论。兰德斯与波斯纳认为，评论所产生的损害为负且能够获得权利人默示同意的经济学理由在于，评论作为对

---

[1] William W. Fisher Ⅲ, "Reconstructing the Fair Use Doctrine", 101 Harv. L. Rev. 1659, 1740 (1988).

[2] [美] 威廉·M. 兰德斯、理查德·A. 波斯纳：《知识产权法的经济结构》，金海军译，北京大学出版社2016年版，第138~148页；[美] 威廉·M. 兰德斯、理查德·A. 波斯纳："版权法的经济分析"，苏力译，载 [美] 唐纳德·A. 威特曼：《法律经济学文献精选》，苏力等译，法律出版社2006年版，第143~146页。

广告宣传的一种替代会增加对权利人作品的需求，因此评论人与权利人都能从中获益。更深层次的社会学理由在于，由于权利人更加青睐于那些有利于自身的许可而避免对其不利的许可，摆脱权利人对评论的控制与审查就为权利人的作品提供了一种"可靠"的评论，权利人并不会因可靠评论而比由其控制评论下的境况变得更差（任何消费者都对那些溢美之词略打折扣），而社会整体将从这种"可靠"评论所传递的准确信息中获益。

（3）损害为正但生产性使用的情形。损害为正但生产性使用的典型情形是上文"坎贝尔案"所提出的转换性使用（Transformative Use）。转换性使用利用了原作品，并与原作品的市场发生部分重合并且转移原作品的部分需求，因而会损害权利人的利益，但转换性使用产生了增量性知识，丰富了作品种类，这种对社会福利的增进作用使之应受著作权法的鼓励，因而更易被认定为合理使用。相反，复制性使用与作品的市场则完全重合，因而将对权利人作品形成市场替代而损害权利人的利益，而且复制性没有产生任何增量性知识，因而不宜被认定为合理使用。

在此，波斯纳与兰德斯的经济模型与戈登的经济模型不同：戈登的经济模型认为，只有同时满足存在市场失灵、被告对作品的使用具有社会可欲性以及合理使用的认定不会对版权人的激励造成实质损害三个条件，使用行为才应该被认定为合理使用；波斯纳与兰德斯的经济模型认为，特定使用行为即便会对版权人有所损害，但该特定使用行为能够产生福利增进效应，也应该被宽容对待，进而构成合理使用。

（三）合理使用制度的最优范围

戈登、费舍尔与兰德斯与波斯纳的经济学分析框架解释了合理使用制度的经济合理性，这种经济合理性廓清了那些围绕在合理使用制度周边的不确定性迷雾，使其逐步呈现出了一种确定性的面貌，这一结果无论如何都无法通过"形而上"的法哲学分析获得。但是，尽管通过上述经济学分析框架所揭示的经济合理性可以为个案中使用行为的合理性判断提供相对确定的指引，但是这些经济学分析框架却并没有指向一个稳定的合理使用的最优范围，部分原因在于不同的经济学分析框架所框定的合理使用的范围存在差别，而其主要原因在于每一种经济学分析框架受限于法学与经济学交叉所带来的困难，本身并没有发展到应对所有挑战与指责的程度。

具体而言，费舍尔的"激励-损失比率"的分析框架从一开始就假定从事这一"激励-损失比率"分析的法官是全知全能的，这种"完全理性"的假定早已为制度经济学所提出的"有限理性"所取代，故没有法官能够识别与比较所有类型的使用行为所引起的激励与所导致的损失，也没有法官愿意从事这样一种费时费力的经济学分析。由于信息有限与成本高昂，以费舍尔的"激励-损失比率"的分析框架框定合理使用的最优范围可以说是一种理想主义。这并没有否定费舍尔的"激励-损失比率"的经济学分析框架相较于法哲学分析方法能够为判定某一行为的合理性提供确定性的指引，而是指出，为得到一个有关合理使用的最优范围而使用这种方法是不划算因而是不现实的。戈登的"市场失灵"模型与兰德斯和波斯纳的"成本收益"模型相较于费舍尔的"激励-损失比率"模型更贴近现实，也更具操作性，这也是后来者在进行合理使用制度的经济分析时多引用市场失灵模型与成本收益模型的原因所在。[1]但是其对交易成本的强调，如在戈登所列举的"市场失灵"类型中，"交易成

---

[1] Kelvin Hiu Fai Kwok, "Google Book Search, Transformative Use, and Commercial Intermediation: An Economic Perspective", 17 Yale J. L. & Tech. 283, 290~292 (2015).

第三章　作品产权交易模式的经济分析

本的存在"是交易成本的直接表现形式,而"反对传播的动机"恰为罗伯特·考特与托马斯·尤伦所提出的"敌意的谈判方"所涵摄,是导致交易成本上升的因素。再如,波斯纳的"成本收益"模型对合理使用制度的分析也是始于"高交易成本但没有任何损害的情形",这共同导致了后来者对合理使用经济合理性的片面理解。如保罗·戈斯汀(Paul Goldstem)指出:"合理使用是一个鲜明的经济工具,任何时候,只要当事人进行著作权许可的谈判成本高昂时,它就会把一种未经许可而使用他人享有著作权作品的行为辩解为一种合理行为。"[1]当把合理使用的经济合理性简单归结为"交易成本"时,也就为那些强知识产权的支持者提供了限缩合理使用范围并进而否定之的经济学工具,并加剧了框定合理使用最优范围的难度。

1. 交易成本对合理使用制度的限缩

如前所述,交易成本为合理使用制度提供了经济学意义上的正当化依据,但是这也为强知识产权的支持者提供了"以子之矛,攻子之盾"的经济学工具。

本章第二节对私人自主建构的交易模式的经济分析表明,私人的首创精神使之在面对交易障碍时能够进行制度革新,这些制度革新"既减少了交易成本,也使得著作权人与使用者之间的经济交换变得可行"。[2]如著作权集体管理组织在各国的普遍设立及其国际协作是为了应对由高交易成本而导致的著作权交易难题而作出的制度回应。再如,私人自主建构的他种制度,即技术手段的运用与合同模式的改进"使著作所有人与使用

---

[1] [美]保罗·戈斯汀:《著作权之道:从谷登堡到数字点播机》,金海军译,北京大学出版社2008年版,第140页。
[2] [美]威廉·M. 兰德斯、理查德·A. 波斯纳:《知识产权法的经济结构》,金海军译,北京大学出版社2016年版,第139页。

人可以就电子存储的作品进行单独许可谈判",[1]并使权利人既可以控制使用其完整作品的行为也可以控制使用作品片段的行为,不仅可以根据作品的使用时间还可以针对作品的使用次数进行收费,这可以显著降低交易成本,而其成本"实际上就是机器运行所需的电费而已"。[2]基于私人自主建构的制度模式可以不断降低交易成本,论证合理使用制度经济合理性的交易成本理论就失去了说服力,"诸如合理使用以及其他法律上免责规定之类的需求亦随之减少",[3]合理使用的范围也就应当因此而被不断限缩。当私人自主建构制度的经济理性支配著作权法律制度时,"合理使用制度将因此变得过时",[4]并"可能产生出一部从根本上讲不再含有任何免责规定的法律"[5]。

2. 合理使用制度对交易成本的超越

根据强知识产权支持者的观点,在一个没有交易成本的世界中,使用者对权利人作品的接触与利用只能在权利人明确同意的情况下进行,这将赋予权利人处置其作品的绝对权利(包括否定使用的权利),而不可能有任何类型的合理使用与之对抗。

笔者认为,以交易成本限缩甚至否定合理使用制度的观点并没有真正把握经济学分析框架所提出的合理使用制度的经济合理性。后来者错误地将市场失灵与交易成本等同,并将交易

---

〔1〕[美]保罗·戈斯汀:《著作权之道:从谷登堡到数字点播机》,金海军译,北京大学出版社2008年版,第201页。

〔2〕[美]保罗·戈斯汀:《著作权之道:从谷登堡到数字点播机》,金海军译,北京大学出版社2008年版,第201页。

〔3〕[美]保罗·戈斯汀:《著作权之道:从谷登堡到数字点播机》,金海军译,北京大学出版社2008年版,第206页。

〔4〕Ben Depoorter and Francesco Parisi, "Fair Use and Copyright Protection: A Price Theory Explanation", 21 Int'l Rev. L. & Econ. 453, 454 (2002).

〔5〕[美]保罗·戈斯汀:《著作权之道:从谷登堡到数字点播机》,金海军译,北京大学出版社2008年版,第206页。

成本与搜索与追寻成本等同，进一步认为私人自主建构的交易模式能够"治愈"市场失灵，是对合理使用制度经济合理性的一种片面、狭义的理解。或者说，他们过度放大了私人自主建构的交易模式对市场失灵的"治愈"作用。[1]实际上，交易成本所涵摄的范围如此广泛，而私人自主建构的交易模式降低的也只是那些因环境因素所引起的交易成本，即搜索与追寻成本。那些与人相关的交易成本却不是私人自主建构的交易模式所能够轻易克服的：在罗伯特·考特与托马斯·尤伦所列举的影响交易成本的因素中，双方在感情上的矛盾与在谈判中过分强调自己的利益，都会导致高交易成本，而"谈判方的敌意"与"非理性行为"是由人类认识的有限性决定的，无论如何都无法通过私人自主建构的交易模式完全克服。[2]这意味着无论私人自主建构的交易模式如何发展，交易成本将始终存在。

事实上，戈登与兰德斯和波斯纳对合理使用制度的经济分析虽以交易成本为起点，但是其对合理使用制度的经济合理性的揭示实际上已经超越了交易成本。在戈登所列举的市场失灵类型中，除交易成本之外，正外部性的存在与反对传播的动机也会导致市场失灵。兰德斯与波斯纳认为，在"高交易成本但没有任何损害的情形"之外，"损害为负且默示同意的情形"与"损害为正但生产性使用的情形"中也可以认定使用人对作品接触与利用行为构成合理使用。显然，"损害为正但生产性使用的情形"已经超越了交易成本。莫杰思同样指出，一些种类的市场失灵并不能为交易成本所涵盖，他列举了两种不能为交易成

---

[1] Ben Depoorter and Francesco Parisi, "Fair Use and Copyright Protection: A Price Theory Explanation", 21 Int'l Rev. L. & Econ. 453, 457 (2002).

[2] [美]罗伯特·考特、托马斯·尤伦：《法和经济学》（第6版），史晋川等译，史晋川审校，格致出版社、上海三联书店、上海人民出版社2012年版，第82页。

本所涵盖的市场失灵,即在戏仿市场同样存在失灵与在双边垄断条件下可能导致议价失败。[1]莉迪亚·帕拉斯·罗兰(Lydia Pallas Loren)(以下简称"罗兰")重新对戈登的"市场失灵"理论进行了全面强调。她指出:"如果法院意图采用市场失灵理论来判定合理使用,那么对所有潜在市场失灵类型的完全识别对于保持版权法的适当平衡至关重要。"合理使用制度除了旨在救济那些由高交易成本导致的市场失灵之外,更重要的是"治愈"那些由正外部性的存在导致的市场失灵,因为那些"生产性的使用"更契合支配版权立法的宪法价值。[2]可见,合理使用制度的经济合理性已经超越了交易成本,这即是说即便假设私人自主建构的交易模式使交易成本降为零,其也不能否定因除交易成本之外的其他经济合理性而得以正当化的合理使用类型。

更进一步,上述有关合理使用的经济学分析框架不仅解释了合理使用制度的经济合理性,还传达了合理使用制度的社会价值性。这表明合理使用制度不仅超越了交易成本,也超越了经济合理性。戈登对"教育、学术与研究"所导致的社会可欲性结果的强调、对不可以货币量化之价值——公共知识、政治讨论或人类健康之宪法价值的讨论,以及兰德斯与波斯纳对"生产性使用"的强调均超越了经济合理性的范畴而跨入到了社会性价值的领域。保罗·戈斯汀(Paul Goldstein)指出《美国1976年版权法》的某些免责规定之所以存在,并不是因为交易成本,"而是由于某些使用以及使用人有助于实现具有社会价值的

---

〔1〕 Robert P. Merges, "The End of Friction? Property Rights and Contract in the 'Newtonian' World of on-Line Commerce", 12 Berkeley Tech. L. J. 115, 133 (1997).

〔2〕 Lydia Pallas Loren, "Redefining the Market Failure Approach to Fair Use in an Era of Copyright Permission Systems", 5 J. Intell. Prop. L. 1, 6 (1997).

目标，从而国会决定通过免除著作权义务的方式予以支持".[1]"为教育研究目的的使用而给予免责与强制许可，是承认这些使用具有高于著作权体制的超级权利主张，而该权利主张的基本前提是，只有当作者能够从前人的作品那里汲取营养来创作自己的作品时，一种文化才能建立起来。"[2]布雷特·弗里施曼（Brett Frischmann）和马克·莱姆利（Mark Lemley）同样认为，以交易成本论证使用合理的叙事模式过于有限，他们认为合理使用应被视为平衡无偿使用所产生的"溢出价值"与所导致的激励损失的机制。这里的"溢出价值"实际上就是社会性价值的同义语。[3]如为教育研究目的的使用而给予免责，不仅使使用者本人受益，也使得使用者赖以生存的社群中的其他群体受益——阅读与学习产生了具有社会性价值的人力资本。同样，为批评与评论目的的使用而给予免责，不仅有利于使用者，也有利于使用者所处的社群，这不仅是因为社群可以阅读评论，还是因为参与批评与评论是一种创造性与文化性活动形式，这同样有助于产生具有社会性价值的人力资本。

笔者以为，没有任何经济模型表明合理使用的最优范围应局限于由交易成本所导致的交易不能的使用类型，那些传导正外部性的生产性使用类型因契合社会价值而构成了合理使用最优范围中的核心范畴。合理使用制度的最优范围所关切的是如何能够在无损创作激励的情况下促进对作品的最优接触与利用，故合理使用的范围应由使用行为是否构成对已有作品的市场替

---

[1] [美]保罗·戈斯汀：《著作权之道：从谷登堡到数字点播机》，金海军译，北京大学出版社2008年版，第206页。

[2] [美]保罗·戈斯汀：《著作权之道：从谷登堡到数字点播机》，金海军译，北京大学出版社2008年版，第209页。

[3] Glynn S. Lunney, Jr., "Fair Use and Market Failure: Sony Revisited", 82 B. U. L. Rev. 975, 998 (2002).

代与使用行为是否具有生产属性从而产生了增量知识共同划定。

（四）我国合理使用制度的改进方向

1. 理论框架的引入：超越交易成本

与西方学者一样，我国学者在引进合理使用的理论框架时，也会陷入"交易成本"唯一或至上的境地。例如，我国有学者指出："合理使用仅应该出现在交易成本过高的情形下"，[1]"在新技术条件下，随着交易成本显著降低，我国合理使用的适用范围也应随之缩小，以利于著作权市场的形成"。[2]还有学者指出："随着技术通过便利了著作权作品的传播和许可证的签订而降低了交易成本，合理使用将会让位于…作品的授权使用"。[3]正如前文所述，"新技术传播所降低的仅仅是重复性和机械性的交易成本，而与确定交易条件相关的创造性交易成本并未得到改变。"[4]同时，西方学者对合理使用制度经济合理性的论述也并没有局限在交易成本的范围内，而是超越之并与社会性价值相关联。笔者以为，存在市场失灵乃是适用合理使用的前提条件，市场失灵的类型不仅涉及高交易成本的情形，还包括了正外部性、反对传播的动机等其他市场失灵类型。当然，存在市场失灵并不意味着使用行为必然合理，还需对使用行为的性质进行进一步的判断——使用行为是复制性的抑或创造性的与使用行为是替代性抑或互补性的。如图3-10所示：区域A表示那些既可以增加对原作品使用需求也产生增量知识的互补性与创

---

[1] 熊琦："论著作权合理使用制度的适用范围"，载《法学家》2011年第1期，第89页。

[2] 熊琦："论著作权合理使用制度的适用范围"，载《法学家》2011年第1期，第98页。

[3] 冯晓青："著作权合理使用及其经济学分析"，载《甘肃政法学院学报》2007年第4期，第28页。

[4] 熊琦："著作权集中许可机制的正当性与立法完善"，载《法学》2011年第8期，第103页。

造性使用行为（如书评），区域 B 表示那些虽减少了对原作品的需求但是此种损害为产生的增量知识所抵销（如挪用艺术），区域 F 表示那些虽没有产生增量知识但是可以增加原作品需求的使用行为（如可搜索数据库），故在函数 y=-x 所描绘的直线之上的使用行为因没有对权利人激励造成实质损害且产生了具有社会可欲性的结果而应被认定为合理使用；而在 y=-x 所描绘的直线之下的使用行为因其对原作品权利人的激励造成了实质损害或未产生社会可欲性的结果而不宜被认定为合理使用。[1][2]该模型不仅为判定具体使用行为的合理性提供了确定性指引，还进一步划定了合理使用的范围，因此有助于克服合理使用制度实践样本中所引发的不确定难题。

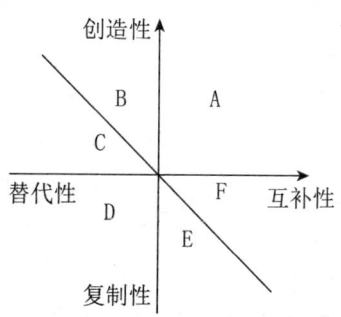

图 3-10　使用行为类型划分[3]

---

〔1〕　对区域 E 中使用行为的判断应审慎进行，因在该区域内的使用行为并没有对权利人的激励造成损害，且对作品的复制与接触也具有社会价值性。

〔2〕　此模型是对戈登与兰德斯和波斯纳所提出模型的融合与改进，虽然该模型从形式上来看更接近戈登的市场失灵理论，但是该模型同样将兰德斯与波斯纳所提出的三种情形涵盖进去，即"高交易成本但没有任何损害的情形"在对市场失灵进行分析的过程中被涵盖进入，而区域 A 与区域 F 代表了"损害为负且默示同意的情形"，区域 B 代表了"损害为正但生产性使用的情形"。

〔3〕　冯晓青、刁佳星："转换性使用与版权侵权边界研究——基于市场主义与功能主义分析视角"，载《湖南大学学报（社会科学版）》2019 年第 5 期，第 141 页。本书中的模型对冯晓青教授与刁佳星博士生在上文中所提出的模型作了一些改进。

2. 实践样本的改进：突破封闭体系

我国合理使用制度封闭式立法与突破性司法所引发的不确定性共同导致了判断使用行为合理性的困难。笔者以为，由于使用者群体存在"集体行动"的困境，并不像权利人群体那般在面对潜在的获利机会时能够进行非正式制度的建构与供给并最终说服立法者和司法者对其非正式的制度供给以立法形式加以确认，因此为应对使用者群体的"集体行动"困境，一个有关合理使用制度的开放式而非封闭性立法模式就是必要的。在具体情形之外，一个辅之以经济合理性与社会性价值限定的抽象性兜底条款就足以盘活我国有关合理使用制度的立法模式。虽然 2020 年修正的《著作权法》第 24 条在以往十二种典型的合理使用情形之外纳入了"法律、行政法规规定的其他情形"这一具有兜底性质的条款。然而，通过法律、行政法规对合理使用的其他类型进行立法规定牵涉利益博弈的复杂过程，纳入上述兜底条款无异于形同虚设，根本无法及时应对司法实践中所出现的难题。笔者认为，在法律、行政法规无法提供有效的裁判指引之时，与上述理论模型相适应，司法实践应至少对以下两种类型的使用保持宽容态度：其一，那些对原作品的需求形成轻微市场替代，但其产生的增量知识足以抵销对权利人造成的微小损害的使用行为，即便使用行为具有商业性质，但其所产生的社会可欲性结果符合卡尔多-希克斯效率，足以证成其行为的合理性；其二，那些虽然没有产生增量知识的复制性与互补性的使用行为因增加了原作品的市场需求且促进了公众对原作品的便宜接触，符合帕累托效率，也宜被认定为合理使用。

二、法定许可制度的经济分析

如本书第二章所述法定许可制度是指在法定情形下，在权利人事先未声明不许使用的前提下，无需经过权利人的同意，只需支付一定的对价即可对已发表作品接触与利用的制度。法定许可介于授权使用与合理使用之间。授权使用是在私有规则的排他性与可转让性支配下对作品进行"先授权，再付费，后使用"的交易机制。合理使用与法定许可是对私有规则排他性与可转让性的弱化或曰限制，且使其向私有规则的对立面即公有规则靠拢，属于卡拉布雷西与梅拉米德所言权力介入所生的责任规则。严格来讲，合理使用是将作品特定属性的利用方式交由公众自由使用，交易机制可表述为"无授权，无付费，只使用"，使权利人丧失了许可权与定价权。法定许可仍将作品特定属性的利用方式交由私人控制，但是主体依据私有规则享有的许可权与定价权被弱化为事后的报酬请求权，交易机制可表述为"无授权，先使用，后付费"。相比于合理使用，因权利人仍保留获酬权，且其适用以"作者事先未声明不许使用"为前提，因此法定许可对于私有规则排他性与可转让性的限制与弱化并没有合理使用走得远。

(一) 法定许可制度的整体概观

伴随机械复制技术的发展产生了新的音乐作品的传播和表演方式，法定许可制度的纳入正是为了协调由新的音乐作品的传播和表演方式导致的不同产业主体之间的损益失衡格局。

美国1831年修法时，以传统音符谱写的音乐作品，即获得了《版权法》的保护，任何人复制了乐谱，即构成著作权侵权，但是对于制作钢琴卷纸或者唱片之类的录音是否侵犯著作权并没有那么明了的答案。[1]音乐家与出版商抱怨他们从清晰易读的活页乐谱中获得的收入遭到了那些未受规制的钢琴卷纸与唱

---

[1] [美]保罗·戈斯汀：《著作权之道：从谷登堡到数字点播机》，金海军译，北京大学出版社2008年版，第53页。

片复制行为的威胁,因此游说国会赋予他们控制"制造或者销售任何在机械上'经由特别改造'以便录制音乐作品的设备"的专有权——机械录制权。[1]Aeolian(自动钢琴生产商)公司在预料到对机械复制权这一有利的立法前景之后,随即从全美各主要音乐出版商那里购买了大量的机械复制权:音乐出版商协会的87个成员授予了Aeolian对其音乐作品进行机械复制的独家许可,这些许可一共涵盖了381 598首音乐作品,并占据整个市场的43%。[2]美国的其他自动演奏钢琴的生产商则表示,他们并不反对跟音乐家和出版商分享收入,但是抱怨机械复制权会使Aeolian获得行业垄断。在音乐家与出版商、Aeolian公司与其他自动演奏钢琴的生产商这三方利益争端中,音乐家与出版商对其收入的担忧最终以机械复制权的形式获得了保障,而其他自动演奏钢琴的生产商所提出的Aeolian式垄断问题最终通过对专有权排他性的约束——强制许可——得到了纾解,即"一旦著作权所有人已经授权某一自动钢琴音乐卷纸公司或者唱片公司对其音乐作品进行机械复制,则任何其他公司均可以对该音乐作品自由制作录音唱片,只要其按每制作一张唱片向著作权所有人付费2美分"。[3]有关机械录制权的强制许可最终体现为《美国1909年版权法》第115条。[4]可

---

〔1〕 [美]保罗·戈斯汀:《著作权之道:从古登堡到数字点播机》,金海军译,北京大学出版社2008年版,第53页。

〔2〕 Jiarui Liu, "Copyright Reform and Copyright Market: A Cross-Pacific Perspective", 31 Berkeley Tech. L. J. 1461, 1489 (2016).

〔3〕 [美]保罗·戈斯汀:《著作权之道:从谷登堡到数字点播机》,金海军译,北京大学出版社2008年版,第55页。

〔4〕 在此,《美国1909年版权法》中的强制许可与我们在此讨论的法定许可有所差别,差别在于强制许可须由使用者事先申请与主管机关正式授予,法定许可是由法律直接规定,但是由于二者之间只是行使的方式略有差别,本质均在于通过法律干预实现许可权与定价权的转移,因而我们在此忽视法定许可与强制许可行使方式的差别,并且基于二者之间的体现相似程度的法律干预色彩将之归于一类交易模式加以讨论。

见，法定许可制度从一开始是为了应对新技术环境下产业主体间的利益纷争，特别是因垄断而导致的市场进入障碍问题。故早期法经济分析学者一般将法定许可制度的经济理性归结为抑制垄断。

我国法定许可制度是制度移植的结果，并非对产业利益调整的产物，脱离实际的制度供给必然抑制制度实效的发挥，因而导致该制度在我国《著作权法》变迁过程中缺乏稳定性，并"成为历次著作权修法中争议和调整幅度最大的制度之一"。[1]1990年《著作权法》第32条第2款规定了报刊转载、摘编的法定许可（声明保留除外）；第35条第2款规定了表演者使用他人已发表作品进行营业性演出的法定许可（声明保留除外）；第37条第1款规定了录音制作者使用他人已发表的作品制作录音制品的法定许可（声明保留除外）；第40条第2款规定了广播电台、电视台使用他人已发表的作品制作广播、电视节目的法定许可（声明保留除外）。2001年《著作权法》相较于1990年《著作权法》增加了教科书出版的法定许可；将表演者使用他人已发表作品进行营业性演出的法定许可修改为授权许可；将制作录音制品法定许可的作品范围从"已发表作品"限缩为"已经合法录制为录音制品的音乐作品"；取消了1990年《著作权法》中广播电台、电视台使用他人已发表作品的法定许可限制，即删除了"声明保留除外"；删除1990年《著作权法》中广播电台、电视台不经许可、不付报酬而使用已出版的录音制品的规定，将其修改为广播电台、电视台对已出版的录音制品可以不经许可，但要付酬的法定许

---

[1] 熊琦："著作权法定许可制度溯源与移植反思"，载《法学》2015年第5期，第72页。

可规定。[1]2010年《著作权法》规定的法定许可制度与2001年相比并无太多差异。在《著作权法》第三次修改过程中，有关立法文本表现出各方对法定许可制度是改进还是废除的争议，2012年3月31日发布的《著作权法（修改草案）》是沿着改进的路径对法定许可制度进行修订的，即其以取消法定许可适用的前提条件——未声明保留与以完善法定许可制度的付酬机制和救济机制而强化了法定许可制度的适用。但之后发布的草案文本却表现出了截然相反的修订路径，即以限制法定许可而朝着使之废除的方向发展，如2014年6月6日发布的《著作权法（修订草案送审稿）》直接删除了录音制品的法定许可，2020年8月8日发布的《著作权法（草案二次审议稿）》仅保留了教科书法定许可与报刊转载法定许可。由于有关废除或改进法定许可制度的分歧较大，《著作权法（2020年修正）》最终作出妥协，未对2010年《著作权法》法定许可的基本类型加以改动，仅是删除了教科书出版法定许可"声明保留除外"的限制。

　　修法过程中跳跃式的文本变动反映出了法定许可制度与产业利益关系之间的调试矛盾。在这种相悖关系之下，法定许可制度之于产业利益关系的调试作用不可能取得正面效果。[2]笔者以为，为避免有关法定许可制度是废除还是改进以及如何改

---

　　[1] 2001年《著作权法》第23条规定了教科书出版的法定许可（声明保留除外）；第32条第2款规定了报刊转载、摘编的法定许可（声明保留除外）；第39条第3款规定了录音制作者制作录音制品的法定许可（声明保留除外）；第42条第2款规定了广播电台、电视台播放他人已发表作品的法定许可；第43条规定了广播电台、电视台播放已经出版的录音制品的法定许可。
　　[2] 熊琦："著作权法定许可制度溯源与移植反思"，载《法学》2015年第5期，第73页。

进的各方争议"演变为差异化的立场陈述",[1]就有必要跳脱出"立场陈述"的价值判断去探寻法定许可制度"经济理性"的科学基础,并以此揭示究竟是因法定许可制度失灵而应对该制度进行矫正以改进之,还是因法定许可制度丧失经济理性而应抛弃它。

(二) 法定许可制度的经济理性

法定许可制度的经济理性经历了从抑制垄断行为到降低交易成本的演变。[2]

1. 抑制行业垄断

美国机械复制法定许可权的产生表明了早期法定许可制度的经济理性就是为了缓解行业垄断而导致的市场进入障碍问题。在经济学家看来,垄断市场相较于竞争市场而言是无效率的,其无效率来源于垄断者为了实现利润最大化而收取高于边际成本的价格,并且垄断者生产的产量也小于社会有效率的产量,从而导致社会总福利减少的无谓损失。[3]早期经济学家将著作权视为由政府创造的垄断。如曼昆(Mankiw)指出:"版权是政府的一种保证,它保证未经作者许可,任何人都不能印刷并出售这本著作。版权使这个小说家成为她的小说销售的一个垄断者。"[4]法经济学家认为,在缺少法定许可制度的情况下,一方录音制作者可以利用自己已经建立的优势地位以与权利人签订独占许可协议的形式垄断诸如音乐作品的来源,从而排除其他录音制作者的市场进入;而法定许可制度的实施则意味着当一

---

[1] 熊琦:"著作权法定许可制度溯源与移植反思",载《法学》2015 年第 5 期,第 73 页。

[2] 张曼:《著作权法定许可制度研究》,厦门大学出版社 2013 年版,第 65 页。

[3] 张曼:《著作权法定许可制度研究》,厦门大学出版社 2013 年版,第 65 页。

[4] [美] 曼昆:《经济学原理》(第 7 版·微观经济学分册),梁小民、梁砾译,北京大学出版社 2015 年版,第 321 页。

方录音制作者使用权利人的作品制作录音制品时,该录音制作者无权禁止其他录音制作者就该录音制品中权利人的相同作品制作录音制品。由于其他录音制作者对作品可以径直利用并只需支付相对较低的法定许可费率,法定许可制度的存在就降低了其他录音制品制作者市场准入的难度,并促进众多录音制品制作者共存的竞争市场而非单个录音制品制作者存在的垄断市场的形成。由此,法定许可制度可以缓解垄断性定价问题,推动作品的竞争性定价(即接近录音制作者平均成本的定价)。故法定许可制度在促进了私人激励(促进传播者市场进入)的同时,可以增加那些对作品的评价高于竞争定价但低于垄断定价的公众对作品的接触与利用。故早期关于法定许可的经济理性主要在于规避垄断行为,促进市场竞争。

2. 降低交易成本

法经济分析学者很快意识到著作权法并不像专利法那样授予权利人同等程度的市场力量,因为著作权法律制度中存在的诸项法律原则(如思想/表达二分法与独立创作抗辩)共同保证了著作权市场中存在丰富的"恰巧重合或故意模仿"并因此可以相互替代的作品。[1]这一作品生产市场中的观念变革很快传递到了作品的传播市场,并动摇了法定许可抑制垄断的经济理性。科斯在1960年《社会成本问题》一文中所提出的交易成本理论以及吉多·卡拉布雷西(Guido Calabresi)与道格拉斯·梅拉米德(A. Douglas Melamed)将之应用于"法授权利"(Entitlement)的分析使得法定许可制度的经济理性发生了从抑制垄断到降低交易成本的变化。在卡拉布雷西与梅拉米德所提出的卡梅框架中,"只要一个人如果愿意为一项初始法授权利支付被

---

[1] 刘家瑞:"论著作权法修改的市场经济导向——兼论集体管理、法定许可与孤儿作品",载《知识产权》2016年第5期,第46页。

客观确定的价值,他就可以消灭这一法授权利",[1]这一法授权利就为责任规则所支配,而支配这一责任规则的经济理性在于市场的交易费用高于第三方(立法者或司法者)的交易费用。具有责任规则属性的法定许可制度,"其价值基础即为在高交易成本环境中构建类似于强制交易的许可模式以确保对作品的充分利用"。[2][3]与授权许可相关的交易成本包括寻找交易对象、进行协商并与之缔约的成本,授权许可可因事先接触协商的成本大于预期收益而不能达成,特别是在交易主体数量众多且分散、怀有策略行为动机与禀赋效应心理以及彼此间因感性因素相互敌视之时。由于法定许可将事先的议价权转化为事后的报酬请求权,"符合条件的使用者都可以跳过与权利人的协商环节,在法律规定的范围内行使权利"[4],由此节省了事先接触协商的成本。由于法定许可通常发生在录音与有线广播行业,在这些行业中,权利主体众多,与不同权利主体分散协商的成本将因法定许可的引入而大幅下降。在授权许可中,权利人对作品特定属性的利用方式享有排他控制的权利与决定是否转让的自由。但是资源禀赋效应与策略行为动机(参见第三章第一节)总会导致权利人对作品的要价高于市场的平均价格,使用

---

[1] [美]吉多·卡拉布雷西、道格拉斯·梅拉米德:"财产规则、责任规则与不可让渡性",载[美]唐纳德·A. 威特曼:《法律经济学文献精选》,苏力等译,法律出版社2005年版,第33页。

[2] 蒋一可:"数字音乐著作权许可模式探究——兼议法定许可的必要性及其制度构建",载《东方法学》2019年第1期,第156页。

[3] 法定许可制度因权利人的"声明保留"而保留了一部分私有规则的排他性,这使得法定许可制度位于财产规则与责任规则之间,故一种较为严谨的观点是法定许可制度具有责任规则的属性。王国柱:"著作权'选择退出'模式许可的制度解析与立法构造",载《当代法学》2015年第3期,第107页。

[4] 熊琦:"著作权法定许可的正当性解构与制度替代",载《知识产权》2011年第6期,第39页。

者愿意为作品支付的价格要比市场的平均价格更低一些,特别是使用者事先没有实际体验和消费作品的机会因而并不了解作品的价值之时(作品属于体验品而非搜寻品),双方为最大化自身的利益各自盘算并实施策略行为,由此可能导致谈判崩盘。法定许可通过转移权利人的定价权与设定法定交易价格,弱化权利人对作品特定属性利用方式的排他控制,进而削弱策略行为动机与禀赋效应心理的"作祟",抑制了在授权许可中权利人漫天要价与使用者压低价格的可能,即免去了交易各方因价格博弈而增加的交易成本。因交易成本而未能达成的授权许可,可以为法定许可所补救。相较于那些因高昂交易成本而没有达成的授权许可,法定许可既没有减损对权利人的经济激励,也满足了使用者的接触利益,并因此以一种符合帕累托效率的方式增进了社会福利。

法定许可除了具备抑制垄断与降低交易成本的经济理性之外,还以弱化权利人许可权和定价权的方式赋予传播者谈判优势,从而促进作品传播,特别是在作品传播能够产生巨大的社会价值之时。例如,我国《著作权法》第25条规定的教科书汇编作品的法定许可,第35条规定的报刊转载、摘编法定许可,具有培育智识与促进信息流通的社会价值,这些社会价值相较于私人自治具有价值上的优先性。

(三)法定许可制度的"存废"之争

1. 法定许可制度的"存废"争议

有关法定许可的最终命运,在理论与实践中呈现两种走向:一种理论与实践指向了法定许可制度面向未来的最终前景;另一种理论与实践则指向了法定许可制度注定废除的历史结局。

在理论研究中,否定法定许可制度的理由主要在于:其一,相关市场并不存在垄断问题,法定许可制度形同虚设。如有学者指出:"并没有任何迹象表明相关市场已经或将要产生任何垄断问题,即便这种垄断威胁因取消法定许可而实际产生,反垄断法(谢尔曼反托拉斯法)也足以应对垄断'幽灵'",[1]"因制裁个别公司的反竞争行为而建立一般性法定许可,限制整个行业的发展,显然有些矫枉过正"。[2]实证数据也足以说明来自垄断的担忧是多余的,如唱片行业"在1945年,美国已经有七家大型音乐出版公司,占据了85%的市场,另外还有25家占据了10%的市场"。[3]其二,第三方定价效率缺失,导致权利人或使用者利益受损。这是因为,第三方决策者并非市场的参与者,无法准确知悉作品的生产成本与消费者的偏好,因而其所设定的法定许可价格很难及时、准确地反映真实的市场供求关系:如果其所设定的价格过低,则可能无法弥补作品的生产成本,致使权利人失去继续生产的激励,交易预期高于法定价格的使用者得以搭便车;如果其所设定的价格过高,则可能产生过度激励的问题,并使大多数使用者无法以合理的价格获得作品。在实践中,多数情形是第三方设定的价格过低。如有学者指出,自1909年到1978年期间,美国录音制品法定许可费率一直不加调整地被确定为"每制作一张唱片向著作权所有人付费2美分",但在这近70年的时间内,通货膨胀上涨了500%,这意味着"2美分"的价值在1978年缩水了500%。[4]更为严峻的是,实际适用的许可费率要低很多,保持在1.25美分到1.75美分之

---

〔1〕 Theresa M. Bevilacqua,"Time to Say Good‐Bye to Madonna's American Pie:Why Mechanical Compulsory Licensing Should Be Put to Rest",19 Cardozo Arts & Ent. L. J. 285, 301 (2001).

〔2〕 刘家瑞:"论著作权法修改的市场经济导向——兼论集体管理、法定许可与孤儿作品",载《知识产权》2016年第5期,第47页。

〔3〕 熊琦:"音乐著作权许可的制度失灵与法律再造",载《当代法学》2012年第5期,第7页。

〔4〕 刘家瑞:"论美国数字音乐版权制度及启示",载《知识产权》2019年第3期,第91页。

间。[1]较低的许可费率严重损害了权利人的利益。[2]尽管美国在1976年修法之际,授权版税法庭(Copyright Royalty Tribunal)以动态调整版税许可费率,然而许可费率的增长有限且该机构并没有取得理想效果因此几经变更,1994年该机构为版权仲裁版税专家组(Copyright Arbitration Royalty Panels)所取代以对行业诉求作出更迅速的回应,不过其在2004年又为版税法官(Copyright Royalty Judges)所取代。频繁调整反映出第三方机构在对法定许可费率进行动态调整与分配法定许可收入上所面临的重重困难。[3]我国并没有调整法定许可费率与解决法定许可费率争议的专门机构,这导致我国法定许可费率不能反映交易双方对作品的真实评价,也不能适应新技术的发展与新市场的开拓。"从著作权法定许可制度二十年的实践来看,基本没有使用者履行付酬义务,也很少发生使用者因为未履行付酬义务而承担法律责任,权利人的报酬权不能得到保证。"[4]

理论中,对法定许可予以肯定的学者所依据的理由主要是法定许可制度所具有的经济理性以及促进传播的制度功能。如有学者从"防止音乐市场的权利垄断、提高音乐市场的经济效率与平衡私人与公众之间的价值"论证了录音制品法定许可存续的必要性。[5]再如,有学者从"广电媒体所承担的新闻、宣传、舆论、教育和服务等社会公共责任;法定许可降低海量作

---

[1] Robert P. Merges, "Contracting into Liability Rules: Intellectual Property Rights and Collective Rights Organizations", 84 Cal L. Rev. 1293, 1310 (1996).

[2] 刘家瑞:"论著作权法修改的市场经济导向——兼论集体管理、法定许可与孤儿作品",载《知识产权》2016年第5期,第48页。

[3] 17 U.S.C.A. § 801.

[4] 2012年3月31日发布的《关于〈中华人民共和国著作权法〉(修改草案)的简要说明》

[5] 杜娟:"我国录音制品法定许可规则完善研究",载《电子知识产权》2020年第8期,第90~93页。

品许可所引起的交易成本以及法定许可可以避免集体管理组织或大型著作权企业利用优势地位影响作品传播"论证了在《著作权法》第三次修改之际保留播放作品的法定许可的必要性。[1]有学者甚至走得更远,主张建立数字音乐法定许可的新类型,其依据主要在于通过独占许可与集中许可处理数字音乐许可困境接连折戟,而法定许可制度的限价作用、垄断破除作用、交易成本克服作用使之能够应对数字音乐许可困境。[2]当然,还有学者从国际立法经验入手论证法定许可制度的合理性,但是在当前各国面临新技术与新市场均对法定许可制度的存废存有争议的立法背景下,国际立法经验不足以证成法定许可制度的合理性。另外,由于法定许可制度的经济理性已经发生了从抑制垄断到降低交易成本的变化,以"抑制垄断"否定或肯定法定许可制度都只会陷入过时的无端争议之中,故"垄断问题"与"国际立法经验"一样都不能证成或否定法定许可制度。

笔者认为,法定许可的最终命运,即其是以改进的形式面向未来还是以废除的结果而尘封历史取决于抑制法定许可制度实效发挥的究竟是制度失灵还是交易成本。如果法定许可制度实效的发挥因定价效率(制度失灵)而受到抑制,解决的方案就如同在市场失灵时对其进行矫正即可,但如果抑制法定许可制度实效的发挥乃是因为交易成本的降低,使其可以为私人建构的交易成本降低机制所取代,那么法定许可制度最终将难以逃脱被废除的命运。

---

〔1〕 彭桂兵、朱雯婕:"论广播电台电视台播放作品法定许可的存与废——基于立法价值的视角",载《西南政法大学学报》2019年第5期,第92~94页。

〔2〕 蒋一可:"数字音乐著作权许可模式探究——兼议法定许可的必要性及其制度构建",载《东方法学》2019年第1期,第159页。

2. 法定许可"存废"之争的回应

法定许可制度存废之争的本质是"定价效率"与"交易成本"之争。笔者以为,定价效率所引起的制度失灵是可治愈的,交易成本也没有降低到足以使私人自主建构的交易模式接管法定许可制度功能的地步,法定许可制度的交易威慑作用使其仍有存续的必要。

首先,定价效率所引起的制度失灵是可治愈的。定价效率的问题源自这样一种担忧,即受限于"资产的特殊性质与复杂多变的商业环境",非市场参与者的第三方决策者无法还原由市场供求关系所决定的交易条件与许可费率,其结果是第三方所确定的交易条件与许可费率与交易双方依赖市场供求关系所确定的交易条件与许可费率存在偏差。莫杰思将法定许可制度与集体管理制度进行了比对分析并指出,法定许可制度作为法定责任规则在设定交易细节与许可费率时缺少专业性与灵活性:法定许可制度适用的是统一的、"一刀切"的规则,而集体管理制度具有"专家裁剪"的优势——知识渊博的商业主体制定交易规则,这些交易规则根据权利的广泛特征而有所区别,通过"专家裁剪",集体管理制度可以产生中等水平的合同细节,使之不仅反映行业群体的专业知识,也可满足执行大量交易的效率需求。集体管理组织作为自愿责任规则具有灵活性。如ASCAP经常调整其对电台和电视台的收费标准,法定许可制度则受"立法锁定效应"的影响——立法很难变更,利益相关方将花费足够资金否决法律变更,这使法定许可制度缺少一个反应迅速的估价机制以使许可费率及时适应市场变化。[1] 笔者认为,市场机制在作品定价上所具有的专业性与灵活性可为交易

---

[1] Robert P. Merges, "Contracting into Liability Rules: Intellectual Property Rights and Collective Rights Organizations", 84 Cal. L. Rev. 1293, 1296 (1996).

双方之间的信息不对称所引发的逆向选择与道德伤害问题所抵消。即在交易一方掌握交易另一方所不具有的私人信息时，如在权利人掌握更多的作品信息与具有市场权势之时，有可能就作品的真实价值欺骗对方并且利用自身权势索要高价，以此获得更大份额的交易剩余。由于通过隐瞒信息与利用权势达成的交易更多符合掌握更多信息与拥有市场权势一方的期待，由此达成的交易与设定的价格极有可能未充分反映另一方（如使用者）的利益与期待，因而即便利用市场达成的交易与商定的价格也可能未准确传达作品的真实价值与供求状况。当定价权由立法者或司法者行使之时，反而可以减缓交易双方隐瞒信息与施加权势而对作品交易产生的负面影响，通过立法与司法监管促使交易双方公开有关作品的真实信息与进行充分博弈。通常来说，作品的首次出版或发表通过权利人与传播者之间的自愿交易完成，这一过程通常可以使权利人收回创作成本的绝大部分，法定许可是在作品首次出版或发表之后对作品进行的再传播，任何高于作品传播边际成本的价格都可能构成对权利人的额外激励。这意味着法定许可制度的定价效率与作品的市场评价关系不大，而与作品传播的边际成本有关，而根据本书第二章的分析，数字环境之下作品的传播边际成本趋近于零，进一步说明了一个较低且不加调整的法定许可定价也有其合理性。对于那些在其首次出版或发表之时未能完全收回创作成本的作品而言，对于法定许可费率进行调整的市场需求可以通过引入市场交易主体（权利人与使用者）的信息披露与博弈机制而使法定许可费率反映市场供求关系的变化与符合市场交易各方的期待。

其次，法定许可制度不是以取代和破坏私人自治与市场交易而是以补充与威慑的角色发挥降低交易成本与促进传播的制度功能的。如果双方能够达成自愿交易，自愿协商确定的意定价格与其他许可条件完全可以替代法定价格。只有在交易双方存在利益分歧因而无法达成一致的情形下，法定许可才以一种补充和威慑的角色介入作品交易。在市场交易中，权利人与使用者之间可以通过授权许可设定任何双方合意达成的价格，这一价格可以高于法定许可定价，也可低于法定许可定价。例如，《广播电台电视台播放录音制品支付报酬暂行办法》第 4 条规定，广播电台、电视台播放录音制品，可以与管理相关权利的著作权集体管理组织约定每年向著作权人支付固定数额的报酬……不过，受到禀赋效应和策略行为的影响，为自身利益最大化，使用者的动机和策略是支付更低的价格，权利人的动机和策略是收取高价，在此"天生的贪婪将引诱他们争论不休"，并因此导致能够改善各方境遇的交易不能达成。这时，法定许可制度的补充与威慑角色开始发挥作用：高于法定许可定价时，使用者可以采用法定许可定价或威胁放弃对作品的接触与利用，低于法定许可定价时，权利人可以主张法定许可定价或拒绝使用者对作品的接触与利用。显然，对双方而言，占优策略均是采用法定许可定价，由此可以产生自愿交易不能达成时的合作剩余。法定许可作为"具有威慑性的限价工具"，有效抑制了禀赋效应，并将企图从事策略性定价的权利人与使用者排除在交易体系之外，从而促进了作品交易与价值实现。故法定许可通过排除使用者压低价格的策略性行为而保留了私人激励，而又通过抑制权利人的禀赋效应心理与排除权利人抬高价格的策略行为促进了公众对作品的利用。正是基于法定许可补充与威慑的角色认知，法定许可制度并没有干预市场机制的运行，也没有阻碍私人（应对交易成本）制度的建构。与人相关的协商成本并没有降低到使私人自主建构的交易模式可以完全接管法定许可的制度功能的程度，特别是在私人自主建构的交易模式受其制度优势约束与为其制度损失所累之时，例如集体管理组织的制度优势在于降低寻找和发现交易对象的成本并且制度实效受到垄断问题的钳制，法定许可则可降低协商成本与抑制垄断。

笔者认为，抑制我国法定许可制度实效发挥的是制度失灵，而非法定许可经济理性的丧失。在我国著作权集体管理组织尚不健全，私人建构的他种制度模式尚待规制的背景下，法定许可制度的当下命运不是为私人自主建构的交易模式所取代，而是以一种改进的面貌继续存续，而其最终命运取决于法定许可制度所调和的产业利益矛盾是否消失或得到了更优的制度回应。

（四）法定许可制度的改进方向

法定许可制度的当下命运是以改进的方式继续存续。在对法定许可制度进行改进之前，首先应当正确认知法定许可的角色功能，即其是对市场交易的补充和威慑，而不是以"公共利益"的道德修辞凌驾和替代市场的机制，因此即便限制了权利人的许可权和定价权，也仍需充分保障权利人的获酬权。法定许可制度改进的关键在于完善法定许可的定价机制与完善权利人获酬权的救济机制。

1. 提高法定许可的定价效率

法定许可制度的补充与威慑角色使之为交易双方提供了可供参照的定价，因此，法定价格仍然需要尽量符合市场状况与技术发展。而以立法形式所进行的法定许可定价无论如何也不能及时对市场状况与技术发展作出回应，由司法机关以个案判定的形式又会导致司法的不稳定性与过高的司法成本，故只能寻求第三条路径，即由立法机关授权专门机构主动或应市场主体请求适时调整许可费率，以使法定许可费率及时适应市场变化与技术发展。法定许可费率的调整应当充分调研相关市场，促使权利人与使用者披露市场信息,并且进行充分博弈,并可借鉴《美国版权法》第801条之标准确定许可费率:①最大限度地向公众提供创意作品;②为权利人的创作成果提供合理回报,并根据当下经济条件为使用人提供合理收入;③反映权利人和使用者在向公众提供作品过程中在创意贡献、技术贡献、资本投资、成本、风险以及在开拓创意表达和传播媒介新市场的贡献等方面的相对作用;④尽量减少对所涉行业结构和行业管理的任何破坏性影响。

2. 完善获酬权利的救济机制

那些主张法定许可制度损害权利人利益的观点认识到了即便法定许可定价效率能够回应市场变化与技术发展,权利人也可能无法从中获得任何收入。这是因为权利人利益的损害实际上与法定许可制度的定价效率关系不大,而与法定许可制度的救济机制是否完善有关。显然,分散的权利人无法对分散的使用者——收取费用,故改进的方向应当是以立法文本的形式规定使用者事先备案与限时付费并辅之以法律责任,并以专门机构的形式(譬如集体管理组织)执行立法文本所规定的备案、收费、分配等职能。

法定许可制度的最终命运是一个当下无法回答的问题,但法定许可制度的当下命运却是以改进的方式继续存续。

本章小结

著作权交易模式的形成与发展与交易成本相关,作品产权界定中的私有规则和公有规则在著作权交易过程中呈现出不同的样态。具体表现为卡梅框架中的财产规则与责任规则,财产规则是在充分尊重私有规则的排他性和可转让性的前提下降低

第三章 作品产权交易模式的经济分析

交易成本以促进著作权交易，责任规则通过对私有规则排他性与可转让性的限制，进而节约著作权交易成本。

集体管理组织制度、私人建构的他种制度、法定许可制度以及合理使用制度各自的制度优势使之更适合于特定类型的作品交易。集体管理组织制度由权利人将其享有的许可权与定价权进行自愿转移而创设，是否许可与付酬标准由权利人自发设立的集体管理组织代为行使，其采用的一揽子许可与具有的规模经济优势能够有效节约分散化的小权利授权与获权的交易成本，因而更加适合管理一般权利人（特别是无力自行行使和维护权利的权利人）享有的"小权利"。私人建构的他种制度所获得的控制能力使之更具有个性化与精确化优势，因而更适合于掌握大量权利的法人与那些更具影响力的作者。合理使用制度具有的超越交易成本的经济理性使之更适合于能够产生社会价值且无损或优于创作激励的行为。例如，非标准化利用行为能够产生福利增进效应，并且不会损害创作激励；批评评论具有的增进言论自由与促进知识进步的社会价值使之产生的激励损害可被容忍。法定许可制度则以法定安排替代私人协商，是否许可与付酬标准由第三方（立法者或司法者）强制设定，由此抑制禀赋效应心理和策略行为动机，避免主体之间因为漫天要价或压低价格致使交易无法达成的双输局面，通过促进交易保留权利人获酬权有效增进交易的互惠性质，因而适合那些既有必要维护著作权人创作激励，又有必要促进作品传播，但因交易成本致使互惠交易无法达成的情景。

私人自主建构的交易模式与法律干预建构的交易模式共同指向交易成本，然而每种交易模式同时为其制度损失所累，指明不同交易模式的制度损失，如与集体管理组织有关的垄断问题，与私人建构的他种制度有关的产权反噬问题，与合理使用制度有关的不确定性问题及与法定许可制度有关的定价效率问题，就为政策制定者更加明智、更有价值地改进上述交易模式指明了可参照的方向，由此各种制度可以通过发挥其制度收益与规避其制度损失从而促进作品的创作激励与公众接触。本章分析虽然始于交易成本，却超越了交易成本。由于私人自主建构的交易模式与法律干预建构的交易模式都能够将交易成本节省下来，并以一种具有帕累托效率的方式促进社会福利最大化，故不同的制度模式从交易成本理论中获得了其存在的经济理性，但不同制度模式已经超越了交易成本，即其不仅从其他经济学理论那里获得了其存在的依据与改进的方向，还从对社会性价值的传达中找到了宿命所归。特别是那些广泛存在的分散的使用者群体所面临的"集体行动"困境，使得法律以一种"家长主义式"的关怀角色来加以干预，以促进那些为法定许可制度与合理使用制度所保护的社会性价值，对社会性价值的维护使在特定情形下付出交易成本与忽视市场机制是值得的。

本章指出，通过私人自主建构与法律干预建构简便易行的授权与许可机制，可以将交易成本节约下来补贴给权利人或者使用者。由此，作品激励与接触之间的矛盾可以得到进一步的解决。

第四章 CHAPTER 04
作品产权治理机制的经济分析

清晰的产权界定制度与合理的产权交易模式可以促进资源的优化配置,并因此将社会成员的行为引导到无损激励且无损接触的知识增量行为之中。但是,缺少制裁的产权界定制度与产权交易模式是无用的,只有进行有效的产权治理才会使人的行为更可预见与符合期待。

影响人们行为选择(遵守还是背离产权界定制度与产权交易模式)的因素是多方面的,将古典经济学中的"经济人"与制度经济学中的"制度人"进行比照就可以发现,人们的行为选择主要受到两方面因素的影响:第一种因素即利益驱动,第二种因素即制度约束。前一种因素源自"经济人"假设,即个人的目标就是追求利益最大化,如果个人行为的收益超过其成本,个人即产生行为动机,作出行为选择;第二种因素源自"制度人"理论,"制度人"理论认为个人"受利益驱动的影响……会产生各种机会主义行为。要消除机会主义行为……制度就极为重要了",[1] "制度的激励结构……决定了社会在各个生产要素上

---

[1] 李怀、赵万里:"从经济人到制度人——基于人类行为与社会治理模式多样性的思考",载《学术界》2015年第1期,第20页。

的投资范围"。[1]好的制度具有正激励作用，能够缓解甚至消除个人在逐利过程中的机会主义行为，使坏人做好事，坏的制度具有反激励的作用，会加剧个人在逐利过程中的机会主义行为，使好人做坏事。

个人是选择遵守还是背离产权界定制度与产权交易模式取决于治理机制能够在多大程度上约束与引导逐利行为。如果人们打破产权边界与破坏产权交易的行为不会遭到任何道德谴责，也无需为其行为付出任何成本，内在与外在约束与引导机制的缺乏就会导致产权界定制度与产权交易模式形同虚设。故为避免个人的逐利动机损及产权界定与产权交易的实效，就有必要引入治理机制对破坏产权界定制度与产权交易模式的行为进行约束与引导。当然，治理机制的引入与实施本身需要耗费成本，理想的治理格局应为发挥不同治理机制的比较优势，尽可能以较低的治理成本起到更好的治理效果，这有赖于对不同治理机制比较优势与最优作用领域的分析。

本章主要分析著作权法领域的治理机制如何能以较低的治理成本纠正那些偏离产权界定制度与产权交易模式的行为，以及如何落实著作权法的价值目标——引导社会成员从事那些既无损激励也无损接触的知识增量行为。

第一节 社会治理理论

"'治理'广义上指人们通过一系列有目的的活动，基于解决治理困境的方法和机制，实现对于治理对象的有效管理和

---

[1] 高德步：《产权与增长：论法律制度的效率》，中国人民大学出版社1999年版，第266页。

推进。"[1] "社会治理"一词中,"社会"既为主语又为宾语:"社会"作为主语意在指出治理主体的多元色彩与扁平结构,不仅强调公共权威机构(立法、司法与执法机构)在社会治理中的引导与规范角色,同时突出社会公众(市场主体)参与社会治理的自治角色;"社会"作为客体意在指明治理对象,着眼于人类生存与发展中的社会问题。主体对客体的治理需要借助治理手段并且受到治理目标的指引。由此,"社会治理"乃是公共权威机构与社会公众借助不同类型的引导与约束机制解决特定社会情景之下的社会问题从而落实社会共同体所欲求的价值目标的过程。作为"过程"的"社会治理"具有动态演化性质,并具体表现为:不同社会形态当中治理主体的社会角色与治理能力存在差别;治理对象随着社会发展呈现不同样态;治理目标受到社会主要任务与主流价值观念的影响处于不断调整的过程之中,因而适合不同主体、解决不同问题与落实具体目标的治理机制在不同的社会情景下必然有所差别,这就提出了梳理不同治理机制的基本类型、比较优势与最优领域的问题,这一梳理可为著作权法领域不同主体如何采用与实施不同治理机制应对那些违反产权界定制度与产权交易模式的行为提供帮助,进而为落实著作权法的价值目标提供理论洞见与参照样本。

一、社会治理的基本理论

(一) 社会治理的三种机制

尽管在当下社会人们普遍认为法律治理机制作为人类生存与发展的调节器发挥巨大的决定性作用,但是先前社会与当下

---

[1] 冯晓青、许耀乘:"破解短视频版权治理困境:社会治理模式的引入与构建",载《新闻与传播研究》2020年第10期,第57页。

社会仅仅依凭法律治理这一社会约束与引导机制显然不够。在法律治理机制之外仍然存在约束与引导人类行为的其他机制，这些机制在落实社会目标的过程之中或者因为法律治理尚未出现进而暂代法律治理约束与引导人类行为，或者因为法律治理存在空白、力所不逮或者成本高昂因而作为法律治理的补充而存在。[1]具体来说，人类社会生存与发展秩序的确立是由三种治理机制共同作用来完成的，这三种治理机制表现为物理治理机制、法律治理机制与道德治理机制，三种治理机制在不同社会中的角色有所差异。

1. 物理治理机制

物理治理机制是借助物理性强力产生外在强制从而约束与引导主体行为的治理机制，由于直接诉诸物理性强力，这一治理机制的强制程度最高但是层次最低。早期社会特别是原始社会的人们作为生物的自然属性居于主导，社会属性尚未进化，权威治理尚未形成，成员之间的生存秩序呈现类似动物一般的"弱肉强食"局面，为了谋求生存，他们不得不花费大量人力、物力等"物质性"投入用于抢夺与防御，因而这一时期确立秩序的治理机制主要表现为物理治理机制。人与人之间的争夺、部落与部落之间的争战就是这一时期物理治理机制最为生动的体现。然而，依靠物理性强力根本无法实现秩序稳定，这是因为"只要权利要靠强力才能取得，则它的后果就会随原因而改变。凡是战胜了前一种强力的强力，就会接受前一种强力的权利。一旦人们可以不受惩罚地不服从，人们就会光明正大地不再服从"。[2]同时，物理性强力的获得需要投入大量的人力与物

---

[1] [美] E.博登海默：《法理学：法律哲学与法律方法》，邓正来译，中国政法大学出版社2017年版，第370页。

[2] [法] 卢梭：《社会契约论》，李平沤译，商务印书馆2011年版，第9页。

力,甚至不对人力与物力进行区分,侵害与防御的投入经常造成人身与财产的毁灭性损害,人们如果不对此种治理机制加以改进,必然会走向灭亡,加之不同主体与部落彼此分散,他们也无法获得侵害或防御的规模经济,每位主体都要付出极高的排他成本和强制执行成本,因而依赖物理性强力既不可靠而又缺乏效率。[1]因此,在以物理治理作为主要治理机制的社会中,社会成员往往为生存担忧,无法为发展筹谋。

随着人们的自然属性不断弱化,社会属性不断增强,物理治理机制所占权重与所起作用不断弱化,物理治理机制逐渐成为法律治理机制的补充机制,并表现为物理治理机制作为法律授权(或者未加禁止)的私人自助(私人执行的物理治理)与权威主体施行的违反法律的制裁的方式,"例如,无论侵权法还是刑法,都授权受威胁的人运用合乎情理的强力抗击侵袭者"。[2]所谓"合乎情理"是指,自助行为的行使需要受到种种限制,比如为了保护财产的自助行为不能有损他人的人身安全。法律之所以授权或者默许私人执行的物理治理是因为私人执行的物理治理相比于法律制裁具有信息优势(法律制裁的施行需以被发现为先决条件,在法律制裁的成本超过其所保护的权利或权益的价值时,由于无法启动法律制裁将使权利置于无法获得保护或保护不足的境地)、成本优势(法律制裁的施行需以被起诉、裁决与执行作为先决条件)以及时间优势(法律制裁无法事先防范即发侵权与事后及时制裁侵权),从而可以提高权利的保护效率与降低保护权利的成本。

---

〔1〕 [澳]柯武刚、[德]史漫飞、[美]贝彼得:《制度经济学:财产、竞争、政策》,柏克、韩朝华译,商务印书馆2018年版,第391页。

〔2〕 [美]罗伯特·C.埃里克森:《无需法律的秩序:相邻者如何解决纠纷》,苏力译,中国政法大学出版社2016年版,第152页。

2. 法律治理机制

马基雅维利指出,世界上有两种斗争方法,一为法律,一为武力,前者为人类特有,后者属于野兽,因为武力有所不足,因而必须诉诸法律。[1]存在法律制度的社会形态包括两种。一种是指依赖"神化"的个人治理,法律制度作为个人意志的工具存在。"神化"的个人治理模式的显著特征即"它往往是统治者出于一时好恶或为了应急而发布的高压命令,而不是根据被统治者的长远需要而产生的原则性行动"。[2]个人治理模式之下,人身与财产的区分并不明显,如在奴隶社会中,奴隶被视为奴隶主之物,人身如同财产一般受到个人意志的任意支配。个人治理模式不能保证优秀的人成为统治者,也不能保证他们成为统治者后不被权力腐蚀,因为一切拥有权力的人都容易滥用权力,一旦大权在握,他们便易被兽性欲望腐蚀。另一种是采用法律制度并且依据法律进行治理的社会——人们为了更好地生存与发展,彼此协作,共同达成互不侵犯的社会契约,建立公共权威,执行公意(法律),由其保障个人的生存与发展(人身与财产)不受个人意志的任意侵犯,这种执行公意(法律)的治理机制才是真正意义上的法律治理。法律治理以物理性强力为后盾,通过威胁适用或实际适用物理性强力——生命、自由或财产的减损甚至剥夺——制裁少数破坏人们生存与发展秩序的行为。相比于物理治理机制,法律治理机制通过公共立法、司法和执法投入节约了物理治理机制下分散的个人与部落花费在抢夺与侵害中的大量"物质性"投入,因而法律治理机

---

[1] 徐昕:"为什么私力救济",载《制度经济学研究》2004年第3期,第126页。

[2] [美]E. 博登海默:《法理学:法律哲学与法律方法》,邓正来译,中国政法大学出版社2017年版,第373页。

第四章 作品产权治理机制的经济分析

制具有规模经济。相比于个人治理模式，法律治理机制通过避免个人意志对于人身与财产的任意伤害，维护了人们生存与发展的稳定秩序。资源的节约与安全的环境使得社会成员不必担心其生存受到威胁，因而可以将更多的资源投入到与发展相关的问题。

进行法律治理的规则包括两种。其一是指内在规则，即从群体的生活经验当中演化而来的规则——某人最初发现或设计一项规则，觉得这一规则有用，并且将之用于他与别人的互动，随后这一有用的规则得到效仿，而当认可和采用这一规则的群体达到临界多数时，这一规则就成了群体共同遵守的共识规则；若是规则不再有用，这一规则就会被调整或不再被适用。[1]因此，内在规则一般包含大量经过提炼和检验的群体智慧，通常更为契合群体共同追求的基本价值，因而无需耗费过多的监督和执行成本就能得到群体的自发性、反射性服从。例如，经由道德标准演化而来的法律规则。其二是指外在规则，由外在的第三方设计出来，并且依靠强力自上而下地予以实施的规则。一般来说，通过记录、检验、校正内在规则而来的外在规则更为契合群体共同追求的基本价值，往往能够得到群体成员的自发遵守，因而需要花费的监督和执行成本也就更为便宜。例如，诺思（North）指出："在社会成员相信这个制度公平的时候，由于个人不违反规则与不违反产权——甚至当私人的成本-收益计算会使这种行为合算时……规则和产权的执行费用会大量减少。"[2]一般来说，陌生社会更加需要法律治理，而非道德治

---

[1] 这里的内在规则是指通过自发有序化构建的习惯法，通常借助于第三方（例如审理者与仲裁者）力量予以执行，并不包括下文提到的通过诉诸内在心理的高尚感与负罪感发挥作用的道德规范。

[2] 刘茂林：《知识产权法的经济分析》，法律出版社1996年版，第262页。

理。这是因为人们常常与再也见不到的陌生人打交道，诉诸法律惩罚之外的惩罚机制（比如他人谴责、名誉损害以及后续交易机会的丧失）往往无法防止投机取巧、损人利己的不良行为。[1]

3. 道德治理机制

道德治理机制是一种以外在的话语体系与内在的意识形态倡导之下的道德规范约束与引导主体行为的实践活动。道德治理机制与人的心理特征相关，即道德高尚的感觉：当我从事符合道德规范的行为之时，我会感到快乐与高尚，他人也会对我加以赞扬、认可和接纳，但当我违背道德规范之时，我会感到羞愧，他人也会对我加以警告、鄙视甚至对我予以排斥，来自于我的道德高尚或羞愧的感觉构成了从事符合道德规范行为的内在激励，来自他人的赞扬或者鄙视构成了从事符合道德规范行为的外在激励。[2]由于道德治理是通过作用于内在心理而非诉诸外在强制作用于人的生命、自由与财产，因此相比于直接诉诸物理性强力的物理治理机制与以物理性强力为后盾的法律治理机制，道德治理机制是一种强制程度较低的软约束。正如朱利叶斯·穆尔（Julius Moor）所言："使道德规范得以实现的并不是外部的物理性强制或威胁，而是人们对道德规范所固有的正当性的内在信念。因此，道德命令所诉诸的乃是我们的内在态度，我们的良知。"[3]同时，由于道德治理不依赖于外在强制发挥作用，为了适用外在强制而需花费的私人投入以及建立

---

[1] [澳] 柯武刚、[德] 史漫飞、[德] 贝彼德：《制度经济学：财产、竞争、政策》，柏克、韩朝华译，商务印书馆 2018 年版，第 144 页。

[2] [美] 斯蒂文·沙维尔：《法律经济分析的基础理论》，赵海怡、史册、宁静波译，中国人民大学出版社 2013 年版，第 530 页。

[3] [美] E. 博登海默：《法理学：法律哲学与法律方法》，邓正来译，中国政法大学出版社 2017 年版，第 390 页。

第四章 作品产权治理机制的经济分析

和维持立法、司法与执法机构的公共开支被节约了。

一般来说，符合人类基本价值的群体道德规范更易得到认可并被内化成群体成员的个人品德，进而得到较高程度的遵守；违反人类基本价值[1]的道德规范大多是由某一群体为了维护自身利益而向公众灌输，并靠威胁适用或实际适用外在强力而使公众产生恐惧得到维持，公众服从的动机并非出于这类道德规范能够增进自身及其所在群体的整体福利，而是源于对惩罚的恐惧，因而难以内化成群体成员的个人品德并且得到公众的自发支持。[2]因此，越为契合人类基本价值的道德规范，内化程度越高，治理效果越好，也就越能增进群体的整体福利。一般说来，群体的关系越密切，诉诸道德就越能起到好的治理效果。依照罗伯特·C. 埃里克森（Robert C. Erikson）的理解，关系密切的群体，是指权力分布广泛与信息容易流通的社会。[3]所谓权力分布广泛，是指主体之间相对平等，不受他人威胁或胁迫的影响，进而基于特定行为有损福利抑或增进福利的客观评价进行批评或褒奖，而非基于立场偏见作出显失公允的批评或褒奖。所谓信息容易流通，是指成员之间维系一个"流言蜚语"的网络，从而可以相对容易地传播个人以往在社会互动中如何行为的信息，能够及时反馈他人对于个人行为的批评或褒奖信息。因此，处在一个人们彼此熟悉、经常见面的关系密切群体

---

[1] 依照柯武刚等学者的论述，人类的基本价值包括自由、公正、安全、和平和繁荣，这些基本价值构成人类行为的强劲动力，并对人类行为具有压倒一切的影响。一般来说，道德规范大多经由群体自发演化与反复检验产生，一般不会有悖于人类的基本价值，但若道德规范是由外在强力施加，则其偏离人类基本价值的可能更高，并在内在程度与治理效果方面有所减损。

[2] [英] H. L. A. 哈特：《法律、自由与道德》，钱一栋译，商务印书馆2021年版，第53页。

[3] [美] 罗伯特·C. 埃里克森：《无需法律的秩序：相邻者如何解决纠纷》，苏力译，中国政法大学出版社2016年版，第188页。

的主体更加在乎自身声誉并且乐于从事符合（至少不会有损）社会期待的行为。相反，在一个人们彼此陌生的群体中，有关个人如何行为的信息不会得到传播，有关个人行为批评或褒奖的信息也难以被反馈给行为主体，道德治理的效果也就没有那么理想。

不同治理机制在不同社会情境下的表现与权重并不相同。在当下社会，法律治理虽然居于主导，但是随着人类社会属性不断增强，人口素质不断提高，道德治理机制在人类生存与发展秩序建构中的权重将会不断上升，法律治理机制作为道德治理机制的补充——作用领域与适用频率将会越来越小，物理治理机制又将作为法律治理机制的补充而存在——它表现为权威主体施行的法律制裁与经由法律明确授权或默许的私人执法，因此物理治理机制的独立地位逐渐褪去，成了法律治理的组成部分。

（二）不同治理机制的比较优势

由于物理治理机制的实效依赖于"物质性"投入，具有更多物质财富的主体具有更强的物理治理能力，并且据此获取更多的物质财富，诉诸侵夺与防御的物理治理导致资源浪费与社会显失公平，因而缺少法律治理机制的经济性与道德治理机制的公平性。由于法律治理机制乃是当下社会约束与引导行为选择的主要模式，道德治理机制被认为是社会治理模式的未来方向，物理治理机制的正当性与合理性依赖于法律治理机制的确认与道德治理机制的认可，因此物理治理机制缺少独立地位。在此，我们主要分析法律治理与道德治理的比较优势。

法律治理与道德治理的作用机制有所区别。前者主要通过外在的物质性奖励或物理性制裁作用于人的财产、自由和生命，进而鼓励合法行为与制裁不法行为，后者主要通过内在道德高尚或低下的感觉与外在的褒奖或鄙夷作用于人的心理，进而激

第四章 作品产权治理机制的经济分析

励与约束人们从事符合社会期待的行为。[1]由作用机制的不同可衍生出二者制裁力度、制裁可能与制裁成本的不同。[2]一般来说，因为财产、自由或寿命的减损或剥夺而给个人带来的效用损失显然大于个人因受内心愧疚与外在谴责而遭受的效用损失，特别是在个人可以通过远离对其进行谴责的个体减少其所遭受的外在谴责之时或个人因其道德低下一般不会产生内心愧疚之时，道德治理的制裁力度显然没有法律治理的制裁力度大。[3]一般来说，法律制裁发挥作用（对违法者施加制裁）需要如下先决条件：权利人发现违法者从事侵权行为的概率、权利人提起诉讼的可能以及权利人赢得诉讼的概率。权利人发现违法者从事侵权行为的概率又受到权利人是否遭受损害、是否发现自身受到损害以及能否建立损害与侵权人之间的因果关系的影响。权利人提起诉讼的可能性受到诉讼成本与其能获得的预期损害赔偿二者之间的认知、比较与权衡。因此，法律制裁的执行概率与准确程度受到信息成本的限制，并有可能导致执行偏差。相反，内在道德制裁通过诉诸内在高尚或愧疚的感觉，执行概率较高，并且通常不会发生偏差；外在道德制裁执行概率与准确程度受信息可及性的影响，如同法律制裁一般也会出现偏差。此外，法律制裁的威胁适用或实际适用需要设立和维持公共机构，比如立法、司法与执法机关，但是道德治理无需为了施加内在愧疚与外在谴责维持任何公共机构，因此道德治理相比于法律制裁执行成本要低很多。

---

[1] ［美］斯蒂文·沙维尔：《法律经济分析的基础理论》，赵海怡、史册、宁静波译，中国人民大学出版社2013年版，第527页。

[2] ［美］斯蒂文·沙维尔：《法律经济分析的基础理论》，赵海怡、史册、宁静波译，中国人民大学出版社2013年版，第543~547页。

[3] ［美］斯蒂文·沙维尔：《法律经济分析的基础理论》，赵海怡、史册、宁静波译，中国人民大学出版社2013年版，第544页。

如前所述,在一个权力分布广泛、信息容易流通的社会中,有关个人如何行为的信息容易得到快速传播,与之相关的正面或负面评价也能相对客观、及时地得到反馈,因而更加依赖道德治理。相反,在一个权力分布并不那么广泛、信息流通困难的陌生社会中,更加需要附有清晰可见的惩罚机制的法律治理,以便事先威慑与事后制裁不法行为。另外,除非道德观念与生俱来(例如同情弱者),否则道德观念的建立通常需要长期的教化过程,如自孩提时代,就要教育孩子信守诺言,并且通常会随日后的生活经验得到强化,因此道德观念一旦建立,短期之内较难改变。但是,法律规则是由社会成员刻意制定,因此可尽可能灵活地回应社会需求。[1]此外,对于道德感弱的个体而言,他们一般不会因自身作出不符合社会期待的行为而感到愧疚,也不会因作出符合社会期待的行为而感到高尚,任何外在的鄙夷或赞美对于道德感弱的个体而言都难以发挥任何实效。道德感弱的个体也不会因他人作出违反或符合期待的行为而给予谴责或赞美,因此,对于道德感弱的个体而言,法律治理要比道德治理更加有效。[2]一旦社会成员的道德感提高与企业的社会责任感增强,道德治理机制所具有的较低执行成本与准确传达行为信息与实施制裁的优势便会使之成为未来社会的主要治理机制,这也是笔者认为道德治理机制是一种更高层次的治理模式的原因所在。

(三) 不同治理机制的最优领域

法律治理与道德治理的最优领域是指哪些领域适合仅以道德进行治理、哪些领域适合仅以法律治理以及哪些领域适合交

---

[1] [美]斯蒂文·沙维尔:《法律经济分析的基础理论》,赵海怡、史册、宁静波译,中国人民大学出版社2013年版,第543页。

[2] [美]斯蒂文·沙维尔:《法律经济分析的基础理论》,赵海怡、史册、宁静波译,中国人民大学出版社2013年版,第543~547页。

第四章　作品产权治理机制的经济分析

由法律与道德共同治理。前文有关治理机制基本类型与比较优势的分析为划分不同治理机制的最优作用领域提供了指引。沙维尔（Shavell）认为，不同治理机制的最优作用领域取决于两个因素，即预期收益与损害的大小与道德感的强弱，这两个因素决定了仅以道德治理最优、法律治理最优还是二者共同治理最优。

1. 道德治理机制的最优约束领域

沙维尔指出，满足如下三个条件，即"道德自身运行良好；考虑到社会收益与成本后，道德无需配上法律；仅以法律不如仅以道德来约束行为"，[1]能够仅以道德治理最好地约束行为。上述三个条件在"行为的预期收益不大且行为的预期损害较小"与"主体的道德情感较强"[2]的情况下成立，两种情形构成了道德治理的最优作用领域。仅以道德治理那些预期收益不大而且预期损害较小的行为乃是出于如下经济理由：如果不良行为的预期收益不大，即便缺少法律治理机制，道德治理机制通常也足以约束不良行为，毕竟没人愿意为了微不足道的利益作出有损自身声誉的行为；如果不良行为的预期损害不大，即便道德治理未能约束不良行为，不良行为对他人与社会产生的影响也不会很严重，由于损害不大，动用执行与制裁成本较高的法律治理机制显然得不偿失。[3]仅以道德治理道德情感较强的主体的经济理性在于：道德治理施加的内在羞愧与外在鄙夷足以约束与引导主体行为，无需动用法律治理的成本便可起到良好的治理效果。

---

[1] [美]斯蒂文·沙维尔：《法律经济分析的基础理论》，赵海怡、史册、宁静波译，中国人民大学出版社2013年版，第547、548页。

[2] [美]斯蒂文·沙维尔：《法律经济分析的基础理论》，赵海怡、史册、宁静波译，中国人民大学出版社2013年版，第548页。

[3] [美]斯蒂文·沙维尔：《法律经济分析的基础理论》，赵海怡、史册、宁静波译，中国人民大学出版社2013年版，第548页。

日常生活行为大多依赖道德治理，比如失约行为、插队行为以及公共场所的喧哗行为。[1]社会成员往往心中明了失约行为、插队行为与公共场所的喧哗行为给其带来的预期收益不大，来自内心的愧疚与来自他人的鄙夷使其明了从事上述行为得不偿失；即便社会成员确实失约、插队与喧哗，这类行为的预期损害并不严重。正因如此，法律治理并不过多干涉日常生活行为。由于个人对其自身拥有完美信息，个人内在愧疚以及与之密切交往的他人对其行为的鄙夷通常不会出错，不会因为内在愧疚或外在鄙夷与行为的配错导致道德治理约束功能的偏差。但是法律治理机制的信息劣势使之无法事无巨细地准确评判个人行为，因此涉及琐碎的日常生活行为之时，诉诸法律进行制裁总会存在偏差，导致行为评价出错与约束与引导的不能。也即涉及预期损害与收益不大的行为之时，诉诸法律治理的成本过高（运行成本与出错成本）而其收益不大，并使法律治理变得既不可行也不可欲。

2. 道德与法律治理机制共同作用的最优领域

法律与道德治理机制共同作用的最优领域是那些预期收益较大、预期损害同样较大的不良行为，并且应用道德治理补充法律治理成本通常较低。当不良行为的预期收益较大，道德治理下因自我愧疚或他人鄙夷所生的效用损失远远小于从不良行为中所得的预期收益时，道德治理并不足以遏制不良行为。不良行为的预期损害较大，道德治理无法遏制不良行为，因而值得采用具有较高执行与制裁成本的法律治理机制。多数犯罪行为、侵权行为与违约行为难以仅用道德治理加以约束。

为何在法律治理机制之外仍要借助道德治理机制呢？这是

---

[1] [美]斯蒂文·沙维尔：《法律经济分析的基础理论》，赵海怡、史册、宁静波译，中国人民大学出版社2013年版，第548页。

因为，受到信息成本的限制，法律制裁所形成的内在威慑与外在约束不足以遏制所有犯罪、侵权与违约行为。例如，只能通过威胁适用或不完全化实际适用法律制裁，因而无法完全约束犯罪、侵权与违约行为。相比较而言，道德治理具有信息优势，也即因为实施版权侵权遭受的负罪感或因为实际创作行为感受到的高尚感通常不会存在执行偏差。例如，版权侵权损害赔偿可能因为侵权行为未被发现、未能证明损害与侵权行为之间的因果关系等而无法被准确适用，但是从事相关行为的主体自身以及与之交往的主体能够明了主体行为的相关信息，并准确作用于主体心理。另外的原因在于，如果仅靠法律进行事后治理，而不诉诸道德进行事先引导，容易导致犯罪、侵权与违约行为的增多，并且提升法律治理的需求与成本，而以道德补充法律治理，可以降低社会治理的成本以及减少由于犯罪、侵权与违约行为增多而给社会造成的损害。

3. 法律治理机制的最优作用领域

与道德治理机制的最优作用领域相反，法律治理机制的最优作用领域是那些预期收益较大并且预期损害同样较大的不良行为与道德情感较差的主体：如果不良行为的预期收益较大，道德治理不足以约束经济人的逐利动机，因而需要强制程度更高（威胁适用或实际适用生命、自由以及财产的减损或剥夺）的法律治理；如果不良行为的预期损害同样较大，预防这类行为失败就将产生十分严重的社会后果，因此动用法律治理的执行与制裁成本变得值得；如果主体的道德情感较差，道德治理便越难以对其发挥治理作用，必须依靠法律以及物理强力予以强制约束与引导。[1]

仅以法律治理机制约束最优的领域仍有一项附加条件，即

---

[1] [美] 斯蒂文·沙维尔：《法律经济分析的基础理论》，赵海怡、史册、宁静波译，中国人民大学出版社2013年版，第552页。

考虑到道德治理成本，以道德治理补充法律治理是不合算的，这使之与"道德与法律治理机制共同作用的最优领域有所差别"。[1]道德治理对于技术性规则或者程序性规则难以发挥作用，这是因为数量庞杂的技术性或程序性规则无法诉诸人类心理特征通过教化塑造道德情感进而约束与引导人们的行为。博登海默指出："技术性的程序规则、流通票据的规则、交通运输的法令以及政府组织规划的细节，一般都属于这一类。在这些领域中，指导法律政策的观念乃是功效与便利，而不是道德信念。"[2]比如，"高速公路的行驶速度最高不得超过每小时120公里的规则"很难诉诸人们关于公平与自由之类的道德情感得到自发遵守，除非证据确实表明每小时以120.1公里或更高的速度行驶导致更多的交通事故与人身伤亡或财产损失。

不同治理机制的最优作用领域不是固定不变的，社会成员道德意识与企业社会责任的增强将导致道德治理机制约束领域的扩展，而社会成员道德意识与企业社会责任的丧失将导致法律治理机制约束领域的扩展，"治治世而用轻典，治乱世而用重典"表达的恰是不同治理机制最优作用领域的动态性。

表4-1　法律治理与道德治理的作用机制、比较优势、最优领域与制度呈现

类型	作用机制	比较优势	最优领域	制度呈现
法律治理	诉诸法律制裁	制裁力度大；受信息限制，制裁可能出现偏差；执行及制裁成本高等	预期收益与损害较大的行为；道德感弱的个体	法律责任

---

[1] [美]斯蒂文·沙维尔：《法律经济分析的基础理论》，赵海怡、史册、宁静波译，中国人民大学出版社2013年版，第552页。

[2] [美]E.博登海默：《法理学：法律哲学与法律方法》，邓正来译，中国政法大学出版社2017年版，第400页。

续表

类型	作用机制	比较优势	最优领域	制度呈现
道德治理	诉诸内在羞愧或者外在鄙夷	制裁力度小;有信息优势,内在道德制裁不会出现偏差;执行及制裁成本低等	预期收益与损害较大的行为;道德感强的个体	话语体系

二、著作权法领域的多元化治理机制

著作权法领域的社会治理是指公共权威与社会公众(权利人与使用者)借助不同类型的引导与约束机制应对著作权法领域违反产权界定制度与产权交易模式的行为,从而落实著作权法所欲追求的无损激励与接触的前提下促进知识总量最大化的价值目标,它是社会治理在著作权法领域的具体样态。其中,治理主体具有多元色彩,不仅包括公共权威,而且包括社会公众,社会公众又包括了权利人与使用者。治理对象是指违反产权界定制度与产权交易模式的行为,这些行为不仅涵盖损害著作权法激励目标的侵权行为,还包括了损害著作权法接触目标的权利滥用行为。治理目标即是本书开篇提出的"无损公众接触与创作激励的前提下促进知识总量最大化"。治理机制是公共权威与社会公众用以规制侵权行为与滥用行为,进而落实著作权法价值目标的工具。治理实效的关键在于治理机制之于治理主体-客体关系的适合度与治理机制落实著作权法价值目标的契合性。

(一) 著作权法领域的多重机制

社会治理的三种机制,物理治理机制、法律治理机制与道德治理机制在著作权法领域均有所体现,具体表现为技术措施、法律责任与话语体系。

1. 技术措施

著作权法领域的物理治理机制是指由权利人针对作品实施

的物理控制与使用者针对作品实施的物理反控制。2020年《著作权法》第49条规定"权利人可以采取技术措施",第50条规定使用者"可以避开技术措施":采用或者避开技术措施的行为乃是《著作权法》所规范和确认的私人可以执行的物理治理,权利人可以采用(合法)技术措施控制作品接触与作品利用,防止侵权行为从而维持私人激励,使用者可以避开(不当)技术措施接触与利用作品制止权利滥用从而维护公众接触利益。由于技术治理同时规制使用者的侵权行为与权利人的滥用行为,因此著作权法中的物理治理机制乃为一种双向治理机构。著作权法领域的物理治理的特殊之处在于这种治理并不体现为武力防御与武力侵入,而是表现为技术防御与技术侵入——技术治理,无论何种物理治理机制均需要花费大量的人力、物力等"物质性"投入。由于施加与破解技术措施均需付出高昂的成本,为了避免权利人与使用者陷入物理控制与物理反控制的"技术竞赛"之中,2020年《著作权法》禁止"向他人提供避开技术措施的技术、装置或者部件",从而避免无序或无限的物理治理所带来的资源浪费,因而受到法律确认和规范的技术治理的整体实效明显优于武力防御与侵入。著作权法领域的物理治理机制是一种事前防范与约束机制。

2. 法律责任

著作权法领域的法律治理机制是指权威机构(立法机关、司法机关与行政机关)通过法律责任的制定与适用(威胁适用与实际适用)威慑社会成员的机会主义行为,通过内在威慑与外在约束引导社会成员遵循产权界定制度与产权交易模式,从而落实著作权法的价值目标。2020年《著作权法》第52条、第53条、第54条规定的民事责任、行政责任与刑事责任以对财产、自由的限制制止侵权行为。尽管2020年《著作权法》第4

第四章 作品产权治理机制的经济分析

条规定权利行使不得违反宪法和法律，不得损害公共利益，但是这一规定缺少与之对应的民事、行政或刑事责任条款，这意味着，权利人为权利滥用行为承担法律责任并且内化权利滥用行为产生的负外部性的可能较小，因而可以认为，《著作权法》中的法律治理机制实乃一种单向责任结构。这种单向责任结构似乎表明权利人的逐利行为比使用者的逐利行为更加高尚，因此法律对其加以宽容，对其有所放任而非进行约束。不得不说，这是《著作权法》针对不同利益主体的歧视待遇。如果我们认可著作权法的价值目标——"无损公众接触与创作激励的前提下促进知识总量最大化"与"半公地"产权模式——私用与公用彼此促进并因彼此存在变得更好，歧视待遇与单向责任造成的失衡状态必将有损著作权法价值目标的实现，因此权利滥用行为应当被纳入法律治理视野。由于法律治理纳入权利滥用的法律责任并非简便易行，因此当前可以通过侵权行为法律责任的调整运用纠正上述歧视待遇与单向责任可能导致的困境：侵权行为的矫正应以民事责任为主，行政责任与刑事责任的适用为辅；以民事责任中的补偿救济为主，惩罚救济为辅。"法者禁于已然之后"，著作权法领域的法律治理机制更多地表现为事后引导与约束。

3. 话语体系

著作权法领域中的道德治理主要通过建构主流意识形态的方式、依赖社会公众对于主流意识形态的自觉遵守，进而约束与引导社会成员的机会主义行为。主流意识形态的建立并非一蹴而就，主流意识形态的表达（获得外部定在）、传播（获得主体间性）与形成（获得普遍接纳）依赖话语体系的建构。因此，道德治理的关键在于如何通过话语体系的建构形成人们自觉遵守的主流意识形态。著作权法领域的话语体系是在私人游说与权威主导的双重作用之下建立起来的，其中私人主要是指拥有雄厚经济实力的权利集团,这些权利集团最具动机——他们将从符合自身利益的话语体系当中获得更多利益,且最有能力——他们可以承担经济支出影响社会舆论与换取权威支持,因此著作权法领域的话语体系主要表现为强保护的话语体系。但是,该强保护的话语体系没有成为也不可能成为主流意识形态获得社会公众的普遍与自觉遵守。这是因为,著作权强保护的话语体系乃是一种单向的治理机制,违反了正义理论的效率与公平面向——强调规制侵权行为但是忽视规范滥用行为,过于强调激励利益但却忽视接触利益,只能获得著作权强保护支持者的提倡,不能获得著作权弱保护支持者的认同。因此,如欲形成主流意识形态并且获得普遍接纳与自觉遵守,话语体系的建立必须寻求经济理性(正义的效率面向)与诉诸共识价值(正义的公平面向)。"礼者禁于将然之前",著作权法领域的道德治理机制更多地表现为事前约束与引导。

当然,上述关于著作权法领域治理机制的划分并非十分准确与完全周延,要将它们彼此严格区分,也非易事,因其作用领域经常发生重叠。

(二)不同机制的最优作用领域

由于著作权法中的技术治理主要是由私人出于维护私人利益目标而执行的治理手段,容易偏离著作权法的价值目标,因而这一治理实际受到法律治理与道德治理的约束与引导,所以我们主要分析著作权法中的法律治理机制与道德治理机制的最优作用领域。

1. 法律治理的最优约束领域:营利性使用行为与权利的公开滥用行为

对于那些预期收益较大的不良行为,道德治理的内在威慑并不足以遏制,同时那些预期损害较大的不良行为,使得付出法律治理的执行与制裁成本变得值得,此时需要法律治理发挥主导作用。著作权法领域的这类行为主要表现为营利性作品使用行为，即使用作品的目的不是用于私下消费，而是企图从作品公开传播中获利。由于经营者并不承担创作作品的固定成本，只需承担较低的作品复制与传播成本，并且总是瞄向那些市场成功之作，这一成本优势使经营者可以更低价格销售作品，在经营者提供的作品质量可以媲美正版作品的前提之下，消费者显然更偏好市场价格较低的作品。如果不对此类行为施加道德或法律规制，经营者将会迅速抢占权利人的市场份额，并且从中获得巨额利润，给权利人的经济利益和创新激励带来巨大损害。然而，由于道德治理仅以内在羞愧或外在鄙夷向经营者施加软约束，巨大的获益前景足以引诱急功近利的经营者突破道德治理的软约束而追求一时的市场暴利。道德之于营利性使用行为的治理"不能"，使得诉诸法律治理规制营利性使用行为变得极有必要。另外，由于营利性使用行为旨在通过作品的公开传播获利，侵权行为明确并且较为集中，权利人诉诸法律治理的执行和制裁成本较低，且制止营利性使用行为能够有效维护作品市场，诉诸法律治理的主导作用变得可行可欲。损及公共利益的权利滥用行为，例如网络平台通过终端用户协议规避客体排除制度、权利限制制度与保护期限制度并向公众收取垄断高价的行为，可为权利人带来巨大的市场利润，同时也使社会公众遭到巨大损害，因此更多需要诉诸法律治理。另外，道德感弱的个体，例如反复实施侵权的行为人、主观恶意明显的行为人以及恶意滥用权利的权利人与恶意进行诉讼的权利人，无法通过内在羞愧与外在鄙夷而对这些道德感弱的个体施加约束与进行规制，也需仰仗法律治理。

2. 道德治理的最优约束领域：消费性使用行为与权利的不当行使行为

相反，对于那些预期收益不大，而且所生损害较少的消费性使用行为，更宜发挥道德治理的主导作用。所谓消费性使用行为，是指行为人的使用目的是满足自身的娱乐消遣或精神发展需求，而非从作品市场售卖当中获利。消费性使用行为因不与后续的盗版作品公开传播发生联系，其给行为人带来的预期收益是行为人减少支付的市场对价，而非盗版利润，给权利人带来的预期损害是其减少收取的作品价格，而非正版市场被盗版作品替代，因此消费性使用行为给行为人带来的预期收益不大，给权利人带来的预期损害同样较小。特别是由于消费性使用行为通常无涉公开、集中传播，因而相对隐蔽、分散，对该隐蔽、分散的侵权行为进行法律治理的执行和制裁成本高昂，而且对于维护正版市场的收效有限，因而这类行为往往能够逃避承担侵权责任，权利人诉诸法律治理的主导作用变得既不可行也不可欲。对于尚未损害社会公共利益的个别权利不当行使行为，因其对使用者产生的损害只是特定主体为能接触与利用作品而支付较高对价，权利人因此获得的预期收益不大，使用者因此遭受的预期损害不大，而且这类不当行使行为相对隐蔽，使用者诉诸法律治理的执行和制裁成本高昂，而且对于维护自身权益收效有限，因而在很大程度上也依赖于道德治理。总而言之，对于那些预期收益不大而且所生损害较小的作品使用与权利行使行为而言，最好发挥道德治理机制的主导作用，并由法律治理机制对之加以补充。

指明法律治理机制的最优作用领域与道德治理机制的最优作用领域，并不是要把法律治理机制与道德治理机制彼此对立起来。法律治理与道德治理发挥作用的领域在很大程度上彼此重合，并且可以相互促进——借助道德治理的事先约束与引导，违反法律的行为就会相应减少，法律治理的强制成本（信息、执行与制裁成本）也可以被节约下来；借助法律治理的强力保障，道德治理的内在约束与外在威慑的力量就会增强。通过比较与落实著作权法领域法律治理与道德治理的比较优势，可以较低的社会治理成本实现更好的治理效果。

小　结

社会治理是治理主体借助治理机制作用于治理对象从而实现治理目标的动态过程，这一过程的关键在于采用适合的治理机制。著作权法领域，治理主体并非一元主体，而是包括权威机关与社会公众在内的多元主体，因此著作权法领域的社会治理不能单纯强调权威机关的引领与主导作用，还要调动社会公众的参与角色与落实能力。治理对象不仅是侵犯权利的行为，还包括了滥用权利的行为，因此著作权法领域的社会治理不能单向治理侵权行为，还要双向治理与之相对的权利滥用行为。治理目标不仅是单纯的激励利益最大化，也并非单纯的接触利益最大化，而是超越激励利益与接触利益的知识总量最大化，因此著作权法领域的治理目标应跳脱出接触与激励的无谓争议。治理主体是否多元、治理对象是否准确与治理目标能否落实取决于治理机制的多样性、针对性与有效性。著作权法领域的社会治理乃是一个经由治理机制牵引，并与治理主体、治理对象与治理目标彼此联系的系统工程，这一治理图景为解释与改进著作权法治理提供了指引。

第二节　法律治理机制与著作权救济

法律治理机制的最优作用领域是构成侵权的营利性使用行为与危害社会公共利益的权利滥用行为，由于著作权法尚未明确规定权利滥用行为的法律责任，本节主要分析法律治理如何引导与约束侵权行为。侵权行为法律治理的首要前提乃是厘清侵权行为的经济本质，否则侵权行为的法律治理就会走向盲目的深渊。侵权行为法律治理的核心问题在于如何认定侵权行为与如何进行救济：侵权行为认定即是依据何种标准认定行为侵权，这一问题的关键在于责任标准的选择；侵权救济是指侵权行为认定之后如何进行救济，损害赔偿是侵权救济的主要类型。本节主要分析侵权行为的经济本质以及法律治理机制如何通过责任标准的选择与损害赔偿的适用约束与引导个人的逐利动机，从而落实著作权法无损接触与激励的价值目标。

一、著作权侵权行为原因的经济本质

行为主体既为"经济人"又为"制度人"，主体行为选择的作出既与他作为"经济人"的逐利动机相关，又与他作为"制度人"的制度约束有关，因此主体是否作出侵权的行为选择受到多种因素的影响。

（一）著作权侵权行为原因的经济分析

经济学理论一般将侵权行为归因为"交易成本"。罗伯特·考特（Robert Cooter）与托马斯·尤伦（Thomas Ulen）指出："侵权法的经济本质即是通过责任的运用，将那些由于高交易成本造成的外部性内部化。"[1]我国学者高德步与刘茂林借用考特与尤伦有关侵权法的经济本质解释侵权行为发生的原因指出："侵权法在以下情况下涉及到人们之间的关系，即他们有关伤害的事前谈判成本高并因此不能缔结一种合同关系"，[2]"侵权行为的发生原因是当事人之间的交易成本太高，不能缔结合同关

---

[1] [美]罗伯特·考特、托马斯·尤伦：《法和经济学》（第6版），史晋川等译，史晋川审校，格致出版社、上海三联书店、上海人民出版社2012年版，第178页。

[2] 高德步：《产权与增长：论法律制度的效率》，中国人民大学出版社1999年版，第161页。

第四章 作品产权治理机制的经济分析

系"。[1]吴汉东教授突破了上述学者对侵权行为发生原因的狭义解读,认为侵权行为的经济原因乃是"交易成本过高""外在成本增加"与"侵权行为的'收益'高于成本的预期",[2]但是并没有指出这三者之间的关联关系。笔者认为,那些不能通过市场机制达成的交易可以归结为交易成本,但是交易成本并不足以构成侵权行为发生的全部原因,应从更为广泛和相互关联的视角理解侵权行为发生的经济本质。

笔者认为,侵权行为的发生取决于三个变量,即交易成本、预期收益与侵权成本。根据本书第三章的分析,行为人对作品的接触与利用可以借助两种机制进行。第一种机制即为市场机制。"为了进行市场交易,有必要发现谁希望进行交易,有必要告诉人们交易的愿望和方式,以及通过讨价还价的谈判缔结契约,督促契约条款的严格履行,等等。"[3]在作品交易过程中,正如本书第三章所指出的,与集体创作有关的产权复杂与主体分散问题、与作品属性相关的客体测度与监管成本问题、与浪漫主义作者观念和禀赋效应心理相关的非理性行为以及与制度环境相关的交易安全问题,都会导致"许多在无需成本的定价制度中可以进行的交易化为泡影"。[4]若行为人利用市场机制获得的预期收益低于交易成本,行为人就会认为利用市场机制是不合算的,并会试图寻求第二种机制,即侵权行为。比如,计

---

[1] 刘茂林:《知识产权法的经济分析》,法律出版社1996年版,第249页。

[2] 吴汉东:"关于知识产权基本制度的经济学思考",载《法学》2000年第4期,第39、40页。

[3] [美]罗纳德·H.科斯:"社会成本问题",载[美]罗纳德·H.科斯等:《财产权利与制度变迁——产权学派与新制度学派译文集》,刘守英等译,格致出版社、上海三联书店、上海人民出版社2014年版,第15页。

[4] [美]罗纳德·H.科斯:"社会成本问题",载[美]罗纳德·H.科斯等:《财产权利与制度变迁——产权学派与新制度学派译文集》,刘守英等译,格致出版社、上海三联书店、上海人民出版社2014年版,第15页。

算机软件领域的侵权行为多是因为无法谈判或谈判失败。虽然逐利动机驱使作为"经济人"的行为人从事侵权行为，但是来自制度的约束会使作为"制度人"的行为人对侵权成本与预期收益进行比较。行为人考虑的侵权成本主要是侵权行为所招致的私人成本，并具体包括了行为人事先为实施侵权行为而花费在辅助侵权行为的材料、工具与设备上的费用与行为人事后因实施侵权行为而应承受的违法代价，如民事赔偿、行政处罚与刑事制裁等。行为人的预期收益是指行为人从对作品的接触与利用中所获得的效用，行为人对作品的效用评价取决于多种因素，一般而言，营利性使用者相较于消费性使用者能够从作品的销售中获取更高的预期收益，生产效率高的营利性使用者相较于生产效率低的营利性使用者所获得的预期收益也更高。

故从行为人所采取的上述两类行为选择中我们可以得出，交易成本、预期收益与侵权成本与侵权行为的发生概率之间呈现如下相关关系：其一，交易成本越高，当事人之间越不可能通过市场机制达成自愿交易，著作权侵权行为发生的可能性也就越大。其二，行为人从侵权行为中所获得的预期收益越大，逐利动机就越可能驱使行为人从事著作权侵权行为。其三，行为人所需承担的侵权成本越小，行为人从事著作权侵权的可能性就越大。行为人需承担的侵权成本受到立法文本、执法实践与技术水平的影响。[1]立法文本规定的民事赔偿、行政处罚与刑事制裁构成侵权行为的法定成本，不过法定成本转化成为侵权行为的实际成本需要基于执法水平的高低，执法水平越高，侵权行为被发现与被制裁的概率越高，立法文本的实施效果越好。另外，作品的复制和传播技术越普及、越便宜，侵权人越

---

[1] 吴汉东："关于知识产权基本制度的经济学思考"，载《法学》2000年第4期，第40页。

能以更低成本复制和传播作品。因此,立法文本规定的法定制裁越轻,执法越宽松,作品复制和传播技术越便宜,侵权人所承担的侵权成本越低,从事侵权的可能越大。交易成本、预期收益与侵权成本三个变量之间并非彼此独立而是相互关联,并因其关联关系而影响行为人缔结契约、保持原状还是从事侵权的行为选择。对上述三个变量进行排列组合,得到如下结果:

（1）预期收益<侵权成本<交易成本；
（2）预期收益<交易成本<侵权成本；
（3）侵权成本<预期收益<交易成本；
（4）交易成本<预期收益<侵权成本；
（5）侵权成本<交易成本<预期收益；
（6）交易成本<侵权成本<预期收益。

很明显,在上述情形（1）与情形（2）中,由于预期收益不仅小于交易成本,也小于侵权成本,无论是保守型还是进取型行为人都不会与权利人进行自愿交易,也不会从事侵权行为；在情形（3）中,无论是保守型还是进取型行为人都不会与权利人进行自愿交易,而是转而从事侵权行为；在情形（4）中,侵权成本抑制了行为人的侵权动机,但行为人能从市场交易当中获得剩余（预期收益大于交易成本）,这会激励行为人与权利人进行自愿交易；在情形（5）中,进取型的权利人可能从事侵权行为,因其能够从侵权行为中获得更多的收益,而保守型的行为人因畏惧侵权所招致的道德谴责,更倾向于与权利人进行自愿交易；在情形（6）中,无论是保守型还是进取型的行为人,都倾向于与权利人进行自愿交易。

以上六种情形的对比分析表明,著作权侵权行为的发生受到交易成本、预期收益与侵权成本三个变量的影响,因此那种认为"侵权行为的发生原因是当事人之间的交易成本太高,不能缔结合同关系"[1]的观念实际上是简化了著作权侵权行为的经济本质。

(二) 著作权侵权行为规制的多重方向

上述情形揭示了著作权侵权行为发生的经济原因,并为著作权侵权行为的规制指明了方向:降低交易成本可以促使行为人与权利人达成自愿交易,提高侵权成本可以遏制行为人从事侵权行为的动机,以及降低预期收益可以减少盗版需求。

1. 降低交易成本

在市场机制的交易成本较高时,行为人可能因缺乏权利人的相关信息无法与之谈判或者因谈判过程中的机会主义行为等导致交易失败,著作权侵权行为往往是行为人与权利人谈判不能或谈判失败后所选择的获取作品方式。本书第三章所分析的私人自主建构的交易模式与法律干预建构的交易模式可以降低交易成本,而通过降低交易成本促使自愿交易的达成可以抑制侵权行为。这意味着那些旨在通过限制私有规则的排他性与可转让性进而降低交易成本的合理使用制度与法定许可制度实际上也发挥着遏制侵权行为的作用,这进一步论证了本书第二章所提出的"半公地"产权化的路径选择可以使私人激励与公众接触因彼此的存在而变得更好。故我们认为,促进那些旨在降低与环境因素以及与人的因素(如权利人的策略行为)相关的交易成本的制度设计可以遏制行为人从事侵权行为的动机,因而应当完善作品交易市场,鼓励私人自主建构或国家干预建构交易成本降低方案。

2. 提高侵权成本

行为人只有在侵权成本大于预期收益的前提下才会作出不侵犯著作权的行为选择,这意味着给定预期收益,提高侵权成本可以降低侵权行为的发生概率。侵权成本与权利人采取的技术措施、立法文本所确定的约束与引导方式、司法与执法水平

---

[1] 刘茂林:《知识产权法的经济分析》,法律出版社1996年版,第249页。

所产生的侵权行为被发现和被追究的概率有关。立法文本中所确定的民事赔偿、行政处罚与刑事制裁"实际上是立法者对侵权行为成本与收益比例关系的调整，意在从制度安排上改变侵权成本过低、侵权行为泛滥的现象",[1]司法与执法水平影响"履行差错"，这意味着司法与执法水平越高，行为人越不可能因其侵权行为而逃避责任承担。如本书第三章所言，权利人采取的技术保护措施增强了其对作品的控制能力，作为自力救济的一种方式实际上不仅可以提高行为人非法获取作品的成本，也提高了权利人发现侵权行为的概率。对于部分会对正版市场产生较大损害，并且盗版利润较高的侵权行为，应当适当提高立法文本规定的惩罚水平，并且对其进行严格执法。故对著作权侵权行为的约束与引导不能只强调"纸面上的法"，还要依靠"行动中的法"以及"权利人的自我保护能力"。

3. 降低预期收益

对于营利性使用者而言，其预期收益的高低主要与消费者对低价作品的需求强弱有关。消费者著作权保护意识越弱，其通过盗版市场获取低价作品的需求越强；消费者的平均收入越低，其愿意通过正版市场支付作品高价获取作品的意愿越低，如果消费者的平均收入有所增长，他们对于正版与盗版作品之间的价格差别就会变得没有那么在意；如果版权保护水平较高与正版作品缺少替代产品，正版作品的市场价格就会越高，消费者寻求可替代正版作品的低价盗版作品的需求也就越强。例如，"在中国软件市场上，如果一套正版软件的价格与在发达国家软件市场上的价格相差无几，从经济学角度说，盗版问题肯定得不到解决，因此，可行的无盗版的价格可能应当是在发达

---

〔1〕 吴汉东："关于知识产权基本制度的经济学思考"，载《法学》2000年第4期，第40页。

国家销售价格的 1/5 或更低"。[1]这意味着提高消费者的著作权保护意识、收入水平与降低正版作品的市场价格可以抑制消费者的盗版需求，减少营利性使用者从侵权行为中获取收益的预期前景，进而降低侵权行为的发生概率。

侵权行为的发生概率是交易成本、侵权成本与预期收益共同作用的结果，这也意味着仅以对侵权行为进行违法制裁的单一治理路径收效甚微。如有学者指出："我国政府在打击假冒伪劣产品方面可谓不遗余力，但实际收效并不大。"其原因就在于"单从假冒伪劣产品的生产方（供给方）入手，而没有肃清假冒伪劣产品的消费方（需求方）"。[2]故我们认为，依赖产权界定制度与产权交易模式降低侵权行为的预期收益与交易成本，与通过产权治理制度制裁侵权行为在降低侵权行为的发生概率方面同样重要。

二、著作权侵权责任标准的经济分析

在 1800 年以前，侵权行为的责任标准为绝对责任，即"只要行为造成了损害，行为人就要毫无例外地承担侵权责任，不管其过失程度如何"。[3]19 世纪"个人投资、冒险，建立新企业、开发新土地的需要"[4]促进了根据过错确定责任的规则发展，以过失为基础的侵权诉讼取代了不必对过失加以证明的侵害诉讼，此时的责任标准还有其道德基础，即"有过错者应当

---

[1] 刘茂林：《知识产权法的经济分析》，法律出版社 1996 年版，第 260 页。

[2] 黄文平、王则柯：《侵权行为的经济分析》，中国政法大学出版社 2005 年版，第 278、279 页；黄文平："盗版的经济学和法学思考"，载《上海经济》1999 年第 4 期，第 58、59 页。

[3] [美] 伯纳德·施瓦茨：《美国法律史》，王军等译，法律出版社 2007 年版，第 62 页。

[4] 高德步：《产权与增长：论法律制度的效率》，中国人民大学出版社 1999 年版，第 158 页。

第四章 作品产权治理机制的经济分析

赔偿无过错者这样一种信念",[1]但其更多地基于经济因素的考量,经济活动不应受到侵权责任施加的不合理的经济负担的限制。20 世纪中期,无过错责任进入侵权行为法领域,"超危险活动"(如机器生产)所引发的劳工伤害与产品责任使社会责任的概念逐渐取代了个人过失的思想,侵权法的主要职能被视为"合理地调整经济风险,而并不是表达道德原则"。[2]绝对责任、过失责任与严格责任的历史发展表明,支配侵权行为责任标准变迁的"并不是伦理学的概念,而是一种压倒一切的需要——建立一套鼓励人们为实现发展生产的目标去冒险的责任制度"。[3]这使本书暂时搁置侵权责任标准的道德分析而对侵权责任标准进行经济分析变得可行。著作权侵权行为可分为直接侵权行为与间接侵权行为。直接侵权行为采用的是受到"独立创作"抗辩限制的非纯粹严格责任标准,间接侵权行为采用的是过错责任标准。本部分试图解释不同侵权行为责任标准的经济理性,进而尝试指出著作权法侵权行为责任标准的改进方向。[4]

---

[1] [美]伯纳德·施瓦茨:《美国法律史》,王军等译,法律出版社 2007 年版,第 203 页。

[2] [美]伯纳德·施瓦茨:《美国法律史》,王军等译,法律出版社 2007 年版,第 206 页。

[3] [美]伯纳德·施瓦茨:《美国法律史》,王军等译,法律出版社 2007 年版,第 62 页。

[4] 第一位研究责任标准对于当事人行为影响的学者是卡拉布雷西,他考察了各种规则的效果,并强调了不同责任标准的效率水平。有关不同责任标准的效率水平的论述还可以参见罗伯特·考特与托马斯·尤伦所著的《法和经济学》一书中的第六章、斯蒂文·沙维尔所著《法律经济分析的基础理论》。我国也有诸多学者对上述美国法经济学分析学者的责任标准理论进行了借鉴,可以参见李婧所著的《侵权法的经济学分析》一书。笔者目前所查到的资料显示,率先将上述学者的责任标准的效率分析系统引入知识产权法领域的乃是罗杰·D. 布莱尔(Roger D. Blair)与托马斯·F. 科特(Thomas F. Cotter),在其所著《知识产权:权利与救济的经济与法律维度》(*Intellectual Property: Economic and Legal Dimensions of Rights and Remedies*)第五章中对知识产权领域的不同责任标准的效率水平进行了分析。

著作权法律制度的经济分析

(一) 直接侵权责任标准:非纯粹的严格责任

法经济学分析学者提出了"能够以最小的成本防范风险发生者"这一概念,意指,权利人或行为人中的任何一方采取注意义务就能消除侵权风险时,权利人或行为人都采取注意义务并无必要,理想的状况应只让能以最低成本预防侵权风险发生的一方单独采取注意义务,由此可以最小化社会总成本。[1]在著作权直接侵权行为中,直接从事侵权的行为人(特别是营利性行为人)对自身是否从事侵权拥有完全信息,并且最有能力控制自身不去从事侵权行为,权利人对预防直接侵权行为发生所能起到的作用微乎其微,直接侵权行为人作为能以最低成本防范侵权行为发生的主体,自然会成为法律治理和约束的主要对象。

1. 直接侵权责任标准的概述

著作权直接侵权行为是指"未经著作权人许可,又缺乏'合理使用''法定许可'等抗辩事由,而实施受专有权利控制的行为"。[2]例如,未经许可,复制作品或者通过信息网络传播作品的行为,通常构成直接侵权行为。直接侵权行为的认定采用严格责任标准,只要行为人实施了受专有权控制的行为,无论心理状态如何,是否具有主观过错,是否事先采取侵权防范措施,均不影响行为是否构成"直接侵权"的认定,并需全面补偿其行为给权利人带来的损害。著作权侵权领域中的如下方面表明著作权直接侵权行为采用的是严格责任标准。[3]第一,

---

〔1〕[美]斯蒂文·沙维尔:《法律经济分析的基础理论》,赵海怡、史册、宁静波译,中国人民大学出版社2013年版,第169页。

〔2〕王迁:《著作权法》,中国人民大学出版社2015年版,第404页。

〔3〕Roger D. Blair and Thomas F. Cotter, *Intellectual Property: Economic and Legal Dimensions of Rights and Remedies*, Cambridge University Press, Published 2005, Page 103, 104.

第四章 作品产权治理机制的经济分析

"无意识复制"也有可能构成侵权性复制,这意味着行为人尽管非故意复制了权利人作品,行为人也要承担侵权责任。在1976年纽约南区地区法院判决的"明亮曲调音乐公司（Bright Tunes Music Corp.）诉哈里松斯音乐有限公司（Harrisongs Music, Ltd.）案"[1]中,原告认为被告的歌曲《亲爱的上帝》(*My Sweet Lord*)侵犯了原告享有版权的歌曲《你是如此美好》(*He's So Fine*)的版权,纽约南区地区法院并不认为被告有意抄袭了原告歌曲的旋律,但被告极可能无意复制了原告歌曲的旋律。理由在于,20世纪60年代早期,歌曲《你是如此美好》风靡一时,被告彼时一定听过原告的歌曲,并且原告与被告歌曲的旋律极为相似。如此一来,原告可以间接证据证明被告构成侵权,也即如果被告具有接触原告作品的合理可能并且二者作品近似,即可推定被告构成侵权,或者如果二者作品高度近似,从该高度近似的事实可以推定被告曾接触过原告作品。第二,权利人无需证明行为人"知道"其复制的作品受到著作权法的保护,这意味着尽管行为人没有理由知道他所复制的作品受到著作权法保护,行为人也要承担侵权责任。第三,一旦侵权责任成立,行为人的主观状态对补偿性损害赔偿责任的承担没有影响。[2]

---

[1] See Bright Tunes Music Corp. v. Harrisongs Music, Ltd., 420 F. Supp. 177 (S. D. N. Y. 1976).

[2] 尽管行为人的主观状态对补偿性损害赔偿责任的承担没有影响,但是会对惩罚性赔偿责任的承担有所影响。《美国版权法》第504条（c）款第（1）项规定法定赔偿的裁量范围为不少于750美元且不超过3万美元。该款第（2）项规定,对侵权人实施的故意侵权行为,法院可将损害赔偿数额提高到不高于15万美元的法定赔偿上限,对侵权人没有意识到或没有合理理由相信其行为构成侵权的善意侵权行为,法院可将法定赔偿数额减少到不低于200美元法定赔偿下限,突破了第（1）项中所确定的法定赔偿的裁量范围。根据我国2020年《著作权法》第54条的规定,行为人的主观状态是故意还是过失并不影响补偿性损害赔偿责任的承担,但是行为人故意实施侵权行为且情节严重的,要承担惩罚性赔偿。

2. 直接侵权责任标准的经济分析

在此，笔者将分两步进行分析，第一步首先分析不同责任标准的效率水平，并指出就约束与引导直接侵权行为人而言，严格责任标准与过错责任标准相较于无责任标准更具效率；第二步分析为何著作权法、专利法与商标法等知识产权主要部门法中对直接侵权行为采用了严格责任标准而非过错责任标准。

（1）严格责任但无独立创作抗辩。

第一，有效率的责任标准：严格责任与过错责任。我们用如下符号表示不同含义：x 表示预防水平，w 表示预防的单位成本（w 为常数，不会随着预防水平发生变化），wx 表示预防成本，p 为侵权行为的发生概率，p=p（x）表示随着预防水平 x 的提高，侵权行为的发生概率 p 将降低。A 表示侵权行为造成损害的货币价值，p（x）A 表示侵权行为给权利人造成的预期损害，p（x）A 随着预防水平 x 的提高而降低。这样，我们就可以得到三个函数：预防成本（wx），预期损害（p（x）A），侵权行为社会总成本（预防成本与预防不能之时造成的预期损害之和，用公式表示为 E（SC）= wx+p（x）A）。预防成本曲线与预期损害曲线的垂直相加即可得到侵权行为社会总成本曲线，即在图4-1中呈 U 形的曲线，这意味着在 U 形底部必有一个使社会总成本最低的 x 值，即 $x*$。[1] 社会福利最大化要求最小化著作权侵权行为的社会总成本，在 $x*$ 处，社会总成本最低，即 $x*$ 是有效率的预防水平。换句话说，有效率的预防水平

---

[1] 从数学上描述 $x*$ 的性质，即有效率的预防水平发生在预防的边际社会成本（w）等于预防的边际社会收益（$-p'(x*)A$）时。如果实际预防水平小于有效率的预防水平，即当预防的边际社会成本小于预防的边际社会收益时（$x < x* \Rightarrow [w < -p'(x*)A]$），效率要求采取更高的预防水平；如果预防水平大于有效率的预防水平，即当预防的边际社会成本超过边际社会收益时（$x > x* \Rightarrow [w \geq -p'(x*)A]$），效率要求适当降低预防水平。

不是要使侵权行为的预期损害（p（x）A）最小，而是使侵权行为的社会总成本（(E（SC）= wx+p（x）A)）最小化。归责原则的效率水平取决于其能否引导与约束行为人采取 x∗ 水平的预防，以下分别讨论无责任、严格责任与过错责任对行为人约束和引导的效率水平。

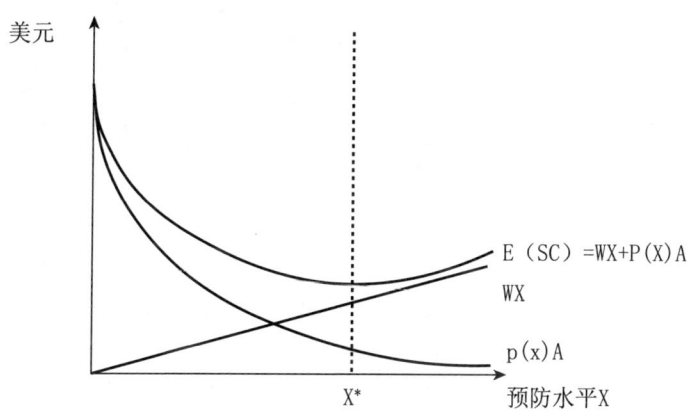

图 4-1　最优预防水平与社会总成本最小化[1]

首先，在无责任标准下，行为人对其有意识或无意识造成的全部损害无需承担侵权责任，这些损害由权利人承担，因此行为人的私人成本仅由预防成本构成，用公式表示即为 $w_i x_i$。逐利动机使行为人有激励最小化其私人成本，即 x_i 为零时，即不采取任何预防措施时，行为人私人成本最小，毕竟在无责任标准下，行为人无需为其有意识或无意识造成的侵权行为承担任

---

[1] 笔者在此借鉴了罗伯特·考特与托马斯·尤伦与罗杰·D. 布莱尔与托马斯·F. 科特所提出的分析模型。［美］斯蒂文·沙维尔：《法律经济分析的基础理论》，赵海怡、史册、宁静波译，中国人民大学出版社 2013 年版，第 169 页；Roger D. Blair and Thomas F. Cotter, *Intellectual Property*: *Economic and Legal Dimensions of Rights and Remedies*, Cambridge University Press, Published 2005, Page 115.

何责任。在无责任标准下,权利人的损害无法得到补偿,权利人私人成本应由预防成本与完全预防不能所产生的预期损害构成,用公式表示即为 $w_c x_c + p(x_c) A$。逐利动机使权利人有动力最小化其私人成本,即将预防水平定为私人预防的边际成本与边际收益(预期损害的边际减少量)相等,用公式表示即是 $w_c = -p'(x_c) A$,在图4-1中即为 $x_c = x_c^*$ 时,权利人的私人成本最小化,与社会福利最大化要求的预防水平一致。这意味着无责任标准可以约束与引导权利人采取有效率的预防水平,而不能约束与引导行为人采取有效率的预防水平。换句话说,在无责任标准下,行为人对是否发生作品侵权漠不关心。

其次,在严格责任标准下,行为人需要对其有意识或无意识造成的全部损害承担侵权责任。为预防侵权,行为人可搜寻全部作品,从而避免侵犯在先作品的权利,但对所有作品的搜寻努力虽然可减少无意识的侵权行为,但无法完全消除无意识的侵权行为。由于作品搜寻成本高昂,完全预防并不可能,行为人必须对未尽完全预防产生的侵权行为及其预期损害承担责任。因此,行为人的私人成本可表示为预防成本与预防不能之时需要承担的损害赔偿(等于预期损害)之和,用公式表示为 $w_i x_i + p(x_i) A$。逐利动机使行为人有动力最小化私人成本,即将预防水平定为私人预防的边际成本与边际收益(预期损害的边际减少量)相等,用公式表示即是 $w_i = -p'(x_i) A$,在图4-1中即为 $x_i = x_i^*$ 时,行为人的私人成本最小化,并与社会福利最大化要求的预防水平一致。在严格责任标准下,只要发生侵权行为,权利人的预期损害能够从行为人处得到完全补偿,因此权利人的私人成本仅由预防成本构成,权利人的私人成本可以表示为 $w_c x_c$。逐利动机使权利人有动机最小化其私人成本,即不采取任何预防措施时,权利人私人成本最小化。[1]这意味着严格责任标准可以约束与引导行为人采取有效率的预防水平,而不能约束与引导权利人采取有效率的预防水平。

最后,在过错责任标准中,行为人在其预防达到法定谨慎标准时,因为没有过错而无需承担侵权责任。笔者用 x_i^f 表示预防水平的法定谨慎标准并且假设立法者和(或)司法者有能力使其设定的法定谨慎标准为有效率的预防水平,即 $x_i^f = x_i^*$(实际上,这一立法者或司法者确定的法定谨慎标准总会偏离有效率的预防水平)。在图4-2中,当行为人采取的预防水平 $x_i < x_i^*$ 时,其行为因不符合法定谨慎标准需要承担损害赔偿(等于预期损害),其承担的总成本为 $w_i x_i + p(x_i) A$;当行为人采取的预防水平 $x_i \geq x_i^*$ 时,其行为因符合法定谨慎标准而免于承担损害赔偿,其承担的总成本为 $w_i x_i$。根据上述描述,行为人在其行为不符合法定谨慎标准的情形下,其总成本曲线与 E(SC)在 x_i^* 左侧部分重叠,总成本最小值发生在 x_i^* 处;当其行为符合或超过法定标准的情形下,其成本曲线与 $w_i x_i$ 在 x_i^* 右侧部分重叠,总成本最小值同样发生在 x_i^* 处。这意味着过错责任同样可以激励行为人采取有效率的预防水平。在过错责任标准中,权利人预料到行为人在采取有效率的预防水平时(即其预防水平等于或者超过法定谨慎标准),行为人没有责任,权利人将得不到任何赔偿,因此权利人行为与在无责任标准中的行为是一样的,有动机采取有效率的预防水平。

---

[1] 权利人的私人成本实际上为 $w_c x_c + p(x_c) A - p(x_c) D$,在损害是完全赔偿的情况下(D=A),权利人的私人成本即为 $w_c x_c$。

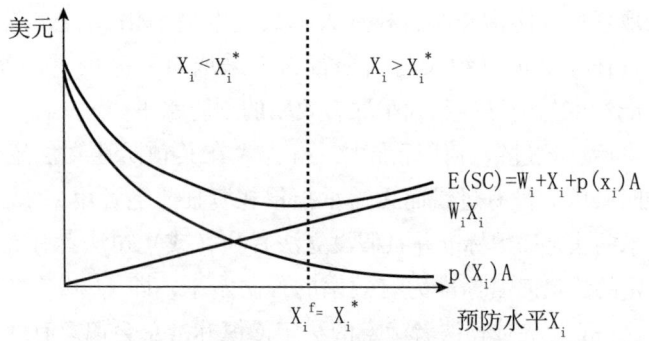

图 4-2　过错责任标准的效率水平[1]

由于直接侵权行为的有效预防主要取决于行为人，因此法律治理的关键在于通过选择合适的责任标准，激励行为人采取能最小化侵权总成本的预防水平，从而避免有意或无意的作品侵权。通过对比不同责任标准可以发现：无责任标准使行为人外化了侵权行为的成本，因此无法激励行为人采取能最小化侵权总成本（预防成本与预期损害之和）的预防水平；严格责任标准和过错责任标准使行为人内化了侵权行为的成本，因此可激励行为人采取最小化侵权总成本的预防水平。因此，就约束与引导行为人而言，严格责任标准和过错责任标准要比无责任标准更有效率。

第二，有效率且有信息优势的责任标准：严格责任。既然严格责任与过错责任都可以约束与引导直接侵权行为人采取有效率的预防水平，那么为何著作权法、专利法与商标法等知识产权主要部门法中直接侵权行为采用了严格责任而非过错责任？答案在于不同责任标准对权利人、立法者和司法者的信息获取要求不同。

---

[1] 笔者在此主要借鉴了罗伯特·考特与托马斯·尤伦所提出的分析模型，罗杰·D. 布莱尔与托马斯·F. 科特所提出的分析模型还要更复杂一些。See Roger D. Blair and Thomas F. Cotter, *Intellectual Property: Economic and Legal Dimensions of Rights and Remedies*, Cambridge University Press, Published 2005, Page 116, 117.

第四章　作品产权治理机制的经济分析

其一，过错责任原则对权利人提出了更高的信息要求。对权利人来说，证明损害或因果关系本就十分困难，但是证明过错要比证明损害和因果关系更加困难。过错责任标准为权利人施加了较重的信息获取要求与证明负担，这是因为，权利人如欲就侵权行为造成的损害获得完全赔偿，需要证明损害、因果关系和过错。因权利人很难证明行为人过错，加之因果关系与损害的证明负担，行为人由此就可以逃避承担侵权责任，而且没有激励为了避免侵权采取什么预防措施，由此导致侵权泛滥，侵权损害的增加将推高侵权行为的社会总成本。严格责任标准减轻了权利人的信息获取与证明负担，权利人只需证明损害与因果关系，证明负担减轻，行为人逃避承担侵权责任的概率较低，并有激励采取接近于有效率预防水平的预防措施，由此减少侵权行为与降低侵权行为的社会总成本。相比于过错责任，权利人因信息获取障碍的问题导致的严格责任的理论效果与执行效果之间不会存在过多偏差。

其二，过错责任原则对立法者（司法者）提出了更高的信息要求。在分析过错责任标准时，我们进行了一个简单的假设，即立法者和（或）司法者所设定的法定谨慎标准恰好为有效率的预防水平，即 $x_i^f = x_i^*$。也就是说，为使设定的法定谨慎标准与理论上有效率的预防水平相等，立法者和（或）司法者需要掌握足够的信息。然而，获取信息需要付出成本，采用严格责任标准与过错责任标准的主要区别在于，在不同责任标准之下，立法者需掌握的信息以及因此付出的信息成本不同。[1] 在过错责任标准下，为有效约束与引导行为者，立法者和（或）司法者必须确定法定谨慎标准；为内化行为人造成的损害，司法者

---

[1] [美] 斯蒂文·沙维尔：《法律经济分析的基础理论》，赵海怡、史册、宁静波译，中国人民大学出版社 2013 年版，第 161、171 页。

除掌握直接侵权行为造成的损害之外，还需要比较行为人实际采取的预防水平与行为人理应达到的法定谨慎标准，以判断行为人是否有过错，因而需要承担侵权责任。需要立法者和司法者决策的事项越多，信息获取成本越高，决策失误的概率也就越高。若立法者因为信息获取障碍而确定的法定谨慎标准偏离了有效率的预防水平，[1]或司法者因为信息获取障碍误判了行为人的过错，都将导致过错责任标准对行为人的激励偏离最优水平。[2]在严格责任标准下，为有效约束与引导行为人，立法者和（或）司法者无需事先设定法定谨慎标准；为内化行为人产生的损害，司法者只需要掌握直接侵权行为造成的损害，无需再判断行为人是否达到法定谨慎标准。[3]由于严格责任标准未对立法者与司法者提出过高的信息获取要求，立法者与司法者因其误判导致严格责任对行为人的激励偏离最优水平的概率较低。相比于过错责任而言，立法者和（或）司法者因信息获

---

〔1〕 具有效率的预防水平将因预防水平的单位成本与预期损害的严重程度而异，因而总需随着预防水平的单位成本与预期损害的严重程度加以调整。给定预防水平的单位成本，预期损害的严重程度越高，具有效率的预防水平也应越高，给定预期损害的严重程度，预防水平的单位成本越低，具有效率的预防水平也应越高。统一确定的法定谨慎标准无法及时和灵活适应不断调整并因案而异的具有效率的预防水平，因而总是会使法定谨慎标准与具有效率的预防水平存在偏差，并且导致过错责任标准对行为人的激励无法达到最优，从而导致预防不足与侵权泛滥或预防过度与资源浪费的问题。Roger D. Blair and Thomas F. Cotter, *Intellectual Property: Economic and Legal Dimensions of Rights and Remedies*, Cambridge University Press, Published 2005, Page 117, 118.

〔2〕 如果立法者设定的法定谨慎标准高于有效率的预防水平，易激励行为人采取过多预防，从而导致预防资源浪费。反之，如果立法者设定的法定谨慎标准低于有效率的预防水平，则易引发行为人预防不足，从而引发更多的侵权损害。过多预防与预防不足，都将推高侵权行为的社会总成本。

〔3〕 司法者在评估损害时，也会犯错：如果司法者判定的损害低于实际损害，行为人因其未完全补偿权利人而部分外化了其行为产生的损害，易引发行为人预防不足。反之，如果司法者判定的损害高于实际损害，将激励行为人过度预防。过多预防与预防不足，都将推高侵权行为的社会总成本。

取障碍导致的严格责任的理论效果与执行效果之间不会存在过多偏差。

总而言之，严格责任标准通过简化立法者、司法者与权利人的信息获取任务，节约了严格责任标准设立与执行的管理成本，严格责任标准的信息优势使之成为判断知识产权直接侵权行为的责任标准。

（2）严格责任且有独立创作抗辩。

对不同责任标准的效率水平进行分析可以解释为何知识产权法中直接侵权行为均采用了严格责任标准，但这并没有指出为何著作权法中直接侵权行为相对于专利侵权行为与商标侵权行为而言采用的是一种相对而言更不纯粹的严格责任标准。所谓"更不纯粹"乃是因为实施著作权直接侵权的行为人可因"独立创作"抗辩规避责任，但在专利法与商标法领域，行为人并不能因"独立发明"或者"独立创作"而规避责任。

根据有关著作权国际公约与各国著作权立法可以得出获得著作权保护的门槛并不高，著作权存在于以有形载体固定的独创性表达之中，存续时间通常始于作品创作完成终于作者身后50年或者70年。较低的准入门槛、较长的保护期限以及缺少一个中央审查和登记机构共同导致受著作权保护的作品不计其数、无处不在。如果独立创作的作品无法逃避侵权的命运，则后续创作者必须在其进行创作之前检索不计其数的作品，据此预先判断其欲创作的作品是否构成侵权，以便实现规避侵权风险的目的。面临不计其数、无处不在的作品，任何检索努力都会因为成本高昂变得既不可行也不可欲。当然，建立与维持一个作品分类登记与管理的中央审查和登记机构可降低权利人的检索成本，但是建立与维持中央审查和登记机构本身并非毫无成本，使该机构带来的任何降低检索成本的努力都将为其管理成本抵消,因而世上许多国家并未采纳版权登记制度或者已采登记制度的国家(例如美国)并不要求强制登记。此外,技术创新受到现有技术、自然规律和商业前景的严格限制,不同创新主体不约而同创造相同的发明概率较高,这类不约而同的巧合在发明史上并不少见。[1]相反,文学艺术创新较少受到技术、规律或商业前景的严格限制,多是个人美好理想、创作经验或社会阅历的具体表达,由于个人具体理想、经验和阅历的差异,相同或近似作品不容易被不同主体不约而同地创造出来。换句话说,不同主体独立创作的作品相同或相似的概率很低。既然独立创作的作品与已有作品之间产生实质相似并且分流已有作品市场、挫伤创新激励的概率很低,对其加以规制的需求也就没有那么强烈。总而言之,在著作权法中,缺少独立创作抗辩的纯粹严格责任制度将对作品的创作和发表产生"寒蝉效应"(chilling effect),纯粹严格责任制度带来的抑制作品创作与发表以及由此产生的抑制言论与表达自由的结果,无论是以效率标准观之,抑或是以公平标准观之,都缺少可欲性。

专利法与商标法领域的情形则与著作权法不同。专利法采用的是相对纯粹的严格责任标准,"独立发明"并不构成侵权抗辩,原因如下:[2]其一,专利权的准入门槛较高,而且保护期限较短,受专利权保护的发明数量相对较少,且专利权的取得

---

[1] 蒋舸:"论著作权法的'宽进宽出'结构",载《中外法学》2021年第2期,第330页。

[2] 本书出于研究著作权法中责任标准的需要,仅仅列举了独立发明作为专利侵权抗辩可能产生的部分负面影响,罗杰·D. 布莱尔与托马斯·F. 科特具体列举了独立发明作为专利侵权抗辩所产生的六类负面影响,这六类负面影响分别指寻租行为、鼓励抄袭与佯装独立创作、抑制公开发明动机、破坏司法规则、有损公众利用与鼓励专利竞赛。See Roger D. Blair and Thomas F. Cotter, *Intellectual Property: Economic and Legal Dimensions of Rights and Remedies*, Cambridge University Press, Published 2005, Page 107~113.

经过当事人的申请与官方的审查授权,所有的有效专利都可以在官方系统查到,为了避免与已有专利相同或等同,事先进行检索进而规避相同或等同发明的成本远没有对著作权作品进行搜寻花费的成本高。其二,在给定的历史时期内,不同的研究机构与研究学者致力解决相同或近似的科学问题,独立研发的发明包含专利发明技术要点的可能很高,允许独立发明创作抗辩就会鼓励他人将其复制他人发明之成果"佯装"成为独立发明,推高区分发明源自复制抑或独立发明的成本。其三,如果前一主体就其发明获得专利,在此之后的主体就其独立创造的相同发明获得专利,这一发明进入公共领域的时间就会相应延缓,被许可人也会面临获取双重许可的负担,过重的许可负担将会阻碍发明的最优利用。其四,如果独立发明可以作为专利侵权抗辩,就会鼓励越多的人从事相同或相似发明,由于从事发明通常需要耗费较高的人力、物力,允许独立发明抗辩容易导致重复投资与研发资源浪费。其五,若专利法允许独立发明抗辩,限制专利权人获得的保护范围,会削弱专利法的制度优势。这是因为,既然专利法如同商业秘密法一般允许独立发明抗辩,发明人不如选择不公开的商业秘密保护方案而非公开的专利保护方案,以此从商业秘密保护中获得更多的利润。商标法采用的也是相对纯粹的严格责任标准,哪怕商标是由后一主体独立创作产生,只要其与相同或类似商标或服务之上在先注册的商标相同或近似,并有可能导致消费混淆,后一主体如果使用其所独立创作的商标,便仍会构成商标侵权。换句话说,"独立创作"不构成商标权侵权抗辩。原因首先在于,商标官方系统的存在使得事先检索相同或近似商标,进而避免消费群体的混淆或误认的搜寻成本较低。更为重要的原因在于,商标法"防止消费者就商品来源发生混淆"而非"鼓励创作"的目的决定了,在商标法中"独立创作"远没有"防止混淆"重要,故为"防止混淆"这一目的的实现,可以牺牲"独立创作"抗辩在商标法中可能产生的任何价值。

著作权法领域法律治理机制的目的是约束未经授权的复制行为与引导从事"知识增量"的行为,一个带有"独立创作"抗辩的非纯粹严格责任标准就可以实现这一目的——把为避免侵权花费在搜寻上的时间、精力与金钱引导到作品的创作与发表之中,由此完成了法律治理机制约束侵权行为与引导创作行为的治理目标。

2. 间接侵权责任标准:动态调整的过错责任

(1) 间接侵权责任标准的概述。由于逐一规制大量分散的直接侵权行为人将会引起高昂的法律执行与制裁成本,即便每个直接侵权行为人都足以赔偿他所造成的损害,但是追踪每个直接侵权行为人、收集直接侵权行为的证据并对其分别提起诉讼都将导致权利人通过法律治理保护权利变得不经济。[1]正是这一经济理性导致权利人试图将侵权责任强加给各种中间组织,如复制设备的生产者、互联网服务提供者以及软件设计者,间接侵权行为由此发展而来。间接侵权行为是指即使行为人并未实施受专有权控制的行为,但是如果其行为与他人的直接侵权行为之间存在特定联系,也可基于公共政策的原因而被法律规定为侵权行为。[2]我国并无直接侵权行为与间接侵权行为的区分,有关间接侵权行为的类型与要件来自于美国立法与司法实践。根据美国立法文本、司法实践与理论探讨,间接侵权行为有两种主要类型。一为替代责任(Vicarious Infringement),作为

---

[1] Douglas Lichtman and William M. Landes, "Indirect Liability for Copyright Infringement: An Economic Perspective", 16 (2) Harv. J. L. & Tech. 395, 397 (2003).

[2] 王迁:《知识产权法教程》,中国人民大学出版社2007年版,第279页。

"雇主责任"的产物,替代责任经由美国联邦第二巡回法院发展而来,是指如果行为人有权利与能力监控侵权行为且从侵权行为中直接获益,行为人将就侵权行为承担替代责任。因此,替代责任包括两个要件:一是行为人拥有侵权行为控制能力;二是行为人从侵权行为当中直接获益。[1]如同直接侵权行为一般,替代侵权并不要求主观知情或故意。二为帮助侵权(Contributory Infringement),帮助侵权源于侵权法,并从"对他人侵权行为作出实质贡献的人应当承担侵权责任"这一理念发展而来,是指如果行为人知道侵权行为,并且引诱、导致或对侵权行为的发生做出实质贡献时,行为人应当作为帮助侵权行为人承担侵权责任。[2]帮助侵权包括两个要件:一是行为人主观知道侵权行为;二是行为人行为诱导或对侵权行为发生作出实质贡献。根据《美国版权法》第512条的规定,帮助侵权行为中的"知道"意指实际知情(Actual Knowledge)——实际知情通常以权利人的通知予以证明,或明显知情(Apparent Knowledge)——意识到明显侵权的事实或情况,也即通常所说的"红旗"标准。[3]实际知情与明显知情均指向具体知情(Specific Knowledge)而非概括知情(General Knowledge),实际知情与明显知情的区别在于实际知情需要实际或主观上对具体侵权行为知情,明显知情是指行为人主观上是否意识到那些客观上对理性人而言明显的具体侵权行为事实。美国众议员霍华德·科布尔(Howard Coble)认为,明显知情意在建立一种介于明知和一般疏忽(General

---

〔1〕 See Gershwin Publishing Corp. v. Columbia Artists Management, Inc., 443 F. 2d 1159, 1162 (2d Cir. 1971).

〔2〕 See Universal City Studios v. Sony Corp. of America, 659 F. 2d 963, 975 (9th Cir. 1981).

〔3〕 17USCA § 512. 虞婷婷:"网络服务商过错判定理念的修正——以知识产权审查义务的确立为中心",载《政治与法律》2019年第10期。

Standard of Negligence) 之间的知道标准。[1]为本书分析之需要，以下只讨论涉及主观状态的帮助侵权。

（2）间接侵权行为责任标准的经济分析。法律治理间接侵权行为的目的是避免直接侵权行为的发生。由于权利人与间接侵权行为人均有能力预防、发现与控制直接侵权行为。换句话说，直接侵权行为的发生概率与严重程度与权利人和间接侵权行为人双方的预防水平有关，责任标准需要同时约束与引导权利人与行为人。

第一，不同责任标准的效率水平。笔者用如下符号表示不同含义：x_i 为间接侵权行为人的预防水平，w_i 为间接侵权行为人的单位预防成本，x_c 为权利人的预防水平，w_c 为权利人的单位预防成本，$p(x_c, x_i)A$ 为侵权行为导致的预期损害，$p(x_c, x_i)A$ 随着间接侵权行为人与权利人预防水平（x_c 与 x_i）的提高而降低，侵权行为的社会总成本为 $E(SC) = w_i x_i + w_c x_c + p(x_c, x_i)A$。在行为人与权利人均采取最优预防水平时，社会总成本最小化，$E(SC) = w_i x_i^* + w_c x_c^* + p(x_c^*, x_i^*)A$。以下，笔者将分别讨论不同责任标准对间接侵权行为人与权利人约束与引导的效率水平。

首先，在无责任标准下，间接侵权行为人无需承担侵权成本，而只承担预防成本，间接侵权行为人的私人成本为 $w_i x_i$，逐利动机使间接侵权行为人有激励最小化其私人成本，x_i 为零时，即不采取任何预防措施时，间接侵权行为人私人成本最小化。因此，在无责任标准下，间接侵权行为人没有动机采取任何预防措施。在无责任标准下，权利人的预期损害无法从间接侵权行为人得到补偿，需要自己承担，权利人的私人成本可表示为

---

[1] 江波、张金平："网络服务提供商的知道标准判断问题研究 重新认识'红旗标准'"，载《法律适用》2009年第12期，第54页。

$w_c x_c + p(x_c, x_i) A$（预防成本与预期损害之和），逐利动机使权利人有激励最小化其私人成本，采取有效率的预防水平，即 $x_c = x_c^*$（边际预防成本等于边际预期损害之时），权利人的私人成本最小。这意味着在需要间接侵权行为人与权利人同时采取预防措施的情况下，无责任标准虽可以约束与引导权利人采取有效率的预防水平，但不能约束与引导间接侵权行为人采取有效率的预防水平，因此没有最小化社会总成本。

其次，在严格责任标准下，间接侵权行为人需为其行为承担侵权成本，其私人成本为 $w_i x_i + p(x_c, x_i) A$（预防成本与预期损害之和），逐利动机使间接侵权行为人有激励最小化其私人成本，采取有效率的预防水平时，即 $x_i = x_i^*$（边际预防成本等于边际预期损害之时），间接侵权行为人的私人成本最小。在严格责任标准下，权利人的预期损害能够从行为人处得到完全补偿，无需自己承担，权利人的私人成本可表示为 $w_c x_c$，逐利动机使权利人有动机最小化其私人成本，即不采取任何预防措施时，权利人私人成本最小。[1]这意味着，在需要间接侵权行为人与权利人同时采取预防措施的情况下，严格责任标准虽可以约束与引导间接侵权行为人采取有效率的预防水平，但不能约束与引导权利人采取有效率的预防水平，因此同样没有最小化社会总成本。

最后，在过错责任标准下，假设立法者和（或）司法者设定的间接侵权行为人预防水平的法定谨慎标准为 $x_i^f = x_i^*$，权利人行为的法定谨慎标准为 $x_c^f = x_c^*$（法定谨慎标准恰为有效率的预防水平）。当间接侵权行为人的预防水平 $x_i \geq x_i^*$（预防水平等于或大于法定谨慎标准）时，间接侵权行为人因满足法定标

---

[1] 权利人的私人成本实际上为 $w_c x_c + p(x_c, x_i) A - p(x_c, x_i) D$，在损害是完全赔偿的情况下（$D = A$），权利人的私人成本即为 $w_c x_c$。

准谨慎而免责,权利人需自己承担损失,间接侵权行为人的私人成本为 $w_i x_i$,逐利动机使行为人有动机最小化其私人成本,即使预防水平刚好等于法定谨慎标准。当间接侵权行为人的预防水平达到法定标准时,权利人需自己承担损失,权利人的私人成本为 $w_c x_c + p(x_c, x_i^*) A$,逐利动机使权利人有动机最小化其私人成本,权利人可因采取有效率的预防水平而最小化私人成本。这意味着在需要间接侵权行为人与权利人同时采取预防措施的情况下,过错责任标准可以同时约束与引导行为人与权利人采取有效率的预防水平,即 $x_i = x_i^*$ 且 $x_c = x_c^*$,社会总成本同时得以最小化。

上述分析表明,严格责任标准与无责任标准无法引导间接侵权行为人与权利人同时采取有效率的预防措施,因而无法最小化社会总成本。原因显而易见,严格责任标准未能给权利人采取有效率的预防水平提供动力,而无责任标准也未能给间接侵权行为人采用有效率的预防水平提供动力。这回答了为何间接侵权行为采用的是过错责任标准。原因在于:过错责任标准可以同时约束与引导间接侵权行为人与权利人采取有效率的预防水平。

第二,最小防范成本的负担主体。当间接侵权行为人或者权利人当中的任何一方采取预防措施就能预防、发现与控制直接侵权行为的发生时,由双方同时采取预防措施看起来是一种浪费。理想的情况应是,如果能够确定哪一方能够以最低的成本预防、发现与控制直接侵权行为的发生,就应由这一方单独采取预防措施。[1]然而,权利人与间接侵权行为人就预防、发现与控制直接侵权行为各自具有比较优势,他们所需承担的整体成本也并非一成不变,因而过错责任标准之下法定谨慎标准

---

[1] [美]斯蒂文·沙维尔:《法律经济分析的基础理论》,赵海怡、史册、宁静波译,中国人民大学出版社2013年版,第169页。

必须结合双方预防、发现与控制侵权行为的整体成本与比较优势加以调整。

首先,预防的整体成本与比较优势与法定谨慎标准的设立。权利人和间接侵权行为人就直接侵权行为都不能掌握完全信息,也都不能实施完全控制,故都应为控制直接侵权行为采取预防措施。实际上,在对直接侵权行为的了解与控制上,权利人与间接侵权行为人的侵权行为预防能力、侵权信息获取能力与侵权行为控制能力是不同的。以下,笔者将分析权利人与间接侵权行为人在了解与控制直接侵权行为的整体成本与比较优势上的差别是如何影响立法者和(或)司法者对其预防水平法定标准的设定的。

如上文所述,当预防的边际社会成本(w)等于预防的边际社会收益($-p'(x*)A$),预防水平是有效率的。由此,我们可以得出有效率的预防水平取决于两个因素,即行为人或权利人的单位预防成本所能减少的预期损害。[1]预防侵权行为通常需在多个方面施加注意。如果能够确定哪一方能以更低的单位预防成本减少更多的预期损害发生,这一方就是"最小防范成本的负担主体",由其采取更高水平或者单独由其承担预防措施就能使社会总成本最小化,此时可以使之负担一个较高水平的法定谨慎标准,同时使另一方负担一个较低水平的法定谨慎标准可以节约社会成本。如间接侵权行为人预防10单位预期损害需支付1单位成本,权利人预防10单位预期损害需支付2单位成本,间接侵权行为人作为较低预防成本的负担主体,应当承担更高水平的法定谨慎标准,权利人作为较高预防成本的负担

---

[1] Roger D. Blair and Thomas F. Cotter, *Intellectual Property: Economic and Legal Dimensions of Rights and Remedies*, Cambridge University Press, Published 2005, Page 116, 117.

主体，宜承担较低水平的法定谨慎标准或不承担任何预防义务。

在上述例子中，因为能够确定间接侵权行为人实施预防的整体成本小于权利人，使之负担较高的法定谨慎标准符合效率要求。然而，事实情境是复杂的，人们通常能够相对准确地确定权利人或者间接侵权行为人在预防、发现、判断与控制的某一方面具有的比较优势，对权利人或者间接侵权行为人所负担的整体成本只能形成大致粗略的判断。就预防直接侵权行为而言，间接侵权行为人（比如复制设备的生产者、网络服务提供者或者软件设计者）如果通过较低成本修改他的产品减少或者消除侵权用途同时不损害产品的合法使用，间接侵权行为人就是预防侵权行为的"最小成本的负担主体"；就判断直接侵权行为而言，权利人最有能力对自身作品是否被侵权作出准确判断，因此权利人就是判断侵权行为的"最小成本的负担主体"；就控制直接侵权行为而言，间接侵权行为人（比如网络服务提供者、跳蚤市场经营者或者网上购物平台）相较于权利人掌握更多直接侵权行为人信息，也最有能力禁止直接侵权行为人利用其服务、市场或平台实施侵权行为。若权利人在识别侵权行为方面具有信息优势，间接侵权行为人在控制侵权行为方面具有行动优势，各自的比较优势会使其更适合分别在识别侵权与制止侵权方面承担较高甚至全部的法定谨慎标准。

以上分析表明，如果能够确定当事人中的一方是预防侵权行为整体成本的最小负担者，由当事人单方负担较高水平的法定谨慎标准并采取预防措施便能够使社会总成本最小化；如果当事人双方在预防、发现、判断和控制侵权行为的不同方面具有比较优势，就应当由双方在各自的比较优势领域负担较高水平的法定谨慎标准与采取较高水平的预防措施。这为著作权间接侵权行为过错责任标准中权利人与间接侵权行为人法定谨慎标准的设定与改进指明了方向。

其次,权利人与间接侵权行为人的整体成本与比较优势。在著作权间接侵权行为中,权利人与间接侵权行为人在预防、发现、判断与控制直接侵权行为的不同方面各自具有比较优势。权利人"最有能力对于自身作品是否被侵权做出准确判断,而平台商实际上难以知晓特定内容是归属于违法侵权还是合法授权",[1]而网络服务提供者"作为特定内容平台的经营者和控制者,有足够的能力直接、快速地移除侵权信息"。[2]正是间接侵权行为人相较于权利人在判断与发现侵权行为过程中不具有比较优势,因此帮助侵权才采用由权利人通知加以证明的"实际知情"或由侵权行为对理性人而言显而易见的"明显知情"的法定标准,并且"实际知情"与"明显知情"指向的是具体知情而非概括知情。同时,正是由于间接侵权行为人相较于权利人在控制直接侵权行为过程中具有比较优势,法律规定间接侵权行为人收到侵权通知之时或者侵权行为对理性人而言显而易见之时,应当采取"删除"措施。可以说,在某种程度上,"通知-删除"规则这一法定谨慎标准正是基于权利人与间接侵权行为人所具有的比较优势的不同而设定的。这一标准符合美国早期扶持信息产业发展以使其免遭过重的预防成本与名目繁多的侵权责任所造成的不合理的经济负担的政策考量,因而通过"通知-删除规则"使间接侵权行为人负担较低的预防水平,而使权利人负担较高的预防水平。这一政策考量乃是基于如下

---

〔1〕 朱开鑫:"从'通知移除规则'到'通知屏蔽规则'——《数字千年版权法》'避风港制度'现代化路径分析",载《电子知识产权》2020年第5期,第43页。

〔2〕 朱开鑫:"从'通知移除规则'到'通知屏蔽规则'——《数字千年版权法》'避风港制度'现代化路径分析",载《电子知识产权》2020年第5期,第43页。

立法背景，即当时信息产业尚未成熟与著作权网络侵权行为尚未发展成为大规模侵权与引起严重损失。

但是，社会现实总是处于不断变动之中，技术与市场变化会引发权利人与间接侵权行为人的整体成本与比较优势的改变，并使调整间接侵权行为的法定谨慎标准变得必要。实际上，综合各国有关间接侵权行为法定谨慎标准的立法、实践与理论，间接侵权行为可选择的责任标准有三种类型，按照间接侵权行为人所承担的注意义务与预防水平的高低可以划分为事先审查标准、红旗标准与"通知-删除"标准。所谓事先审查标准，即间接侵权行为者应当事先审查和过滤其平台中的作品是否侵权，如果间接侵权行为人未尽事先审查和过滤义务而导致侵权行为发生，间接侵权行为人应当承担责任。红旗标准对应前述《美国版权法》第512条（c）款第（1）项（A）（ii）中间接侵权行为人"明显知情"的主观状态，[1]意指"如果有关他人实施侵权行为的事实和情况已经像一面鲜亮色的红旗在网络服务商面前公然地飘扬，以至于网络服务提供商能够明显发现他人侵权行为的存在"，[2]则可认定间接侵权行为人对侵权行为"明显知情"，并应承担责任。"通知-删除"标准对应的是《美国版权法》第512条（c）款第（1）（A）（i）项中间接侵权行为人"实际知情"的主观状态，[3]即间接侵权行为人在收到侵权通知之后未采取合理措施避免侵权而应承担责任。

信息服务产业的繁荣、作品的数字化存储与传播意味着应当适当提高间接侵权行为人的预防水平。在"通知-删除"标准

---

[1] 17 USCA § 512.

[2] 王迁："论'信息定位服务'提供者'间接侵权'行为的认定"，载《知识产权》2006年第1期，第16页。

[3] 17 USCA § 512.

下,"著作权人人工或者借助于技术措施监督目标网络服务商发现侵权内容,准备和发送侵权通知,跟踪网络服务商的处理进度;网络服务商人工接受并审查侵权通知,人工删除侵权内容或断开侵权链接"。[1]这一标准在信息服务产业发展之初与作品的数字化尚处起步时期,网络搜寻技术尚不发达,侵权行为尚未形成规模,间接侵权行为人为预防侵权行为而承担较高的义务并不符合边际汉德法则,即间接侵权行为人预防的边际成本较高而边际收益较低,由权利人对那些未成规模的零星侵权行为进行监控与通知可以以较低的成本控制侵权行为,较低的监控与通知成本不会过分损害权利人的创作激励。但是,信息服务产业的发展使得网络平台大规模涌现与发展,作品数字化的普及导致作品的存储与传播的便捷,不同的网络平台中可能存在大规模的侵权行为。对于权利人(特别是那些力量分散的权利人)而言实时监测侵权行为与发送侵权通知所耗费的时间、精力与金钱使得权利人的单位预防成本急剧上升,网络服务提供者在短时间内处理大量的侵权通知也需要耗费人力成本,这种依赖于权利人积极主动的监控与通知的事后模式也容易导致预期损害的扩大。特别是对于时间敏感性较强的权利客体而言,通知后的删除无异于"亡羊补牢",很可能于事无补。与此同时,内容识别与过滤技术在不断进步,如利用网络内容便签进行过滤、对人工选定的统一资源定位符地址信息的过滤、利用关键词进行过滤、基于视频时长的过滤与基于智能内容分析的过滤等技术,不仅错误率低,而且速度惊人。[2]这意味着网络

---

[1] 崔国斌:"论网络服务商版权内容过滤义务",载《中国法学》2017年第2期,第216页。

[2] 崔国斌:"论网络服务商版权内容过滤义务",载《中国法学》2017年第2期,第217页。

服务提供者单位预防成本的急剧下降。现实指向了这样一种立场,即权利人单位预防的整体成本超过了间接侵权人单位预防的整体成本,间接侵权行为人单位预防成本能够避免更多的侵权损失。故笔者认为,预防水平的多面性、信息产业的繁荣发展与无处不在的侵权行为导致了权利人与间接侵权行为人在对侵权行为进行预防上的比较优势与整体成本的变化。这意味着面对不断提高的侵权风险,应适当提高间接侵权行为人的注意义务。当然,现实情境总是处于动态调整之中,间接侵权行为也因个案而有所差别,作为调整经济活动风险与负担的责任标准也必须因时制宜地加以调整。

通过责任标准的选择与适用实现权利人与行为人预防的成本与侵权行为所造成的预期损害之和最小化,鼓励权利人与行为人将节约下来的社会总成本用于作品创作或作品传播,可以借助法律治理有效落实在无损接触与激励的前提下促进知识总量最大化的价值目标。

(二) 著作权侵权责任标准的改进可能

从对著作权侵权责任标准的经济分析中,我们得到如下两个结论:其一,侵权责任标准的选择与适用应当首先区分不同类型的侵权行为,这决定了约束与引导对象类型的不同,侵权责任标准的选择与适用也会有所差别;其二,法定谨慎标准的设立应使最小成本的负担主体承担较高的注意义务。这一结论为著作权侵权责任标准的理论澄清与实践改进提供了方向。

1. 理论澄清:基于不同行为类型的差异化责任标准

著作权侵权责任标准并非严格责任也非过错责任,而是基于不同行为类型的二分责任标准。在著作权直接侵权行为中,直接侵权行为人对其自身是否实施侵权行为掌握的信息较为全面、控制能力较强。在此,法律治理的对象应为直接侵权行为人。就约束与引导直接侵权行为人采取有效率的预防水平而言,过错责任标准与严格责任标准均可以实现上述目标,但是严格责任标准之下无需证明和判断直接侵权行为人是否具有过错,这使严格责任标准较过错责任标准更具信息优势,因此直接侵权行为的责任标准就被定为严格责任。在著作权间接侵权行为中,间接侵权行为人与权利人各自均未对直接侵权行为拥有完全信息,也均不能对直接侵权行为实施完全控制。在此,法律治理的目的在于约束与引导双方同时采取有效率的预防水平,过错责任标准较无责任标准与严格责任标准可以同时约束与引导双方采取有效率的预防水平,因此间接侵权行为的标准就被定为了过错责任。

在此,基于经济理性,笔者首先澄清了传统认为著作权侵权责任标准应为严格责任或过错责任的观念过于笼统与含混,因此不能很好地实现法律治理的价值目标。基于经济理性,笔者进一步指出,传统认为著作权侵权责任标准只与侵权行为人有关而与权利人无关的观点过于片面与狭隘,同样不能有效实现法律治理的价值目标。

2. 实践改进:基于注意成本比较的动态性法定标准

著作权间接侵权行为采用过错责任标准,确定法定谨慎标准通常需要将间接侵权行为人减少一单位的预期损害所花费的预防成本与权利人减少一单位的预期损害所花费的预防成本进行比较。如果权利人相较于间接侵权行为人更具成本优势,间接侵权行为人就应当承担较低的注意义务。比如,在信息产业发展之初,网络技术并不发达,侵权行为未成规模,权利人最有能力判断自身作品是否遭到抄袭或者剽窃。此时,权利人可以以较低成本监控与通知零星出现的侵权行为,将法定标准确定为"通知-删除"这一较低的注意义务符合扶持信息产业发展需求。但是，随着信息产业的不断发展，内容识别与过滤技术的不断成熟，侵权行为形成规模，诸如电子商务平台可以仅以相对较低的成本预防事先侵权与规模侵权，付出单位预防成本能够避免较大的预期损害（避免单位的预期损害仅需支付较少的预防成本），而分散的权利人识别海量侵权与进行海量通知将会造成资源浪费。此时，宜对法定标准进行动态调整，使间接侵权行为人承担较高的注意义务。

在此，基于经济分析，笔者认为，著作权间接侵权行为的法定标准应当根据权利人与间接侵权行为人彼此注意成本的不同加以动态调整，在间接侵权行为人成为最小成本的负担主体之时，应适当提高间接侵权行为人的注意水平，逐渐放宽"通知-删除"标准，扩大红旗标准的适用甚至尝试纳入事先审查义务。

三、著作权侵权损害赔偿的经济分析

著作权法侵权损害赔偿主要包括两类：一类为补偿性损害赔偿，另一类为惩罚性损害赔偿。补偿性损害赔偿的经济理性在于矫正侵权行为的外部性，惩罚性损害赔偿的经济理性在于补偿性损害赔偿在矫正侵权行为外部性过程中存在履行差错。

（一）补偿性损害赔偿的经济分析

补偿性损害赔偿是指判给某人以作为对其所受损害的补偿、偿还或恢复原状的赔偿，它是一笔足以使受害方恢复到其伤害未发生之前的状况的金钱，意在使"受害人完好无损"。[1]补偿性损害赔偿立基填平救济这一原则，它的适用不问行为人行为的过错程度、经济状况以及社会危害性的大小，只以行为人

---

[1] [美] 罗伯特·考特、托马斯·尤伦：《法和经济学》（第6版），史晋川等译，史晋川审校，格致出版社、上海三联书店、上海人民出版社2012年版，第243页。

造成的实际财产损失大小为依据,全部对该财产损失予以补偿。

1. 补偿性损害赔偿的经济理论

波斯纳(Pasner)指出,亚里士多德的矫正正义观念与侵权法的经济理论相融,因而"矫正正义"乃是经济分析理论中的一部分。[1]因此,在展开补偿性损害赔偿的经济分析之前,我们首先简要论述矫正正义理论。

(1)矫正正义理论。

在《尼各马可伦理学》第5卷第4章中,亚里士多德(Aristotle)阐述了他的矫正正义理论。亚里士多德指出,好人加害于坏人或者坏人加害于好人并无区别,只要一个人杀害了另一个人,施加行为的主体与承受行为的主体之间就会产生某种不均等,因此就有必要施加惩罚使得这种不平等恢复到均等状态。[2]

哈罗德·H.约阿希姆(Harold H. Joachim)对亚里士多德的矫正正义理论进行了较为清晰的阐释:如果小偷是一位绅士,而受害者是一名乞丐——一个下等阶层的成员,这种等级上的

---

〔1〕 我国有学者持与波斯纳相反的观点。其认为"经济分析理论所具有的外部性视角和面向未来型结构使其无法与侵权法相适用,而强调利益多元与价值平衡的矫正正义理论则具有更强的解释力",从其对有关矫正正义理论与经济分析理论的阐述来看,其观点所依据的主要是矫正正义理论与道德之间联系紧密,因此使之在使侵权法具有稳定性和一致性方面更具解释力,而经济分析理论所主张的效率最大化并不能为侵权法提供任何价值基础,因此使之无法与侵权法规则相适应。参见孙大伟:"探寻一种更具解释力的侵权法理论——对矫正正义与经济分析理论的解析",载《当代法学》2011年第2期,第77页。笔者在此对此种观点持批判态度,原因在于亚里士多德在其《尼各马可伦理学》第5卷第4章有关"矫正正义"的论述中并没有明确阐述其"矫正正义"的道德色彩,而是表明"不论好人加害于坏人还是好人加害于坏人,并无区别"这一无涉道德的主张,因此从亚里士多德有关"矫正正义"的论述中并不能得出任何"矫正正义理论与道德之间联系紧密"的结论。故笔者在此认同波斯纳所提出的观点,即经济分析理论与矫正正义理论彼此之间并非相互竞争而是相互融通的关系。

〔2〕 [古希腊]亚里士多德:《尼各马可伦理学》,苗力田译,中国人民大学出版社2003年版,第99~101页。

差别在法律上没有任何意义……法律所关注的是在它面前的两个当事人中,一方不公平地获得了优势,另一方不公平地遭到了不利。[1]因此,在此需要矫正这个错误——一个需要使之平等的不平等。以更为直观的形式阐述亚里士多德正义理论即是,假设分配正义导致 A=B,拥有 B 利益的主体侵犯了拥有 A 利益的主体,损害后的利益格局变为 A-C 与 B+C,分配正义被违反并因此产生了不均等的利益格局。此时,矫正正义即开始发挥作用,其目的就在于使损害后的利益格局恢复到损害前的均等利益格局之中,即 A-C+C=B+C-C,即以拥有 B 利益的主体所得 C 补偿拥有 A 利益的主体所失 C。[2]

亚里士多德提出的矫正正义理论与后世学者对该理论的阐述阐明了如下两点:其一,行为和承受之间的不均等需要以某种形式加以矫正;其二,矫正行为和承受之间的不均等不考虑行为人的自由、财富与德性,"所注意的只是造成损害的大小"[3](矫正正义不关注富人侵犯了穷人还是穷人侵害了富人抑或好人加害于坏人还是坏人加害于好人)。矫正正义的这两方面使之为补偿性损害赔偿提供了妥切且充分的理论支撑:著作权侵权行为所产生的著作权人与侵权人之间的不均等状态需要某种形式加以矫正,补偿性损害赔偿作为一种矫正的手段,其目的就在于以货币的形式使因侵权行为所导致的侵权人与著作权人之间的获利与受损恢复到侵权行为发生前的状态;对侵权人与著作权人之间获利或受损的矫正与侵权人或著作权人的自由、财富

---

[1] Richard A. Posner, "The Concept of Corrective Justice in Recent Theories of Tort Law", 10 (1) J. Legal Stud. 187, 190 (1981).

[2] 董凡:"知识产权损害赔偿制度研究",华南理工大学 2019 年博士学位论文,第 90 页。

[3] [古希腊]亚里士多德:《尼各马可伦理学》,苗力田译,中国人民大学出版社 2003 年版,第 99 页。

与德性无关,也就是通常所说的补偿性损害赔偿与行为人的过错程度、行为的财富状况以及行为的社会危害性无关。

(2)经济分析理论。

波斯纳敏锐地捕捉到,矫正正义理论仅关注不法行为及其所生之损害,而不问行为人与权利人的道德品性,并将矫正正义从道德的神坛上拉下来,使之回归世俗的色彩。波斯纳指出经济分析理论与矫正正义理论并非彼此相互竞争,经济分析理论中的外部性内部化与矫正正义理论中对不法行为所生损害的矫正使它们彼此融合,并因此共同指向波斯纳所提出的社会财富最大化。[1]波斯纳的这一论证使其提出的经济分析理论可以在不违背矫正正义理论的前提下为"补偿性损害赔偿"提供理论支撑。

将波斯纳所提出的经济分析理论应用于对"补偿性损害赔偿"的论证即是,如果不对受害人给予损害赔偿或给予过多的损害赔偿,都将减损社会福利。上述论证可以以一个更为直观的形式来表示:如果甲不就其侵权行为而给乙所造成的损害承担补偿性损害赔偿,甲将没有激励施加任何注意义务,采取任何预防措施,反而会有激励从事更多的侵权行为;如果甲就其侵权行为给乙造成的损害承担的赔偿责任超过补偿性损害赔偿,那么将对甲的行为产生过度威慑,使甲不仅施加过高的注意义务,采取过高的预防措施,而且也不敢从事那些边际合法的行为。其结果是甲与乙的行为水平都将偏离理想的保护与预防水平,因而构成了资源浪费,减损了社会福利。

在论证了补偿不足与过度补偿会减损社会福利之外,波斯

---

[1] 事实上,波斯纳本人对矫正正义的阐述要比笔者在此的用词激进得多。波斯纳本人的论点是,《尼各马可伦理学》第 5 卷第 4 章中的矫正正义概念是而且必须是法律经济理论的一个组成部分。Richard A. Posner, "The Concept of Corrective Justice in Recent Theories of Tort Law", 10 J. Legal Stud. 187, 206 (1981).

纳进一步例证了以道德、财富等因素影响损害赔偿同样会导致社会福利的减损。假设有两位受害者甲与乙分别有权就其损害获得100美元与60美元的赔偿，如果依据道德标准，比如甲对社会所做的贡献仅仅是其施害者对社会贡献的一半，使甲只得到补偿性损害赔偿的1/2，由于施害者未承担其行为所导致的全部社会损失，其结果是对施害者的行为抑制不足。[1]再比如，甲与乙都是好人，如果甲与乙分别获得同样的60美元的损害赔偿，其结果是甲未得到充分赔偿，并使之有激励采取过度的预防措施；如果甲与乙分别获得同样的100美元的损害赔偿，其结果是乙将获得过度赔偿，并使之获得行为不慎的动机；如果甲与乙分别获得同样的80美元的损害赔偿，那么甲未得到充分赔偿，乙则得到了过度补偿。上述情形表明，在损害赔偿中纳入道德、财富等非补偿性因素的考虑同样会导致无效率的结果。[2]以上分析表明，那些从波斯纳所提出的经济理论来看无效率的情形也背离了亚里士多德所提出的矫正正义理论。[3]

著作权侵权领域的补偿性损害赔偿从亚里士多德与波斯纳这里获得了其正当性：补偿性损害赔偿不仅避免了对权利人的过度保护——采取保护措施控制作品的接触与利用，同时避免了使用者的过度预防——其在对作品特别是那些处于公共领域与私人控制模糊地带的作品的接触与利用过程中不得不谨小慎微、"步步惊心"。因此，补偿性损害赔偿可以将花费在保护与

[1] Richard A. Posner, "The Concept of Corrective Justice in Recent Theories of Tort Law", 10 J. LEGAL Stud. 187, 204 (1981).

[2] Richard A. Posner, "The Concept of Corrective Justice in Recent Theories of Tort Law", 10 J. LEGAL Stud. 187, 204 (1981).

[3] 笔者在本书第一章提出，应用哲学的论证范式与应用经济学的论证范式在绝大多数情形下能够达致相同的结论，矫正正义理论与经济分析理论在论证补偿性损害赔偿问题上殊途同归为上述观点提供了进一步的佐证。

预防中的无谓支出用于增量知识的生产中,从而在无损接触与激励的情形下促进知识总量最大化。

2. 补偿性损害赔偿的适用路径

补偿性损害赔偿能够同时抑制权利人的过度保护与使用者的过度预防依赖这一假设:受害人所失与侵权人所得恰好处于对称状态。但是,一旦放松这一假设,即可发现受害人所失与侵权人所得经常处于不对称状态。具体包括两种情况:一是受害人所失大于侵权人所得;二是受害人所失小于侵权人所得。我国 2020 年《著作权法》第 54 条规定了三种补偿性损害赔偿的适用方式,即"实际损失""违法所得"与"许可费用"。[1]在受害人所失与侵权人所得不对称状态下,上述任何一种适用方式均非尽善尽美,这些适用方式的问题表现如下。"实际损失"可以使受害人恢复到侵权行为发生之前的状态,使之不会因侵权行为的发生而变得更差或因损害赔偿的获得变得更好,因此最契合补偿性损害赔偿填平救济的理念。但是,如果侵权所得大于实际损失,适用实际损失意味着侵权人支付损害赔偿之后仍有获利,这并不足以有效抑制侵权动机,从而使其回避市场交易而进行侵权行为;如果侵权所得小于实际损失,适用实际损失使侵权人支付损害赔偿可以有效抑制侵权人的侵权行为。"违法所得"可以使侵权人的侵权行为无利可图,从而遏制侵权人的侵权行为。但是,如果违法所得小于实际损失,以"违法所得"确定的损害赔偿就会导致赔偿不足的问题;如果违法所得大于实际损失,以"违法所得"确定的损害赔偿就会导致赔偿过度的问题,因而容易导致权利人回避市场交易而依赖侵权诉讼行使甚至滥用权利。"权利使用费"试图模拟市场交易情境下当事

---

[1] 严格来说,"法定赔偿"是为了应对补偿性损害赔偿确定的困难而由法院直接判给的损害赔偿,因此本书分析并未对"法定赔偿"进行过多讨论。

人自由协商所达成的市场价格,但是司法估计"权利使用费"的能力有限。在侵权人是权利人的市场竞争对手的情况下,可能根本没有这样一个权利许可市场,更无从谈"权利使用费"了。

因此,在损益不对称的情形之下,如何适用侵权所得、实际损失或者其他方式就成为有待分析与解决的问题。

(1) 补偿性损害赔偿的经济模型。罗杰·D. 布莱尔(Roger D. Blair)与托马斯·F. 科特(Thomas F. Cotter)提出了补偿性损害赔偿最优适用方式的经济模型。[1]为了简明起见,布莱尔与科特首先作出如下假设:其一,著作权人处于垄断市场(不存在著作权人作品的替代品);其二,著作权人没有机会对消费者进行价格歧视;其三,信息、执行、风险与交易成本为零;其四,著作权人作品具有经济价值。根据经济学原理,在边际成本等于边际收益之时,著作权人生产与销售某一作品所得利润达到最大,在图4-3中,著作权人利润最大化的产量为 Q_1,利润最大化的价格为 P_1,著作权人的最大利润为 P_1ABC(π_c)划定的区域,社会总福利为 ABCX 划定的区域。

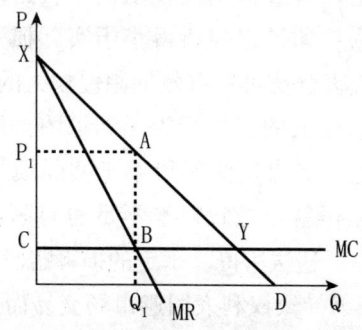

图 4-3 权利人垄断市场时的利润水平

---

[1] R. D. Blair, T. F. Cotter, "An Economic Analysis of Damages Rules in Intellectual Property Law", 39 (5) Wm. & Mary L. Rev., 1585 (1998).

第四章 作品产权治理机制的经济分析

以下将在三种情形下考虑一个决定侵犯著作权的竞争对手对著作权人利润的影响。

第一种情形是侵权人的生产效率与著作权人的生产效率相同（边际成本曲线 MC 相同）。在这种情形下，侵权人的最佳策略是使其生产的作品副本价格与著作权人生产的作品副本价格相同，使其产量为著作权人的一半；著作权人的最佳策略是继续收取 P_1 的价格，使其产量降低为原来的一半。如此，就可以获得最大的利润并可以在侵权人与著作权人之间平分。如图 4-4 所示，著作权人的利润为 $P_1 EFC$ 所划定的区域，侵权人的利润为 EABF 所划定的区域，总利润为 $P_1 ABC$ 所划定的区域，社会总福利为 ABCX 划定的区域。在这种情形下，著作权人的损失等于侵权人所得，损害赔偿无论是采用著作权人的实际损失还是侵权人的违法所得都可以使侵权行为无利可图同时使著作权人恢复到侵权行为发生前的状态。

如果侵权人试图降低作品副本价格以获得更大的市场份额，竞争将导致作品副本的价格降低为边际成本。这一结果不会给任何一方带来任何好处：著作权人将失去其在图 4-3 中的全部利润，即著作权人的损失为 $P_1 ABC$ 所划定的区域，侵权人也不能从侵权行为中获得任何收益，著作权人的损失将远超侵权所得。

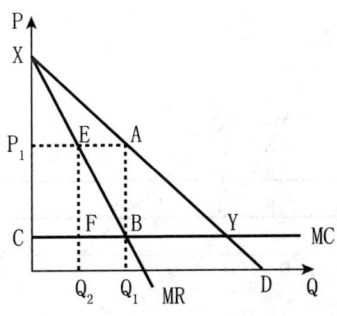

图 4-4 生产效率相同时权利人的利润水平与侵权人的获利水平

第二种情形是侵权人的生产效率要低于著作权人（侵权人的边际成本曲线 MC_i 要高于著作权人 MC_c 的边际成本曲线）。侵权人通过使其作品副本的价格与著作权人作品副本的价格相同以实现利润最大化。著作权人可以采取两种应对策略。一种策略是维持价格 P_1，结果同样是著作权人利润（$\pi_{c,2*}$）从图 4-3 中 P_1ABC 所划定的区域降低为 P_1EFC 所划定的区域，侵权人的利润（$\pi_{i,2*}$）为 EAGH 所划定的区域，总利润为 $AGHFCP_1$ 所划定的区域，总利润减少部分为 GBFH 所划定的区域。GBFH 所划定的区域构成无谓损失，这是因为相比于著作权人单独生产作品副本而言，用于生产作品副本的资源过多。

著作权人可以采取的另一种策略是降低价格，即将其作品副本的价格降低为侵权人生产作品副本的边际成本 MC_i（P_2），并将产量增加到 Q_1^*。在这一策略下侵权人无利可图，著作权人的利润为 P_2IJC 所划定的区域（这一区域小于 P_1ABC 所划定的区域，因为 P_1ABC 所划定的区域代表了著作权人的最大化利润）。相较于图 4-3 与图 4-4，总利润减少，减少部分为 P_1ABC 所划定的区域与 P_2IJC 所划定的区域之差。但是，社会总福利为 IJCX 所划定的区域，有所增加。

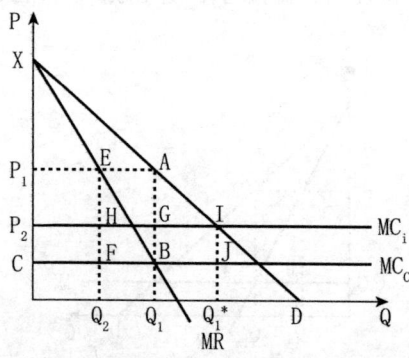

图 4-5　权利人更具效率时权利人的利润水平与侵权人的获利水平

第三种情形是侵权人的效率高于著作权人（侵权人的边际成本曲线 MC_i 低于 MC_c）。在这一情形下，侵权人在 MC_i 曲线与 MR 曲线相交时，利润最大化，价格为 P_2，产量为 Q_2，著作权人的最佳策略是将其作品副本的价格从 P_1 降为 P_2。此时，双方平分市场，各自销售的产量均为 Q_2^*，该产量为 Q_2 的一半。如图 4-6 所示，著作权人的利润（$\pi_{c,3^*}$）为 P_2KLC 所划定的区域，侵权人的利润（$\pi_{i,3^*}$）为 KMNO 所划定的区域，总利润为 P_2KLC 所划定的区域与 KMNO 所划定区域之和，低于最大可得利润，即 P_2MNT 所划定的区域，总利润与最大可得利润之差等于 CLOT 所划定的利润，这一利润之差是由著作权人的较高边际成本所导致的。此时，由侵权人生产全部作品副本总利润将会更大，因此更具效率。在这种情形下，如果著作权人能够在侵权人获利之前禁止侵权行为，协商许可可以同时使得双方获益。换言之，当侵权人的效率高于著作权人时，著作权人许可他人生产与销售作品副本相较于著作权人生产与销售作品副本效率更高，这一许可费用（R）应当介于著作权人单独生产时的利润即 P_1ABC（π_c）所划定的区域与侵权人单独生产时的总利润即 P_2MNT 所划定的区域之间。

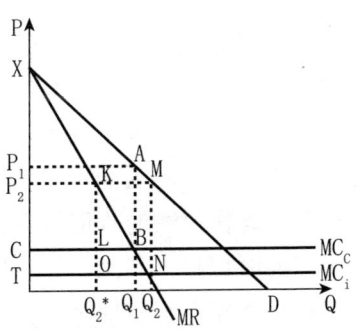

图 4-6 侵权人更具效率时权利人的利润水平与侵权人的获利水平

下表总结了上述三种情形下的不同结果。

表 4-2　不同效率水平之下的权利人利润水平与侵权人获利水平

		著作权人与侵权人效率相同	著作权人效率更高	侵权人效率更高
潜在侵权人避免侵权	著作权人利润	π_c	π_c	π_c
	侵权人利润	0	0	0
	总利润	π_c	π_c	π_c
潜在侵权人实施侵权	著作权人利润	$\pi_{c,1}*$	$\pi_{c,2}*$	$\pi_{c,3}*$
	侵权人利润	$\pi_{i,1}*$	$\pi_{i,2}*$	$\pi_{i,3}*$
	总利润	π_c	$\pi_{c,2}*+\pi_{i,2}*$ ($<\pi_c$)	$\pi_{c,3}*+\pi_{i,3}*$ ($>\pi_c$)
潜在侵权人获得许可	著作权人利润			$R>\pi_c$
	侵权人利润			$2\pi_{i,3}*-R$
	总利润			$2\pi_{i,3}*$ ($>\pi_c$)

（2）补偿性损害赔偿的最优适用。根据上述模型，可以得出，当侵权人与权利人具有相同生产效率之时，侵权人获利与权利人受损相等，以"违法所得"或者"实际损失"判给补偿性损害赔偿并无差别；当权利人的生产效率更高之时，全部生产宜由权利人进行，著作权法的价值目标在于有效遏制侵权人的使用行为，由于此时侵权人获利小于权利人受损，为了遏制侵权行为，补偿性损害赔偿至少应为违法所得；当侵权人的生产效率更高之时，全部生产适合由侵权人进行，著作权法的价

第四章 作品产权治理机制的经济分析

值目标在于引导侵权人利用市场机制获得权利许可,由于此时侵权人所得大于权利人受损,许可费用应当大于权利人垄断市场时的利润(π_c)小于侵权人垄断市场时的利润($2\pi_{i,3}^*$)。因此,建立在布莱尔与科特所提出的垄断市场、零信息成本的假设之下,最优补偿性损害赔偿规则应为:在著作权人对作品的利用更具效率时,补偿性损害赔偿至少应为侵权人的违法所得;在潜在侵权人对作品的利用更具效率时,最优损害赔偿规则至少应为著作权人与侵权人事先通过协商可能达成的许可费用。

但是,上述结论的得出是建立在垄断市场(即不存在著作权人作品的替代品)与信息、执行、交易等成本为零两种不现实的假设基础之上,因此布莱尔与科特进一步分析了放松上述假设是否会对上述结论产生影响。布莱尔与科特指出,放弃"垄断市场"的假设之后,著作权人仍有可能获得超竞争利润,因而不会对上述结论产生实质影响。然而,放弃"零信息、执行与交易等成本"的假设则会导致上述结论的修改。在著作权人更有效率的情形下,由于信息和执行成本的存在,导致一些侵权行为未被发现,适用"违法所得"不能有效阻止效率低下的潜在侵权人实施侵权,但是适用"实际损失"(大于"违法所得")不仅可以增强对侵权行为的阻止作用,也可以保证充分补偿著作权人因侵权而遭受的"实际损失"。在侵权人更有效率的情形下,司法系统的运行费用与司法定价相较于市场定价的无效率,使得适用"违法所得"(大于"许可费用")可以有效鼓励潜在侵权人事前寻求权利人许可而非实施侵权行为。故在上述经济模型贴近现实的过程中,补偿性损害赔偿的最优适用方式应为"违法所得"或"实际损失"中的较大者,并且根据"防止过度保护权利"以避免权利滥用,与"防止过度威慑侵权行为"以避免抑制边际合法行为,对实际判赔的补偿性损害赔偿加以调整。

(二) 惩罚性损害赔偿的经济分析

"按照惯例,大于损失额的损害赔偿,通常被称为惩罚性赔偿。"[1]惩罚性损害赔偿被引入知识产权侵权领域始于2013年我国《商标法》第三次修订之际,之后随着2019年《反不正当竞争法》的修正与《著作权法》的第三次修改以及2020年《专利法》第四次修改,又陆续在商业秘密侵权领域、著作权侵权领域以及专利权侵权领域引入了惩罚性损害赔偿。

1. 惩罚性损害赔偿引入的合理性

引入惩罚性赔偿的合理性在于使侵权行为产生的外部性内部化过程中存在"履行差错"(Enforcement Error)。[2]

(1) 传统侵权行为与"履行差错"的提出。"履行差错"是指"得到补偿的受害人在全部受害人中的比例"[3]或"实际支付补偿的施害人占应当支付补偿的施害人的比例",它是由施害人虽实施了侵权行为但却逃避了侵权责任产生的。[4]"履行差错"稀释了损害赔偿的阻遏作用(Deterrence-Diluting Effect),并导致社会成员的行为偏离社会最优水平。[5]

考特与尤伦以传统侵权领域的一个例子例证了"履行差错"

---

[1] [美]斯蒂文·沙维尔:《法律经济分析的基础理论》,赵海怡、史册、宁静波译,中国人民大学出版社2013年版,第220页。

[2] [美]罗伯特·考特、托马斯·尤伦:《法和经济学》(第6版),史晋川等译,史晋川审校,格致出版社、上海三联书店、上海人民出版社2012年版,第250页。

[3] [美]罗伯特·考特、托马斯·尤伦:《法和经济学》(第6版),史晋川等译,史晋川审校,格致出版社、上海三联书店、上海人民出版社2012年版,第250页。

[4] A. Mitchell Polinsky and Steven Shavell, "Punitive Damages: An Economic Analysis", 111 Harv. L. Rev. 869, 888 (1998).

[5] A. Mitchell Polinsky and Steven Shavell, "Punitive Damages: An Economic Analysis", 111 Harv. L. Rev. 869, 870 (1998).

第四章 作品产权治理机制的经济分析

是如何导致社会成员的行为偏离社会最优水平的。假设某燃料添加剂生产商面临两种生产选择：一种选择是将其燃料添加剂保持在较高质量水平，在这种情况下，燃料添加剂不会对汽车的发动机造成损害，但是为了质量管理，生产商却要为此花费9000美元；另一种选择是放松管理，但是燃料添加剂的质量会降到较低水平，生产商因此不必花费9000美元，但是较低质量的燃料添加剂对汽车发动机所造成的预期损害为10 000美元（假设10辆车受到损害，每辆车的预期损害为1000美元）。假设侵权责任体系完美无缺，即所有汽车发动机的受害者（10辆车主）都向生产商提起诉讼并请求"补偿"生产商的燃料添加剂给他们造成的损害（1000美元），在确定支付10 000美元给受害者与事先花费9000美元进行质量控制之间，一个利润最大化的生产商必然会选择后者。

侵权责任体系完美无缺仅是一种理想状态，现实状态却是行为人可能基于如下因素逃避责任的承担：受害者难以确定损害是由行为人的行为抑或厄运导致的，例如受害者可能将其患癌的原因归咎为长期暴露在自然致害物中，但实际上是由行为人所释放的人为致癌物所导致；受害者虽然确定其损害是由行为人的行为所导致的，但很难证明是谁造成了其损害，例如车主虽知道其停在停车场受损的车辆肯定被另一辆车撞了，但不能识别行为人，那些生活在受污染的湖泊附近的居民了解污染是导致其社区疾病高发的原因与污染者是谁，但未能建立污染与疾病高发之间的因果关系；受害者即便了解到自己遭受损害以及造成损害的行为人，其也可能不会起诉行为人，如果受害者花费在诉讼中的金钱、时间与精力超过预期收益，比如在其遭受的损害较小或者建立因果关系的可能性较低的情况下，其可能会放弃诉讼。[1]如果受害者为其损害赔偿进行索赔请求的诉讼成本超过其能索赔的损害赔偿，他们就会减少提出索赔请求诉讼的次数或者干脆放弃诉讼。[2]

在考特与尤伦所举的例子中，受害者因未发现其发动机的损害、未发现或未证明发动机的损害是由生产商的燃料添加剂导致的，或者其进行诉讼的机会成本较高，或者赢得诉讼存在较高的不确定性，导致一部分受害者未能从生产商那里获得完全赔偿。假设进行诉讼且从生产商那里获得补偿性赔偿的受害者只有一半，即"履行差错"为1/2，生产商在此面临的选择是事后向受害者支付5000美元还是事先花费9000美元进行质量控制？一个利润最大化的生产商必然会选择前者，并且当生产商有能力隐藏其燃料添加剂与发动机损害之间存在因果关系的信息时，其事先进行质量控制的行为动机要更弱。

在侵权责任体系完美无缺的情形下，补偿性损害赔偿足以激励生产商采取的行为措施符合社会最优水平，但是在上述体系运行不畅的情况下，生产商的行为就会偏离社会最优水平，正是侵权责任承担过程中的"履行差错"提出了引入惩罚性损害赔偿以纠正那些不符合社会期待的行为的需求。行为人只有在预期损害赔偿超过预期损失时才有激励采取社会所期待的行为，用公式表示即是：$Pp \geq L$，其中 Pp 表示预期损害赔偿，P 表示惩罚性损害赔偿，p 表示履行差错，其值在 0 到 1 之间，L 表示行为人行为产生的预期损失，它与补偿性损害赔偿一般等值。由上述公式可推 $P \geq L/p$，由于 p 是一个大于等于 0 且小于

---

[1] A. Mitchell Polinsky and Steven Shavell, "Punitive Damages: An Economic Analysis", 111 Harv. L. Rev. 869, 888 (1998).

[2] [美] 罗伯特·考特、托马斯·尤伦：《法和经济学》（第6版），史晋川等译，史晋川审校，格致出版社、上海三联书店、上海人民出版社2012年版，第231页。

等于1的值，这决定了惩罚性损害赔偿应为补偿性损害赔偿的1倍以上。

（2）著作权侵权行为与"履行差错"的加剧。在上述传统侵权例证中，"履行差错"是由于一部分受害人未从生产商（施害人）那里获得补偿性损害赔偿而产生的，在著作权侵权领域"履行差错"是基于权利人（受害人）未能从全部的行为人（施害人）那里获得补偿性损害赔偿产生的。

著作权客体的属性决定了著作权侵权领域中的"履行差错"相较于传统侵权领域可能更为严重。作品的供求关系反映了作品的经济属性，即投入的稀缺性质与消费的公共性质。首先，尽管作品的生产与其他任何有体商品的生产都需要投入人力、物力与财力，但是包括作品在内的知识生产是一项创新程度较高的生产过程，而有体商品的生产一般是标准化的重复生产，这意味着作品生产对人力资本提出了更高的要求，而人力资本的稀缺性意味着作品的生产成本往往更为高昂。如果那些跨越行为边界与客体范畴入侵自治领域的行为得不到规制，生产者的创作激励就会因此受损。其次，作品消费具有公共性质，这种公共性质是由作品的物理属性——无形性——所决定的。有体商品与其所呈现的物理外观是同一的，这意味着当其物理外观发生变化时，有体商品也就因此损耗或者消灭了。例如，苹果所呈现的物理形状是圆圆的，上下都凹进去一个小口，其物理颜色呈现为红色或者青色，当苹果的物理形状发生改变时，比如被人咬了一口，或者其物理颜色发生变化（比如苹果腐烂变黑），苹果也就因此损耗了，有体商品之上的权利随之消灭。知识产品与其物理外观（载体）之间并不是同一的，这意味着知识产品与其物理外观（载体）分离或者其物理外观（载体）的损毁均不影响知识产品之上的权利。作品的无形性决定了作品消费的公共性。作品的公共性即非排他性与非竞争性,是指与有形物品只能在特定的时间、特定的场所,由特定的人进行消费不同,作品可以为不同的主体在相同或不同时间,在同一或者不同的场所进行消费,而且这种使用并不会产生任何作品的损耗。

著作权客体的属性决定了著作权侵权行为呈现出与普通侵权行为所不同的特征。首先,著作权侵权行为具有隐蔽性。物权与人身权的客体一般都可以通过感官感知,而作品的无形性决定了著作权的客体只能通过观念建构。侵犯物权、人身权所造成的损害要么是有形的,比如苹果的损毁、肢体的残缺,要么是权利人身体、精神或者心灵上的痛苦,权利人对这类损害一般会有直接的感知和认识。[1]对著作权客体的损害却并不表现出任何有形的形式,这意味着难以识别对作品的非法占有与控制行为。作品的公共性决定了其可以与其物理外观(载体)相分离并且可以借助其他物理介质以突破时空边界的方式近乎完美地再现,这导致了著作权可能遭遇同时侵权与异地侵权,并呈现出反复性与规模性的特征,但权利人并不能不付成本地去发现这些超越时空边界的或私人或公共的侵权行为。[2]从通过办公室复印机随意复制报刊、杂志和漫画,到为建立家庭录像库而录制电视节目,再到未经授权将软件复制到家用电脑上,检测这些每天发生的大量侵犯版权的私人行为的成本是巨大的;从未经授权在夜总会表演音乐作品,到在互联网上发布受版权保护的材料,再到制造和销售盗版光碟,检测这些更为公开的使用行为,其成本可能更低一些。尽管如此,由每次侵权行为

---

〔1〕 朱丹:"知识产权惩罚性赔偿制度的经济分析",载《东方法学》2014年第6期,第57页。

〔2〕 冯晓青、罗娇:"知识产权侵权惩罚性赔偿研究——人文精神、制度理性与规范设计",载《中国政法大学学报》2015年第6期,第28页。

产生的侵权损害与侵权获利不足以使权利人支付检测成本,毕竟一次未经授权的表演或复制对权利人的经济状况影响不大(但是大量未经授权的使用足以影响权利人的经济状况)。[1]也就是说,在全部侵权行为之中,只有那些权利人能够并且愿意支付检测成本发现的侵权行为才有被施加赔偿责任的可能。其次,著作权侵权损害具有模糊性。对有体商品的损害表现为有形的损耗或者灭失,侵权行为与有形的损耗与灭失之间的因果关系相对清晰,而且有形商品市场中存在较多的同质产品且有体商品的交易机制相当发达,使得对有体商品的损害极易以货币形态表现出来,这意味着有体商品损害赔偿的司法定价可以无限趋近于其市场定价。[2]对无形作品的损害并不表现为作品物理状态的改变,而是表现为对作品市场价值与市场份额的影响,而作品的市场价值与市场份额变化受到多重因素的影响,包括侵权行为、相近替代品的市场进入、权利人的经营水平都可能导致作品的市场价值与市场份额发生变化,侵权行为与作品市场价值与市场份额之间的因果关系并不明显。[3]作品独一无二的个性特征导致市场中无法存在与作品完全相同的同质产品,且无体财产的交易机制与评估机制远没有有体财产那样发达,因此无体财产的价值更难以货币形态准确传达,这导致司法定价总会或多或少与市场定价存在偏差。侵权损害分散致使权利人难以对全部的侵权主体追责并落实赔偿责任。[4]权利人

---

[1] Roger D. Blair and Thomas F. Cotter, "An Economic Analysis of Damages Rules in Intellectual Property Law", 39 Wm. & Mary L. Rev. 1585, 1656 (1998).

[2] 沈世娟、严建东:"知识产权侵权损害赔偿之量化研究——以'填平原则'为视角",载《知识产权》2011年第6期,第46页。

[3] 朱丹:"知识产权惩罚性赔偿制度的经济分析",载《东方法学》2014年第6期,第58页。

[4] 李扬、陈曦程:"论著作权惩罚性赔偿制度——兼评《民法典》知识产权惩罚性赔偿条款",载《知识产权》2020年第8期,第37页。

在举证其因侵权所遭受的损失所面临的成本与侵权人隐匿其因侵权所获得的利润的动机，都迫使权利人不得不接受未能补偿其全部损害的赔偿数额。故在权利人所遭受的全部损害之中，只有那些举证证明了的损失才能获得补偿。

由于在著作权领域，侵权行为难以发现，侵权损害难以证明，事后的补偿性损害赔偿不足以使权利人收回其创作的全部投入，这种损益失衡的状态将促进权利人采取过度的保护措施或者放弃创作投入。同时，被施加补偿性损害赔偿的或然性概率并不足以遏制行为人的侵权动机，反而使行为人获得了从事侵权行为的潜在激励。其结果是权利人与行为人将在私人防御与侵犯上花费更多的支出，而非将资源用于产生知识增量的创作行为，由个体及于群体的"连带效应"使得社会公众的行为偏离理想水平。著作权侵权领域所产生的"履行差错"及其所生之不可欲之结果因惩罚性损害赔偿制度的引入而有所缓解，并因此构成了惩罚性损害赔偿制度引入著作权侵权领域的正当性：惩罚性损害赔偿提高了权利人诉讼维权的预期收益，因此激励权利人积极维权；惩罚性损害赔偿提高了行为人侵权行为的预期成本，因此实现了事先威慑与预防行为人侵权的目的，由此，惩罚性损害赔偿可以将权利人与行为人及社会群体引导到符合社会期待的作品创作行为中去。惩罚性损害赔偿的激励功能、预防功能以及对个案之外的社会群体的示范功能强化了将惩罚性损害赔偿引入著作权侵权领域的正当性，也回答了为何立法文本中惩罚性损害赔偿的下限应为补偿性损害赔偿"一倍"以上的问题。

2. 惩罚性损害赔偿适用的谦抑性

所谓"谦抑"，即是"压缩或减缩"，[1]惩罚性损害赔偿的

---

〔1〕冯晓青、罗娇："知识产权侵权惩罚性赔偿研究——人文精神、制度理性与规范设计"，载《中国政法大学学报》2015年第6期，第26页。

第四章　作品产权治理机制的经济分析

谦抑性，意指在理论阐述、立法文本与司法适用中应保持谨慎与克制，即惩罚性损害赔偿应局限在引导社会群体从事知识增量行为的制度功能内，防止其沦为强保护话语体系下权利人寻租的制度工具。目前有关惩罚性损害赔偿的讨论仅关注加重的必要性，却无人思考过度预防之危害。笔者以为，就引导社会群体从事知识增量行为这一目标而言，加重赔偿与保持谦抑同样重要，[1]"履行差错"的动态性、权利人的特殊角色与权利客体之外部性表明不保持惩罚性损害赔偿的谦抑性，同样无法实现其制度功能。

（1）惩罚性损害赔偿的适用本身可以提高诉讼的概率，从而降低了施害人逃避侵权责任的可能性，即"履行差错"发生变化，当考虑到这一影响时，惩罚性损害赔偿的适用水平应有所降低。[2]

同样，以上述考特与尤伦所列举的传统侵权行为例证。在上述例子中，"履行差错"为 1/2，当生产商支付 10 000 美元（向 5 位受害者分别支付 2000 美元）的惩罚性损害赔偿时，生产商即有动机纠正其行为——选择花费 9000 美元进行质量控制。由于惩罚性损害赔偿的引入，更多的受害人将有动力发现其发动机的损害与生产商燃料添加剂之间的因果关系，结果是更多的受害人，比如 8 位受害人针对生产商提起诉讼，如果再依据前述的"履行差错"即 1/2 向受害者支付惩罚性损害赔偿，生产商所面临的损害赔偿就是 16 000 美元（向 8 位受害者分别支付 2000 美元），高于其行为所产生的负外部性 10 000 美元（生产商给 10 辆车分别造成 1000 美元的损害）。这一高水平的

---

[1] 蒋舸："著作权法与专利法中'惩罚性赔偿'之非惩罚性"，载《法学研究》2015 年第 6 期，第 81 页。

[2] A. Mitchell Polinsky and Steven Shavell, "Punitive Damages: An Economic Analysis", 111 Harv. L. Rev. 869, 895 (1998).

惩罚性损害赔偿不仅有违私法传统中的填平原则,也会导致生产商产生过度纠正其行为的动机(花费高于9000美元的费用进行质量控制),但是由于受害者所获得的损害赔偿没有发生变化,这并不会引发受害者恶意诉讼等其他负面影响。

情况在著作权侵权领域发生了反转。假设权利人所著的小说遭遇了侵权并给权利人造成了10 000美元的损失(假设实际侵权行为人为1000人,每人给权利人造成了10美元的损害),但是权利人只能发现并主张10人侵犯他的著作权,此时"履行差错"为1/100,这10位侵权人每人分别支付1000美元才能补偿权利人所遭受的损失。但是,如果权利人在惩罚性损害赔偿的激励下发现并向更多的侵权人主张权利,比如100人,再依据前述1/100的"履行差错"使每位侵权人向权利人支付1000美元,权利人将从诉讼中获得100 000美元的损害赔偿,这一数额是权利人实际损失的10倍。如果奉行知识产权强保护的话语体系,对权利人更高的损害赔偿代表着对权利人更强的保护,对权利人的过度补偿似乎并无不妥,然而这一美好假象实际上隐藏着诸多问题。权利人的实际损失即其市场损害,代表着权利人通过市场交易可以获得的收入,如果权利人通过市场交易所获得的收入与其通过诉讼获得的损害赔偿之间相距悬殊,权利人的自利动机将会使权利人将更多的资源投入侵权诉讼,如花费更多的成本搜寻侵权行为,而非将资源投入作品创作与市场交易。更深层次的问题在于,司法定价将取代市场定价以及司法寻租可能导致的司法腐败。

(2)即使不存在惩罚性损害赔偿,著作权权利集团也愿意"花50块钱收10块钱"[1]。

---

〔1〕[美]保罗·戈斯汀:《著作权之道:从古登堡到数字点播机》,金海军译,北京大学出版社2008年版,第64页。

第四章 作品产权治理机制的经济分析

在考特与尤伦所列举的传统侵权例证中，权利人（受害者）是一个个分散的个体，尽管不排除这些受害者中有少部分人拥有巨额财富，但是这些个人所拥有的平均财富远少于生产商所拥有的资本。这意味着 1 美元的边际效用对个人来说更高，因此他们更难以自掏腰包发现损害、证明损害与侵权行为之间的因果联系并且进行诉讼，除非他们从诉讼中获得的收益超过了他们因诉讼而支出的成本。

在著作权侵权领域中，那些更容易遭到侵权的主体是那些掌握着市场上最为流行的作品的著作权集团，这些集团是在市场竞争中存活下来，掌握着市场话语权并对侵权行为更为敏感的商业主体。这意味着 1 美元的边际效用对这些著作权集团而言几乎为零。除此之外，他们还有更大的动机为抑制侵权支付更多，尽管他们有可能最后什么也得不到。在 1963 年，当其雇员告知帕西诺美国政府的国家医学图书馆每年都从其担任总裁的 Williams & Wilkins 公司出版的期刊中复印成千上万篇文章，而这些复印行为既未经过他们的同意，也没有付费时，帕西诺为此勃然大怒，并表示"我可不想被人看成是软柿子"并被打上"住在这家的人乐善好施"的标签。[1]帕西诺将该问题视为原则问题，其真正关注的是如果对他人实施复印或引用其作品的行为表示沉默，就会导致他人复印或引用其作品的行为被视为既合理且公平的危险倾向，其真正在意的是通过判例之效力以便将来从禁止特定行为中获得许多倍的收入。[2]由习惯所引起的危险倾向与潜在获利前景的驱动使得著作权集

---

[1] [美] 保罗·戈斯汀：《著作权之道：从古登堡到数字点播机》，金海军译，北京大学出版社 2008 年版，第 65 页。

[2] [美] 保罗·戈斯汀：《著作权之道：从古登堡到数字点播机》，金海军译，北京大学出版社 2008 年版，第 69 页。

团(受害人)即便面临巨额的诉讼支出,也有足够的动机进行诉讼。

(3)智力成果的溢出效应表明著作权救济规则的目标并非让创造者获得所有效用,而是要同时照顾使用者利益。[1]

布雷特·M.弗里斯曼(Brett M. Frischmann)与马克·A.莱姆利(Mark A. Lemley)指出,溢出效应——主体行为给他主体带来的未获补偿的好处——广泛存在。[2]在创新领域,溢出效应最为明显:"智力成果的价值几乎总有'溢出'",[3]没有任何创新者能够捕获其发明的全部或者绝大部分社会收益。在贝尔就其电话拥有专利权期间,他并没有意识到,也未获得其发明产生的全部好处。例如,从其邻居可以打电话报警而避免了财产或生命损失所获得好处以及电话给社会带来的不计其数的其他好处。[4]创新者未获得全部社会收益的事实并没有阻碍创新而是促进了创新,那些具有较大溢出效应的行业通常比具有较少溢出效应的行业经历更多与更快的创新。这是因为:即便回报金额与创新数量之间呈现某种正相关关系,这种正相关关系也会受到收益递减的影响,因此增加对特定创新者的回报并不总是鼓励创新;社会收益内部化需要控制创新的所有使用与改进,而控制的成本极高。[5]随着回报金额的边际收益递减,

---

[1] 蒋舸:"著作权法与专利法中'惩罚性赔偿'之非惩罚性",载《法学研究》2015年第6期,第91页。

[2] Brett M. Frischmann and Mark A. Lemley, "Spillovers", 107 Colum. L. Rev. 257, 258 (2007).

[3] 蒋舸:"著作权法与专利法中'惩罚性赔偿'之非惩罚性",载《法学研究》2015年第6期,第91页。

[4] Brett M. Frischmann and Mark A. Lemley, "Spillovers", 107 Colum. L. Rev. 257, 261 (2007).

[5] Brett M. Frischmann and Mark A. Lemley, "Spillovers", 107 Colum. L. Rev. 257, 276~278 (2007).

增加回报并不总是导致创新回报的增加。

恰当的产权规则不应阻碍社会整体从"溢出效应"中获益,而产权保护规则所应遵循的基本逻辑应是,对于那些溢出效应不明显的财产,其救济规则可以采取维护权利人的单向度思维,但对于那些溢出效应明显的智力成果,救济规则就应采取双向度视野,同时考虑权利人激励利益与使用者的接触利益(社会收益)。[1]

在考特与尤伦所列举的传统侵权领域,损害(车辆所有者的发动机遭受损害)与获利(节省进行质量管理的支出)发生在受害人与生产商之间,生产商行为少有外部性,即便产生外部效应,也仅是负外部性,例如车辆所有者因其发动机遭受损害而撞伤行人。在著作权侵权领域,权利人与行为人之间的损害与获利并不限于两者之间,行为人行为产生了极大的溢出效应(正外部性),即其行为可能产生增量知识,并使更多的使用者的接触利益得到了满足,这种社会收益已经远远超过了激励权利人的必要限度。故在传统侵权领域,适用惩罚性损害赔偿乃是基于将损害内部化的需要,而在著作权侵权领域侵权行为所产生的溢出效应并不能全部由权利人控制,也就是说损害赔偿应限制在激励权利人的必要限度内。

诸如"履行差错"的动态性、权利人角色的特殊性与权利客体的外部性之类的理由还可以找到更多,就像那些用来支持引入"惩罚性损害赔偿"的理由一样多。这意味着尽管因"侵权行为的隐匿性"与"侵权损害的模糊性"而产生的履行差错使得著作权侵权领域引入惩罚性损害赔偿制度具备了合理性,但是"履行差错"的动态性等因素表明,为实现惩罚性损害赔

---

[1] 蒋舸:"著作权法与专利法中'惩罚性赔偿'之非惩罚性",载《法学研究》2015年第6期,第91页。

偿之引导的制度功能,警惕预防过度与避免预防不足同样重要。惩罚性损害赔偿的道德解读实际上是一种修辞技巧,而其经济理性表明在引导的制度功能(即前文所论述的预防功能、激励功能与示范功能)之外,不应以追求引导之外的道德谴责为由过度适用"惩罚性损害赔偿"。故为实现惩罚性损害赔偿之引导的制度功能,避免因对权利人的过度激励而导致的恶意诉讼与避免对使用者的过度威慑而导致的利用不足,促进市场交易与鼓励创新,惩罚性损害赔偿在理论说理、立法文本与司法适用中应呈现出一种谦抑的本色。然而,目前惩罚性损害赔偿的谦抑性只在立法文本中有所体现,即惩罚性损害赔偿被施以上限限制,或表现为具体数额或表现为具体倍数,而在理论说理中尚未形成理论共识,司法实践也并未形成惩罚性损害赔偿的适用经验。

(三)著作权侵权损害赔偿的改进方向

(1)补偿性损害赔偿的最优适用方式应为"违法所得"或"实际损失"中的较大者,并且根据"防止过度保护权利"以避免权利滥用与"防止过度威慑侵权行为"以避免抑制边际合法行为,对实际判赔的补偿性损害赔偿加以调整。

(2)在惩罚性损害赔偿制度引入之前,应当警惕侵权行为预防不足的问题,但是在惩罚性损害赔偿制度引入之后,应当警惕的不再是预防不足的问题,而是预防过度的问题,因此,惩罚性损害赔偿的司法适用应当避免威慑过度所导致的过度激励(权利人)与(使用者)利用不足的问题,也即惩罚性损害赔偿的适用应当保持谦抑色彩。具体而言,惩罚性损害赔偿的适用应当综合考虑以下因素:

第一,行为主体的主观故意。之所以将惩罚性损害赔偿的适用限于主观故意的情形乃是因为:其一,道德治理与法律治理中的补偿性损害赔偿对这类行为人的威慑不足,因而需要强化威慑的力度;其二,行为人基于主观故意从事侵权行为时,例如出于营利目的从事侵权行为,造成的权利人实际损失往往较大,逃避侵权责任的可能同样较大。

第二,侵权行为的情节严重。之所以将惩罚性损害赔偿的适用限于情节严重的行为同样是基于这类行为所造成的实际损失(例如行为人将侵犯著作权作为谋生的职业与手段反复、多次实施侵权行为)与逃避责任的可能较大(例如,行为人可能销毁、隐匿侵权行为的证据)。

第三,侵权使用的社会价值。产生增量知识的侵权使用契合著作权法的价值目标,因此惩罚性损害赔偿面临能够产生增量知识的侵权使用应当保持谦抑,从而避免惩罚性损害赔偿对这类行为的过度威慑。但是,对于未能产生增量知识的纯粹复制行为而言,惩罚性损害赔偿的适用并无保持谦抑的必要。

第三节　道德治理机制与著作权保护

道格拉斯·诺思(Douglass North)指出:"尽管有一整套不变的规则、检查程序和惩罚措施,在限制个人行为程度上仍存在着相当的可变性。社会强有力的道德和伦理法则是使经济体制可行的社会稳定的要素。"[1]消费性使用行为与个别权利的不当行使行为,由于受到法律治理信息成本的限制,无法得到完全识别与规制,同时这些行为的预期收益较小,预期损害也不大,付出法律治理的执行与制裁成本并不划算,因此,这些行为最好通过道德治理加以约束与引导。那些最好由法律治理加

---

〔1〕 [美]道格拉斯·C.诺思:《经济史中的结构与变迁》,陈郁、罗华平译,上海三联书店、上海人民出版社1994年版,第51页。

以约束的领域——营利性使用行为与危害社会利益的权利滥用行为，道德治理可以通过补充法律治理的方式——鼓励全体不再按照单一的或短期的"有关成本与收益的简单的、享乐主义的和个人的计算来行事",[1]提高人们遵循正式制度安排——产权界定制度与产权交易模式的自觉，从而减少营利性使用行为与危害社会利益的权利滥用行为，法律治理的执行与制裁费用就会大为减少。正因如此，道德治理被认为是"减少提供其他制度安排的服务费用的最重要的制度安排"。[2]任何个体所持有的道德观念都并不足以协调不同个体之间的行为，这是因为"一个社会或一个团体，如果它成员中的大多数对系统的公正原则不具有相同的感觉，那么它就不能长久地存在下去"，"一个社会不同阶级之间的意识形态差别如果足够大，那么有可能引起革命"，只有成为群体的主流意识形态才能减少群体成员在彼此对立的个体道德观念之间进行选择花费的时间和成本，因此所谓道德治理即是通过话语体系构建主流意识形态进行约束与引导。[3]

一、著作权保护意识形态的经济理论

长期以来，我们对意识形态的基本认知局限在马克思主义政治经济学的范围之内，强调经济基础对意识形态的单向决定

---

[1] [美]道格拉斯·C.诺思：《经济史中的结构与变迁》，陈郁、罗华平译，上海三联书店、上海人民出版社1994年版，第59页。

[2] 林毅夫："关于制度变迁的经济学理论：诱致性变迁与强制性变迁"，载[美]罗纳德·H.科斯等：《财产权利与制度变迁——产权学派与新制度学派译文集》，刘守英等译，格致出版社、上海三联书店、上海人民出版社2014年版，第266页。

[3] 林毅夫："关于制度变迁的经济学理论：诱致性变迁与强制性变迁"，载[美]罗纳德·H.科斯等：《财产权利与制度变迁——产权学派与新制度学派译文集》，刘守英等译，格致出版社、上海三联书店、上海人民出版社2014年版，第266、267页。

作用。与之相反，制度经济学家如道格拉斯·C. 诺思与林毅夫有关意识形态的经济理论表明意识形态作为一种制度安排可以约束与引导个人行为，从而促进经济增长。制度经济学家认为，意识形态是指"关于世界的一套信念，它们倾向于从道德上判断劳动分工、收入分配和社会现行制度结构"。[1]本书所指的意识形态并不是指个人所怀有的关于判断劳动分工、收入分配与社会现行制度结构的道德观念，而是反映群体利益取向与价值取向，因而可以确认现行制度合乎义理并且可以凝聚这一群体的道德观念，也即主流意识形态。

（一）意识形态的需求理论

斯蒂文·沙维尔（Steven Shavell）有关法律治理与道德治理的比较分析表明，单纯依赖法律治理约束与引导行为选择有所不足——法律治理的约束领域有限、法律治理大多依赖事后规制以及法律治理的成本高昂。由于法律治理有所不足，因而需要道德治理对其加以补充。

诺思认为诸如法律之类的正式制度构成了对人们行为选择的"硬约束"，但是这类正式制度只能约束与引导人们行为选择的一小部分，而与人们行为选择相关的更为广泛的问题，法律不能事无巨细地对此加以规制。比如："说谎一般被认为是不道德的，但通常我们无法用法律来惩罚说谎行为；出于个人的蝇头小利而改变计划的，却给他人造成更大妨害的行为，通常也被认为是错误的但不受法律制裁。"[2]这些诸如信用问题与道德

---

[1] 林毅夫："关于制度变迁的经济学理论：诱致性变迁与强制性变迁"，载[美]罗纳德·H. 科斯等：《财产权利与制度变迁——产权学派与新制度学派译文集》，刘守英等译，格致出版社、上海三联书店、上海人民出版社2014年版，第266页。

[2] [美]斯蒂文·沙维尔：《法律经济分析的基础理论》，赵海怡、史册、宁静波译，中国人民大学出版社2013年版，第530页。

风险只能借助意识形态对人们行为选择的"软约束"来加以避免。

产生对主流意识形态社会需求的第二层原因在于,诸如法律之类的正式制度受限于事后规制与规制概率的影响并不能完全威慑不良行为。比如,在侵权领域,"履行差错"的存在与个体的侥幸心理导致并非所有的侵权行为都能通过法律治理得到规制。在著作权法领域,受到作品特殊属性的影响,著作权法领域的侵权行为具有隐蔽性,侵权行为被发现、被起诉以及被惩罚的概率较低,而这类著作权侵权行为一旦发生往往又会造成较大的损害,事后规制无法有效保护权利人的利益。因此,以主流意识形态来对诸如法律之类的正式制度加以补充会对社会有利。

第三层原因在于以主流意识形态补充法律之类的正式制度的成本相对较低。首先,尽管某种道德观念成为主流意识形态需要先期花费一定的固定开支,但是一旦成为主流,前期花费的固定开支平均在每一位个体身上的成本将会很小。[1]其次,对于现行法律制度合乎义理的主流意识形态信念,能够淡化机会主义行为,促进产权界定制度与产权交易模式的自发遵守,从而节约法律的治理成本。

(二) 意识形态的作用机制

如同法律治理一般,道德治理通过话语体系表达、传播与形成主流意识形态的目的在于"约束群体间的过分行为、减少掠夺性行为和违背良心的行为,培养对邻人的关心,从而增加和谐共处的可能性"。[2]这一目标在著作权法中具体表现为规制

---

[1] 刘茂林:《知识产权法的经济分析》,法律出版社1996年版,第262页。
[2] [美] E. 博登海默:《法理学:法律哲学与法律方法》,邓正来译,中国政法大学出版社2017年版,第392页。

权利滥用与侵权行为,引发被社会认为可欲的作品接触、利用与创作行为。但是,两者之间的作用机制并不相同。法律之类的正式制度主要通过外部激励(如民事法律领域这一外部激励主要表现为损害赔偿,在刑事法律领域这一外部激励主要表现为自由限制)来对人们的行为选择施加"硬约束"。意识形态则是通过作用于人们"道德高尚的感觉"的心理特征来发挥作用的:当人们从事符合主流意识形态的行为与遵守道德观念时,他们会感到高尚与安全,而当人们背离主流意识形态且从事不道德的行为时,他们会感到不安与羞愧,这构成了个人遵守主流意识形态与道德观念的内在激励。同理,人们所从事的遵守主流意识形态的行为会得到社会多数主体与在这一主流意识形态下所建立的公共权威的赞美与嘉奖,反之其就会因此而遭到鄙夷甚至惩罚,这构成了对人们行为选择的外在激励。如博登海默所言:"一个人的行为如果不断违反社会道德规则,那么他就会发现要在他所置身于的群体中做一个自尊的成员是很困难的。"[1]在著作权法中,一个具有道德感的使用者往往在其从事盗版行为时内心感到不安,其他与之相熟的社会公众将会谴责他所从事的盗版行为,一个具有道德感的使用者就会更加愿意尊重作品权利,通过市场交易购买正版作品。同样,一位具有道德感的权利人在其从事权利滥用行为时内心将会感到愧疚,与之交往的社会公众或者公共权威也都鄙夷权利人的滥用行为,那么一位具有道德感的权利人就会倾向于合理行使权利,甚至积极从事符合社会期待的知识贡献行为。由此,通过作用于人们的心理机制,主流意识形态便构成了对权利滥用与侵权行为的"软约束"。

---

〔1〕 [美] E. 博登海默:《法理学:法律哲学与法律方法》,邓正来译,中国政法大学出版社2017年版,第391页。

(三) 意识形态的经济功能

意识形态的经济功能主要表现节约个人决策的信息费用、避免搭便车行为与节约社会治理的成本。

其一,遵守主流意识形态与道德观念可以使行为人避免短视的行为。例如,尽管短期背信弃义可以让行为人得到一笔巨额财富,但是长期来看诚实守信对行为人更为有利,因为与之互动之人会形成对行为人的信任,而这种外部信任不仅可以使行为人从持续交往中获得互惠利益,也能够使其获得与之互动之人以及不特定第三人对他的尊敬。再如,尽管短期从事著作权侵权行为会对使用者有益,但是长期来看使用者的子孙后代将因没有足够的知识被生产出来而受损。

其二,遵守主流意识形态与道德观念可以约束那些不符合社会需求的自利与机会主义倾向。"当我坚守诺言时,我便不会在有利可图时背弃诺言;而当我想要因私利而违背诺言时,诺言的价值将被稀释,与之相关的社会利益也会消散。"[1]通过对自利行为与机会主义行为的"软约束",可以有效地克服搭便车行为。

其三,通过"软约束"作用于个人的心理特征而使其自愿遵守主流意识形态,无需设置专门机构,也无需对此加以特别执行与监督,从而减少了正式制度对行为介入的必要性——强制执行法律与法院决议的费用就减少了。由此可见,制度人通过遵守主流意识形态,使他超越了短期利益得失的计较,节约了进行思考与计算的信息成本,同时使他避免从事搭便车行为,节约了法律治理的成本。[2]

---

[1] [美]斯蒂文·沙维尔:《法律经济分析的基础理论》,赵海怡、史册、宁静波译,中国人民大学出版社2013年版,第530页。

[2] 李怀、杨万里:"从经济人到制度人——基于人类行为与社会治理模式多样性的思考",载《学术界》2015年第1期,第30页。

二、著作权保护话语体系的经济分析

主流意识形态的表达（获得外部定在）、传播（获得主体间性）与形成（获得普遍接纳）依赖话语体系的建构。一套依赖经济合理性论证与诉诸社会性价值修辞的话语体系能够低成本地加速话语体系所内涵和所传达的意识形态获得主流地位，从而获得社会公众的普遍遵守。

（一）强著作权保护话语体系以及为何我国没有形成强著作权保护的主流意识形态

尽管强著作权保护的话语体系不断在政策与立法文本、司法与执法实践、研究与理论探讨中反复出现，但是这一强著作权保护的话语体系难以形成主流意识形态，原因在于强著作权保护的话语体系背离了经济合理性与脱离了共识性价值。

1. 背离经济合理性的强著作权保护话语体系

作为上层建筑构成部分的意识形态需要符合经济发展的规律性才能够促进经济基础的发展。在著作权法中，主流意识形态的建立需要契合作品的经济属性与创作行为的累积性质。从作品的经济属性来说，缺少私有规则的排他性与可转让性所带来的获益前景，就没有私人愿意从事作品的创造行为，故为了应对与作品创造有关的激励不足，就应授予私人产权并对之加以保护。但是，缺少公有规则对排他性的限制与对作品转让施加的强制，有关交易成本与作品利用的正外部性就会导致作品利用不足与社会利益的损害，故为了应对与知识产品利用有关的市场失灵，应由公有规则对公众的接触与利用利益加以保障。从创作行为的性质而言，作品的创作总是处于"继往圣，开来学"的累积创作过程之中。因此，无论处于"无知之幕"之后——社会群体由于无法预知他们的社会角色倾向选择一个既不过分损害激励利益也不过分损害接触利益的和谐社会,抑或打开无知之幕——个人角色的多样性与可转换致使人们通常怀有对最孱弱的人类伙伴的同情之心,因而更加青睐一个彼此促进的制度方案——一个受到限制而非极为广泛的产权制度。"半公地"理论恰如其分地指出了作品的私人激励与公众接触之间并非不可调和的矛盾关系,而是彼此依赖的促进关系,故对私人激励利益或公众接触利益任何一面的过分强调都会导致"木桶效应",从整体上阻碍社会知识总量的增加。

强著作权保护的话语体系因其推崇私有产权的无限扩张而背离了作品的经济属性、创作的累积性质与作品产权界定的路径选择。在强著作权保护话语体系倡导的利益分配格局的支配下,权利主体禀赋效应心理与策略行为动机更加强烈,坐地起价与漫天要价的倾向也就越发明显。受此话语体系支配的作品价格也将超出私人贡献的范围,而需求者普遍认为作品的价格太高,使需求者无法通过支付合理的市场价格接触与利用作品,满足自身的娱乐消遣与文化发展需求,因此产生了对强著作权保护话语体系的普遍质疑。在需求者接触与利用作品的需求与对于作品高价的质疑难以得到纾解的前提之下,尽管强著作权保护的话语体系无处不在,有关强著作权保护的话语体系也会很难建立,需要借助话语体系获得普遍遵守与降低监督和执行成本的作品保护的法律制度的实效也会大打折扣。

2. 脱离共识性价值的强著作权保护话语体系

主流意识形态的建立需要契合人们追求的共识价值。尽管由于后天教化的影响,个人或群体总有自己追求的特有目标,并且因时而异,但在追求个人或群体的特有目标之时,人们的行为总是受到相似的基本价值的引导和支持,不论他们的出身和背景,不同个人或群体总是会将基本价值置于压倒一切的位

第四章　作品产权治理机制的经济分析

置,并将这些基本价值作为判断是与非问题的最终止步点。[1]不同个人和群体共享的基本价值主要包括公平、自由、经济福利、安全等等。这些基本价值已然通过实践和体验深深植根人类本性当中,因而往往潜移默化地影响人们的行为,并且得到人们的坚定捍卫。因此,违反基本价值的法律治理与道德治理(意识形态与话语体系)不会得到人们的支持,在其遭到违反或破坏之时,不会有人挺身而出捍卫它们。这意味着,遵从人类本性、符合共识价值的话语体系能够得到公众的接纳,其所内涵与表达的意识形态能够得到公众的认可,那些违背共识价值的话语体系与意识形态"即使采取多种或大投入的意识形态攻势也将是收效不大的"。[2]

由此可以认为,我国没有形成强著作权保护的主流意识形态的另一重要原因在于强著作权保护的话语体系违反了共识性价值。当人们对强著作权保护所导致的作品高价感到不满或者对作品接触与利用不足的知识贫乏境地感到焦虑时,这些外在现象与公众心理特征相联系所导致的情绪变化会触发公众对自由与公平等共识性价值的渴望,并且被迫放弃接触与利用作品或者作出侵权行为,由此产生反著作权保护的观念。如柯武刚等人指出:"当财富的分配变得极端不平等并被广泛认为不公正时,对私有财产的共同尊重也会弱化。"[3]强著作权保护的话语体系因过度强调私人权利与忽视公众接触利益而对社会不公——知识贫困境地将导致起始地位不平等,因过度侧重专有控制与忽视权利限制而侵犯自由——个人依其自由意志表达和

---

[1] [澳] 柯武刚、[德] 史漫飞、[德] 贝彼德:《制度经济学:财产、竞争、政策》,柏克、韩朝华译,商务印书馆2018年版,第90~99页。
[2] 刘茂林:《知识产权法的经济分析》,法律出版社1996年版,第262页。
[3] [澳] 柯武刚、[德] 史漫飞、[德] 贝彼德:《制度经济学:财产、竞争、政策》,柏克、韩朝华译,商务印书馆2018年版,第248页。

发展的自由受到限制，因此难以引起社会公众对强著作权保护话语体系的共鸣与信任，故而强著作权保护的话语体系难以形成主流意识形态并且获得公众的认可与遵循，并将削弱依赖强著作权保护话语体系得到遵守与执行的法律制度的合法性与稳定性。

当然，对于强著作权保护的话语体系的反思与批判并非要推崇抛弃版权的话语体系。在抛弃版权的话语体系下，权利人蒙受的激励无效率与回报不公正，将使他们被迫采用更多的私力保护与救济机制。但是，一如前述，私力保护与救济机制由于缺乏规模经济，达成的效果不如诉诸集体保护的产权所能实现的效果。

(二) 理想的著作权保护话语体系与我国著作权保护话语体系的改进

由于强著作权保护的话语体系背离了经济合理性、脱离了共识性价值，这一话语体系同抛弃著作权的话语体系一般无法获得，也不应当获得主流意识形态的地位。为使意识形态获得普遍认可与遵守，实现道德治理的良好效果，意识形态必须相当好地合乎个人对世界的经验——他们所处的经济环境与他们怀有的道德观念。理想的著作权保护的话语体系必须既能在经济理性上说得通，又能在共识性情感上说得通，通过双向规制权利滥用与侵权行为，使得作品接触利益与激励利益相互促进。

1. 经济合理性的解释

刘茂林指出，对经济制度合理性的解释集中在解释作品的效用与市场定价的合理性。他进一步认为，对经济制度合理性解释的目的在于形成"权利人的主流地位"。[1]笔者认为，这种观念失之偏颇。上述分析已经表明强著作权保护的话语体系

---

[1] 刘茂林：《知识产权法的经济分析》，法律出版社1996年版，第262页。

第四章 作品产权治理机制的经济分析

并不能导致社会最优化的结果，因此对经济制度合理性的解释应全面反映作品牵涉其中的经济关系，这不仅包括作品生产关系中权利人控制作品市场定价与转让所产生的私人激励，也包括作品消费关系中公众对具有公共物品属性的作品的接触与利用所产生的社会可欲性的结果。如果满足私人激励利益的私有产权与满足公众接触利益的公共领域的经济理性得到客观、全面的阐述，权利人可理解只有通过公众对其作品的接触与利用，其创造性智力成果才能获得经济上的回报与精神上的认同，广泛与绝对的私有产权最终有损其能通过市场机制获得的回报（过于广泛与绝对的排他权利导致作品的价格畸高与市场交易的失败，以致减损正版作品的市场需求与侵权概率上升）以及公共领域对于作品内容的改进与广泛流通的正面影响，他们采取漫天要价的动机就会减弱并倾向于收取合理的市场价格。如果社会公众能够理解权利主体只有通过作品创作获得经济回报或精神认同，才有可能获得持续创作的激励，社会公众从事侵权的动机也会减弱。总而言之，如果权利主体与社会公众能够明了私有产权与公共领域的存在与交互能使彼此变得更好，他们就会愿意为了共同利益的持久增进而对眼下的利益作出适当让步。经济理性被投射到话语体系之上并且由其支配的话语体系可概括为：社会公众需要尊重作者与作品权利，权利主体应当建立私权范围适当与合理行使的意识。仅依赖于公众尊重作品权利的著作权强保护意识形态无法对权利人的权利滥用与任意扩张的策略性行为施加软约束，仅强调权利人合理限制与行使私权的意识形态易导致权利人的合法权益处于少数人的"暴政"下，无法形成尊重权利与崇尚知识的社会氛围，挫伤知识生产激励，结果必然会是双输局面的产生。因此，著作权保护的话语体系必须通过解释现行制度的经济理性与兼顾作品的生产激励与接触利益,进而获得全体社会成员的普遍认可与接纳。

2. 共识性价值的渗入

承载共识性价值的著作权保护的话语体系能够相对容易地获得认可和遵循,因此著作权保护话语体系的建构应当借助共识性价值的修辞。这包括两方面:其一,著作权保护的话语体系必须负载共识性价值。只有群体普遍认可的社会价值才能引发社会群体对他人行为选择的集体赞美或鄙夷,才能诉诸个体内在羞愧或道德高尚的感觉约束和引导个人的行为选择。如前所述,公认的社会价值包括自由、公平、经济福利、安全等等。著作权保护话语体系的建构应致力于使公众认识到私人为创作作品付出了智力劳动和物质投入,授予其对作品进行专有控制以使私人收回前期投入符合"劳有所得"的公平观念,同时应致力于使权利人认识到公众共同的生产与生活实践构成私人创作素材的来源,豁免公众从事特定作品利用行为的侵权责任,符合分配公平观念。著作权保护话语体系的建构还应致力于使公众认识到,使私人从其创作行为中获得回报,乃是使私人谋生与实现自由发展的需要,还应使私人意识到过分限制公众对于作品的接触与利用,将会致使公众处于知识贫困与自由发展受限的境地。当私人与公众普遍认同与接受上述公平与自由观念之时,权利滥用与侵权行为则因受到共识性价值的软约束而有所减少。其二,著作权保护的话语体系的建构必须诉诸道德修辞。所谓修辞,是指说服听众认可和接受的言说技巧。[1]话语体系倡导的意识形态如欲获得公众的普遍接纳与确立主流地位,需要先前花费一定的成本开支。通过道德修辞诉诸个体通过实践和经验建立、经过群体共同生产和生活实践检验、植根

---

[1] 熊文聪:"被误读的'思想/表达二分法'——以法律修辞学为视角的考察",载《现代法学》2012年第6期,第175页。

个体和群体本性的共识价值，可以引发个体或群体的共鸣，从而可以较低成本促进话语体系及其倡导的意识形态获得认可。例如，要求权利人为公众利益的增进限制其对作品的控制权利，易引发权利人的反感。相反，如果诉诸道德修辞，向权利人言说，限制弱势群体接触与利用作品将使他们陷于知识贫困与发展不能的境地，将使他们更易接受对其权利施加的限制。如果社会从精神和经济上嘉奖版权"捐赠"，则权利人也会更加愿意将其作品置于公共领域而使公众开放获取。

当然，通过诉诸经济合理性解释与共识性价值修辞而对著作权强保护的话语体系加以改进，应当警惕公众不劳而获与无限索取的心态，在满足公众合理的知识接触与获取的需求的前提之下，增加公众从事知识创造与知识捐献的动力。

小　结

由于法律治理机制有所不足——约束领域有限、依赖事后规制与执行成本高昂，因而需要引入道德治理机制。道德治理并非通过诉诸侵权责任之类的外在强制约束与引导个人行为选择，而是通过诉诸"道德高尚的感觉"——通过个人遵守或背离主流意识形态自我感知的愉悦或愧疚或者来自他人的赞美与谴责，从而减少个人短视、自利与机会主义行为，因此道德治理可以节约个人的信息成本、减少搭便车行为与社会治理成本。

著作权保护的主流意识形态的形成、表达与传播依赖话语体系的建构，然而目前著作权法领域中强保护的话语体系背离了经济合理性与共识性价值，因而未能获得主流意识形态的地位，进而导致侵权行为并未得到有效规制。理想的著作权保护的话语体系必须具有经济理性，也即著作权保护的话语体系必须契合作品的经济属性与创作行为的性质，同时理想的著作权保护的话语体系必须同时负载共识价值与诉诸道德修辞。唯有如此，著作权保护的话语体系才能低成本地形成主流意识形态，获得社会公众的自觉与普遍遵守，从而减少著作权法领域的权利滥用与侵权行为的发生，节约正式的法律治理的成本。

本章小结

　　本章指明了著作权法领域的治理机制如何约束与引导违反产权界定制度与产权交易模式的行为。著作权法领域中的治理机制主要是指法律治理与道德治理。法律治理与道德治理比较优势的不同导致法律治理与道德治理的最优作用领域有所差别：预期收益较大并且预期损害也较大的营利性使用行为与危害公共利益的权利滥用行为最好由强制程度较高的法律治理机制加以约束与引导；预期收益不大并且预期损害也较小的消费性使用行为与尚未危害公共利益的权利滥用行为可以由强制程度较低的道德治理机制加以约束与引导。

　　有关侵权行为的传统经济分析认为，侵权行为的发生与交易成本过高有关，本章的分析表明主体是否从事侵权受到诸如侵权成本、预期收益与交易成本多种因素的影响，交易成本只是引起侵权行为的因素之一。通过作用于引起侵权行为的诸种因素——提高侵权成本、降低预期收益与减少交易成本，可以减少侵权行为的发生。法律治理机制主要通过侵权责任标准的选择与损害赔偿责任的适用提高侵权成本进而减少侵权行为的发生。尽管法律治理机制可以提高侵权成本、减少侵权行为，但是如果侵权责任标准的选择或者损害赔偿的适用不当，这一机制就有可能过度威慑边际合法的使用行为，因而抑制作品的合法接触与利用。侵权责任标准的选择应当识别权利人与使用

第四章 作品产权治理机制的经济分析

者何者为最低成本的防范主体，基于侵权行为类型的不同适用差异化的责任标准并且基于注意成本比较适用动态性法定标准。侵权损害赔偿的适用是为了矫正权利人因侵权行为所遭受的负外部性，但是补偿性损害赔偿的适用存在"履行差错"。因此，需要引入惩罚性损害赔偿制度。

著作权法领域中的道德治理机制是指通过建立主流意识形态，诉诸人们内心道德高尚的感觉，通过内在激励与外在激励促使主体认可与遵守产权界定制度与产权交易模式，从而减少权利滥用与侵权行为。主流意识形态是通过话语体系表达、传播形成的，当下著作权强保护的话语体系因为与作品的经济属性与创作行为的性质不符、与主体普遍信奉的公平与自由观念相离，导致始终未能形成主流意识形态，违反规则的行为——侵权行为与权利滥用，仍然常有发生。因此，理想的著作权保护的话语体系必须诉诸经济合理性与共识性价值，以促进话语体系的接受程度与节约话语体系的说服成本。

本章指出，通过法律治理与道德治理双向约束权利滥用与侵权行为，作品接触与激励的悖论可以得到进一步的解决。

第五章 CHAPTER 05
经济理性下著作权法观念更新与制度完善

发现法律条文背后的支配因素。[1]

——刘茂林

如本书开篇提出,著作权法的基本问题可以归结为"著作权法方法论"与"著作权法观念",本书应用经济分析这一方法并非为了进行毫无目的的思想的驰骋或者漫游,而是旨在提出相对科学的著作权法观念,进而完善既存制度与应对著作权法新兴问题。

道德分析方法已有两千多年的历史,著作权法的传统研究范式也是应用哲学理论并在哲学理论的支持下得出相应的著作权法观念,具体表现为自然权利理论支持下的著作权至上论与功利主义理论支持下的著作权限制论甚至抛弃论。然而,必须指出,道德分析方法是对价值取向的修辞,如果为道德修辞所迷惑,人们就会不自知地陷入道德修辞所支持的价值立场,因而沦陷在著作权至上论或著作权限制论的无谓争端之中。

经济分析提供了拯救这一局面的科学方法。经济分析方法

---

[1] 刘茂林:《知识产权法的经济分析》,法律出版社 1996 年版,第 279 页。

乃是新起之秀，但是法律现实主义的运动早已获得长足发展，这使我们怀有足够的勇气超越道德分析方法而向经济分析方法靠近。经济分析方法同样怀有价值立场，但是经济分析方法的价值立场超越了个体或群体价值立场的局部范围，而是着眼于社会财富最大化这一更为全局的视角，这使我们可以跳出至上论或限制论的无谓争端，发现与直面隐藏在道德修辞后的支配因素。本章拟在前述基础上提出依据经济理性如何认知著作权法的制度结构、如何完善著作权法的现有制度以及如何应对著作权法面临的新兴问题。

第一节 经济理性之下著作权法的基本结构

经济理性之下著作权法的制度结构包括三个方面，即以经济理性视角如何认知著作权法的调整对象、如何确定著作权法的价值目标以及如何建构著作权法的制度架构。澄清著作权法的制度结构是完善著作权法既存制度与应对著作权法面临的新兴问题的根本前提。

一、经济理性之下著作权法的调整对象

著作权法的调整对象乃是作品生产主体与作品消费主体之间就作品的生产和消费发生的社会关系。缺少对于著作权法调整对象的科学认知，针对调整对象设定的价值目标与进行的制度设计难以起到良好的调整实效。

（一）传统观念之下著作权法的调整对象

传统观念多从人对物的控制关系认知作品，认为作品乃是劳动的凝结或人格的外化。著作权法产生之初的关键特征，就是假定作者是自由劳动者与自由意志者，著作权法保护的就是

这种体现在作品中的（智力）劳动和意志。这一作品的认知观念构成著作权法区别于商标法的界限，还会影响到作品的内涵与外延，以及作品的权利界定、交易与治理的制度设计与改进方向——任何作者劳动或人格染指之处，均应被纳入私人控制范围，否则便会被置于公共领域。独创性为判断特定客体是否构成作品的关键，依照有关认知作品的传统观念，特定客体必须具备较高程度的智力劳动，体现作者的个性和意志，才能获得著作权法的保护。这一较高的准入门槛实际上将大量信息成果排除在了著作权法门槛之外（例如人工智能生成内容），导致本应借助著作权法调整的客体被迫适用其他界权成本较高的利益调整框架进而推高界权成本，或者未能得到保护进而挫伤创新热情。

传统观念常常忽视主体动机的多元化与主体类型的多样性，认为著作权法领域的主体是由完全理性、追求经济利益的主体构成，并且忽视排他权利之外存在的多元激励机制，认为通过排他权利授予带来的经济利益足以激励主体进行创作。从其本质来看，认为创作主体属于完全理性与自利主体的观念，实际上将经济学中的理性人与经济人假设完全继受过来，并未跟进和反映经济学对上述理性人和经济人假设的改进——由于人类行为存在诸多变数并且错综复杂，理性人和经济人假设并不足以囊括更为广泛的、怀有不同偏好与动机的主体。同时，由于补贴机制与先动优势同样可为主体带来经济利益，因此不宜过分夸大排他权利之于作品生产激励的不可替代的角色。

（二）经济理性之下著作权法的调整对象

随着商品经济的发展与法律现实主义运动的发展，对于作品的认知多从人与人的互动关系视角出发，认为作品应为处于供求关系（生产关系与消费关系）中的商品，著作权法的目的

第五章 经济理性下著作权法观念更新与制度完善

在于协调作品生产的稀缺性质（作品生产需要耗费实质成本，因而是否可以持续取决于作品生产者能否通过控制作品收回作品生产成本）与消费的公共性质（作品的开放获取能够促进对该作品最大程度的接触与利用）之间的冲突。因此，对于界定作品本质与边界相关概念的解读不应该在形而上学的"人格"或"劳动"概念中过于沉迷，而是应当重点考察对相关概念的解读能否缓和作品生产与消费或激励与接触之间的矛盾。

著作权法领域的创作主体从事创作的动机多元，包括但不限于直接经济利益、间接经济利益与单纯精神愉悦。依照驱动主体创作的主要动机的不同，可将创作群体分为职业创作群体、学术研究群体与业余爱好群体。排他权利虽然可为追求直接经济利益的职业创作群体带来市场收益，从而使其获得维持生存、养家糊口与继续创作的必要资本。但在排他权利之外却存在与之竞争的补贴机制与先动优势，它们通过提供补贴或市场利润的方式同样可为职业创作群体带来经济回报，并在特定领域更好地激励职业创作群体进行创作。对于学术研究群体与业余爱好群体来说，他们更加期待作品的广泛传播与利用，晋升机制与声誉机制的激励作用要比排他权利、补贴机制与先动优势更具优势。因此，不宜夸大排他权利之于作品供给的激励作用，应对借著作权的激励修辞而怀有任意扩张著作权的立场与从事任意扩张著作权的行为保持警惕。

总而言之，在经济理性之下，著作权法的调整对象应为，处于供求关系当中的作品引发的怀有不同动机的创作主体与社会公众之间有关作品的生产与消费关系。

二、经济理性之下著作权法的价值目标

著作权法价值目标的基本定位与层级结构关系到著作权法

制度结构与制度设计的正当性与合理性。价值目标设定过左或过右、层级结构混乱或颠倒都将导致著作权法制度结构与制度设计的混乱。

(一) 传统理论之下著作权法的价值目标

著作权法价值目标的选择和确定易受怀有不同诉求与立场的利益群体的影响。如果主体偏重保护作者以及隐藏在作者背后的投资者利益,他便偏好自然权利的修辞,认为著作权法的首要价值目标在于保护作者以及隐藏在作者背后的投资者的利益,与之相关的制度呈现应当不断强化作者及投资者的控制能力。这一价值目标与制度呈现之下,著作权法的首要目标在于保护私有产权,公共领域被界定为不受保护的材料或方面,被视为是私有产权的随从与附庸,难以作为一项事前和积极的力量对抗私有产权的任意扩张。受到私有产权至上与公共领域虚无价值目标与制度呈现的影响,著作权人漫天要价与坐地起价的动机更强,受此动机驱动的垄断定价超出私人贡献的范围,而当公众普遍难以通过支付合理的市场价格满足作品的接触与利用需求时,便会对上述价值目标与制度呈现产生普遍质疑与信任危机。在公众的需求和质疑难以得到纾解的情况下,公众很难接受和认可私有产权,遂而被迫放弃接触与利用定价较高的作品或转而作出侵权行为。无论是正版需求的减少还是盗版需求的增加都将减少正版作品的市场份额,私有产权及其利润情景将会因此受损。

相反,如果主体偏重保护公众的接触利益,他便偏好功利主义修辞,认为著作权法的唯一价值目标在于保护公共利益,与之相关的制度呈现则服务于公共利益的需求。然而,这一价值目标的设定容易导致著作权法的制度设计与完善走向"公共领域至上与无视私有产权"的另一极端。比如,行政机关与司法部门出于执法效率和司法正当的考量，行使行政权力或进行自由裁量时向立法目的条款逃逸，无视作品保护的具体规则，将其置于不予保护或保护不足的境地。再如，私人利益集团假借公共利益之名，通过攫取他人的智力创作成果而行谋取私人利益之实。前者由于无视个人劳动与投资容易引发创新激励不足，削减可为公众接触与利用的知识产品的数量与质量；后者将因违反人类朴素的道德情感而使公共领域承担污名化和否定性的道德评价。可见，过分抬高公共领域的角色与地位，无视私有产权的激励作用，将使公共领域失去存续的正当基础，使其降低交易成本、捕获正外部性与促进动态交互的积极功能难以展开，并因可为公众接触与利用的知识数量的减少与质量的降低而损害公众的接触与利用利益。

因此，过分强调作者利益保护或过分强调公共利益保护的立场偏见都容易放大作品激励与接触利益之间的对立，致使作品生产与消费之间的矛盾愈演愈烈，引发作品激励利益与作品接触利益双输局面的产生，无法助益解决作品的供求冲突。

(二) 经济理性之下著作权法的价值目标

作为法律政策制定与实施的主体，应当尽量超越不同利益群体诉求、立场与游说的影响，基于法律政策的制定与实行是否能够协调主体之间的利益冲突，以及在不损害任一群体利益的前提之下增进社会整体福利的正义与效率考量，设定著作权法的价值目标与构建著作权法的制度结构。具体来说，著作权法既应关注作者的激励利益，也应关注接触利益，两者处于同一位阶；通过鼓励作品的激励利益与公众接触利益以帕累托的方式得到改进，著作权法的最终目标在于增进知识总量与提升人力资本（由人体现的知识），最终促进经济增长以及与之存在高度正相关性的诸如人民生活水平的提高、社会政治的稳定以及国家的独立、安全和主权等其他可欲的社会目标。经济理性之下,著作权法的价值目标的基本取向与层级关系可以概括如下:著作权法通过协调作品接触与激励利益之间的冲突以及促进二者以帕累托的方式得到改进,从而促进知识总量的提升。这一超越立场分歧的价值目标可以避免著作权法落入"私有产权至上与公共领域虚无"或"无视私有产权与公共领域至上"的极端,可为缓和而非确认和加剧作品接触与激励利益之间的冲突提供可能。

由于经济理性之下著作权法的价值目标不仅关注公平——强调作品接触利益与激励利益的同时改进,同时关注效率——强调增进知识总量与人力资本,因而符合人类基本价值追求,能够得到不同历史阶段与不同社会情境当中社会公众的认可和支持,并且构成社会公众共同认可的相对稳定的价值基础。然而,应当承认的是,在不同历史阶段与不同社会情境中,强调作品激励利益与强调作品接触利益的群体的政治和经济力量对比不同,受到力量更强的群体选择的影响,著作权法的实然目标会呈现出偏好私有产权或者偏好公共领域的不同样态。正如价格围绕价值不断波动一般,不同历史阶段与不同社会情境中著作权法价值目标实然样态的差异并非对经济理性之下著作权法应然目标(无损接触与激励的前提下促进知识总量的最大化)的否定,而是受到著作权法应然目标的支配与控制,并以经济理性之下著作权法的应然目标作为校正自身的参照坐标,从而使得不同历史阶段与不同社会情境中著作权法的价值目标及其制度设计具备可预见性与共识基础。如在一个作者及背后的投资者试图接管与控制作品之上一切利益的社会中,著作权法价值目标与具体制度的改进应当表现出对作品接触利益的关切,以免作品的接触利益遭到私人的严重侵犯,钳制知识进步与经济增长；在一个公众权利意识淡薄与侵权行为泛滥的社会当中，著作权法价值目标与具体制度的改进应当表现出对作品激励利益的关切，以免激励利益受损挫伤作者从事创作的热情，并且减少可为公众接触与利用的知识总量。

总而言之，在经济理性之下，著作权法的价值目标应为"无损作品接触与激励的前提下促进知识总量的最大化"，这一价值目标构成校正不同历史阶段与不同社会情境之下著作权法实然目标的参照与指引著作权法制度设计的基础。

三、经济理性之下著作权法的制度结构

著作权法制度结构包括产权界定制度、产权交易制度、产权治理制度，较低层级与相对灵活的制度设计要受较高层级与相对稳定的著作权法价值目标的支配，也即著作权法制度的具体设计应当围绕"无损接触与激励的前提下促进知识总量最大化"这一价值目标展开。

产权界定制度是指特定客体或客体属性的特定利用方式应当交由何人控制的问题。在著作权法中，产权界定制度具体包括客体的准入与排除制度、权利类型的设置与限制制度等。为了缓和作品接触与激励之间的矛盾，作品产权界定制度一般应依比较优势原理进行，也即何者能对特定客体或客体属性的特定利用方式评价最高、利用能力最强，特定客体或客体属性的特定利用方式就应被初始界定给何者。著作权法客体的准入与排除制度包括"独创性""思想/表达二分""能以一定形式表现"，目的在于筛选出整体上适合交由私人控制（交由私人控制产生的激励效应大于私人控制的社会成本）与分流适合置于公共领域（置于公共领域不会有损生产激励，反而可以通过开放获取获得开发客体新的利用方式与最优价值的机会）的客体。

例如，思想置于公共领域可以产生福利增进效应，但是交由私人控制反而会产生社会福利锁定甚至减损效应，而且这种福利锁定与减损效应存在于几乎所有思想的利用方式上，著作权法索性就将思想及其任何利用方式排除在保护范围外。对于准入著作权法的客体来说，并非客体或其属性的任何利用方式都会产生福利增进效应，只有那些可以产生福利增进效应的利用行为，著作权法才会将其纳入私人控制；即便是交由私人控制的利用行为，也不能以有损社会福利的方式行使，其行使要受到著作权法的限制。当然，特定客体或客体特定属性利用方式交由私人控制抑或置于公共领域的福利效应随着技术发展与商业模式变化而有所不同。因此，权利限制制度如同权利类型制度一般应当保持开放，以便适应新的技术与市场条件而使自身获得重塑，以及及时接管适合由其涵摄的特定客体或客体特定属性的利用方式。特定客体或者客体属性特定利用方式的产权界定应依私人控制与公共领域的比较优势进行配置的观念，是对客体之上一切利益均应交由私人控制的产权界定惯性观念的扬弃。

产权交易模式是指有关促进作品流转到能对其进行最优利用的主体手中的制度，以免由于产权界定错误致使资源被锁定在对其无法进行最优利用的主体手中。在著作权法中，产权交易模式具体包括私人自主建构的集体管理组织制度、私人通过合同和技术控制实行的其他交易制度、法定许可制度、合理使用制度。产权交易模式通过对推高作品交易成本的因素施加作用，以此降低交易成本，并将节省下来的交易成本补贴给权利人或使用者，从而进一步缓和作品接触与激励矛盾。降低交易成本的路径包括两种：一是私人为了响应获利机会自发构建的交易成本降低机制，例如私人自发构建的集体管理组织制度可以降低分散化的小权利引发的人际接触成本；二是立法者或司

第五章 经济理性下著作权法观念更新与制度完善

法者基于维护公共利益的需要干预建构的交易成本降低机制，例如法定许可制度的目的在于降低由禀赋效应心理和策略行为动机引发的人际协商成本。不同路径的比较优势不同。前者由于市场参与者与制度建构者的角色统一而具有信息和效率优势，从而能够基于市场与技术的变化快速建构交易成本降低方案，但由私人建构的方案通常只对群体内部有利，而对其他群体不利，因此需要引入法律监管，例如数字权利管理技术可能侵犯公众利用作品的自由。后者由于市场参与者与制度建构者的角色分离而欠缺信息和效率优势，但是可以基于自身的协调职能与正义考量监管私人方案与提出能够改善社会公众处境的交易成本降低方案，例如合理使用制度。合理的交易成本降低方案应当结合交易成本的影响因素与不同路径的比较优势加以探索，这一观念是对著作权法私人秩序（private ordering）更为有效和合理的传统观念的超越。

产权治理机制是指能够促进产权界定制度与产权交易模式得到有效遵守的制度，具体包括法律治理机制与道德治理机制，并具体表现为著作权法中的侵权责任与话语体系。不同治理机制内在机理、比较优势以及作用领域不同。法律治理机制主要诉诸外在强制，通过威胁适用或实际适用物理强力，例如财产、自由或生命的减损甚至剥夺，从而促进主体采取符合法律期待的行为。法律治理机制制裁力度大，执行和制裁成本高，而且制裁的准确程度受到信息的限制，因此法律治理的最优作用领域通常是那些预期收益较大且预期损害也较大的行为，在著作权法领域表现为营利性作品使用行为与损害公共利益的权利滥用行为。这是因为通过诉诸内在道德高尚或羞愧的感觉不足以约束这类损害较大的行为，而制裁力度较大的法律治理可以有效约束此类行为。道德治理的制裁力度较小，执行和制裁成本较低，而且制裁的准确程度较高，因而道德治理的最优作用领域通常是那些预期收益不大且预期损害也较小的行为，在著作权法领域表现为消费性作品使用行为与尚未损害公共利益的权利不当行使行为。这是因为这类行为的预期损害不大，因此并无必要浪费法律治理的执行成本。发挥法律治理与道德治理的比较优势，使其双向约束侵权行为与权利滥用行为，可以进一步缓和作品接触与激励的悖论，此种治理思路是对依赖法律机制治理侵权行为的单向思路的补充。

总而言之，著作权法的制度设计应当包括产权界定制度、产权交易模式与产权治理机制，具体制度设计应当围绕"无损接触与激励的前提下促进知识总量的最大化"这一价值目标展开，这构成了著作权法具体制度的改进方向。

第二节 经济理性之下著作权法的制度完善

如果经济分析方法对于完善著作权法既存制度并无多大助益，在这一研究方法上花费过多精力就无必要。恰是因为经济分析方法可以指明著作权法既存制度的有效率与无效率之处，使得人们可以接纳甚或欢迎这一研究方法，并为著作权法既存制度的完善提供至少可以增进福利并有可能增进公平的对策建议。

一、经济理性之下产权界定制度的完善

产权界定制度的完善受到如下原理的支配：对于怀有非经济性动机因而较少受到产权激励的主体，应当充分利用多元化非排他激励机制；对怀有经济性动机因而能够受到产权激励的主体来说，特定客体或者客体属性的特定利用方式是否交由私人控制抑或置于公共领域，应当比较不同机制的激励效应与社

第五章 经济理性下著作权法观念更新与制度完善

会成本。

(一) 改进产权界定制度的基本原则

1. 充分利用多元化激励机制

著作权法授予的排他权利与非排他性激励机制（例如补贴机制、先动优势与声誉机制）的分工应当基于不同激励机制的比较优势、创作主体的多元动机以及创作成果的经济属性，采用多元的激励机制，避免落入任何主体生产的任何信息成果都需要由排他性著作权加以激励的认知误区。

对于追求精神满足与愉悦的业余爱好者与追求学术影响与尊重的学术研究者而言，声誉机制与职业晋升要比排他权利更具比较优势。建立主体与其外在行为、成果与正面评价的联系乃是声誉激励发挥作用的前提，此种联系的建立需要诉诸命名权利，署名权利，防止创新成果被歪曲、被篡改的权利以及（获得）精神表彰和嘉奖的权利。命名权利使创作主体有动机创作并尽早公开创造成果。署名权利保证创作主体与创作成果及其正面评价之间的联系得以建立与不被割裂。防止创作成果被歪曲、被篡改的权利避免恶意的歪曲、篡改而给创作主体声誉和情感造成负面影响。（获得）表彰和嘉奖可以扩大创作主体知识生产与共享贡献被知悉、被认可的程度，扩大创作主体的社会影响。尊重知识与人才的社会环境内涵从事创作与共享被视为高尚与从事抄袭与圈地为人所不齿的道德观念。在此种道德观念之下，从事创作与共享能为主体带来更多的愉悦和赢得更多的尊重，并使声誉激励机制起到倍增效果——内在愉悦与外在尊重使主体对其创作和共享行为更加坚信和坚持，并对社会成员起到示范和引导功能。建立职业晋升机制与创作主体成果数量与质量的关联关系乃是职业晋升发挥激励作用的关键。例如，将学术研究者的学术成果与其薪资、职称、招生指标挂钩，可激励学术研究者产出更多成果。

对追求经济利益的职业创作者来说,排他权利、补贴机制以及先动优势均会带来经济回报,从而激励主体从事创作,但是不同机制的比较优势不同。由于排他权利与市场机制之下的作品定价较高,消费者无法以边际成本获得作品,排他权利与市场机制通常导致作品的接触不足,因此对于对其进行排他控制产生的接触损失大于激励收益的知识产品,或者接触损失不可以用激励收益加以抵消的知识产品,更宜适用非排他性的补贴机制与先动优势。另外,排他权利与市场机制更加偏好群体数量较大、支付能力较强的消费市场,比如言情小说市场,因为该类市场可为创作主体带来稳定、丰厚和即时的市场回报。但是,群体数量较小、支付能力较差的消费市场,如由少数民族、阅读障碍群体、贫困群体构成的市场,单纯诉诸排他权利与市场机制难以为权利人带来稳定、丰厚与即时的经济回报,因而依赖排他权利与市场机制极有可能造成此类作品的供给不足,从而限制少数民族、阅读障碍群体与贫困群体的知识获取能力与发展进步空间,因而也需诉诸非排他性激励机制。总而言之,即便对职业创作者来说,诉诸单一的排他权利与市场机制,极易导致满足大众需求和偏好的作品泛滥,满足小众需求和偏好的作品寥寥,结果也必然会使作品种类同质化严重、多样性不足。因此,对于职业创作者来说,也应结合具体情境与不同激励机制的比较优势进行多元激励制度供给而非陷入排他权利与市场机制唯一或至上的误区。

2. 坚持半公地产权界定路径

授予排他权利虽然可以产生激励效应,但是本身并非毫无成本,例如由授予排他权利引发的交易成本、保护成本以及无谓损失(高于边际成本定价导致部分消费群体无法接触和利用

第五章 经济理性下著作权法观念更新与制度完善

作品），因此作品产权界定应坚持半公地模式，排他权利的有无与强弱结合特定客体或客体属性特定利用方式交由私人控制的激励效应是否超过其所产生的社会成本分析，避免滑入私有产权至上与公共领域虚无或无视私有产权与公共领域至上的极端。

如果特定客体交由私人控制不会产生激励效应，反而会产生福利封锁效应，且该福利封锁效应存在于该客体的几乎所有利用方式之上，则该客体无法获得作品资格，被排除在著作权法保护范围之外。一般来说，非竞争性越强的客体（例如思想），更加适合交由公众接触与利用。这是因为任何一位主体对该思想的利用不会减少其他公众从对思想的接触与利用中获得的效用，接触与利用的主体越多，能够产生的福利增进效应也就越明显。相反，如果将过于抽象的思想交由私人控制，将会产生高昂的交易成本、保护成本与无谓损失，而且对于思想供给的激励效应也不明显。即便特定客体获得作品资格，也不应当类比物权思维，认为特定客体的任何利用方式都应由权利人控制，而是应当结合特定利用行为交由私人控制产生的激励效应与引发的社会成本加以分析。在著作权法中，作品后续开发与利用不受客观规律的严格支配，因而常出现超出权利人认知水平和行为能力、通常需要借助群策群力加以开发，并且往往能够产生巨大社会价值的非标准化利用方式。例如，随着技术更新迭代，诸如数据挖掘、机器学习、黑箱测试之类的非标准化利用方式层出不穷。由于非标准化利用行为不落入权利人可预期与可执行的市场范围，因而将其交由公众使用不会损害创作激励，反而可以增进社会福利，因此非标准化利用行为不宜被理所当然地纳入私人控制范围。即便特定客体利用行为以人身权或财产权之形式被纳入著作权法，对该利用方式的控制和行使也不应当过于绝对。例如，著作财产权利控制的作品利用行为受到著作权法保护期限的限制，这是因为永久控制利用行为带来的金钱回报因为边际递减效应与时间贴现机制的影响产生的激励效应有限，反而推高后续创作主体的追续成本。因此，特定期限经过之后，权利人对特定利用方式的控制便告终止。

正是由于在著作权法中，并非所有客体、客体属性的任何利用行为均由私人控制以及私人对于客体属性的特定利用行为的控制受到限制的事实与理论依据，使得著作权法的产权界定路径区别于物权法。在物权法领域，除非法律明确规定，否则几乎所有客体以及随着技术进步和商业发展产生的客体的任何利用方式均应交由私人控制，所有权人的全面支配力意味着任何其他主体超出法律规定或者所有权人允许的范围而对私人控制之物从事特定行为，理论上均构成侵权。相反，在著作权法中，从事特定行为是否侵权要视著作权法是否将该行为纳入既有权项的规制范围，无论行为是对不受著作权法保护客体的利用，还是在既有权项控制范围外对作品进行利用，均不构成侵权。正是著作权法"以用设权"与物权法"以物设权"的区别，致使著作权法产权界定制度不能简单类推适用物权法全面私权化的界权思维，而应当坚持半公地的产权界定路径。不过，对半公地产权路径的坚持并非要抛弃私有产权与无视私有产权。当然，著作权法领域私有与公有并存的产权界定模式的理论基础，并不仅仅因为信息成本与有限认知的限制，客体或者客体属性的特定利用方式的价值不高，而其测量和监督成本很高，致使作品产权只能处于部分私有状态，价值不高或价值未被发掘且测量和监督成本较高（私有化收益率较低）的客体及其属性只能暂时放在公共领域。即便特定客体或者客体属性的特定利用方式随着技术进步价值有所提升，测量和监督成本有所降低，有时也被立法者与司法者有意置于公共领域，原因在于公

第五章 经济理性下著作权法观念更新与制度完善

共领域维护的言论自由与知识进步属于优于效率考量的更高位阶价值。因此,无论是无知还是有意,著作权法的产权界定制度都应当是半公共的。

(二)产权界定制度改进的具体方面

1. 客体准入与排除制度的完善建议

人们难以准确界分思想与表达之间的界限,但是思想与表达已经随着司法实践的发展,各自认可和接纳了一些典型对象,从而使得典型对象归入思想还是表达的判断变得相对容易,无需再行诉诸价值评价。但是,对非典型对象来说,应当归入思想还是表达的范畴则无类案可以参照,因而必须诉诸价值评价——权衡非典型对象归入思想或表达范畴的福利效应。一般来说,将其纳入表达范畴并且获得保护的激励效应大于社会成本的客体,例如虚构故事情节,适宜纳入表达范畴;反之,则应归入思想的范畴,例如事实消息。笔者承认,诉诸特定客体纳入思想或表达范畴的成本与收益的比较分析,受到众多因素与有限理性的影响无法实现精准计算与特定客体的精准分流,但是成本与收益分析要比采用语义分析或者自然权利理论分流特定客体更为务实与准确。

独创性作为特定客体准入著作权法的门槛,目的同样在于分流那些交由私人控制更有效率的客体与置于公共领域更有效率的客体,这为独创性的概念澄清与释明指明了方向。首先,保护有独创性的作品乃是因为新型信息成果具有价值,也即能以产生增量知识的方式满足人们的娱乐消遣与精神发展需求,如果新型信息成果未以产生增量知识的方式产生增量价值,便不值得动用著作权法的制度成本保护本对社会无所增益的对象。其次,新型信息成果的产生通常需要耗费具有稀缺性的人力与物力投入,因而具有价值的信息成果的供给总是处于相对稀缺的状态。如果创作主体无法就其付出的人力与物力投入产生的成果获得授权与市场回报,继续创作的激励就会不足,信息成果的稀缺状况也将无法得到缓和。因此,所谓独创性适宜从客观视角加以判断,考察客体是否呈现出有价值的区别特定(增量知识)与是否耗费实质智力与物力投入,不应过度或单纯依赖人格理论。诉诸客观视角的判断标准(判断因素包括客体的区别特征与客体的创作成本)使著作权法不必因其接纳了计算机软件、地图等功能性作品而饱受逻辑与体系不顺的指摘,还为著作权法迎接不期而遇的新型信息成果提供了分析框架。转向客观视角的判断是对过度或单纯依赖主观标准的判断方式的扬弃。

2. 权项设置与限制制度的完善建议

我国《著作权法》在规定了4项著作人身权和12项著作财产权后,又规定了"应当由著作权人享有的其他权利"的兜底条款。我国《著作权法》修法历程表明,《著作权法》深受技术进步与市场发展的影响,技术的每次进步、市场的每次扩张都会导致特定客体或客体属性特定利用方式的价值变化,以及与之相关的测量和监督成本的降低,从而使得私有化收益率发生变化,并使得将特定客体或者客体属性特定利用方式纳入私人控制变得可欲。然而,《著作权法》的修法历程同时表明,无论如何修法,修法过程的耗时性与繁琐性致使著作权法的变革及其规定的权项均无法跟上快速发展的技术和市场的变化。换句话说,动态技术和市场与静态制度之间的辩证斗争与冲突提出制度的开放需求,以使制度能够及时根据动态技术和市场释放的新收入流予以变迁和调整。[1]因此,纳入权利的兜底条款,

---

[1] [美]弗农·W. 拉坦:"诱致性制度变迁理论",载[美]罗纳德·H. 科斯等:《财产权利与制度变迁——产权学派与新制度学派译文集》,刘守英等译,格致出版社、上海三联书店、上海人民出版社2014年版,第231页。

第五章 经济理性下著作权法观念更新与制度完善

授权司法机关作出灵活回应，可使《著作权法》规定的权项能够灵活适应技术和市场变化。但是，问题在于，权利兜底条款纳入背后隐含的界权思维，也即若无法律的相反规定，任何价值增值与监督和测量成本降低的客体或客体属性的利用方式均应交由私人控制，这一界权思维恰与物权法完全私有化的界权思维一致。如果没有相应的法律条款抗衡这一开放条款或限制司法机关由此获得的权力，极有可能导致权利类型的任意创设与权利范围的无限扩张，打破经由历代立法仔细论证达成的接触与激励之间的平衡。

笔者并不意在否定权利兜底条款之于技术进步与市场发展的适应能力，但是主张必须要有与之抗衡或者对其加以约束的力量。然而，遗憾的是，《著作权法》并未采取权利限制（合理使用）的开放条款，而是同样类比了物权法的界权思维，认为新的权利限制类型应由法律和行政法规创设。这一立法规定未为容纳新的合理使用类型预留开放的制度空间，致使司法机关根本没有动力及时、认真地考虑和权衡经由技术进步和市场发展产生的价值增值与成本降低是否应在不同利益群体之间进行合理分配与实现惠益贡献，而是采用单一思维，认为经由技术进步和市场发展产生的价值增值和成本降低均应由权利人获取和独占，进而理所当然地创设新的权利类型，结果就是权利限制范围无所增进、私人控制范围却在不断扩张，接触与激励的平衡必然会遭到破坏。由于当前《著作权法》采用的权项设置与权利限制制度不符合半公地的产权界定模式，笔者认为，极有必要改变当前的权利限制条款，使其从封闭状态走向开放状态，既从当前规定的"法律、行政法规规定的其他情形"的表述变为"其他应对权利加以限制的情形"，以此抗衡权利类型的不断扩张，通过权项设置与权利限制的抗衡实现技术和市场带来的价值增值与成本降低的惠益共享，并使权项设置与权利限制最大限度地反映所有群体的利益诉求。

二、经济理性之下产权交易模式的完善

产权交易模式的完善受到如下基本理念的支配：交易成本阻碍作品从低利用者手中转向高利用者，如果能对交易成本施加合理关注，识别影响作品交易成本的因素，探索降低交易成本的路径，并将交易成本节省下来补贴给权利人或使用者，那么作品的接触与激励利益就能得到进一步的缓和。

（一）改进产权交易模式的基本原则

1. 兼采私人自治与法律干预构建交易成本降低路径

有关如何建构简便易行的交易机制这一问题，存在两种不同路径。一种路径是由私人自发构建交易成本降低方案，另一路径是由法律干预建构交易成本降低方案，两种路径各有比较优势与不足之处，因而需要摒弃私人自主建构的交易模式更优或政府干预建构的交易模式更优的先入之见，结合不同路径的所长所短选用适合具体情景的交易成本降低方案。

私人作为市场的参与主体，准确了解市场供求状况，其所具有的信息优势使其能够及时基于市场供求变化自发构建交易成本降低方案。但由具有共同利益的私人构建的交易成本降低方案虽对私人群体本身有利，但却可能罔顾甚至损害其他群体的利益。随着私人自主建构的交易成本降低方案的发展与壮大，上述问题有被放大之嫌。在著作权法中，能够自发构建交易成本降低方案并且以此捕获获利机会的大多都是经济实力雄厚与具备商人品格的权利集团，因而其所构建的交易成本降低方案极有可能从一开始或随其发展而对社会公众不利。例如，集体管理组织在其建立之初虽切实发挥了降低交易成本的功能，但

第五章 经济理性下著作权法观念更新与制度完善

在发展壮大的过程当中,也因利用自身的垄断优势产生不合理地歧视后加入的权利人与对使用者收取不合理价格的问题,致使制度本身异化与制度功能落空。再如,私人自主建构的他种交易模式(例如点击许可)完全可能规避产权限制制度(例如合理适用制度),损害社会公众本应依据著作权法享有的合法权益。因此,私人应对交易成本的首创精神与自治实践,虽然值得鼓励,但其产生的垄断风险与规避产权限制制度的风险也应受到监管。

法律干预路径是在立法者或司法者干预之下提供降低交易成本的方案,但因方案制订者与交易参与者的身份分离,导致法律干预建构模式无法准确和灵活反映市场供求的变化与契合交易主体的预期,由此建构的交易成本降低方案可能缺乏效率,因此立法者和司法者对交易的干预不宜冒进而应审慎。但是,法律干预建构的交易成本降低方案可以有效缓和社会公众面临的交易困境,特别是在社会公众因为经济能力有限、怀有风险规避心理,因而只能被迫承受权利主体向其施加的交易规则之时。法律干预建构的交易成本降低方案除了可以降低交易双方,特别是使用者的交易成本之外,还以促进公众对于作品接触与利用的方式维护了诸如言论自由、知识进步等社会性价值,从而使得即便是缺乏效率的法律干预建构的交易模式也可被接受。例如,法定许可制度虽因定价效率而饱受指摘,但其可以补充与威慑的角色促进交易的达成,从而使之仍有存续的必要。再如,合理使用制度不应因为交易成本的降低而使自身的范围受限,原因正在于合理使用所维护的社会性价值不能被减损。

2. 结合交易成本的影响因素构建交易成本降低机制

降低交易成本不能盲目进行,而应针对推高交易成本的因素施加作用,著作权法领域导致交易成本升高的因素主要包括与客体相关的测度和评价问题,与主体相关的产权复杂与分散问题、禀赋效应心理,浪漫主义观念及其他非理性行为,以及与制度环境相关的交易安全问题。与之匹配,交易成本降低方案可类型化为作品信息的有限披露、声誉激励、建立发行中枢、淡化浪漫主义观念。

减少因作品的体验性产生的交易成本的一种方式是有限披露(但不完全披露)作品的价值信息,从而使消费者获得用以判断特定作品是否满足自身需求、符合自身偏好的信息——通过广告宣传、允许免费观看(例如电影上映之前的电影介绍和宣传、有限期间免费试用的计算机软件、收费前免费试看的电视频道),从而使消费者基于有限披露的信息决定是否购买观看电影、购买软件与订阅电视频道。减少由作品的体验性产生的交易费用的另一种方式是建立作品生产主体的声誉。一般来说,具有良好声誉的生产主体有动力提供质量一致甚至更好的作品,毕竟,粗制滥造的作品将会破坏因其声誉建立的竞争优势。"消费者会假设,具有良好声誉的生产者和知名品牌的所有者销售伪劣产品是不合理的,因为这会迅速臭名远扬并摧毁其好声誉具有的竞争优势",[1]例如开心麻花在供给优质喜剧原创内容方面的声誉,就使得消费者基于对该主体声誉的信任而愿意付费观看其出品的电影,尽管她们对于特定电影的内容与价值事先一无所知。

应对谈判方数量多、不熟悉与非理性产生的交易成本的方式是建立发行中枢与可信中介。一般来说,在熟人社会中,交易发生频率不高,人们容易找到彼此并且依赖个人信用进行交

---

[1] [澳]柯武刚、[德]史漫飞、[美]贝彼得:《制度经济学:财产、竞争、政策》,韩朝华译,商务印书馆2018年版,第309页。

第五章 经济理性下著作权法观念更新与制度完善

易,无需建立发行中枢与可信中介。但在进入陌生社会后,交易频率发生较高,交易变得愈加复杂,彼此陌生的主体之间很难找到彼此,并且依赖个人信用进行交易,因而产生发行中枢与可信中介的需求。中介相对于买方与卖方来说不易受到感性情绪的影响,而且拥有更多有关卖方与买方及其供求的信息,对于评估商品或服务的质量与促进交易经验丰富、享有规模经济,从而节约由于交易方数量多、不熟悉以及非理性引发的交易成本。[1]"通过单独一个发行中枢,迫使许多的独立创造者和知识财产的所有权人聚集起来,这就自然成为聚合内容和降低内容获取成本的一个焦点。"[2]例如,集体管理组织与网络交易平台就是为了应对分散、敌对和感性的个人交易而建立的。

应对浪漫主义作者观念与反对传播的动机引发的交易成本的方式是淡化著作权法领域劳动理论与人格理论的道德修辞,超越认为作品乃是人格外化的传统观念,尝试接纳本书提出的基本观念:著作权法的调整对象为处于供求关系中的作品;著作权法的价值目标为在无损接触与激励的前提下促进知识总量最大化;著作权法的制度建构旨在通过产权界定、产权交易与产权治理落实上述价值目标。基于经济理性认知著作权法可以减弱人格理论以及浪漫主义作者观念对作品交易施加的负面影响。应对禀赋效应产生的交易成本的方式是引入责任规则,即对主体的许可权与定价权施加限制。一般来说,授予作者的排他权利越强,禀赋效应越强,作者坐地起价与漫天要价的动机也会越强,从而导致作品要价异化,也即偏离作品的市场价值,

---

[1] [澳] 柯武刚、[德] 史漫飞、[美] 贝彼得:《制度经济学:财产、竞争、政策》,韩朝华译,商务印书馆2018年版,第313页。
[2] [美] 罗伯特·P. 莫杰思:《知识产权正当性解释》,金海军、史兆欢、寇海侠译,商务印书馆2019年版,第426页。

从而推高交易成本，导致借助市场机制无法实现作品的有效交易。引入责任规则，即对财产规则之下作者的定价自由施加限制，例如设置作品销售的价格上限可以有效减缓禀赋效应引发的要价异化。例如，法定许可制度转移了主体的定价权，以第三方定价避免作者漫天要价，节约双方讨价还价的交易成本，从而促成交易的达成。相比于双方未能达成交易的情形来说，以第三方定价达成的作品交易显然促进了权利人（获得了许可费用）与消费者（获得了作品的接触利益）的帕累托改进。

在此之外，如果权利人自愿使他的作品开放获取，与之相关的许可费用就可避免，此即莫杰思教授提出的"弃权"。"弃权"的关键在于"简化弃权"与便利公众获取"弃权"作品——将弃权机制纳入著作权法，为之设立一个记录弃权声明，便利他人检索和证实的中央登记系统，从而应对仅以合同方式放弃权利的做法引发的相对性与公示性难题。[1]

（二）产权交易模式改进的具体方面

1. 私人自主建构的交易模式的完善

私人可以通过自愿转移私有规则的可排他性与可转让性——集体管理组织或者通过强化私有规则的可排他性与可转让性——合同控制与技术控制两种方式降低交易成本。

（1）集体管理组织制度的完善。集体管理组织制度乃是为了交易成本而存在的中介组织（发行中枢），集体管理组织制度完善的关键在于减少集体管理组织产生的垄断损失。完善方向如下：著作权集体管理组织的法定垄断模式只会加剧集体管理组织的垄断损失，因此应将事先限制与许可模式调整为事后监管与准则主义，多个集体管理组织形成的竞争压力可以促进集

---

[1] [美]罗伯特·P.莫杰思：《知识产权正当性解释》，金海军、史兆欢、寇海侠译，商务印书馆2019年版，第416页。

第五章 经济理性下著作权法观念更新与制度完善

体管理组织效率的提高。著作权集体管理组织的独占许可模式限制了权利人的选择自由,因此可能加剧与著作权集体管理组织有关的垄断损失,故应由权利人选择是否与著作权集体管理组织签订独占合同抑或排他合同。著作权集体管理组织使用费的确定与收取采用的是组织申报与官方批准的模式,这种带有管理色彩的使用费确定与收取机制将导致使用费的确定与收取不能反映市场供求信号,故应在著作权集体管理组织使用费的确定与收取中纳入权利人与使用者的实质性参与机制。

(2)他种制度私人建构的改进。私人建构的他种制度使权利人对作品的控制能力增强,但是这一控制能力致使权利人可以私人立法取代公共立法,侵犯使用者的接触利益,因此他种制度私人建构改进的关键在于约束权利人的控制能力。改进方向如下:在经充分协商、自由缔约与对权利人采取的技术措施充分告知的前提下,交易各方通过合同或技术控制所作出的权利安排应被尊重。在未经自由协商或者权利人未能充分告知他所采取的技术措施的前提下,权利人所作出的权利安排极有可能侵犯使用者的接触利益。对之加以约束的方向主要包括:通过事先在著作权法中纳入不可为私人意定安排取代的强制条款与事后通过权利滥用诉讼等对其加以规制。

2. 法律干预建构的交易模式的改进

法律干预通过转移权利主体的定价权与许可权——法定许可制度或者消灭权利主体的定价权与许可权——合理使用制度降低交易成本与实现作品的社会价值。

(1)合理使用制度的改进。由于私人自主建构的交易模式不断降低交易成本,合理使用制度的范围不断受到压缩,但是交易成本并不足以解释合理使用制度的经济理性,合理使用制度维护的社会价值(正外部性)使其存在获得了更为坚实的基础。合理使用制度的经济理性与它的社会价值共同划定了合理使用制度的最优范围,其最优范围的确定是由使用行为是否构成对已有作品的市场替代与使用行为能否产生增量知识共同划定的,这构成了合理使用制度立法模式与司法实践改进的基础。立法文本应当引入合理使用制度的开放条款,在合理使用的具体类型之外,一个辅之以经济理性与社会价值限定的抽象兜底条款足以盘活合理使用制度立法。司法实践至少应对以下两类使用行为保持宽容:一是那些对原作品的需求形成轻微市场替代,但是产生的增量知识足以抵消对权利人微小损害的使用行为,如挪用艺术;二是那些没有产生增量知识的复制性与互补性使用行为,这类使用行为不仅可以增加原作品的市场需求,还可以方便消费者获取和接触作品,如可搜索数据库。

(2) 法定许可制度的改进。法定许可制度面临的现实问题在于这一制度是否应当存续。笔者认为,在我国集体管理组织尚不健全、私人建构的他种制度有待规制的前提下,法定许可制度应以改进的方式继续存续。其改进的方向具体如下:法定许可制度中的"声明保留条款"除了阻碍作品交易之外,并不服务于任何有价值的目标,因此宜在现行法定许可制度中删除"声明保留条款"。法定许可制度是由交易之外的第三方进行定价,但是第三方无法完全掌握作品的市场交易信息,因而无法准确对作品定价,也无法及时调整作品价格。笔者建议,通过专门机构或主动或应市场主体的请求动态调整许可费率,以使法定许可费率及时回应市场变化与技术发展。法定许可实施的关键在于保证权利人能够获得法定许可费用。通过立法文本的形式规定使用者事先备案与限时付费并且辅之以法律责任,以专门机构的形式(譬如集体管理组织执行立法文本所规定的备案、收费与分配职能)保证权利人能够从使用者那里收回许可费用。

实际上，作品的交易模式远不限于上述四种，著作权法应对不断出现的新型交易模式的恰当态度是对其加以鼓励与引导。诚如莫杰思（Merges）所言："用于引导交易的渠道越多，寻找和接触它们的成本越低，而交易的数量就越大，同时，因数量众多且分散的权利所带来的负担也就越小。"[1]

三、经济理性之下产权治理机制的完善

产权治理机制的完善受到如下基本理念的支配：改善作品的接触利益与激励利益需要同时约束、引导权利滥用与侵权行为；综合运用道德治理与法律治理可以节约治理成本并且高效地引导权利滥用与侵权行为。

（一）改进产权治理制度的基本原则

1. 坚持约束权利人与使用者的双向视角

维持产权界定制度与产权交易模式应当同时关注使用者的侵权行为与权利人的权利滥用，对于侵权行为的约束与引导也应使权利人在其预防侵权成本较低的比较优势范围之内，承担一定水平的注意义务。

传统观念认为侵权行为将会破坏产权界定制度与产权交易模式，并以分流版权市场的方式有损于权利人的利益，由此破坏作品激励与接触的平衡。因此，传统观念认为法律治理与道德治理的关键在于规制侵权行为，将各类使用者作为约束与引导的主要对象。在法律治理方面，通过向直接侵权行为人施加严格责任与提高损害赔偿数额，向间接侵权行为人施加过错责任，从而约束与引导直接侵权行为人与间接侵权行为人采取契

---

[1] [美] 罗伯特·P. 莫杰思：《知识产权正当性解释》，金海军、史兆欢、寇海侠译，商务印书馆2019年版，第540页。

合理想的预防水平。在道德治理方面,通过营造强著作权保护的话语体系而向社会公众的心理与行为施加压力,使其不敢或不屑从事侵权行为。虽然单向的治理体系确实可以有效维护作品的创作激励,但在法律治理与道德治理的双重压力之下,社会公众风险规避的心理与回避利用作品的心理愈发强烈,结果就是权利人可利用法律责任与道德谴责而向公众收取高价,结果必然导致越来越少的社会公众可以通过合理的市场价格获得作品,作品接触利益必然受损。

本书提出,产权治理还应对权利人的权利滥用行为施加必要的关注。在实践当中,存在大量权利滥用行为,通过规避产权界定制度与僭越产权交易模式而使公众的接触利益受损,破坏了著作权法精心调试的作品接触与激励之间的平衡。尽管我国《著作权法》第4条规定,著作权人与著作权有关的权利人行使权利,不得违反宪法和法律,不得损害公共利益……但是未为权利滥用行为规定相应的法律责任,致使该条规定至多只是道德层面的倡议。但正如本书第五章指出的,无需付出实质成本的道德倡议很难有效约束与引导主体,因为主体面临巨额利润之时,就顾不上什么所谓道德与不道德了。当然,除有必要使权利人为其权利滥用行为承担法律责任之外,约束与引导侵权行为也需要权利人的参与,例如规制直接侵权行为,权利人不应完全仰仗网络平台发现与控制侵权行为,而应在其预防侵权成本较低的比较优势范围内,承担与其比较优势相互匹配的注意义务。

2. 坚持法律与道德共用共治的双重路径

治理侵权行为与权利滥用,不仅需要法律治理的硬约束作用,也应发挥道德治理的软约束作用,通过道德治理辅助法律治理,从而节约法律治理的制裁与执行成本,通过法律治理强

第五章 经济理性下著作权法观念更新与制度完善

化道德治理,可以强化社会公众的道德观念。

传统观念强调法律治理之于约束与引导逐利行为的关键作用,强调通过侵权责任规制侵权行为与权利滥用。固然,对于道德感弱的个体,例如主观恶意明显的侵权人、反复实施侵权的行为人、铤而走险的盗版商,外在鄙夷与内在羞愧无法诉诸道德感弱的个体内在心理,从而引导该类主体从事社会期待的尊重作品权利与从事作品创作的行为,因而更加需要仰仗法律治理施加的侵权责任。另外,预期收益较大的侵权行为,如营利性使用行为,因其巨大的获利前景引诱主体抛弃道德观念与从事侵权行为;预期损害较大的侵权行为,如营利性使用行为,因其分流甚至替代正版市场给权利人造成巨大损害,诉诸法律治理的制裁与执行成本变得值得。但是,法律治理的设立与执行本身乃是一个成本高昂的过程,而且法律治理的效果受到信息成本的限制,如权利人可能无法发现侵权行为、无法证明自身损失、无法建立自身损害与侵权行为之间的因果关系,或权利人提起诉讼的成本完全超过预期损害赔偿,从而导致法律治理的实际效果与理想效果存在偏差。因而,法律治理的成本与信息限制使以道德治理补充法律治理变得值得。

所谓道德治理,即是通过话语体系构建尊重作品权利与权利正当行使的主流意识形态,从而改进作品的接触与激励利益。对于道德感强的个体,例如风险规避的使用者、无意侵权的行为人,外在鄙夷与内在羞愧可对该类主体的心理与行为施加较多影响,从而约束与引导该类主体避免从事作品侵权,因而单以道德治理即可起到比较良好的治理效果。另外,预期收益较小的侵权行为,如消费性使用行为,因其获利前景较小,并不足以引诱公众抛弃道德与从事侵权;预期损害较小的侵权行为,诉诸法律的制裁与执行成本并不值得,因而同样需要更多地依赖道德治理。由于道德治理具备信息优势（个人对其是否从事侵权与滥用行为具备完全信息），道德治理通常不会存在偏差，因此对于分散与隐蔽的侵权行为，由于法律治理成本高昂与发现侵权行为困难，同样更加仰仗道德治理。道德治理的成本优势与信息优势使在著作权法领域推崇道德治理变得值得。当然，道德治理并非仅是构建尊重作品权利的话语体系，还应构建权利正当行使的话语体系，从而实现作品接触与激励利益的改进。

（二）产权治理制度改进的具体方面

1. 归责原则与损害赔偿的完善建议

侵权行为类型不同，侵权责任标准的选择也因此不同。在直接侵权行为中，直接侵权行为人可以较低成本预防与控制侵权行为，"严格责任标准且有独立创作抗辩"可以有效约束与引导直接侵权行为人。在间接侵权行为中，间接侵权行为人与权利人在预防、判断与控制侵权行为方面各具比较优势，"过错责任标准"可以有效约束与引导间接侵权行为人与权利人。双方（特别是间接侵权行为人）法定谨慎标准的设定应当遵循如下原则：其一，效率原则。法定谨慎标准的设立应有助于最小化侵权的社会总成本。也即，给定预期损害，预防侵权的单位成本越低，更高水平的法定谨慎标准就会更为可行；给定预防侵权的单位成本，预期损害越大，更高水平的法定谨慎标准就会更为可欲。预防成本与其代际变迁与空间配置相关，如果相较彼时，此时预防侵权行为的单位成本降低，或者相较其他主体，特定主体在其比较优势领域之内预防侵权行为的单位成本更低，那么此时相较彼时、特定主体相较其他主体，应当承担更高水平的法定谨慎标准。其二，比例原则。比例原则是指，合理的注意义务应设定在预防侵权的边际成本等于防范侵权的边际收益之时，并不要求任何主体、任何时候、不惜一切代价采取最

第五章 经济理性下著作权法观念更新与制度完善

主动、最迅捷、最彻底的措施预防侵权概率较低或者侵权损害较小的侵权行为。其三。动态原则。"技术进步或社会背景变化导致网络侵权的危害性或严重性、网络服务商履行注意义务的成本、版权人预防侵权的难度等关键因素发生变化",[1]产生于旧环境的注意义务可能在新环境中难以发挥良好的利益协调功能,其所面临的进化性障碍需要根据变化了的社会价值与成本进行动态的适应性调整。

将惩罚性损害赔偿引入著作权法的经济理性在于由于发现侵权行为、证明侵权损害、证明侵权行为与损害之间的因果关联相对困难,并且提起诉讼的成本可能超过所能获得的损害赔偿,"履行差错"的存在使部分侵权人得以逃避承担损害赔偿责任。由于从事侵权可以逃避承担损害赔偿责任,这潜在提供了从事侵权行为的激励,因此为了有效约束侵权行为,有必要引入惩罚性损害赔偿。但惩罚性赔偿在其提供侵权行为的有效威慑之时,也提供了滥用权利与进行恶意诉讼的激励。为防止惩罚性损害赔偿沦为强著作权保护话语体系下权利人寻租的制度工具,惩罚性赔偿的司法适用应当保持谦抑。换句话说,版权侵权损害赔偿的适用应以补偿性损害赔偿的司法适用为原则,并以惩罚性损害赔偿的司法适用为例外。这些例外情形是指恶意实施侵权行为、反复实施侵权行为以及侵权行为将会造成严重损害。在上述情形中,补偿性损害赔偿不足以威慑行为人,因此需借助惩罚性损害赔偿。

2. 道德治理机制的完善

道德治理机制乃是通过话语体系形成主流意识形态,从而约束与引导主体行为,强著作权保护的话语体系未能获得主流

---

[1] 崔国斌:"网络服务商共同侵权制度之重塑",载《法学研究》2013年第4期,第143页。

意识形态的地位乃是因为这一话语体系有违经济合理性与背离共识性价值。因此，理想的话语体系必须诉诸经济合理性与共识性价值。理想的著作权保护的话语体系必须诉诸经济合理性解释作品生产者为何应对作品收费与作品使用者为何应对作品加以利用。这意味着不仅公众要了解其获得权利人的许可并支付相应的对价是权利人获得回报并进行持续创作的前提，因而需要公众建立尊重作品权利的意识，也要求权利人了解到只有通过公众对其作品的接触与利用，其创造性智力劳动才能获得精神上的认同与经济上的回报，并促进社会福利最大化，因而需要权利人建立权利合理行使的意识。

此外，理想的著作权保护的话语体系必须承载共识性价值方可获得普遍认可与遵循。这包括两个方面：一是著作权保护的话语体系本身必须负载共识性价值，只有群体普遍认可的社会价值才能通过引起社会群体对行为选择的赞美或鄙夷进而形成外在约束，才能诉诸个体的内在羞愧或者道德高尚的感觉内在引导个人的行为选择。二是著作权保护的话语体系所负载的社会价值必须诉诸道德修辞，如此可以促进著作权保护的话语体系得以最小成本获得接纳与认可。

第三节 经济理性之于新兴问题的回应能力

一、产权界定的经济性对新问题的回应

在对支配作品产权界定的经济规律进行解释与提出作品产权界定制度的完善建议之后，经济理性之下产权界定制度对于新型客体或既有客体的新型利用方式初始产权界定的回应能力进一步表明了使用经济分析方法解释和改进著作权法而赋予了著作权法面向未来的能力。以下试以人工智能生成内容的作品

第五章　经济理性下著作权法观念更新与制度完善

资格问题加以分析。

（一）人工智能生成内容的作品资格问题

人工智能生成内容的作品资格本质就是人工智能生成内容的产权界定是否应当交由私人控制抑或置于公共领域的问题，关键在于人工智能生成内容是否具有价值性与稀缺性，因而值得动用著作权法制度成本激励有价值与具有稀缺性的人工智能产物的供给，以及区别对待人工智能生成内容是否能够落实著作权法缓和作品接触与激励矛盾的价值目标。

1. 人工智能生成内容因其价值性与稀缺性值得动用著作权法

玛格丽特·A. 博登（Margaret A. Boden）认为，创造性可分为"组合创造性""探索创造性"与"变革创造性"。"组合创造性"是指通过组合现有知识，从而产生新的知识和价值。类似 ChatGPT 之类的生成式人工智能至少可以接管以往专属于人类的"组合创造性"，即从海量数据当中提炼和组合素材，从而产生新的知识和价值。[1]个人受到有限理性和认知成本的限制，穷其一生也不可能阅读所有领域的材料。[2]"组合创造性"有效弥补了人类认知能力的不足，将人类从"组合创造性"中解放出来，而将更多精力放在"探索创造性"和"变革创造性"等难度更大、价值更高的领域，人工智能生成内容因组合创造性而有价值。若有价值的人工智能生成内容并不稀缺，获取人工智能产物的需求都能得到很好的满足，没有利益冲突也就没有必要进行制度供给。但是，挖掘和获取海量数据、开发和设计算法模型、监督和检验算法运行以及修正和改进产出质

---

[1] 谢婧轩："西方人工智能生成内容版权问题研究综述"，载《中阿科技论坛（中英文）》2022 年第 12 期，第 190、191 页。

[2] 丛立先、李泳霖："生成式 AI 的作品认定与版权归属——以 ChatGPT 的作品应用场景为例"，载《山东大学学报（哲学社会科学版）》2023 年第 4 期，第 5 页。

量均需耗费大量的物力、智力,高质量、有价值的人工智能生成内容总是处于相对稀缺状态,每位自利的主体都倾向于搭便车式地多取少予,由此引发供求冲突。尽管人工智能"创作"的边际成本降低,但其创作成本未降低到使有价值的人工智能生成内容变得绝对丰裕,因而完全消弭供求冲突、无需协调利益冲突的区间。[1]从无休止的冲突中产生的只可能是人工智能产业的停滞与社会整体福利的减损,并使协调利益冲突与改善各方境遇的制度供给变得必要。

著作权法的准入门槛并不过分苛求客体的价值性与稀缺性,产生不同于已存在的知识产品的区别特征(稀缺性),此种区别特征能够满足人类的精神追求(价值性),无需事前审查,便可自动取得作品资格。如此,无需耗费过多的界权成本便可实现客体的初步分流,以免动用著作权法的制度成本保护无法满足需求因而无所增益(无价值)、无需耗费成本便可唾手可得(不稀缺)的客体,同时避免具有价值性与稀缺性的客体因无法得到保护而挫伤创作热情。[2]当然,授予人工智能生成内容作品资格并不意味着人工智能生成内容的所有利用方式均应交由私人控制,而是应当结合不同利用方式交由私人控制的激励效应与社会成本再行确定哪些利用方式应当交由私人控制、私人对该利用方式的控制程度如何,这有赖于人工智能生成内容获得作品资格之后豁免机制的设置。即便错误授予不稀缺与无价值的人工智能生成内容作品资格,也可通过宽泛的豁免机制予以纠正。相比于错误剥夺作品资格产生的误用其他框架、推高界

---

〔1〕 [美]康芒斯:《制度经济学》(上),赵睿译,华夏出版社2017年版,第128页。

〔2〕 蒋舸:"论著作权法的'宽进宽出'结构",载《中外法学》2021年第2期,第345页。

第五章　经济理性下著作权法观念更新与制度完善

权成本或拒绝予以保护、挫伤创新热情的严重后果，错误给予作品资格可能产生的反公地悲剧可通过豁免机制加以纠正。[1]

2. 区分规则施加的认知成本易导致法律的价值目标落空

认知成本的介入导向人工智能生成内容可以获得作品资格的有利结论。概念由人理解、规则由人遵守和执行。理解概念与规则需要花费的代价都很高昂，因此没有人愿意去获取复杂运作所需的全部知识。换句话说，如果围绕特定价值目标组建的一组概念或设立的一套规则过于复杂，包括司法系统与社会公众在内的决策主体认知这套复杂的概念与规则需要耗费实质成本（甚至超过违反规则的成本）之时，理性的主体就会倾向于选择理性无知，在不理解概念与规则的基础之上随心所欲地行为，认知质量不高容易导致概念与规则旨在实现的价值目标落空。"在人性的认知局限和其他局限既定的情况下，要让制度有效，就必须让它们易于理解"，"认识论和法理学日益证明，复杂规则不起作用，因为它们对于人们的认知要求过高，并强加了不必要的过高服从成本"。[2]因此，简单明了的规则反而更有助于公众理解和执行，促进法律价值目标的实现。

否定人工智能生成内容的作品资格意味着区别对待人工智能生成内容与人类产出。从成果的客观呈现来看，一端为人类独立创造的成果，另一端为人工智能自主生成的内容，介于两端之间的是由人工智能协助人类产生的各种中间样态的成果。当社会进入人类产出与智能产物并存的时代时，普通公众难以事后判断人类的介入程度与人工智能的协助程度，并识别出哪

---

[1] 蒋舸："论著作权法的'宽进宽出'结构"，载《中外法学》2021年第2期，第330页。

[2] [澳]柯武刚、[德]史漫飞、[美]贝彼得：《制度经济学：财产、竞争、政策》，柏克、韩朝华译，商务印书馆2018年版，第124、163页。

些信息成果或信息成果中的哪一部分是由人类产生且应受保护。高昂的认知成本易将公众行为"逼"到两个极端：对风险规避型的公众而言，由于难以识别特定内容是由人工智能产生并且可以自由利用，会倾向于放弃利用任何类型的信息成果；对风险偏好型的公众而言，由于识别特定内容是由自然人产生并且获取授权需要耗费实质的认知成本，会倾向于罔顾版权保护，径直作出侵权行为。区别对待人工智能生成内容与人类产出将会推高认知成本，难以触发公众的自发执行，最终限制这一区分规则旨在取得的任何成就。虽然通过完善登记制度、监管机制、识别技术以及引入披露义务可以降低认知成本，但是上述降低认知成本的方式将会推高制度的运行成本，本身并非一项可以改善总体福利的理想选择。因此，为了避免适用区分规则导致价值目标落空，应当同等对待和评价人工智能生成内容与人类产出，肯定前者具备获得作品资格的可能。

二、产权交易的经济性对新问题的回应

在对产权交易模式的经济规律进行解释与提出作品产权交易模式的完善建议之后，经济理性之下产权交易制度对于新型利用行为的回应能力进一步表明了使用经济分析方法解释和改进著作权法赋予了著作权法面向未来的能力。以下，笔者试以人工智能为了获取数据养料复制和提取版权作品的法律定性展开分析。

（一）基于交易成本的分析：授权许可难以满足产业的发展需求

依卡拉布雷西（Calabresi）等人的观点，如果市场交易费用较低，财产规则会是更为理想的选择。财产规则指第三方确定权利的初始归属，权利主体保留许可权与定价权，他人需要通过市场交易寻求权利主体的同意并且支付协议对价才能获得这

第五章　经济理性下著作权法观念更新与制度完善

一权利。[1]具体到本节语境下，财产规则是指国家将复制和提取版权作品的权利授予版权人，人工智能的投资者与开发者如若利用版权作品必须通过市场自愿交易获得授权许可，且支付版权人同意的对价。较低的可版权性标准、较长的版权保护期限以及未能设置简化的弃权机制，共同导致受到版权保护的作品不计其数、无处不在。[2]然而，"人工智能时代作品的价值具有低密度性"，[3]只有海量作品才有挖掘价值。例如，ChatGPT需要拥有3000亿以上单词的语料基础、1750亿个参数。这意味着，人工智能投资者或设计者必须获得海量作品的授权许可才有可能降低侵权风险与豁免侵权责任。但是，精准区分海量数据是否属于版权作品，寻找权利主体、与之谈判、缔结契约以及监督契约执行将会招致高昂的交易成本。生成优质内容需以尽量及时、全面的数据作为"养料"。这意味着，任何一版权人拖延或拒绝许可都将使人工智能产物的科学、可信程度大打折扣，引发数据偏见，削弱人工智能产物对于多数公众的价值。[4]根据禀赋效应理论，版权人获权后，容易产生损失厌恶心理，对于受控行为的评价要比获权之前的评价更高，并倾向于借助权利杠杆进行机会主义诉讼与威胁高额损害赔偿，及时的授权许可无法达成。版权人还会因担忧人工智能作出有损自身声誉的评价，从而怀有反对传播的动机，并倾向于拒绝许可，全面的授权许可无法达成。理性的人工智能投资者或开发者衡

---

[1] Guido Calabresi and A. Douglas Melamed, "Property Rules, Liability Rules, and Inalienability: One View of the Cathedral", 85 Harv. L. Rev. 1089 (1972).

[2] Mark A. Lemley and Bryan Casey, "Fair Learning", 99 Tex. L. Rev. 743, 756 (2021).

[3] 王文敏："人工智能对著作权限制与例外规则的挑战与应对"，载《法律适用》2022年第11期，第154页。

[4] Amanda Levendowski, "How Copyright Law Can Fix Artificial Intelligence's Implicit Bias Problem", 93 Wash. L. Rev. 579, 629~630 (2018).

量交易成本和侵权风险与投资研发人工智能可能带来的预期收益之后,则会被迫选择放弃从事这一利润空间较小甚至无利可图的行业或选用较低成本的替代方案——20世纪创造、现已进入公共领域的作品或知识共享协议作品,老化、有限与片面的内容输入极易引发数据偏见,制约产出质量。以上两种受制于成本约束的无奈选择与世界各国积极鼓励人工智能产业发展的趋势相悖。

(二) 基于比较优势的分析:集体管理与法定许可面临制度失灵

依卡拉布雷西等人的观点是,如果获得主体许可和确定权利价值的交易费用过高,即便权利交易会对所有主体有益,也会因为交易成本导致有益交易无法发生,此时责任规则更为可欲。[1]责任规则指第三方确定一个客观价值(价值可能为零),他人无须获得权利主体的同意,在支付客观价值后,即可获得这一权利。通过限制权利主体的许可权与定价权,支付由第三方确定的客观价值即可实现有益各方的交易。具体到本书的语境下,限制主体许可权与定价权的制度方案包括三种,也即集体管理、法定许可与合理使用。三种制度方案的最优作用领域有所区别。集体管理制度被莫杰思教授称为"自愿的责任规则",[2]是指版权人享有版权,但可根据自身需要自愿将其版权交付给第三方集体管理组织进行管理,实现许可权与定价权的自愿转移,通过一揽子许可实现规模经济,节约分散小权利许可引发的交易成本。[3]诸如ChatGPT之类的生成式人工智能通常需要复制

---

[1] Guido Calabresi and A. Douglas Melamed, "Property Rules, Liability Rules, and Inalienability: One View of the Cathedral", 85 Harv. L. Rev. 1089 (1972).

[2] Robert P. Merges, "Of Property Rules, Coase, and Intellectual Property", 94 Colum. L. Rev. 2655, 2669 (1994).

[3] Robert P. Merges, "Contracting into Liability Rules: Intellectual Property Rights and Collective Rights Organizations", 84 Cal L. Rev. 1293 (1996).

和提取及时、全面、海量的版权作品。集体管理组织对版权人作品进行管理需与版权人事先签订书面协议并且履行相应手续，繁琐程序、较长周期难与人工智能产业需以及时、优质的版权作品作为"养料"的需求相吻合；集体管理组织的自发性质使其管理的版权作品通常限于分散的小权利人难以自行有效行使的权利，无法对非会员的作品进行管理，其能管理的版权作品并不全面；生成式人工智能的海量作品利用需求，也非集体管理组织能够协调和控制。集体管理组织是模拟复制时期的产物，面对人工智能复制和提取作品的需求存在制度失灵。法定许可制度可被理解为"法定的责任规则"，[1]是指不论权利主体的意愿，通过法律强行转移权利主体的许可权和定价权，转化为事后的报酬请求权。法定许可的制度优势在于，不仅节约了获取许可与讨价还价的交易成本，同时以事后的报酬请求权增进了交易的互惠性质与各方利益均衡，可实现人工智能产业的作品利用需求与创意产业的激励利益的帕累托改进。但是，人工智能时代，作为数据输入的单个作品的价值很低，为全面保障版权人的激励利益（获酬权利）设定的作品使用范围与付费标准使得法定许可的程序极为繁琐，运行成本完全可能超过作品的价值，本身是否可以增进总体福利有待更多考察。

（三）基于社会福利的考量：引入合理使用可有效增进社会福利

合理使用制度可被称为"强化的责任规则"，即对版权作品的利用无需获得许可，也不需要支付任何对价，权利主体的许可权与定价权被消灭了。一般来说，交易成本越高，越宜适用强化的责任规则。作为一项强化的责任规则，合理使用的制度优势不仅在于降低交易成本，而且能够促进一些较少损害甚至无

---

[1] Robert P. Merges, "Of Property Rules, Coase, and Intellectual Property", 94 Colum. L. Rev. 2655, 2670 (1994).

损版权激励但能产生巨大正外部性的使用。理查德·A. 波斯纳（Richard A. Posner）[1]和温迪·J. 戈登（Wendy J. Gordon）[2]在有关合理使用的经济分析中均指出了合理使用不仅因其能够降低交易成本而有合理性，也因能够产生正外部性（比如言论自由、公共教育之类的社会价值）而具可欲性。使用货币衡量这些社会价值并且通过市场进行交易显然既不妥当也不可行。诸如ChatGPT之类的人工智能复制和提取版权作品主要是为了发现词语的使用频率与搭配关系，发掘隐藏在版权作品表达之后的事实和规律（不会过分损害版权利益），最终目的在于便利人们获取特定知识，而其广泛应用意味着普通公众只要识字即可通过提问、发出指令或给出描述获取自身所需的知识（能够产生巨大正外部性）。人工智能提升并拉平着不同社会阶层的知识获取能力，可以减少公众因为有限理性和认知局限引发的行为偏差，并为人们理解、适应与改善自身所处境遇创造无限可能，助益人们过上"优良社会中的优良生活",[3]"符合我国社会、经济、文化繁荣等方面的公共政策需求"。[4]因此，宽容人工智能产业从事既不过分损害版权利益又能促进社会福利增长的复制和提取行为、将之视为合理使用更为合理。对政策制定者而言，提出一条既不损害创意产业又能促进人工智能产业发展的帕累托规则几乎不可能，但无法提出能够同时改善所有人境遇的帕累托方案并非故步自封的充分理由。如果一项政策能

[1] [美] 威廉·M. 兰德斯、理查德·A. 波斯纳：《知识产权法的经济结构》，金海军译，北京大学出版社2016年版，第147页。

[2] Wendy J. Gordon, "Fair Use as Market Failure: A Structural and Economic Analysis of the Betamax Case and Its Predecessors", 82 Colum. L. Rev. 1600 (1982).

[3] William W. Fisher Ⅲ, Reconstructing the Fair Use Doctrine, 101 Harv. L. Rev. 1659 (1988).

[4] 张金平："人工智能作品合理使用困境及其解决"，载《环球法律评论》2019年第3期，第130页。

第五章 经济理性下著作权法观念更新与制度完善

以较小损害收获更加广泛和长远的利益,并且这种收益在其弥补较小损害之后仍有结余,就可依照卡尔多-希克斯效率标准获得通过。生成式人工智能对版权作品的复制和提取,交易成本无法形成可以为版权人带来收益的交易市场,将其纳入合理使用范畴不会过分损害创意产业的发展,反而可以有效促进技术的迭代升级与生成更加可靠、优质的内容。这一产业前景带来的社会收益,足以覆盖其给创意产业可能带来的任何损害。将人工智能复制和提取版权作品纳入合理使用范畴的制度方案将因符合卡尔多-希克斯效率标准而变得可欲,而当这一新的制度方案可欲之时,推动制度变革恰是立法者和司法者的责任所在。

表 5-1 不同制度方案的形态、属性与适用情境

制度方案	规则形态	规则属性	适用情境
授权许可	一般的财产规则	定价权与许可权的自主行使	交易成本较低
集体管理	自愿的责任规则	定价权与许可权的自愿转移	交易成本较高
法定许可	法定的责任规则	定价权与许可权的法定转移	交易成本较高
合理使用	强化的责任规则	定价权与许可权的法定消灭	交易成本较高 存在正外部性

三、产权治理的经济性对新问题的回应

在对产权界定制度与产权交易模式的经济规律进行解释与提出作品产权界定制度与产权交易模式的完善建议之后,经济理性之下产权治理制度对于新型利用行为的回应能力进一步表明了使用经济分析方法解释和改进著作权法并赋予了著作权法面向未来的能力。以下试以智能时代是否应当提升网络服务提供商的注意义务展开分析。

(一) 预期损害增加使提高服务商注意义务更为可欲

2021年2月发布的《第47次中国互联网发展状况统计报告》显示：我国网民规模为9.89亿，网络普及度达70.4%，其中网络游戏用户达5.18亿，网络音乐用户达6.57亿，网络文学用户达4.60亿，网络视频用户达9.27亿。2020年5月31日，全球网络用户已达46.49亿，占全球人口总数的59.6%。这些数字表明：随着网络普及程度的增加，人们已从物理世界规模迁徙到虚拟世界，作品供求从主要依赖实体市场转向主要借助线上市场。在web 2.0时代，用户不再仅是被动的消费者，而是兼具内容生成者、传播者、接受者多元身份。用户成为影音内容网站、维基百科、粉丝网站、在线论坛、社交网站、学术论文宝库的积极贡献与建设主体。人人都可成为生活的导演，通过网络获取信息和进行表达已经成为人们的基本生活方式。最近的研究表明，网络传输速度已经可达319亿兆每秒，这一速度意味着人们每秒就可下载近万部高清大片，网络传输速度的提高使作品上传和下载能在瞬间发生，并借助互联网无远弗届的可接入性进行超时空传播。网络普及程度的增加、交互传播方式的普及以及网络传输速度的提高意味着未经授权的作品可经广泛分散的用户反复上传：广泛分散的用户导致海量和反复侵权的风险上升，着眼单一用户具体侵权行为进行打击的"通知-删除"规则沦为"打地鼠"般的无效形式规则；未经授权的盗版作品一经用户上传，即可迅速取代正版市场，在整体上的替代效应强化，互补效应弱化，事后的"通知-删除"规则可能于事无补。比如，在用户生成内容平台，用户利用他人享有版权的影视剧资源或者体育赛事节目制作衍生品的方式层出不穷，例如对影视剧进行压缩、解说或者截取体育赛事节目中的高光时刻，消费者观看原作品的兴趣就会大为降低，进而产生

第五章　经济理性下著作权法观念更新与制度完善

有损版权市场的替代效应。

智能化技术的发展使用户与信息的交互方式从用户找信息的主动搜寻模式转向信息找用户的智能推荐模式。智能推荐模式的基本逻辑在于根据用户的浏览、评论、点赞、分享等行为信息和用户的性别、职业、年龄等身份信息发现用户偏好，从而实现用户需求与产品和服务供给的精准匹配。由于智能推荐技术并不直接指向侵权内容，这使其看起来并未积极促进和追求版权侵权，因此呈现出"技术中立"的外观。然而，在智能推荐过程中，一些定性模糊甚至侵权的内容也被纳入推荐范围，无意中提升了侵权内容的传播范围与传播速度，加剧了侵权内容对正版市场的替代效应。如在"爱奇艺诉今日头条案"中，涉案侵权短视频的大规模传播，正是用户侵权行为与智能推荐服务相互叠加引发的后果。此外，智能推荐技术必然围绕用户偏好进行设置。虽然用户偏好会因个体特征而呈现个性差异，但也会表现出某些一致性特征，比如人们更加偏好质优价廉的商品，更加偏好新奇而非老旧的商品。因此，相比于正版作品，具有成本优势、价格更低甚至免费的侵权内容显然更受欢迎，其中尤以热门作品的侵权内容最受欢迎。致力于匹配用户偏好、增强用户黏性的智能推荐服务极可能有意识地插入偏好侵权内容的设置。因此，相较于不提供智能推荐服务，仅提供信息存储服务的服务商，同时提供智能推荐服务与信息存储服务的服务商，更容易提高版权侵权概率与放大版权侵权损害。总之，智能推荐极可能成为扩大损害后果的原因力。[1]

网络普及程度提升、交互传播方式引入以及网络传输速度的提高致使海量用户反复侵权的风险上升与版权侵权损害的扩

---

[1] 陈瑜：“算法对网络服务提供者注意义务的影响”，载《人民司法》2021年第25期，第90页。

大,智能推荐技术的介入因其有意或无意的技术设计无疑放大了上述损害,技术变迁导致的预期损害扩大使提高各方注意义务、激励各方付出更多的预防成本减少版权侵权变得更为可欲。

(二) 预防成本降低使提高服务商的注意义务更为可行

1. 算法推荐提升获利能力

智能社会,服务商可以更好地获得用户的历史选择记录、评论、内容的流行程度以及相关辅助信息,揭示用户偏好。例如,在内容分享平台,服务商可基于用户偏好进行算法推荐,实现内容供给与用户需求的智能匹配,以此增强用户黏性与用户数量,获得更高的交易抽成、订阅费用与广告收入。再如,在搜索引擎平台,服务商可在用户输入关键词搜索某一热门电影时自动补足算法提示"免费下载",如果"免费下载"指向的内容未经合法授权,自动补足算法就是在潜在地指引用户从事侵权。[1]服务商已超越被动的信息传输通道主动进行内容选择和推荐,并以更高的侵权风险换取更多的商业利益,而其只要在收到侵权通知后不迟延地移除侵权内容,即可通过"完全的技术中立"主张责任豁免,实际上是将行为的负外部性施加给版权人承担,导致网络平台的行为偏离社会理想水平,加剧网络产业发展与版权保护之间的失衡。基于获利越多、责任越大的报偿法理与外部性内部化的经济理论,网络平台应用算法推荐和自动补足算法获利越多,其就越有经济能力与越应承担更高的注意义务。

2. 算法过滤降低防范成本

算法推荐是在算法过滤基础之上的推荐,出于私人逐利目的算法推荐技术已使得服务商获得相当强的算法过滤能力。如

---

〔1〕 陈瑜:"算法对网络服务提供者注意义务的影响",载《人民司法》,2021年第25期,第87页。

第五章　经济理性下著作权法观念更新与制度完善

一方面基于算法推荐获得更高利润，另一方面又以算法不能、技术中立为由拒绝承担更高的注意义务，这显然存在逻辑矛盾。[1]大多数服务商为了履行行政部门的内容监管要求，已经付出开发、购买、维持内容监管技术的沉没成本。例如，国家版权局2015年发布的《关于规范网盘服务版权秩序的通知》要求网络服务商主动屏蔽、移除侵权内容。再如，国家版权局2016年发布的《关于加强网络文学作品版权管理的通知》重申提供信息存储空间的网络服务商应当主动屏蔽、删除侵权文学作品。将本用于匹配用户需求的算法推荐技术、确保言论合规的内容监管技术用于版权审查，不会触发过多的额外成本。面对海量侵权诱发的海量通知，一些服务商已采用算法自动接收通知并且移除侵权内容，相较于人工审查通知和移除侵权内容效率更高。另一些服务商开始超越和架空"通知-删除"规则，采用了事先过滤系统防止侵权内容上传、"通知-屏蔽"规则防止曾被侵权的作品的侵权内容再次出现、授予被信任的版权人移除侵权内容的权限等措施。[2]例如，YouTube采用的内容识别（Content ID）系统、百度文库推出的反盗版DNA比对识别系统、字节跳动采用的灵识系统。[3]自动"通知-删除"规则抑或超越"通知-删除"规则的私人方案传达出服务商的理性考量，相较于人工接收大量通知、移除侵权内容，算法过滤可能会是更为理想的替代方案，否则他们会在趋利避害的生物本性

---

〔1〕　林妍池："论网络平台算法推送的版权责任与法律规制"，载《南海法学》2021年第5期，第100页。

〔2〕　Jennifer M. Urban, Joe Karaganis and Brianna L. Schofield, "Notice and Take-down: Online Service Provider and Rightsholder Accounts of Everyday Practice", 64 J. COPYRIGHT Soc'y U. S. A. 371, 383 (2017).

〔3〕　易建雄："从算法技术看网络服务提供者的'应当知道'——也谈《民法典》第1197条的适用"，载《知识产权》2021年第12期，第29页。

和追名逐利的商人品格驱动之下,继续沿用现有的"通知-删除"规则。

算法推荐和过滤技术提升了服务商的获利能力、降低了服务商的防范成本,不仅使服务商在识别侵权行为方面获得认知优势,还使服务商在阻止侵权行为方面更具行动优势,因而推动自动"通知-删除"规则与超越"通知-删除"规则的产业实践的发展。法律规定的注意义务底线应当匹配技术水平和产业实践适当提升,使服务商承担算法过滤义务变得更为可行。

本章小结

著作权法的观念革新包括如何认知著作权法的基本问题与如何完善著作权法的既存制度两个方面。

著作权法的基本问题涉及如下方面:其一,著作权法的调整对象为"处于供求关系中的作品";其二,著作权法的价值目标为"无损接触与激励的前提之下促进知识总量的最大化";其三,著作权法的制度结构包括"产权界定制度""产权交易模式"与"产权治理机制"。

既存制度的完善方向涉及如下方面:其一,摒弃著作权至上论或者抛弃著作权的观念,充分采用多元激励机制与私有与公有并存、私用与公用彼此促进的"半公共"的产权制度;其二,鼓励与促进交易模式的革新,采用简便易行与成本低廉的多样化交易模式;其三,综合运用多种治理机制约束侵权行为与权利滥用行为,引导从事创作行为。

通过澄清著作权法的基本问题与完善著作权法的既存制度,本书还对经济分析方法之于著作权法面临的新兴问题,例如人工智能生成内容的作品资格、人工智能利用版权作品的法律定性以及智能社会网络平台的版权侵权注意义务作出了回应。

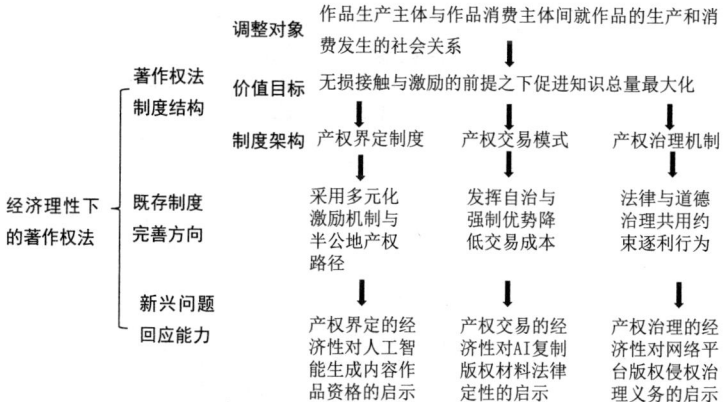

图 5-1 著作权法的制度结构、制度完善及其对于新兴问题的回应能力

结 论

著作权法的道德修辞由来已久，因而有关著作权法的道德观念根深蒂固，这使任何脱离道德修辞的分析方法似乎显得不伦不类，难以令人臣服。因此，任何有关著作权法的经济分析都必然无法逃脱这一观念惯性的批评与指摘。然而，本书有关著作权法的经济分析并非要否定道德分析，而是试图超越道德分析。任何基于道德修辞指摘经济分析忽视公平与脱离现实的观念实际上均未深入掌握经济分析的二重进路。分析表明，经济分析的规范进路——社会财富最大化——乃是基于"同意"这一概念，因此经济分析并非为了追求社会价值而牺牲无辜的个体；经济分析的实证进路——数学模型——乃是为了分析与比较不同政策的福利效果所采用的科学工具。恰恰是经济分析的二重进路使它完成了对道德分析的超越：立基社会财富最大化，经济分析的规范进路可以缓和劳动理论与人格理论之下的绝对权利观念；借助数学模型，经济分析的实证进路可以应对功利主义理论之下的幸福测度与政策评价问题。尽管经济分析的发展尚未完善，但这绝不应是拒绝经济分析与沉浸道德修辞的正当理由，正是因为这一分析方法并不完善才需要我们不断努力将之推进。特别是在带有先验价值分歧的道德分析无助于有效地应对著作权法面临的现实问题之时，我们更应寻找超越道德分析的范式方法。

本书绝非为了获得思辨的愉悦而进行的纯粹思想的驰骋，而是旨在揭示支配复杂与多元的著作权法规则表象背后的本质与规律，基于本书揭示的著作权法规则的本质与规律可为著作权法适应技术变革与面向新兴问题提供一种经世致用的科学方法，从而使得著作权法能够具备面向未来的能力。如果不能揭示支配著作权法规则表象背后的本质规律，必然致使著作权法规则变革与扩张走向无序与混乱。具体来说，支配著作权法规则变革与扩张的规律包括如下方面：其一，作品具有多元属性，产权界定制度应当依照比较优势原理，也即何者能对作品的特定属性作出最高评价与进行最优利用，特定属性的全部或部分利用方式就应交由何者控制。具体来说，权利客体的准入与排除规则，本质在于筛选那些将其交由私人控制的激励效应大于社会成本的客体；权利类型的设置与限制目的在于筛选特定利用行为交由私人控制的激励效应大于社会成本的利用方式。由此，作品接触与激励的矛盾可在产权界定阶段即能得到有效缓和。其二，交易成本无处不在，如果能够识别导致交易失败的影响因素，并对这些因素施加作用，例如通过构建交易中介、限制禀赋效应、促进技术进步与完善交易环境，将节省下来的交易成本补贴给权利人或使用者，那么作品接触与激励之间的矛盾就能得到进一步的缓和。其三，针对缓和作品接触与激励悖论构建的产权界定制度与产权交易模式需要得到有效遵守才能发挥制度实效，因此必须通过产权治理促进上述制度的有效施行，法律治理与道德治理必须充分发挥自身的比较优势与找准自身的最优作用领域，才能以最低化的成本实现更好的治理目的。

著作权法律制度的经济分析

通过淡化价值分析与采用更为世俗的经济分析揭示支配著作权法多元规则的本质规则，就可更好地把握著作权法的基本结构，更为清晰地指明著作权法的未来前景，并为接管更为广泛的著作权法问题提供可能与希望。首先，强化著作权法保护与抛弃著作权法的争议与分歧是持有不同利益诉求与怀有不同价值立场的主体之间无休无止的争战，只要不同主体之间存在争议与分歧，这一征战就不会结束。政策制定者不是要为上述争战加油助威，使之愈演愈烈，而是应当调和不同主体的利益分歧，使之趋于缓和。本书提出的产权界定的半公地模式，也即根据作品多元属性不同利用方式交由私人控制的激励效应与社会成本加以分析，超越立场分歧而以能否增进社会福利作为衡量标准判断特定客体（例如人工智能生成内容的作品资格）是否应当准入著作权法、是否剔除既有权项抑或规定新的权项（例如是否有必要严格执行复制权）等。其次，应对交易成本的市场万能或政府万能的理念均不可取。交由私人自发构建的交易成本降低方案基于方案决策者与市场参与者的同一，从而能更好地基于市场供求关系与市场交易环境的变化及时构建交易成本降低方案，但由私人构建的交易成本降低方案多数只对群体成员有利，并对群体之外的公众施加负外部性，例如集体管理组织的垄断问题、私人建构他种交易模式之时的权利滥用问题，因此需要对其予以适当监管与制度约束。交由立法者或司法者构建的交易成本降低方案基于方案决策者与市场参与者的分离，以及其所承担的公益职能，可能使其制定的方案无法及时反映使用者特别是权利人的诉求，因此需要与时俱进地跟进技术与市场变化。最后，有关作品保护的法律责任与话语体系不能过分偏离作品的市场供求的经济规律，否则任何话语体系无助于甚或反作用于产权治理。例如，强保护话语体系与严格

结 论

的法律责任将会过分推高作品价格，并且触发公众的抵触情绪，降低法律与道德的遵守水平。

如本书第一章指出，"无知"或者"有限理性"乃是人类社会的"构造性条件"，作为社会组成单位的个人无法超越"有限理性"这一构造性条件而成为全知全能的主体。对于笔者来说，受到自身认知能力的限制与法学与经济学学科界分带来的挑战，而著作权法的经济分析如此宏大而又复杂，仅以笔者一人之力在有限时间内孤军奋战所形成的研究成果难免存在种种不足，力所不逮之处仍需仰仗学术群体的共同努力。笔者相信，如果经由单一主体有限理性形成的研究成果能向怀有不同知识和经验的学术群体开放，并且积极面对源自怀有不同知识和经验群体的批判、检验与建议，最终能够通过试错与纠偏的方式推进著作权法的经济分析方法与著作权法制度本身朝着更好的方向发展。如果论文偶有所得，那也应当源于良师益友与顾复之恩，正是他们使我微不足道的努力变得值得。如果不是恩师杨利华老师、冯晓青老师"人品贵重、学问精进"的教诲、"都是自己学生"的关切以及"要对自己有信心"的鼓励，论文的写作恐怕会要困难很多。如果没有父母物质上和经济上毫无保留的支持，我也无法心无旁骛地踏实写完本书。感谢北京科技大学张武军老师、徐家力老师，中国政法大学出版社丁春晖编辑，中国政法大大学沈韵、高源、王诗童三位博士研究生，上海市锦天成律师事务所李金声律师，北京科技大学胡博颖硕士研究生对本书的悉心指正。

参考文献

一、著作

1. 冯晓青:《知识产权法哲学》,中国人民公安大学出版社 2003 年版。
2. 吴汉东:《知识产权多维度学理解读》,中国人民大学出版社 2015 年版。
3. 吴汉东:《知识产权精要:制度创新与知识创新》,法律出版社 2017 年版。
4. 陈杰:《论著作权的正当性》,知识产权出版社 2016 年版。
5. 刘茂林:《知识产权法的经济分析》,法律出版社 1996 年版。
6. 王志伟编著:《现代西方经济学流派》,北京大学出版社 2015 年版。
7. 高德步:《产权与增长:论法律制度的效率》,中国人民大学出版社 1999 年版。
8. 陈瑞华编著:《信息经济学》,南开大学出版社 2003 年版。
9. 马费成编著:《信息经济学》,武汉大学出版社 2012 年版。
10. 吴汉东等:《知识产权基本问题研究》,中国人民大学出版社 2005 年版。
11. 黄海峰:《知识产权的话语与现实——版权、专利与商标史论》,华中科技大学出版社 2011 年版。
12. 陈昌柏:《知识产权经济学》,北京大学出版社 2003 年版。
13. 刘凤芹、陆文玥:《产权保护与经济增长》,中国社会科学出版社 2017 年版。

14. 中国社会科学院"新经济增长理论的发展和比较研究"课题组集体撰写,左大培、杨春学主笔:《经济增长理论模型的内生化历程》,中国经济出版社 2007 年版。

15. 王迁:《著作权法》,中国人民大学出版社 2015 年版。

16. 熊秉元:《不完美的世界:熊秉元经济学十五讲》,东方出版社 2018 年版。

17. 罗向京:《著作权集体管理组织的发展与变异》,知识产权出版社 2011 年版。

18. 杨红军:《版权许可制度论》,知识产权出版社 2013 年版。

19. 张曼:《著作权法定许可制度研究》,厦门大学出版社 2013 年版。

20. 黄文平、王则柯:《侵权行为的经济分析》,中国政法大学出版社 2005 年版。

21. 张永健:《物权法之经济分析:所有权》,北京大学出版社 2019 年版。

22. [英]卡尔·波普尔:《客观知识——一个进化论的研究》,舒伟光等译,中国美术学院出版社 2003 年版。

23. [美]托马斯·库恩:《科学革命的结构》,金吾伦、胡新和译,北京大学出版社 2012 年版。

24. [澳]彼得·德霍斯:《知识财产法哲学》,周林译,商务印书馆 2017 年版。

25. [美]罗伯特·P. 莫杰思:《知识产权正当性解释》,金海军、史兆欢、寇海侠译,商务印书馆 2019 年版。

26. [英]约翰·洛克:《政府论》,杨思派译,中国社会科学出版社 2009 年版。

27. [德]黑格尔:《法哲学原理》,范扬、张企泰译,商务印书馆 1961 年版。

28. [英]马克·布劳格:《经济学方法论》,石士钧译,商务印书馆 1992 年版。

29. [美]理查德·A. 波斯纳:《正义/司法的经济学》,苏力译,中国政法大学出版社 2002 年版。

30. [英]约翰·穆勒:《功利主义》,徐大建译,商务印书馆 2019 年版。

31. [美]约翰·罗尔斯:《正义论》,何怀宏、何包钢、廖申白译,中国社会科学出版社1988年版。

32. [美]莱曼·雷·帕特森、斯坦利·W. 林德伯格:《版权的本质:保护使用者权利的法律》,郑重译,法律出版社2015年版。

33. [美]理查德·A. 波斯纳:《法律的经济分析》(上),蒋兆康译,中国大百科全书出版社1997年版。

34. [美]曼昆:《经济学原理》(第7版·微观经济学分册),梁小民、梁砾译,北京大学出版社2015年版。

35. [英]克里斯汀·格林哈尔希、马克·罗格:《创新、知识产权与经济增长》,刘劭君、李维光译,知识产权出版社2017年版。

36. [美]斯蒂文·沙维尔:《法律经济分析的基础理论》,赵海怡、史册、宁静波译,中国人民大学出版社2013年版。

37. [美]加里·贝克尔:《人力资本》,陈耿宣等译,机械工业出版社2016年版。

38. [美]罗纳德·德沃金:《原则问题》,张国清译,江苏人民出版社2008年版。

39. [美]罗宾·保罗·马洛伊:《法律和市场经济——法律经济学价值的重新诠释》,钱弘道、朱素梅译,法律出版社2006年版。

40. [美]罗纳德·H. 科斯等:《财产权利与制度变迁——产权学派与新制度学派译文集》,刘守英等译,格致出版社、上海三联书店、上海人民出版社2014年版。

41. [以]约拉姆·巴泽尔:《产权的经济分析》,费方域等译,格致出版社、上海三联书店、上海人民出版社2017年版。

42. [美]威廉·M. 兰德斯、理查德·A. 波斯纳:《知识产权法的经济结构》,金海军译,北京大学出版社2016年版。

43. [美]亚伦·普赞诺斯基,杰森·舒尔茨:《所有权的终结:数字时代的财产保护》,赵精武译,北京大学出版社2022年版。

44. [英]韦恩·莫里森:《法理学:从古希腊到后现代》,李桂林等译,武汉大学出版社2003年版。

45. [美] E. 博登海默:《法理学:法律哲学与法律方法》,邓正来译,中国政法大学出版社 2017 年版。

46. ［法］费夫贺、马尔坦：《印刷书的诞生》，李鸿志译，广西师范大学出版社 2006 年版。

47. ［美］劳伦斯·莱斯格：《代码 2.0：网络空间中的法律》，李旭、沈伟伟译，清华大学出版社 2009 年版。

48. ［美］罗伯特·考特、托马斯·尤伦：《法和经济学》（第 6 版），史晋川等译，史晋川审校，格致出版社、上海三联书店、上海人民出版社 2012 年版。

49. ［美］保罗·戈斯汀：《著作权之道：从谷登堡到数字点播机》，金海军译，北京大学出版社 2008 年版。

50. ［荷］约斯特·斯密尔斯、玛丽克·范·斯海恩德尔：《抛弃版权：文化产业的未来》，刘金海译，知识产权出版社 2010 年版。

51. ［美］唐纳德·A. 威特曼编：《法律经济学文献精选》，苏力等译，法律出版社 2006 年版。

52. ［澳］布拉德·谢尔曼、［英］莱昂内尔·本特利：《现代知识产权法的演进：英国的历程（1760−1911）》，金海军译，北京大学出版社 2012 年版。

53. ［英］亚当·斯密：《国富论》（上），郭大力、王亚南译，译林出版社 2011 年版。

54. ［加］丹尼尔·热尔韦编著：《著作权和相关权的集体管理》，马继超、郑向荣、张松译，商务印书馆 2018 年版。

55. ［英］诺尔曼·P. 巴利：《古典自由主义与自由至上主义》，竺乾威译，上海人民出版社 1999 年版。

56. ［美］伯纳德·施瓦茨：《美国法律史》，王军等译，法律出版社 2007 年版。

57. ［澳］柯武刚、［德］史漫飞、［美］贝彼得：《制度经济学：财产、竞争、政策》，柏克、韩朝华译，商务印书馆 2018 年版。

58. ［古希腊］亚里士多德：《尼各马可伦理学》，苗力田译，中国人民大学出版社 2003 年版。

59. ［英］H. L. A. 哈特：《法律、自由与道德》，钱一栋译，商务印书馆

2021年版。

60. [美]约翰·R. 康芒斯：《制度经济学》（上），赵睿译，华夏出版社 2017年版。

61. [美]罗伯特·C. 埃里克森：《无需法律的秩序：相邻者如何解决纠纷》，苏力译，中国政法大学出版社 2016年版。

二、论文期刊

62. 李琛："质疑知识产权之'人格财产一体性'"，载《中国社会科学》2004年第2期。

63. 谢文军："自由意志的定在——黑格尔所有权理论初探"，载《现代交际》2018年第10期。

64. 刁佳星："知识产权公共领域建构的制度理性与功能价值——以开源软件许可为例证"，载《研究生法学》2018年第6期。

65. 刁佳星："元宇宙生态下首次销售原则的现实挑战与制度疏解"，载《编辑之友》2022年第11期。

66. 魏琪："政策面向：作者权与版权的分歧与融合"，载《电子知识产权》2016年第3期。

67. 林秀芹、刘文献："作者中心主义及其合法性危机——基于作者权体系的哲学考察"，载《云南师范大学学报（哲学社会科学版）》2015年第2期。

68. 冯晓青、付继存："著作权法中的复制权研究"，载《法学家》2011年第3期。

69. 付继存："著作权法公共利益的结构"，载《武陵学刊》2018年第6期。

70. 周林彬、毛杰："论侵权法的经济分析"，载《法制与社会发展》2006年第1期。

71. 钟庆财："版权经济学：构建与框架"，载《广东社会科学》2016年第4期。

72. 曹汇："法学界批判法经济学方法的反思"，载《山西省政法管理干部学院学报》2020年第2期。

73. 黄锫:"论法律经济学的研究方法论",载《浙江大学学报(人文社会科学版)》2008年第2期。

74. 王连峰:"论著作权的经济属性",载《郑州大学学报(哲学社会科学版)》1997年第1期。

75. 张斯琦:"知识产权法律制度安排的产权解释与博弈分析",载《前沿》2010年第20期。

76. 吴汉东:"无形财产权的若干理论问题",载《法学研究》1997年第4期。

77. 王坤:"知识产权对象、客体的区分及其在民法学上的意义",载《法治研究》2020年第1期。

78. 张玉敏:"知识产权的概念和法律特征",载《现代法学》2001年第5期。

79. 张玉敏、易健雄:"主体与客体之间——知识产权'信息说'的重新审视",载《现代法学》2009年第1期。

80. 王坤:"知识产权本体解析——以二十世纪哲学转向为背景",载《浙江学刊》2008年第1期。

81. 王坤:"论著作权保护的范围",载《知识产权》2013年第8期。

82. 王坤:"论作品的独创性——以对作品概念的科学建构为分析起点",载《知识产权》2014年第4期。

83. 李琛:"知识产权法基本功能之重解",载《知识产权》2014年第7期。

84. 郑成思、朱谢群:"信息与知识产权",载《西南科技大学学报(哲学社会科学版)》2006年第1期。

85. 郑胜利、袁泳:"从知识产权到信息产权——知识经济时代财产性信息的保护",载《知识产权》1999年第4期。

86. 张玲:"信息商品使用价值浅析",载《情报杂志》1994年第2期。

87. 高铁军:"金属活字印刷术与近代文明",载《世界文化》2008年第9期。

88. 李琛:"关于'中国古代因何无版权'研究的几点反思",载《法学家》2010年第1期。

89. 周艳敏、宋慧献:"古登堡之后:从印刷特权到现代版权",载《出版发行研究》2008年第9期。

90. 丁丽:"版权制度的诞生:从古登堡印刷术到安娜女王法",载《编辑之友》2016年第7期。

91. 王晓雪:"谷腾堡金属活字印刷研究的回顾与思考",载《中国出版史研究》2016年第2期。

92. 梁清华:"数字时代与著作权传统、作者权传统之间鸿沟的弥合",载《人民司法》2004年第9期。

93. 汪军民:"论财产权利配置的法经济学原理",载《经济与管理研究》2007年第4期。

94. 吴汉东:"关于知识产权基本制度的经济学思考",载《法学》2000年第4期。

95. 袁晓东:"知识产权交易成本分析",载《电子知识产权》2006年第11期。

96. 王宇红:"数字版权管理与合理使用的冲突与协调",载《武汉理工大学学报（社会科学版）》2009年第6期。

97. 郑丽航:"数字环境下技术、版权法与作品的辩证思考",载《图书情报工作》2007年第8期。

98. 阳晓伟、杨春学:"'公地悲剧'与'反公地悲剧'的比较研究",载《浙江社会科学》2019年第3期。

99. 梁志文:"政治学理论中的隐喻在知识产权制度调适中的运用",载《政治与法律》2010年第7期。

100. 阳晓伟、庞磊、闭明雄:"'反公地悲剧'问题研究进展",载《经济学动态》2016年第9期。

101. 阳晓伟:"半公地理论研究的演进与展望",载《湖北经济学院学报》2019年第3期。

102. 付大学:"个人信息之半公地悲剧与政府监管",载《首都师范大学学报（社会科学版）》2019年第1期。

103. 喻玲:"著作权保护期限标准的审视与重构",载《法学家》2020年第3期。

104. 何华:"著作权保护期限研究三题",载《法商研究》2012年第4期。
105. 蔡玫:"论著作权保护期限延长问题——以日本修改著作权法为例",载《中国出版》2017年第2期。
106. 冯晓青:"著作权保护期限制之理论思考",载《北京科技大学学报(社会科学版)》2006年第3期。
107. 熊丙万:"实用主义能走多远?——美国财产法学引领的私法新思维",载《清华法学》2018年第1期。
108. 李雨峰:"思想/表达二分法的检讨",载《北大法律评论》2007年第2期。
109. 冯晓青:"著作权法中思想与表达'二分法'的法律与经济学分析",载《云南大学学报(法学版)》2004年第1期。
110. 冯晓青、刁佳星:"从涵摄目的到价值取向:'思想/表达二分法'的概念澄清",载《上海交通大学学报(哲学社会科学版)》2021年第2期。
111. 张体锐:"商业寻租与专利制度:经济社会规划策略研究",载《学术界》2014年第6期。
112. 谢晴川:"论独创性判断标准的'空洞化'问题的破解——以科技类图形作品为切入点",载《学术论坛》2019年第5期。
113. 彭学龙:"论著作权语境下的获取权",载《法商研究》2010第4期。
114. [日]中山信宏:"数字时代著作权法的变化",詹智玲译,载《外国法译评》1995年第2期。
115. 陈琛、夏瑶:"虚拟发行语境下首次销售原则的法律和经济分析",载《广西社会科学》2017第1期。
116. 冉昊:"法经济学中的'财产权'怎么了——一个民法学人的困惑",载《华东政法大学学报》2015年第2期。
117. 冉昊:"论英美财产权法中的产权概念及其制度功能",载《法律科学(西北政法学院学报)》2006年第5期。
118. 冉昊:"财产权的历史变迁",载《中外法学》2018年第2期。
119. 湛益祥:"论著作权集体管理",载《法学》2001年第9期。
120. 常青:"论著作权集体管理制度:法经济学的视角",载《法学杂志》

2006 年第 6 期。

121. 杨晓静:"著作权延伸集体管理制度的法经济学解析",载《中国出版》2018 年第 11 期。

122. 林秀芹、黄钱欣:"我国著作权集体管理组织的模式选择",载《知识产权》2016 年第 9 期。

123. 刘丽娟:"集体管理:互联网时代著作权管理的必要模式",载《著作权》2001 年第 5 期。

124. 崔国斌:"著作权集体管理组织的反垄断控制",载《清华法学》2005 年第 2 期。

125. 熊琦:"著作权集中许可机制的正当性与立法完善",载《法学》2011 年第 8 期。

126. 熊琦:"集体管理与私人许可:著作权利用的去中间化趋势",载《知识产权》2007 年第 6 期。

127. 熊琦:"论'接触权'——著作财产权类型化的不足与克服",载《法律科学(西北政法大学学报)》2008 第 5 期。

128. 熊琦:"著作权法定与自由的悖论调和",载《政法论坛》2017 年第 3 期。

129. 倪静:"我国著作权集体管理组织许可使用费决定机制检讨与改革",载《河南财经大学学报》2012 年第 2 期。

130. 梁志文:"版权人的自力救济及其限度——从微软'黑屏'事件谈起",载《法学》2008 年第 12 期。

131. 何天翔:"版权、运行的电子控制与大众市场许可——对美国《统一计算机信息交易法》若干制度的法经济学分析",载《暨南学报(哲学社会科学版)》2011 年第 5 期。

132. 郭禾:"规避技术措施行为的法律属性辨析",载《电子知识产权》2004 年第 10 期。

133. 郭鹏:"技术措施的法律性质确定:事前预防的电子自助——兼论版权法保护技术措施的逻辑合理性",载《政法学刊》2015 年第 12 期。

134. 陈庆、周安平:"论数字权利管理的本质及其两面性——'技术措施=电子锁'国内通说及其立法实践反思",载《知识产权》2014 年第

6期。

135. 张平:"网络环境下著作权许可模式的变革",载《华东政法大学学报》2007年第4期。

136. 张平:"拆封合同的特点与效力",载《网络法律评论》2001年第00期。

137. 李永明、钱炬雷:"我国网络环境下著作权许可模式研究",载《浙江大学学报(人文社会科学版)》2008年第6期。

138. 乔仕彤、何其生:"电子格式合同中仲裁条款的效力——以中国消费者市场中Microsoft软件最终用户许可协议为例",载《武大国际法评论》2007年第2期。

139. 贾引狮、林秀芹:"互联网环境下版权许可格式合同的兴起与应对",载《大连理工大学学报(社会科学版)》2019年第6期。

140. 王迁:"'技术措施'概念四辨",载《华东政法大学学报》2015年第2期。

141. 李彬、杨士强:"数字权利管理的关键技术、标准与实现",载《现代电视技术》2004年第11期。

142. 李慧颖等:"数字权限表达语言综述",载《计算机科学》2004年第7期。

143. 刘国龙、魏芳:"数字版权管理模式探析",载《知识产权》2015年第4期。

144. 赖利娜、李永明:"区块链技术下数字版权保护的机遇、挑战与发展路径",载《法治研究》2020年第4期。

145. 熊文聪:"数字技术与版权制度的未来",载《东方法学》2010年第1期。

146. 柯庆华:"格式合同的经济分析",载《比较法研究》2004年第5期。

147. 宋华健:"契约的重塑:区块链上的智能合约",载《法律与金融》2019年第00期。

148. 郑戈:"区块链与未来法治",载《东方法学》2018年第3期。

149. 夏庆锋:"从传统合同到智能合同:由事后法院裁判到事前自动履行的转变",载《法学家》2020年第2期。

150. 郭鹏："我国技术措施保护及其例外的法律架构完善——对《著作权法修改草案》的不修改质疑"，载《暨南学报（哲学社会科学版）》2012年第10期。

151. 熊琦："软件著作权许可合同的合法性研究"，载《法商研究》2011年第6期。

152. 熊琦："论著作权合理使用制度的适用范围"，载《法学家》2011年第1期。

153. 熊琦："著作权许可的私人创制与法定安排"，载《政法论坛》2012年第6期。

154. 冯晓青："著作权合理使用制度及其经济学分析"，载《甘肃政法学院学报》2007年第4期。

155. 黄镕："著作权合理使用判断的效率标准——法律经济学视角的分析"，载《浙江社会科学》2012年第1期。

156. 李杨："著作权合理使用制度的体系构造与司法互动"，载《法学评论》2020年第4期。

157. 熊琦："著作权集中许可机制的正当性与立法完善"，载《法学》2011年第8期。

158. 冯晓青、刁佳星："转换性使用与版权侵权边界研究——基于市场主义与功能主义分析视角"，载《湖南大学学报（社会科学版）》2019年第5期。

159. 刘家瑞："论著作权法修改的市场经济导向——兼论集体管理、法定许可与孤儿作品"，载《知识产权》2016年第5期。

160. 蒋一可："数字音乐著作权许可模式探究——兼议法定许可的必要性及其制度构建"，载《东方法学》2019年第1期。

161. 王国柱："著作权'选择退出'默示许可的制度解析与立法构造"，载《当代法学》2015年第3期。

162. 熊琦："著作权法定许可制度溯源与移植反思"，载《法学》2015年第5期。

163. 熊琦："中国著作权立法中的制度创新"，载《中国社会科学》2018年第7期。

164. 熊琦:"音乐著作权许可的制度失灵与法律再造",载《当代法学》2012年第5期。

165. 杜娟:"我国录音制品法定许可规则完善研究",载《电子知识产权》2020年第8期。

166. 王迁:"论网络环境中的'首次销售原则'",载《法学杂志》2006年第3期。

167. 杨红军:"版权强制许可制度论",载《知识产权》2008年第4期。

168. 李怀、杨万里:"从经济人到制度人——基于人类行为与社会治理模式多样性的思考",载《学术界》2015年第1期。

169. 黄文平:"盗版的经济学和法学思考",载《上海经济》1999年第4期。

170. 朱开鑫:"从'通知移除规则'到'通知屏蔽规则'——《数字千年版权法》'避风港制度'现代化路径分析",载《电子知识产权》2020年第5期。

171. 王迁:"论'信息定位服务'提供者'间接侵权'行为的认定",载《知识产权》2006年第1期。

172. 崔国斌:"论网络服务商版权内容过滤义务",载《中国法学》2017年第2期。

173. 孙大伟:"探寻一种更具解释力的侵权法理论——对矫正正义与经济分析理论的解析",载《当代法学》2011年第2期。

174. 朱丹:"知识产权惩罚性赔偿制度的经济分析",载《东方法学》2014年第6期。

175. 冯晓青、罗娇:"知识产权侵权惩罚性赔偿研究——人文精神、制度理性与规范设计",载《中国政法大学学报》2015年第6期。

176. 沈世娟、严建东:"知识产权侵权损害赔偿之量化研究——以'填平原则'为视角",载《知识产权》2011年第6期。

177. 李扬、陈曦程:"论著作权惩罚性赔偿制度——兼评《民法典》知识产权惩罚性赔偿条款",载《知识产权》2020年第8期。

178. 蒋舸:"著作权法与专利法中'惩罚性赔偿'之非惩罚性",载《法学研究》2015年第6期。

179. 谢鸿飞：“私法中的分配层次”，载《中国社会科学》2023 年第 9 期。
180. 熊丙万：“法定物权的自由展开：经济分析与法律教义”，载《中国法学》2023 年第 6 期。

三、学位论文

181. 王素玉：“版权法的经济分析”，吉林大学 2009 年博士学位论文。
182. 朱慧：“激励与接入：版权制度的经济学研究”，浙江大学 2007 年博士学位论文。
183. 赵玥：“网络环境下著作权保护的法经济学分析”，吉林大学 2017 年博士学位论文。
184. 王鹏：“中国专利侵权法律制度的经济分析”，辽宁大学 2008 年博士学位论文。
185. 李正生：“中国版权制度与版权经济发展关系研究”，华中科技大学 2010 年博士学位论文。
186. 董凡：“知识产权损害赔偿制度研究”，华南理工大学 2019 年博士学位论文。
187. 李杨：“著作财产权体系中的个人使用问题研究”，西南政法大学 2012 年博士学位论文。
188. 臧洪涛：“著作权若干制度的经济分析”，河北经贸大学 2006 年硕士学位论文。

四、外文资料

（一）外文著作

189. Roger D. Blair, Thomas F. Cotter, *Intellectual Property: Economic and Legal Dimensions of Rights and Remedies*, Cambridge University Press, Published 2005.
190. William M. Landes, Richard A. Posner, *The Economic Structure of Intellectual Property Law*, The Belknap Press of Harvard University Press, Published 2003.

191. Meredith Duncan, Ronald Turner, Rory Bahadur, *Torts, A Contemporary Approach*, West Academic Publishing, Published 2012.
192. Robert W. Gomulkiewicz, Xuan–thao Nguyen, Danielle M. Conway, *Licensing Intellectual Property: Law and Application*, Aspen Publishers, Published 2010.

(二) 外文期刊

193. Dr. Andreas Rahmatian, "A Fundamental Critique of the Law-and-Economics Analysis of Intellectual Property Rights", 17 Marq. Intell. Prop. L. Rev., 191 (2013).
194. Christopher S. Yoo, "Copyright and Product Differentiation", 79 N. Y. U. L. Rev., 212 (2004).
195. "Intellectual Property and the Organization of Information Production", 22 Int'l Rev. L. & Econ., 81 (2002).
196. Michael I. Swygert, "Katherine Earle Yanes, A Unified Theory of Justice: The Integration of Fairness into Efficiency", 73 Wash. L. Rev., 249 (1998).
197. William M. Landes, Richard A. Posner, "An Economic Analysis of Copyright Law", 18 J. Leg. Stud., 325 (1989).
198. Wendy J. Gordon, "On Owning Information: Intellectual Property and the Restitutionary Impulse", 78 Va. L. Rev., 149 (1992).
199. Robert P. Merges, "A Transactional View of Property Rights", 20 Berkeley Tech. L. J., 1477 (2005).
200. Henry Hansmann, "Marina Santilli, Authors' and Artists' Moral Rights: A Comparative Legal and Economic Analysis", 26 J. Legal Stud., 95 (1997).
201. Matthew J. Sag, "Beyond Abstraction: The Law and Economics of Copyright Scope and Doctrinal Efficiency", 81 Tul. L. Rev., 187 (2006).
202. Christopher S. Yoo, "Copyright and Public Good Economics: A Misunderstood Relation", 155 U. Pa. L. Rev., 635 (2007).
203. Yochai Benkler, "An Unhurried View of Private Ordering in Information Transactions", 53 Vand. L. Rev., 2063 (2000).
204. James Boyle, "Cruel, Mean, or Lavish? Economic Analysis, Price Discrimi-

nation and Digital Intellectual Property", 53 Vand. L. Rev., 2007 (2000).

205. Timothy J. Brennan, "Copyright, Property, and the Right to Deny", 68 Chi.-Kent L. Rev., 675 (1993).

206. David W. Barnes, "Congestible Intellectual Property and Impure Public Goods", 9 Nw. J. Tech. & Intell. Prop., 533 (2011).

207. Wendy J. Gordon, "Asymmetric Market Failure and Prisoner's Dilemma in Intellectual Property", 17 U. Dayton L. Rev., 853 (1992).

208. Steve P. Calandrillo, "An Economic Analysis of Intellectual Property Rights: Justifications and Problems of Exclusive Rights, Incentives to Generate Information, and the Alternative of a Government-Run Reward System", 9 Fordham Intell. Prop. Media & Ent. L. J., 301 (1998).

209. R. Polk Wagner, "Information Wants to Be Free: Intellectual Property and the Mythologies of Control", 103 Colum. L. Rev., 995 (2003).

210. Garrett Hardin, "The Tragedy of the Commons", 162 Science 1243 (1968).

211. Michael A. Heller, "The Tragedy of the Anticommons: Property in the Transition from Marx to Markets", 111 Harv. L. Rev., 621 (1998).

212. Yi Zhou, "The Tragedy of the Anticommons in Knowledge", *Review of Radical Political Economics* (2015).

213. Carol Rose, "The Comedy of the Commons: Custom, Commerce, and Inherently Public Property", 53 U. Chi. L. Rev., 711 (1986).

214. Henry E. Smith, "Semicommon Property Rights and Scattering in the Open Fields", 29 J. Legal Stud., 131 (2000).

215. Robert Cunningham, "The Tragedy of (Ignoring) the Information Semicommons: A Cultural Environmental Perspective", 4 Akron Intell. Prop. J., 1 (2010).

216. Robert A. Heverly, "The Information Semicommons", 18 Berkeley Tech. L. J., 1127 (2003).

217. Robert A. Heverly, "Revisiting the Information Semicommons", 59 IDEA, 137 (2018).

218. Enrico Bertacchini, Jef de Mot, Ben Depoorter, "Never Two without Three:

Commons, Anticommons and Simicommons", 5 Rev. L & Econ., 163 (2009).

219. Brett M. Frischmann, "Speech, Spillovers, and the First Amendment", 2008 U. CHI. LEGAL F., 301 (2008).

220. Brett Frischmann, "Spillovers Theory and Its Conceptual Boundaries", 51 WM. & MARY L. REV., 801 (2009).

221. Jane C. Ginsburg, "Essay: From Having Copies to Experiencing Works: The Development of an Access Right in U. S. Copyright Law", 50 J. Copyright Soc'y U. S. A. 113, 114 (2002~2003).

222. Megan Carpenter & Steven Hetcher, "Function over Form: Bringing the Fixation Requirement into the Modern Era", 82 Fordham L. Rev., 2221 (2014).

223. Thomas W. Merrill & Henry E. Smith, "Optimal Standardization in the Law of Property: The Numerus Clausus Principle", 110 Yale L. J., 1 (2000).

224. Nestor M. Davidson, "Standardization and Pluralism in Property Law", 61 Vand. L. Rev., 1597 (2008).

225. Christina Mulligan, "A Numerus Clausus Principle for Intellectual Property", 80 Tenn. L. Rev., 235 (2013).

226. Yun-Chien Chang & Henry E. Smith, "The Numerus Clausus Principle, Property Customs, and the Emergency of New Property Forms", 100 Iowa L. Rev., 2275 (2015).

227. Guy A. Rub, "Rebalancing Copyright Exhaustion", 64 Emory L. J. 741, 783 (2015).

228. Kristelia A. Garcia, "Justin McCrary, A Reconsideration of Copyright's Term", 71 Ala. L. Rev., 351 (2019).

229. Henry E. Smith, "Intellectual Property as Property: Delineating Entitlements in Information", 116 Yale L. J., 1742 (2007).

230. Louis Kaplow, Steven Shavell, "Property Rules Versus Liability Rules: An Economic Analysis", 109 Harv. L. Rev., 713 (1996).

231. Robert P. Merges, "Of Property Rules, Coase, and Intellectual Property",

94 Colum. L. Rev., 2655 (1994).
232. Robert P. Merges, "Contracting into Liability Rules: Intellectual Property Rights and Collective Rights Organizations", 84 Cal. L. Rev., 1293 (1996).
233. Stanley M. Besen, "An Economic Analysis of Copyright Collectives", 78 Va. L. Rev., 383 (1992).
234. Jane C. Ginsburg, "The Exclusive Right to Their Writings: Copyright and Control in the Digital Age", 54 Me. L. Rev., 195 (2002).
235. Trotter Hardy, "Property (and Copyright) in Cyberspace", 1996 U. Chi. Legal F., 217 (1996).
236. Margaret Jane Radin, "Property Evolving in Cyberspace", 15 J. L. & COM., 509 (1996).
237. Mark A. Lemley, "Intellectual Property and Shrinkwrap Licenses", 68 S. Cal. L. Rev., 1239 (1995).
238. Harry Surden, "Computable Contracts", 46 U. C. Davis L. Rev., 629 (2012).
239. Mark Verstraete, "The Stakes of Smart Contracts", 50 Loy. U. Chi. L. J., 743 (2019).
240. William W. Fisher III, "Property and Contract on the Internet", 73 Chi.-Kent L. Rev., 1203 (1998).
241. Michael J. Meurer, "Copyright Law and Price Discrimination", 23 Cardozo L. Rev., 55 (2001).
242. Mark Klock, "Unconscionability and Price Discrimination", 69 Tenn. L. Rev., 317 (2002).
243. Michael J. Meurer, "Price Discrimination, Personal Use and Piracy: Copyright Protection of Digital Works", 45 Buff. L. Rev., 845 (1997).
244. Julie E. Cohen, "Copyright and the Perfect Curve", 53 Vand. L. Rev., 1799 (2000).
245. John P. Conley & Christopher S. Yoo, "Nonrivalry and Price Discrimination in Copyright Economics", 157 U. PA. L. REV., 1801 (2009).
246. Harold Demsetz, "The Private Production of Public Goods", 13 J. L. & ECON., 293 (1970).

247. Wendy J. Gordon, "Intellectual Property as Price Discrimination: Implications for Contract", 73 Chi. -Kent L. Rev., 1367 (1998).
248. James Boyle, "Cruel, Mean, Or Lavish-Economic Analysis, Price Discrimination and Digital Intellectual Property", 53 Vand. L. Rev., 2007 (2000).
249. Yochai Benkler, "Unhurried View of Private Ordering in Information Transactions", An, 53 Vand. L. Rev., 2063 (2000).
250. Jennifer E. Rothman, "Copyright's Private Ordering and the 'Next Great Copyright Act'", 29 Berkeley Tech. L. J., 1595 (2014).
251. Kelvin Hiu Fai Kwok, "Google Book Search, Transformative Use, and Commercial Intermediation: An Economic Perspective", 17 Yale J. L. & Tech., 283 (2015).
252. Wendy J. Gordon, "Fair Use as Market Failure: A Structural and Economic Analysis of the Betamax Case and Its Predecessors", 82 Colum. L. Rev., 1600 (1982).
253. William W. Fisher III, "Reconstructing the Fair Use Doctrine", 101 Harv. L. Rev., 1659 (1988).
254. Pierre N. Leval, "Toward A Fair Use Standard", 103 Harv. L. Rev., 1105 (1990).
255. Frank P. Darr, "Testing an Economic Theory of Copyright: Historical Materials and Fair Use", 32 B. C. L. Rev., 1027 (1991).
256. "Fair Use and Copyright Protection: A Price Theory Explanation", 21 Int'l Rev. L. & Econ., 453 (2002).
257. Robert P. Merges, "The End of Friction? Property Rights and Contract in the 'Newtonian' World of on-Line Commerce", 12 Berkeley Tech. L. J., 115 (1997).
258. Lydia Pallas Loren, "Redefining the Market Failure Approach to Fair Use in an Era of Copyright Permission Systems", 5 J. Intell. Prop. L., 1 (1997).
259. Glynn S. Lunney, Jr., "Fair Use and Market Failure: Sony Revisited", 82 B. U. L. Rev. 975 (2002).
260. Barton Beebe, "An Empirical Study of U. S. Copyright Fair Use Opinions",

1978~2005, 156 U. Pa. L. Rev. , 549 (2008).

261. Jiarui Liu, "Copyright Reform and Copyright Market: A Cross-Pacific Perspective", 31 Berkeley Tech. L. J. , 1461 (2016).

262. Theresa M. Bevilacqua, "Time to Say Good-Bye to Madonna's American Pie: Why Mechanical Compulsory Licensing Should Be Put to Rest", 19 Cardozo Arts & Ent. L. J. , 285 (2001).

263. Jacob Victor, "Reconceptualizing Compulsory Copyright Licenses", 72 Stan. L. Rev. , 915 (2020).

264. George P. Fletcher, "Fairness and Utility in Tort Theory", 85 Harv. L. Rev. , 537 (1972).

265. Richard A. Posner, "The Concept of Corrective Justice in Recent Theories of Tort Law", 10 J. LEGAL Stud. , 187 (1981).

266. A. Mitchell Polinsky, Steven Shavell, "Punitive Damages: An Economic Analysis", 111 Harv. L. Rev. , 869 (1998).

267. Roger D. Blair, Thomas F. Cotter, "An Economic Analysis of Damages Rules in Intellectual Property Law", 39 Wm. & Mary L. Rev. , 1585 (1998).

268. Brett M. Frischmann, Mark A. Lemley, "Spillovers", 107 Colum. L. Rev. 257 (2007).

269. Neil Weinstock Netanel, "Copyright and a Democratic Civil Society", 106 Yale L. J. , 283 (1996).

270. Clarisa Long, "Information Costs in Patent and Copyright", 90 (2) Va. L. Rev. , 465 (2004).

271. Benjamin N. Roin, "Intellectual Property versus Prizes: Reframing the Debate", 81 U. CHI. L. REV. , 999 (2014).

272. Christopher Buccafusco & Christopher Sprigman, "Valuing Intellectual Property: An Experiment", 96 Cornell L. Rev. , 1 (2010).

273. Christopher Buccafusco & Christopher Jon Sprigman, "The Creativity Effect", 78 U. Chi. L. Rev. , 31 (2011).

274. Ofer Tur-Sinai, "The Endowment Effect in IP Transactions: The Case against Debiasing", 18 Mich. Telecomm. & Tech. L. Rev. , 117 (2011).

275. Jane C. Ginsburg, Essay: From Having Copies to Experiencing Works: The Development of an Access Right in U. S. Copyright Law, 50 J. Copyright Soc'y U. S. A. 113 (2002-2003).

(三) 外国案例

276. *Sony Corp. of Am. v. Universal City Studios, Inc.*, 464 U. S. 417, 451 (1984).
277. *Harper & Row Publishers, Inc. v. Nation Enterprises*, 471 U. S. 539, 566 (1985).
278. *Campbell v. Acuff-Rose Music, Inc.*, 510 U. S. 569, 579 (1994).
279. *Williams & Wilkins Co. v. United States*, 487 F. 2d 1345 (1973).